동학교조 수운 최제우

동학학술총서 403

동학교조 수운 최제우

윤석산 지음

책을 내며

수운 선생의 그 깊고 큰 가르침을

　내가 수운 선생을 만난 것은 오래 전의 일이다. 읽어도 잘 알 수 없는 『동경대전』과 『용담유사』를 읽으며, 그 깊은 뜻에 조금이나마 가까이 가 보려고 노력한 지 벌써 20여 년이 훌쩍 지나가 버렸다.

　아직은 젊었던 시절, 여름방학이면 보따리를 싸 짊어지고 천도교 수도원을 찾아 산으로 오르던 것이 어찌 보면 내 공부의 전부였는지도 모른다. 올라가면서 생각하던 나와 내려오면서 돌아보는 나는 별반 달라진 것이 없었는 듯했는데, 시간이 지나 돌아보면 그 산에서 만났던 풀이며 나무며 구름이며 사람들, 이들은 나를 조금씩 세상에 눈 뜨게 했던 것이 아닌가 생각된다.

　그간 읽고 또 경험하고 느낀 것들을 정리하여 한 권의 책을 낸다. 수운 선생의 삶을 찾아보고, 또 수운 선생의 생각을 읽으려는 나의 그간의 노력을 이 한 권에 담는다. 나는 이 책 속에 '동학'이라는 종교가 지닌 신비적 측면까지 가능하면 모두 담아 보려고 하였다. 세상에서 흔히 '신비神秘'라고 말하는 것은 종교의 세계를 통해 볼 때 결코 '허망한

신비'가 아닐 것이다. 고려조의 문신 이규보李奎報의 말과 같이 신비는
곧 성스러움의 다른 표현일 뿐이다.

　많은 가르침을 주신 천도교의 어르신들, 그리고 어려운 중에도 뜻
을 가지고 출판에 전념하는 '도서출판 모시는사람들'의 박길수 대표
를 비롯한 편집진 여러분, 감사를 드린다.

푸르른 나무의 푸름을

흰 눈의 흰빛을

푸른 강의 푸르름을

(綠樹之綠耶 白雪之白耶 淸江之淸耶)

- 수운 선생의 화결시和訣詩 중에서

포덕 145(2004)년 초가을 문턱에서

동학교조 수운 최제우

차 례

제1장 글을 열며

1. 수운 선생과 동학 창도

동학의 교조 수운水雲 최제우崔濟愚 선생은 조선조 후기인 19세기 중엽, 경상북도 경주 근향 작은 시골 마을에서 태어났다. 그는 1824년 10월 28일(음)에 태어나 조선조 정부에 의하여 혹세무민惑世誣民이라는 죄명을 쓰고는 1864년 3월 10일(음) '대구 장대'에서 처형당하기까지 만 40세가 채 되지 못하는, 결코 길지 않은 생을 살다 갔다. 그러나 그 생애 동안 그가 남긴 가르침은 오늘 우리 모두가 귀 기울여야 하는 값지고 또 소중한 가르침이다.

수운 선생의 가르침을 일컬어 '동학東學'이라고 한다. '동학'이란 '동방지학東方之學'을 줄여서 부른 말이다. 동학 창도에 관한 지금까지 대부분의 논의는 동학이 창도唱道[1]되던 조선조 후기, 즉 19세기의 조선

---

1 '唱道'라는 용어에 관하여 많은 논란이 있다. 천도교 이론가인 李敦化는 '創建'이라는 용어를 사용하여 1930년대에 『天道敎創建史』를 쓴 바 있다. 그 이외에 '創明' 등을 제안하

조라는 시대상을 중심으로 진행되어 왔다. 다시 말해서 19세기 조선의 정치적·사회적인 혼란, 그리고 서양이라는 이질 문화의 유입으로 인하여 겪게 되는 혼란, 또 이러한 현상들과 함께 진행된 봉건 사회의 해체와 근대에의 자각이라는 시대상을 배경으로 하여 동학의 창도는 논의되어 왔다. 즉 동학의 창도에는 19세기의 시대 현상이나 정신이 매우 중요하게 작용하였다고 보는 것이 학계의 주된 관점이다.

그러나 동학의 창도에 비록 19세기 시대상이나 역사적 배경이 중요하게 작용을 했다고 해도, 동학을 단순히 19세기라는 시대의 틀 속에서만 인식하고 또 해석할 수는 없다. 즉 동학을 다만 19세기 봉건 사회 해체기의 사상이나 종교로 국한하여 보지 않고, 이를 뛰어넘어 인류의 문명사에 한 획을 그은 중요하고 또 새로운 사건으로 해석하는 관점이 필요하다.

이처럼 동학을 거대 담론의 시각에서 바라볼 때 동학은 지금까지 인류의 삶을 이끌어 온 질서를 청산하고, '다시 개벽'이라는 '새로운 삶의 틀(new system of life)'을 짜고자 하는 거대 프로젝트를 인류 앞에 제시하고 있음을 알게 된다. 즉 동학은 인류의 삶, 인류의 역사를 우주적 차원인 '선천先天과 후천後天'이라는 관점에서 바라보고 있다. 다시 말해서 천명天命과 천리天理에 부합하지 못하는 지금까지 인류의 삶을 청산하고, 우주적 질서에 부합하는 새로운 삶인 후천 세상을 열고자

는 사람도 있어, '동학의 創道'냐, '創明'이냐, '創建'이냐, '唱道'냐의 논란에서 아직 통일된 용어는 나오지 않고 있다. 그러나 일반적인 합의는 '道'란 수운 선생이 깨달아 세상에 내놓기 전에도 우주적 섭리로서 있었던 것인 만큼, 새롭게 '道'를 '創道'했다거나, '創建'했다는 말은 적합하지 않다는 데에 모아져 있다. 그러므로 '道를 깨달아 밝힌다'는 의미의 '唱道'와 '새롭게 밝힌다'는 뜻의 '創明'이 본 의미에 가깝다고 본다. 필자가 '唱道'를 선택한 것은 '수운 선생이 우주적 섭리로서의 道를 깨달았고 밝혔다.'는 의미가 본 취지에 더욱 가깝다고 생각했기 때문이다.

동학을 창도하였다 볼 수 있다. 이것이 동학 창도의 동인動因을 다만 조선조 후기 사회상이나 역사성에 국한하지 않고, 선천과 후천이라는 우주적 차원에서 찾는 시각이다.

　이러한 관점은 동학을 좀더 깊이 있게 이해하는 것으로, 동학을 단순히 근대를 향한 사회운동 혹은 사회사상으로만 바라보는 시각을 벗어나, 동학의 창도를 오늘의 인류가 후천 세계라는 새로운 차원의 세계로 이끌어 가고자 하는 문명사적 사건으로 보는 의식이 깃들어 있다. 실상 동학이 지닌 사상의 여러 면모를 살펴보면, 동학을 다만 근대 이행기의 사건으로만 보기에는 적합하지 않은 면이 많다.

　수운 선생은 인류가 지내온 선천의 역사를 '미지우로지택未知雨露之澤하는 우부우민愚夫愚民의 시대', '오제五帝 이후의 성인치리聖人治理의 시대' 그리고 '우차만근又此挽近의 불순천리不順天理의 시대'라는, 문명사적인 관점에서 나누고 있다.[2] 즉 인류는 문명 이전 원시시대를 거쳐 성인聖人들의 등장과 함께 문명시대를 맞이한다. 그러나 오랜 시간의 흐름과 함께 인성은 타락하고, 인류는 다시금 위기를 맞게 되었다고 수운 선생은 보고 있다. 이러한 수운 선생의 시각은 생즉성生卽盛, 성즉변盛卽變, 변즉궁變卽窮이라는 순환사관에 근거하고 있다.

　수운 선생이 동학을 창도하던 19세기 중엽은 바로 변變과 궁窮의 시대로, 사람들은 천리와 천명을 따르지 않고 각기 자신의 이익만을 생

2　이는 『東經大全』 「布德文」 중에 앞부분에 나오는 말로, 수운 선생은 '비나 이슬을 내림으로 해서 만물을 살아가게 하는 것이 곧 한울님의 은덕이라는 사실조차 모르는 未開의 시대'와 '五帝의 출현 이후 전개된 문명의 시대', 그리고 근년에 이르러 '天理와 天命을 따르지 않으므로 혼란이 그 극에 달해 있는 시대'로 인류의 역사를 문명사적인 차원에서 구분하고 있다.

각하고, 그 마음은 금수禽獸와 다름없으며,[3] 올바르게 살아갈 방향조차 모르는 각자위심各自爲心의 시대라고 말한다.[4]

이러한 불순천리의 시대적 양상이 곧 선천의 마지막 모습이며, 이 선천 시대가 그 운을 다하면 거대한 차원의 변화와 함께 새로운 후천이 열린다는 것이 수운 선생의 생각이다. 이와 같은 '거대한 차원의 변화', 또는 '새로운 전환을 맞이할 우주적 비밀'을 수운 선생은 '시운時運'이라고 말하고 있다. 즉 수운 선생은 바로 경신년(庚申年, 1860) 4월 결정적인 종교 체험(religious experience)을 통하여 이러한 거대한 차원의 변화인 시운이라는 우주적 비밀을 꿰뚫어 본 것이다.

새로운 시운에 의하여 이내 곧 후천의 세상이 열릴 것인데, 이를 모르고 세상의 사람들이 우주의 질서인 천도天道를 따라 살지 않음을 수운 선생은 한탄한다.[5] 이런 점에서, 수운 선생이 동학을 세상에 펴고자 했던 첫 번째 동인은 바로 "이제 곧 새로운 시운에 의하여 성운盛運의 시대가 열리게 된다."는 사실을 세상의 사람들에게 알리는 데에 있다고 하겠다.[6]

그런가 하면, 새로운 시운에 따라 도래할 후천의 세상을 올바르게 맞이하기 위해서는, 사람들이 주체적으로 이 시대적 운상運相에 참여

---

3 『용담유사』「몽중노소문답가」, "금수 같은 세상 사람."

4 『東經大全』「布德文」, "又此挽近以來 一世之人 各自爲心 不順天理 不顧天命 心常悚然 莫之所向矣."

5 『東經大全』「布德文」, "惜哉 於今世人 未知時運 聞我斯言則 入則心非 出則巷議 不順道德 甚可畏也."

6 『용담유사』 8편 전편에 두루두루 '時運', 또는 '天運' 등의 어휘가 나오고 있고 또 가장 많이 나오고 있는 어휘라는 사실을 근거로 들 수가 있다. 또한 『동경대전』「포덕문」 중에도 '時運'이란 말이 나오고 있다. 즉 수운 선생은 자신의 중요한 경전 모두에 '시운'을 강조하고 있다. 새로운 '時運', 또는 '天運'이 머지 않아 다가올 것임을 자신의 가르침을 담은 글에서 적극 설파하였던 것이다.

해야 한다는 것이 수운 선생의 생각이다. 즉 시운에 의하여 선천이 물러가고 뒤이어 후천의 세상이 와서 성운의 시대를 맞이하게 되지만, 이를 바르게 맞이하여 성운의 시대를 올바르게 열어가기 위해서는 세상의 사람들이 동귀일체同歸一體를 이루어야 하며,[7] 동귀일체를 이루기 위해 사람들 역시 천지와 더불어 그 덕德이 합치되는 군자의 덕을 회복해야 한다는 것[8]이 곧 수운 선생의 '시운'에 대한 생각이기도 하다. 『용담유사』에서 말하고 있는 바와 같이 '운수야 좋거니와 닦아야 도덕'이 되는 것이다. 그러므로 수운 선생은 세상의 사람이 천리와 천명를 따르고, 본래 마음을 회복하여 후천의 새로운 세상을 열어가야 한다고 강조하고 있다.

동학은 바로 이와 같이 성운이 새롭게 돌아왔음을 세상 사람들에게 일깨워 주며, 동시에 시운에 의하여 도래할 후천의 시대에 인류가 주체적으로 참여하고 또 이끌어가야 함을 강조한, 그러한 새로운 가르침이다.

따라서 동학 창도에 대해 좀더 근원적이고 폭넓은 논의를 하기 위해서는 수운 선생의 시대 인식과 더불어, 동학이 지향하는 후천개벽의 의의를 보다 광의의 측면인 우주적 차원에서 고찰해야 할 것으로 생각된다.

---

7 『용담유사』「권학가」, "쇠운이 지극하면 성운이 오지마는 현숙한 모든 군자 동귀일체 하였던가."

8 『東經大全』「論學文」, "君子之德 氣有正而心有定 故與天地合其德 小人之之德 氣不正而心有移 故與天地違其命 此非盛衰之理耶."

2. 조선조 후기 사회와 동학 창도

동학이 창도되던 조선조 후기 사회는 부정과 부패, 서양이라는 외세의 위협, 이로 인한 시대적인 혼란이 심화·확산되던 시기이다. 즉 조선조를 지탱해 오던 유교적 지배 체제가 붕괴하면서 야기된 시대 모순의 절정기에 서세동점西勢東漸의 외세 위협까지 가세하는 상황 아래 동쪽 나라 조선에서 동학은 창도된 것이다. 유교적 지배 체제의 모순은 집권 세력의 부패와 함께 삼정三政의 문란을 초래하고, 이에 따라 민생의 삶이 어려워지게 되자 도처에서 민란이 일어나게 되었으며, 서양의 동양 침투는 위기 의식을 더욱 고조시키게 되었다. 따라서 안으로는 유교적 지배 체제 모순을 극복하고 밖으로는 외세의 침입을 비판하며 창도되었다는 것이 동학 창도를 이해하는 일반적인 이해 견해이다.[9]

이와 같은 견해에는 동학이 조선조 지배 체제를 비판하고 나아가 지배계층의 부패와 부정을 정면으로 부정하며 등장하였다고 보는 시각이 담겨 있다. 그러므로 동학이 지향하는 후천개벽 사상에는 지배 계층과 피지배 계층이라는 대립의 양상이 내재하게 되고, 나아가 후천개벽은 피지배 계층의 지배 계층에 대한 투쟁을 통한 혁세 또는 혁명의 논리로 발전한다. 또 이와 같은 논의에는 외세의 침입으로부터 스스로를 지켜야 한다는 민족주의의 논리 역시 담기게 된다. 그러므로 지금까지 동학에 관한 대부분의 논의는 '혁세를 위한 운동 또는 혁명, 그리고 민족주의'라는 두 범주를 벗어나지 못하고 있다.

---

9 한우근, 『조선시대 사상사 연구 논고』, 일조각, 1996, 260쪽.

이와 같이 지금까지 많은 논자들이 제기한 동학 창도에 관한 견해
는, 수운 선생이 조선조 사회의 봉건 제도를 비판하고, 나아가 현실적
부정과 부패를 비판하며 새로운 이념인 동학을 창도하였다고 보는 것
이다. 즉 동학 창도의 배경에는 '체제 혁명'을 위한 이념이 담겨져 있
다고 보는 것이 지금까지 대부분의 논의이다.

그러나 수운 선생은 당시 사회의 제도나 체제의 문란이 조선조 사
회를 부패와 질곡으로 몰아간 것으로 보기보다는, 좀더 근원적으로
인간의 내적 문제인 윤리적인 타락이 부패와 혼란을 초래하였다고 보
고 있다. 따라서 엄밀하게 말해서, 수운 선생은 당면했던 당시 시대적
어려움을 극복하기 위한 방안으로, 제도나 체제의 비판을 통해 그 변
혁을 촉구한 것이 아니라, 타락하고 부패한 시대적·사회적 윤리를
어떻게 하면 다시 회복할 수 있는가에 관심이 있었다. 즉 수운 선생은
제도나 체제의 변혁을 위해서만이 아니라, 보다 인간 내면의 문제인
타락한 윤리, 타락한 심성을 한울님의 도와 덕을 통해 회복하여 새로
운 삶의 질서를 이룩하고자 동학을 창도한 것으로 생각된다.

수운 선생은 당시의 부정과 부패는 특정한 어느 한 계층, 곧 지배 계
층의 타락에만 기인하는 것이라고 보지 않는다. 즉 지배 계층이나 피
지배 계층을 막론하고 모두의 심성이 총체적으로 타락했기 때문에 일
어난 사회적 현상이라고 보는 것이 수운 선생이 지니고 있던 당시 사
회에 대한 인식이다. 따라서 수운 선생은 어느 한 계층에 대한 비판을
통해서나, 또는 어느 한 계층의 힘에 의하여, 당시의 어려움이나 혼란
이 극복될 수 있다고 보지 않는다.[10]

---

10 조선조 후기 서민의 의식을 반영한 것으로 평가되는 '庶民歌辭作品'들에 의하면, 당시 조
   선조 후기 사회에 있어, 시대적 위기를 극복하기 위한 길로 가장 두드러지게 나타나고 있

그러므로 당시의 시대적 혼돈상을 극복하기 위해서는 세상 사람들이 모두 한울님의 도와 덕을 회복해야 한다는 것이 바로 수운 선생의 생각이다. 이는 지배 계층의 혁신만으로 세상이 달라질 수 있다고 생각하는, 지배 계층과 피지배 계층이라는 이원적 차원에서의 인식이 아니다.

또한 이러한 위기의 총체성은 조선조 후기 사회라는 한 특정된 시대와 사회에 국한된 것이 아니라, '선천과 후천'이라는 거대한 차원의 변화에 의한 것이라고 보고 있다. 바로 이 부분에서 우리는 수운 선생이 다만 시대적 혁세가가 아니라, 예언자적 면모를 지닌 종교의 창시자임을 엿볼 수 있다.

조선이 성리학, 특히 주자학을 통치 이념화한 문치국가文治國家라는 사실은 이미 널리 알려진 대로다. 주자학은 성명론性命論과 의리론義理論으로 대별되는 독특한 이론 구성을 갖춘 학문이다. 의리론은 현실적인 문제와 관련한 유교적 가치 규범의 실천적 지향을 체계화하는 것이며, 성명론은 의리론의 근거를 밝히는 방법론 내지는 인식론에 해당한다.[11] 따라서 조선조의 선비들은 성명론을 중심으로 주자학이 지

는 것은 '堯舜과 같은 聖人이 등장하여 바른 治理'를 해야 한다는 견해이다. 즉 올바른 지배 계층에 의한 올바른 王道政治를 펼 때 시대적 어려움이 극복될 수 있다는, 지극히 이상적 유교 정치를 현실 극복의 방안으로 생각했음을 나타내고 있다.(柳鐸一, 「朝鮮 後期歌辭에 나타난 庶民의 意向」, 『淵民李家源博士 六秩頌壽紀念論叢』, 汎學圖書, 1977) 이러한 의식은 곧 당시의 시대적 위기를 극복할 힘의 소재가 지배 계층에게 있다는 표현이기도 하다. 이러한 당시의 의식에 비하여, 수운 선생은 당시 시대적 위기를 극복할 힘의 소재가 다만 특정 어느 계층에만 있는 것이 아니라, 피지배 계층인 민중을 비롯한 모두에게 있음을 강조하고 있다. 아울러 일반 민중들 역시 시대적 위기를 극복할 주역으로 적극 참여하기를 촉구하고 있다.(拙著, 『龍潭遺詞 研究』, 민족문화사, 1987, 119쪽 참조)

11 姜光植, 「朝鮮朝 黨爭의 政治文化的 背景」, 『朝鮮後期 黨爭의 綜合的 檢討』, 한국정신문화연구원, 1994. 428쪽 참조.

닌 철학적 근거를 밝히고, 다른 한편으로는 의리론을 중심으로 실천
적 행동 양식을 규범화하고 또 해명한다.

그러나 17세기 후반에 이르러 의리론이 예학禮學으로 전개되고, 예
설禮說에 관한 학설상의 차이로 인하여 격렬한 당쟁을 불러오게 된다.
당쟁이 거듭됨에 따라 예학이라는 도학적 사유의 순정성純正性을 지
킨다는 명분 아래 예론은 '예송禮訟'[12]으로 불거지게 되고, 예론이 지닌
형식주의에 과도하게 집착하게 되어, 의리론은 주자학이 추구하는 본
래의 실상보다는 공리공론으로 치우치는 폐단을 불러온다.

즉 조선조 후기에 들어서 주자학적 이념을 내세운 사림 정치士林政治
는 애초에 표방했던 이상 정치를 벗어나 예론이라는 대의명분을 앞세
운 붕당 정치로 변질되어 갔고, 이에 상응하여 관료 지향적인 벌열 정
치閥閱政治의 양상을 띠게 되었다. 또한 18세기 이후 재야 사림 세력의
성장으로 인하여, 당료黨僚들이 국왕을 선택하고 보호한다는 대의명
분 아래, 음모와 변란까지도 불사하는 새로운 국면으로 접어든다.

더구나 동학이 창도되는 19세기에 이르러서는, 임금에게 후사後嗣가
없음을 틈타 권신權臣들이 퇴락하고 무능한 종친宗親 중에서 국왕을 자
의로 선택하고, 이를 통해 자신들의 권력을 유지하고 또 확장하는 데
에만 혈안이 된다. 이때쯤에 이르러 조선조 사회를 이끌어온 중추적
이념인 주자학이 추구하던, 의리론에 입각한 가치 규범은 완전히 공
리공론에 불과해진다.

■

12 17세기 후반 禮訟은 孝宗의 喪에 대한 慈懿大妃 趙氏의 服喪問題로 불거지게 된다. 이후
孝宗의 妃 仁宣王后의 喪에서도 慈懿大妃의 服喪問題가 또 쟁점이 된다. 이는 모두 孝宗
이 家統上으로는 次子이지만, 王統上으로는 大統을 이은 嫡子인 관계로, 효종의 宗法上
지위를 가통의 범주로 보느냐, 왕통의 범주로 보느냐에 따라 服制가 달라지기 때문이다.

이러한 현상은 정치권에서만 국한되는 것이 아니라 조선조 사회를 형성하고 있는 모든 공동체로 확산된다. 즉 가례家禮를 바탕으로 하는 혈연 공동체, 문례文禮를 근간으로 하는 학문 공동체 등에도 지대한 영향을 미치게 된다. 따라서 이 예론에 근거한 중요한 행위 규범인 삼강三綱과 오륜五倫은 현실 사회에서 공허한 명목으로 변질되어 간다.

다음은 수운 선생이 동학을 창도하던 1860년대를 전후한 시대의 조선조 사회상을 이야기하고 있는 서간書簡의 하나이다. 비록 충청도 작은 시골 마을에서 있었던 일이지만, 이 서간문은 당시의 시대상이 얼마만큼이나 타락했고, 또 어느만큼 강상綱常이 무너졌는가를 단적으로 보여 주는 증거의 하나이다.

> 죽동竹洞 득순得淳의 아들 선달先達 병오秉五가 달산達山에 여러 날 머물며, 선달, 한량배閑良輩, 무뢰배無賴輩 등을 모으고, 창부倡夫로 하여금 창가唱歌하게 하고, 날마다 술을 내어 성대한 연회를 하고, 남포 경내의 잡류는 모두 투전鬪錢의 짝이 되며, 삼계에 사는 상놈도 몇이나 되는지 알 수 없다고 하니, 그것을 누가 금지하겠느냐? 그 밖에도 평민平民을 잡아 와서 백주에 겁탈할 계획을 하니, 위장衛將은 막지 않을 뿐 아니라 도리어 나쁜 짓을 교사하니, 백성오白聲五도 그 중에 뛰어든 지 오래 되었다. 임사윤任士胤도 제 집에 가다가 위장에게 붙잡혀 며칠 머물며 노름을 하고 술을 먹었다고 한다.[13]

이 서간은 이 편지를 쓴 사람의 집안 서동생 조병오 등이 주축이 되

---

13 본 書簡文은 '河永輝, 「한 유학자의 書簡을 통한 19세기 湖西 사회사 연구」, 서강대 대학원 박사학위 논문, 53쪽'에서 재인용한 것임.

어 선달, 한량, 무뢰배 등과 어울려 연회, 투전, 겁탈 등을 일삼는 모습을 서간의 주인인 조병덕이라는 사람이 한탄하는 내용이다. 백주에 겁탈할 계획을 세우고, 노름이나 하고 술이나 먹으며 지내는 당시의 타락상이 이 서간문에 잘 나타나 있다. 특히 이들은 모두 서자나 한량, 무뢰배 등으로 그 신분상 중인 또는 그 이하 신분의 사람들이다. 당시의 타락상은 지배 계층만의 일이 아니라, 전 계층에 퍼져 있었음을 알 수 있는 자료이다.

수운 선생이 목도한 당시 시대상은 바로 이와 같이 총체적으로 타락한 모습이었다. 이러한 사회적인 현상의 근원에는 사회적 윤리의 타락이 자리하고 있다. 즉 사회적 윤리의 타락으로 당시 조선조 사회의 가장 중요한 강상綱常이 실천되지 않고 명분으로만 남게 된다.

이와 같은 사회 상황을 수운 선생은 「권학가」에서 "부자유친 군신유의 부부유별 장유유서 붕우유신 있지마는 인심 풍속 괴이하다."라고 한탄한다. 당시 사회의 규범으로 마땅히 실천되어야 할 강상이 현실적인 삶에서는 전혀 실천되지 않고, 다만 명분과 형식으로 남아 있음을 수운 선생은 이렇듯 한탄하고 있다. 즉 수운 선생이 비판하는 것은 당시의 부패나 사회적인 제도 등이 아니라, 그 본질적인 문제인, 실질적인 삶 속에서 실천되지 않는 명분, 현실 생활과 괴리되는 '명분의 죽음'이다.

주자학이 추구하는 의리론에 입각한 가치 규범이 공리공론으로 변질되고 있다는 것은 곧 이상적 이념과 현실적 실천의 삶이 괴리되고 있다는 것이요, 이는 천리天理를 따르지 않는 삶을 살아간다는 것과 다름이 없다. 즉 부모와 자식 간의 '친親'이나 임금과 신하 간의 '의義', 붕우 사이의 '신信', 부부 사이의 '별別', 장유 사이의 '서序' 등은 현실적 삶의 질서를 유지하는 요소들이며, 동시에 천륜天倫에 의해 맺어진 부모와 자식 관계를 비롯하여 사회를 구성하고 유지하는 가운데 이루어지는 관계로서 임금과 신하, 친구와 친구, 지아비와 지어미, 나이 든 사람과 어린 사람 사이에서, 이를 이어주고 또 이들을 하나의 공동체에서 공존하게 하는 근본적인 요소들이기 때문이다.

따라서 이러한 강상이 현실적인 삶 속에서 실천되지 않는다는 것은 곧 '임금과 신하에 의한', '나이 든 사람과 젊은 사람에 의한, 또는 친구와 친구에 의한', '부자와 부부로 이룩되는', '국가, 사회, 가정'이라는 공동체 전체가 붕괴된다는 것을 의미하며, 동시에 천륜에 의하여 맺어진 이 모든 관계가 파괴되는 윤리적 타락을 의미한다. 수운 선생은 이러한 현실을 '군불군君不君, 신불신臣不臣, 부불부父不父 자부자子不子'의, 자신의 본분과 정체성을 잃어버린 삶이요, 나아가 각기 자신의 이익만을 추구하면서 천리를 따르지 않고 천명을 돌아보지 않는 삶[14]이라고 말한다.

그러므로 수운 선생은 주유팔로周遊八路를 통해 세상의 곳곳을 살펴본 이후 "팔도강산 다 밟아서 인심 풍속 살펴보니 무가내無可奈라 할 길 없네."[15]라고, 타락한 윤리, 문란해진 인심 풍속을 한탄하게 된다.

이러한 각성이 수운 선생이 동학을 창도하는 중요한 배경이 된다. 즉 동학 창도는 사회적·정치적 현실의 부패와 타락이라는 외적인 상황 인식뿐만이 아니라, 근원적으로 당시 사회의 각급 공동체를 붕괴시키는 윤리적 타락의 심각성에 대한 깊은 인식에 근거하고 있다. 이러한 상황을 근원적으로 바꿀 수 있는 가르침을 얻고자 수운 선생은

---

14 『東經大全』, 「布德文」, "又此挽近以来 一世之人 各自爲心 不順天理 不顧天命."
15 『용담유사』 「몽중노소문답가」.

노력했고 마침내 동학을 창도한다. 즉 수운 선생은 사회 제도나 정치 체제에 대한 현실적 혁신을 꾀하는 혁세가의 길을 가지 않고, 사람들 각자의 내면에 윤리성을 확보할 수 있는 길인, 구도求道의 길을 택한 것이다. 천리를 어기는 윤리적 타락은 단순한 제도나 체제의 변혁을 통해서 회복할 수 있는 것이 아님을 수운 선생은 진작에 깨닫고 있었기 때문이다. 그러므로 수운 선생은 천도를 깨닫기 위한 구도와 수련을 길을 가게 된다.

동학 창도의 또 다른 중요한 동인으로 많은 연구자들은 지배 계층의 부패에 따른 민생의 피폐를 들고 있다. 즉 삼정三政의 문란으로 인하여 민생은 극도로 어려워지고, 이러한 시대적 위기 속에 동학은 민중의 편에 서서 당시 조선조의 지배 체제를 비판하며 등장하였다고 보는 것이 일반이다.

즉 왕실 외척의 세도 정치에 의하여, 정권에서 소외된 대부분의 양반들은 입신 출세의 길이 차단되어 몰락의 길을 가는 한편, 공명첩의 발행이나 과거 제도의 문란으로 매관매작賣官賣爵이 자행되는 당시 시대 상황이 유교적 지배 체제를 파탄으로 몰아가고, 그에 대한 반향으로 동학이 세상에 창도되었다는 견해가 그것이다.

또한 17, 18세기 이후 '화폐 경제의 발달'은 양반 사대부들의 의식을 바꾸고, 이들로 하여금 부의 축적에 눈뜨게 한다. 그러므로 이들 권력을 지닌 양반들은 자신의 지위나 권력을 이용하여 도매 난전이나 소 난전들을 직접 운영, 또는 조정하게 된다. 양반 사대부들의 이러한 상권 장악과 고리대 등은 당시 겹치는 흉년 등으로 어려워진 민생의 삶을 더욱 옥죄어 왔고, 이는 부익부富益富 빈익빈貧益貧라는 사회적 현상으로 치닫는 원인이 된다.

수운 선생 역시 이러한 사회 현실에 깊은 관심을 갖고 이를 우려한다. 그러나 수운 선생이 주목하고 또 근심했던 현실은 공명첩 등을 통한 매관매작이나 과거 제도의 타락에 의한 유교적 지배 체제의 파탄, 또는 부익부 빈익빈의 경제적 불균형이 횡행하는 모습만은 아니었다. 앞에서 미리 말한 바와 같이, 당시 사회적 파탄의 보다 근원적인 요인이 되는, 사회 전반으로 확산되고 있는 윤리적 파탄을 수운 선생은 더크게 우려하고 한탄한다.

다음과 같은 「몽중노소문답가」는 바로 이러한 수운 선생의 생각을잘 나타내 주고 있다.

> 매관매작賣官賣爵 세도자勢道者도 일심은 궁궁弓弓이요
>
> 전곡錢穀 쌓인 부첨지富僉知도 일심一心은 궁궁이요
>
> 유리걸식遊離乞食 패가자敗家者도 일심은 궁궁이라
>
> 풍편에風便 뜨인 자도 혹은 궁궁촌弓弓村 찾아가고
>
> 혹은 만첩산중萬疊山中 들어가고 혹은 서학西學에 입도해서
>
> 각자위심各自爲心 하는 말이 내 옳고 네 그르지

19세기 중엽은 도참류圖讖類 참서讖書와 무고사巫蠱事 등의 미신이 사회 전반으로 창궐하던 시대이다.[16] 이와 같은 현상은 당시 사회를 견지해 오던 이념이 무너지고 현재적 삶의 안락과 미래에의 보장이 없으므로, 사람들이 미신 또는 『정감록』 등이 제시하고 있는 막연한 미

---

16 李能和, 『朝鮮基督敎及外交史』.

래에 기대를 걸게 되는 사회적 심리의 한 반영이기도 하다.[17]

「몽중노소문답가」에 등장하는 '매관매작 세도자'나 '전곡이 산같이 쌓인 부첨지'는 당시 권력과 부를 지닌 지배 계층을 지칭하는 말이다. 그런가 하면 '유리걸식 패가자'나 '풍편에 뜨인 자'는 곧 경제적 파탄으로 가정도 가족도 모두 뿔뿔이 흩어진 유랑 하층민을 뜻한다. 당시의 현실은 바로 이렇듯 권력을 지닌 사람이나, 부자나 가난한 사람이나 하층민이나를 막론하고 모두 자신 혼자의 삶만을 도모하기 위하여 도참류에서 말하고 있는 궁궁촌을 찾아 떠나는 지극히 비정상적인 세태였다. 위에 인용된 가사는 바로 이와 같은 당시의 세태를 비판한 것이다.

지금까지 19세기 중엽이라는 시대상과 관련 지은 동학 창도에 관한 대부분의 논의는 지배 계층 나아가 지배 이념의 잘못으로 민생들은 고통을 받게 되고, 이러한 민생들을 고통으로부터 제도濟度하기 위하여 수운 선생이 구도의 길을 가고 또 동학을 창도하였다는 데에 초점이 맞추어져 있다. 따라서 지배 계층과 피지배 계층의 대립 구도 속에서 동학을 지배 계층에 항거하는 민중들의 힘의 근원으로 평가하는 것이 일반적인 논의이다.

그러나 수운 선생이 남긴 여러 저서들을 보다 면밀히 살펴보면, 동학에서 말하는 '고통 받는 민생'이란 다만 피지배 계층만을 의미하는 것이 아니라, 한울님의 도와 덕을 실천하지 못하고 '타락한 삶을 사는 모든 사람들'을 의미하고 있음을 알 수가 있다.

즉 수운 선생이 인식한 조선조 후기 사회는 지배 계층이나 피지배

---

17 이와 같은 사회적 심리는 오늘에도 역시 만연해 있다. 특히 사회가 안정을 잃고 불안함이 지속되고 있는 근년에 이르러, 점집과 점에 관한 광고가 신문 등의 매체에 대폭 증가한 점이 이와 같은 점을 시사해 준다고 하겠다.

계층이나를 막론하고 모두 한울님의 도와 덕을 따르지 않고 윤리적으로 지극히 타락한, 그러한 시대이다. 이러한 당시를 지극히 타락한 선천의 모습이라고 수운 선생은 표현하고 있다. 따라서 수운 선생이 동학을 창도하게 되는 궁극적인 동인은 세상의 모든 사람들이 한울님의 도와 덕을 깨달아 새로운 삶의 질서인 후천을 이룩하는 데 참여할 수 있도록 하는 데에 있었던 것이다.

3. 동학 창도의 현대적 의의

서구의 근대 정신은 르네상스와 종교 개혁을 토양으로 그 싹을 틔웠다. 신과 신의 제도에 종속되어 있던 '인간'과 '인간을 이끄는 모든 지식의 근원'은 르네상스와 종교 개혁을 통하여 종교 집단의 굴레를 벗어나게 되었다. 즉 '인간'은 개성과 개별성이 강조되며, 또 자율적이고 독립적인 주체인 '개인'으로 다시 태어나게 된다. 또한 신, 성경, 교회 등에서 찾던 지식의 근원을 '인간의 이성'에서 찾게 되었고, '이성'은 모든 앎의 근원이며 '개인'은 그 앎의 주체가 된다. 그런가 하면, 인간의 이성에 근원을 둔 앎의 최고 형태를 수학, 기하학적 지식에서 찾게 되어, 사람들은 자연과 이성에 바탕을 둔 자연 과학적 방법을 신봉하게 된다.[18]

즉 근대에 이르러 중세의 신 중심주의를 벗어나 인간 중심주의를 확립하게 되므로, 세계를 인식하는 주체로서의 개인이 강조되는 '개

---

18 이영찬, 『유교사회학』, 예문서관, 2001, 21쪽 참조.

인주의', 앎의 근원으로서의 이성이 존중되는 '이성주의', 인간의 삶을 보다 유익하게 할 것으로 믿게 된 자연 과학적 방법으로서의 '과학주의' 등이 가장 중요한 정신으로 자리하게 된다. 따라서 이러한 정신을 바탕으로 한 근대는 '신―인간―자연'이라는, 신神 중심의 위계 질서가 지배하던 중세적 세계관에 일대 변혁을 일으켜, '인간―신―자연'이라는 새로운 위계로 그 질서를 정비하게 된다.

또한 현대로 이행하면서 이와 같은 근대의 정신은 자연 과학의 면, 산업과 경제, 나아가 사회의 면에서 새롭고 다양한 제도의 혁신 등을 가져오게 되었다. 그러므로 이와 같은 근대 정신은 현대 사회 속에 합리주의, 산업주의, 자본주의를 열어 놓음으로써, 어느 시대에서도 볼 수 없는 획기적인 과학의 발달과 산업의 발달로 인한 물질의 풍요를 가져오게 된다.

그러나 과학과 산업의 발달에 따른 물질적 풍요에도 불구하고, 현대 사회의 이면에는 계층간 상대적 불평등의 심화와 이에 따른 상대적 박탈감 등이 내재되어 있다. 특히 산업화에 따른 소외의 문제, 과학화·도시화로 인한 환경 파괴 등 지난 어느 세기에도 경험하지 못했던 매우 심각한 문제들을 안고 있다.

실상 자연 환경의 문제는 근대 이전에서부터 심각한 조짐을 보이고 있었다. 중세 기술 사학자 화이트 2세(Synn White, Jr., 1907-87)에 따르면 중세 서유럽에서의 자연관의 변화는 새로운 종교, 기독교의 전파에 말미암은 것이다. 유럽 문화의 근간을 이루고 있던 그리스인들의 자연관은 물화론적인 것이었다. 그러나 로마시대에 들어와 공인 종교가 된 기독교는 물화론적인 요소를 철저히 뿌리뽑게 된다. 즉 기독교의 자연관에 의하면, 신에 의하여 창조된 어떤 존재도 인간의 목적에 봉사하도록 운명지어졌다는 것이다. 따라서 인간은 자연을 자신의 이익을 위하여서는 개발하고 착취할 수 있는 권한을 신에게서 위임받았다는 것이다.[19]

이와 같은 기독교적인 자연관이 팽배해 있는 서양에서, 중세를 지나 근대에 이르게 되면서 보다 본격적인 자연 정복이 시작된다. 즉 근대의 과학주의는 인류가 '우주를 지배하고자'하는 고상한 야심을 펼쳐 나갈 수 있는 근간이 되었고, 만물의 힘과 작용을 잘 응용함으로써 '인간은 자연의 주인이며 소유자'가 될 기대에 부풀게 되었다. 그러므로 이와 같은 근대의 과학주의는 현대에 이르러 무분별한 자연 개발을 앞세운 산업화·도시화를 촉진하게 되었고, 이에 따라 더욱 극심한 자연 재해를 가져오게 되었다.

그러므로 동학이 창도된 지 140여 년이 지난 오늘, 이른바 포스트모던 시대로 일컬어지고 있는 오늘, 새로운 세기인 21세기로 들어선 인류의 미래는 유토피아적이라기보다는 유토피아의 에너지가 고갈된, 매우 부정적인 모습으로 묘사되고 있다. 후기 산업 사회 징후의 하나인 물화物化와 소외疎外는 물신화한 사회, 물신화한 정치, 물신화한 성욕 등 타락한 사회를 만들고, 이는 곧 인간의 삶 자체를 황폐화시키고 있음을 볼 수가 있다. 그런가 하면, 강대국의 오만한 패권주의는 테러를 불러오고, 이 테러는 보복 전쟁이라는 21세기형 전쟁을 불러왔음을 우리는 생생히 목격하여 잘 알고 있다. 또한 인간의 매우 국부적이며 이기주의적인 이익만을 위하여 환경을 오염시키고, 개발이라는 이름 아래 심각하게 자연 환경을 훼손시키고 있음을 우리는 너무

---

19 한양대학교 과학철학교육위원회편, 『과학기술의 철학적 이해』, 한양대학교 출판부, 2004 151쪽 참조.

나도 적나라하게 우리의 주위에서 보고 있다.

이와 같은 현대 사회의 모든 위기는 궁극적으로 인간과 인간, 자연과 인간 사이의 유기적 균형을 깨뜨림으로 해서 야기된 것이다. 인간과 자연은 모두 이 지구라는 독특한 환경의 산물이다. 이러한 지구라는 독특한 환경에 의하여 생성된 모든 자연은 서로서로 연결되어 있으므로, 이들 서로는 유기적 연관 속에서 경쟁하며 공존하고 있는 것이다. 즉 경쟁과 공존 속에서 인간과 자연은 균형을 이루며 살아가고 있다.

인간과 자연, 자연과 자연의 유기적 관계 속에서의 경쟁·공존·균형이란 다름 아닌 우주의 큰 법칙, 곧 천리天理에 의한 것이기도 하다. 따라서 현대화를 통한 개발 등으로 행해지고 있는 자연 환경의 파괴란 곧 우주의 법칙을 거스르는 일이요, 천리를 역행하는 일이라고 하겠다. 인류는 현대에 이르러 더욱 극성스럽게 환경 파괴라는 역천逆天을 저지르고 있다.

21세기의 문턱에 들어선 인류는 전 시대에 이미 예고 받은 바와 같이 환경 파괴의 대가를 혹독하게 치르고 있다. 전례 없는 심각한 기상 이변, 나아가 다가올 재앙에의 예감 등은 실로 심각한 문제가 아닐 수 없다. 특히 유럽에서 시작되어 이제는 우리나라를 비롯한 전 세계적 문제로 번져가고 있는 광우병狂牛病 파동은 인간이 자연계를 교란시키고 또 천리天理에 역행한 결과 겪는 전형적인 재앙이 아닐 수 없다.

광우병은 1980년대 초 영국의 농가에서 젖소의 우유 생산을 높이기 위하여 양과 소의 사체를 소의 사료 원료로 사용했기 때문에 생겨난 질병이다. 공식적인 보고서에 의하면 1985년 영국의 한 농부가 젖을

짜는 도중 젖소가 미친 듯이 날뛰더니 얼마 지나지 않아 갈지자를 그리며 돌아다니다가 무릎을 꿇고는 쓰러져 죽었다고 한다. 그 이후 유사한 사례가 계속 보고되자 이를 새로운 동물 전염병으로 규정한 영국 정부는 그 원인을 규명하고자 노력을 했지만, 결국 원인균은 찾을 수가 없었다. 다만 이 광우병이 양의 전염병인 스크래피와 관련이 있다는 사실을 밝히게 된다.

이렇듯 소에게서 최초로 발견된 광우병을 해면상 뇌병증(BSE)이라고 부른다. 이는 비정상적으로 변형된 단백질 프라이온(Prion)에 의해 유발되는 것으로, 뇌가 마치 스펀지 모양으로 구멍이 뚫리는 병이다. 이렇듯 변형 단백질인 프라이온이 형성되고 또 소의 뇌가 스펀지 모양으로 된 것은 소나 양의 사체를 사료로 가공하여 소에게 먹임으로써 생겨난 것이다.

양이나 소의 사체를 사료로 가공하면 도축 쓰레기 처리 비용도 절감할 수 있고, 또 이것을 소에게 먹이면 성장 호르몬 분비가 활발해져 소가 적게 먹고도 잘 자란다고 한다. 그러한 이유로 초식 동물인 소에게 육류를 먹인다는, 자연의 이법을 거스르는 방식으로 사육을 해왔던 것이다.

더욱이 간과할 수 없는 것은 '소에게 소의 고기를 먹인다'는, 윤리적으로 용서할 수 없는 일을 저질렀다는 사실이다. 같은 종의 고기를 먹인다는 것이 윤리적으로 용서할 수 없다고 사용을 거부한 스웨덴에서는 단 한 건의 광우병도 발생하지 않았다. 사람을 먹는 식인종의 경우에도 프라이온이 일으키는 질병, 즉 어느 날 갑자기 경련을 일으키고 사지가 마비돼 숨지는 '쿠르병'이 발생한다. 자신이 알든지 또 모르든지, 소가 소를 먹고 사람이 사람을 잡아먹는다는, 역천逆天 행위 때문에 생긴 병이라는 면에서는 공통적이다.

이러한 광우병 파문은 같은 종을 먹이로 먹이면서까지 이윤을 추구하는 무분별하고, 무절제한 인간 욕심의 산물이요, 천리를 거스르는 인간의 교만과 탐욕에 대한 하늘의 응징이기도 하다.

광우병을 비롯한 20세기 이후 일어난 모든 폐해의 핵심에는 인간의 교만과 탐욕이 자리하고 있다. 이는 다시 말해서 서구의 현대성(modernity) 대두 이후 인간 중심의 사고로 인해 증대된 인간의 욕망, 곧 이 우주의 모든 것까지도 인간에 예속시키고자 하는 욕망에 의한 것이라고 하겠다. 그러므로 우주적인 질서와 조화는 깨어져 버리고, 인간 역시 마침내는 공멸共滅하고 말 것이라는 위기 의식을 오늘 인류는 서서히 느껴가고 있다. 이것이 바로 포스트 모던의 시대로 지칭되는 오늘 우리 인류가 겪고 있는 상황이다.

이러한 위기는 다름 아니라 인간이 만물 만사의 우위를 점하고 있다는, 인간의 오만함에서부터 비롯된 것이라고 하겠다. 인간 스스로 자신의 그칠 줄 모르는 욕망에 사로잡혀 자신의 이익만을 챙기게 되므로 분열·폭력·파괴·독점·단절 등이 판을 치는 세상이 되고 있으며, 따라서 모든 것은 균형을 잃게 되는 것이라고 하겠다.

이러한 모습을 일찍이 동학의 교조 수운 선생은 각자위심各自爲心[20]의 극대화로 인하여 사람들이 그 살아갈 바의 방향을 모르는 세태라

■

20 '各自爲心'이란 水雲 선생이 당시의 시대상을 매우 압축적으로 표현한 용어이다. 이는 '各己以心爲心'으로, "사람들 각기 자신이 지닌 마음으로 마음을 삼는다."는 의미의 말이 된다. 즉 자신의 사사로운 마음을 위주로 한다는 의미이다. 따라서 이는 서로 균형과 조화를 이루지 못하는 근본적인 원인이 된다. 이를 보다 확대하면 公辨된 한울님 마음이 아닌 私事로운 마음으로 삶을 영위하므로, 인간과 萬有가 서로 균형과 조화를 이루지 못하는 부조화의 삶, 부조화의 세계를 초래하게 됨을 뜻하는 것이기도 하다. 바로 이 각자위심 때문에 세상이 어지러워졌다고 水雲 선생은 보고 있는 것이다.

고 말하고 있다. 나아가 이가 곧 선천先天의 마지막 모습이라고 천명
하기도 한다.

따라서 수운 선생은 필연적으로 이러한 모든 부패하고 타락한 선천
의 윤리와 질서를 극복하고 새로운 삶의 질서인 후천後天의 세상이 도
래함을 강조하게 된다. 특히 이것은 당위에 머무는 것이 아니라, 필연
적임을 강조하고 있다. 다시 말해서 인류사가 오늘과 같은 각자위심
의 세태를 맞아 끔찍한 종말로 끝나는 것이 아니라, 후천개벽이라는
거대한 차원의 변화를 통하여 지금까지의 모든 악질惡疾과 같은 사회
적·도덕적인 질병이 치유되고 우주의 참다운 생명의 비밀이 드러나
는 새로운 삶이 전개될 것이라는 것이 수운 선생의 생각이다.

이것이 곧 동학이 제시하는 우주 진화의 모습이기도 하다. 또한 이
러한 우주 진화의 질서에, 인간이 매우 주체적으로 참여해야 한다는
것이 수운 선생의 생각이기도 하다. 즉 '사람들 역시 기운을 바르게
하고 본래의 마음을 회복하여 이 우주와 더불어 그 덕德이 합치되는
삶'[21]을 영위함으로써, 우주 진화의 질서에 긍정적으로 참여할 수 있
어야, 비로소 이 세상 역시 성운盛運의 시대인 후천개벽을 맞이하게 된
다는 것이다. 따라서 수운 선생의 생각은 인류의 미래에 대하여 매우
희망적이며 긍정적이라고 할 수가 있다.

수운 선생이 강조하는 '우주적 질서와 더불어 그 덕이 합치되는 삶
(與天地合其德)'이란 다름 아니라, 이 우주의 만유와 더불어 서로 균형을
이루고 조화를 이루는 삶을 말한다. 따라서 이는 '신神 중심' 혹은 '사
람 중심'의 차별화와 그 위계位階를 벗어나는 길이기도 하다. 나아가

---

21 『東經大全』「論學文」, "氣有正而心有定 故與天地合其德."

이는 신 중심의 중세적 세계관, 또는 사람 중심의 근·현대적 세계관에 기초한 이성 중심주의의 폐해에서 벗어나 새로운 우주적 질서를 이룩하려는 동학적 포스트 모더니즘이기도 하다.

이런 동학의 현대적 의의는 수운 선생의 도를 이은 해월 선생에 이르러 더욱 구체적으로 심화되고 있음을 볼 수가 있다. 해월 선생은 지금까지 인류를 지배해 온, 약육강식弱肉强食·적자생존適者生存의 관점을, '이천식천以天食天'이라는 공생과 상생相生의 장으로 설파하고 있음을 볼 수가 있다. 다음과 같은 해월 선생의 말을 들어보기로 하자.

내 항상 말하기를 '물건마다 한울이요 일마다 한울'이라고 하였다. 만약 이 이치를 옳다고 인정한다면 모든 물건이 다 한울로써 한울을 먹는 것 아님이 없을지니, 한울로써 한울을 먹는 것은 어찌 생각하면 이치에 서로 맞지 않는 것 같으나, 그러나 이것은 인심人心의 편견에 치우쳐서 보는 말이요, 만일 한울 전체로 본다면 한울이 한울 전체를 키우기 위하여 동질同質이 된 자는 서로 도움으로써 서로 기화氣化를 이루게 하고, 이질異質이 된 자는 한울로써 한울을 먹는 것으로써 서로 기화氣化를 통하게 하는 것이니, 그러므로 한울은 한쪽 편에서 동질적 기화로 종속을 기르게 하고, 한쪽 편에서 이질적 기화로써 종족과 종족의 서로 연결된 성장 발전을 도모하는 것이다. 합하여 말하면 한울로써 한울을 먹는(以天食天)다는, 곧 한울의 기화작용으로 볼 수가 있는 것이다.[22]

즉 해월 선생은 이 우주 만상을 인심의 편견에 치우쳐서 바라볼 것

---

22 『海月神師法說』 「以天食天」.

이 아니라, 전일적全一的 생명체로 볼 것을 강조하고 있다. 이는 다른 말로 하면, 이성 중심이 아닌 영성靈性에 의한 우주·만물관이기도 하다. 이와 같은 견지에서, 해월 선생은 햇살을 보내고 비를 내리게 하여 만유를 자라나게 하고 또 살아가게 하는 것은 곧 '동질적 기화氣化'로 종속을 기르는 것이요, 먹이를 위하여 먹고 먹히는 것은 곧 '이질적 기화氣化'로 서로 연결된 성장 발전을 도모하는 것이라고 설파하고 있다. 곧 동식물이 먹이를 위하여 다른 동식물을 잡아먹는 것은 약육강식에 의한 살육과 다툼이 아니라, 한울이 한울을 먹음으로써 일으키는 기화 작용, 곧 비를 내리고 햇살을 보내어 만유를 살아가게 하는, 그러한 우주적 조화로움을 이루는 작용과 동일하다는 것이 해월 선생의 생각이다.

이러한 해월 선생의 생각은 곧 자신의 스승인 수운 선생이 제시한 '불연기연不然其然'에 의한 것이라고 하겠다. 불연기연은 동학의 매우 중요한 사유 체계로서, 원인에 대한 경험적 추론이 '기연其然'이 된다면, 궁극적인 원인에 대한 철학적 논구가 곧 '불연不然'이다. 즉 어떠한 원인에 대하여 경험을 바탕을 하는 추론으로 볼 것 같으면, 이 우주는 모두 다른 개체로 이루어져 있다고 보게 된다. 다시 말해서 나의 아버지가 너의 아버지와 다르니 우리는 서로 다른 사람이라는 식의 인식이 된다. 이러한 인식에 따르면 우리의 삶과 우주적인 질서를 '너와 나', 나아가 '여성과 남성', '인간과 자연', '삶과 죽음' 등의 이원적인 성격으로 파악하게 되고, 이는 점점 양극화되어 질시와 파괴로 치닫게 된다. 그러나 그 차원을 달리 해서 이들 모두가 궁극적인 면에 있어, 우주적 공동체와 그 근원을 같이 하는 것이라고 본다면, 이들 만유는 개체이면서 동시에 일체인 것이다. 서로 다투고 싸울 것이 아니라, 서로 어우러져 살아야 하는 당위성이 여기에서 비롯된다. 그러므로 먹고 먹히는 생태계 역시 약육강식의 쟁탈이 아니라, 어우러져 살아가는 '기화 작용'이 진행되고 있다고 보는 것이다.

이와 같이 동학의 가르침은 물질과 정신, 전체와 개체, 인간과 자연, 신과 인간을 비롯한 모든 이원적인 대립과 모순을 극복하여, 조화와 균형을 이루는 데에 그 핵심이 있다.[23] 이것은 오늘과 같은 포스트모던 시대가 안고 있는 문제인, 자기 아닌 타자를 자기 속에 귀속시킴으로써 자기의 동일성을 확보하고자 하는, 동일성의 논리로 인하여 빚어지는 폭력으로부터 벗어나는 길이며, 화해와 조화를 지향하는 길이기도 한 것이다.

즉 이성의 도구화, 과학 기술의 이데올로기화 등으로 인하여, 이 우주마저 종속시키려는 포스트 모던 시대, 동학은 부 · 권력 · 지식에서 도덕으로, 투쟁과 분열에서 하나됨으로, 남성 중심 가정에서 부화부순夫和婦順의 가정으로, 인간 중심에서 생명 중심으로,[24] 분열과 억압의 선천에서 새로운 삶의 질서인 후천으로 인류의 행보를 옮겨놓고자 그 가르침을 펼치고 있는 것이다. 바로 이와 같은 면에서 동학 창도의 현대적 의미를 찾을 수 있을 것이다.

이러한 수운 선생의 가르침은 그가 한울님으로부터 무극대도無極大

---

23 이러한 모습의 구체적인 것으로, 수운 선생은 『龍潭遺詞』「興比歌」에서 "무궁한 이 울 속에 무궁한 내 아닌가."라고 노래함으로써, 유한한 삶을 살고 있는 사람이 무한한 이 우주와 더불어 무궁해지고 우주와 사람, 신과 사람 나아가 사람과 사람이 서로 일치 · 조화를 이루는 삶, 바로 이와 같은 삶이 동학이 지향하는 삶임을 설파하고 있다.
24 길희성 외, 『경전으로 본 세계종교』, 전통문화연구소, 2001, 390~392쪽.

道를 받는 결정적인 종교 체험[25]을 한 이후, 세상의 사람들에게 도道를 펴기 시작하는 경신년(庚申年, 1860)에서, 관에 체포되어 처형을 당하는 갑자년(甲子年, 1864) 초까지, 근 4년간에 걸쳐 집중적으로 펼쳐졌던 가르침들이다.

수운 선생의 생애는 엄밀한 의미에서 두 단계로 나누어진다. 즉 경신년 4월 한울님으로부터 도를 받기 전의 생애와 득도 이후의 생애로 나뉜다. 다시 말해서 수운 선생의 생애에 있어 종교 체험은 그 생애를 구분하는 매우 중요한 기점이 되고 있다.[26]

종교 체험 이전의 수운 선생은 단순히 어지러운 세상을 근심하며 고뇌하던 한 사람의 지식인이었다면, 종교 체험 이후의 수운 선생은 세상을 구할 수 있는 새로운 진리와 확고한 신념을 지니게 되었으며, 세상 사람들에게 자신의 도道를 펴는 한 종교의 교조教祖로 전이된다.

다시 말해서 수운 선생은 경신년 4월을 기점으로 자신과 자신이 딛고 있는 현실적인 문제를 일상적인 차원에서 극복하고자 고뇌했던 한 젊은 지식인에서, 비일상적인 차원 또는 종교의 경지, 즉 성聖의 차원에서 현실을 고뇌하고 문제를 해결하려는 종교적 인물로 바뀌었다고 하겠다.

그러므로 경신년 이전의 삶을 한 지식인의 삶이라고 한다면, 이후의 삶은 보다 구체적인 제세濟世의 의지를 지닌 종교적인 삶이라고 할

---

25 수운 선생은 『東經大全』과 『龍潭遺詞』 도처에, 자신의 종교 체험에 관하여 기술하고 있다. "天恩이 罔極하여 庚申四月 初五日에 글로 어찌 기록하며 말로 어찌 成言할까. 萬古 없는 無極大道 如夢如覺 得道로다"(『龍潭歌』), 또는 "不意四月 心寒身戰 疾不得執症 言不得難狀之際 有何仙語 忽入耳中"(『布德文』) 등과 같이 표현하고 있다.

26 尹錫山, 『龍潭遺詞 研究』, 민족문화사, 1987.

수 있다.[27] 비록 한울님으로부터 무극대도無極大道를 받는 결정적인 종교 체험 이후의 삶이 시간적으로는 4년에 불과하지만, 이는 곧 오늘의 수운 선생을 존재할 수 있게 한 삶이요, 또 수운 선생 전 생애에 값할 수 있는 삶이라고 할 수가 있을 것이다.

수운 선생의 종교적인 생애는 다시 지속적인 수련을 통해 한 교조로서의 면모를 보다 면밀히 다듬어 가던 시기와, 한 종교의 교조로서 당당한 면모와 종교적 교의를 펴던 시기, 즉 종교적 생애의 전기와 후기로 나누어 볼 수가 있다.

수운 선생은 한울님으로부터 영부靈符와 주문呪文을 받는[28] 경신년 종교 체험 이후, 거의 1년 가까이 종교적 수행을 계속한다. 결국 수운 선생은 이 기간 동안 보다 커다란 깨달음을 향해 정진을 한다.[29] 이와 같은 수행과 수련 이후 수운 선생은 마침내 신유년(辛酉年, 1861) 6월에 이르러 대중들을 향해 도道를 세상에 펼치는 포덕을 시작하게 된다.[30] 그러나 관의 지목과 경상도 일대의 유림들의 탄압으로, 이 해 11월 경주를 떠나 전라도 남원 근교의 은적암隱跡庵에 들어가 한 겨울을 보내며 또 다시 정진하게 된다.[31] 남원 은적암에서 수운 선생은 '동학의 본체를 밝힌다'는 의미의 「논학문論學文」을 쓰고,[32] 이어서 경주 근교로

■

27 이와 같은 문제는 오늘 東學을 이은 天道敎團에서 동학의 起源을 여타의 다른 종교들과 같이 수운 선생이 태어난 1824년에 두지 않고, 수운 선생이 得道를 한 1860년에 두게 되는 그 이유가 되기도 한다.

28 『東經大全』「布德文」, "吾有靈符 其名仙藥 其形太極 又形弓弓 受我此符 濟人疾病 受我呪文 敎人爲我則 汝亦長生 布德天下矣."

29 『東經大全』「論學文」, "吾亦幾至一歲 修而度之則 亦不無自然之理."

30 『道源記書』, "適至辛酉春 作布德文 時惟六月 將有布德之心."

31 『天道敎會史』「天統」.

32 『道源記書』, "難禁一夜之半 寒燈孤枕 輾轉反側 而切賢友之共懷 妻子之相思 强作道修詞

다시 돌아온 직후 「수덕문修德文」을 써서[33] 자신의 종교적인 신념과 입지를 더욱 공고히 하고 있다.

즉 경신년 종교 체험 이후 길을 떠나 은적암에 들어 은둔하며 종교적인 수행을 정진하던 때까지를 수운 선생의 종교적인 생애의 전기로 볼 수 있고, 이후 본격적인 관의 지목과 함께 제자인 해월海月 최시형(崔時亨, 1827~1898)에게 도통道統을 전수하고 천도天道를 위해 대구 장대將臺에서 순도하던[34] 그때까지를 종교적인 생애 후기로 볼 수가 있을 것이다.

이처럼 수운 선생의 생애는 한 젊은 지식인으로서 새로운 가르침을 얻고자 고뇌하며 떠돌던 구도적求道的 청년기의 삶[35]과 종교 체험 이후 종교의 교조로서 구체적인 자신의 가르침을 세상에 펴 나가던 종교적인 삶으로, 또한 종교적인 삶은 은적암 생활을 기점으로 전기와 후기로 나누어 볼 수가 있다. 이 글은 이러한 생애의 시기 구분을 바탕으로 수운 선생의 생애와 행적, 그가 펼친 수행修行의 방법, 그리고 그의 종교 사상을 조명하고자 한다.

■
又作東學論 勸學歌" 동학 초기에는 「論學文」을 「東學論」이라고 불렀음.

33 『道源記書』, "竟至六月 作修德文 又作夢歌."

34 水雲 선생이 '天道를 위해 殉道를 했다'는 의미는, 수운 선생이 자신의 사사로운 목숨을 위해 살기를 도모하지 않고, '天道'라는 인류를 살릴 수 있는 道를 온건히 세상에 펴기 위하여 殉道를 택하였다는 뜻이다. 즉 자기 중심적인 마음에서 벗어나, 자신을 완전히 잊고 어떠한 고초가 따른다고 해도 '天道라는 大義'를 따른다는 의미가 이에는 담겨져 있는 것이라고 하겠다.

35 이러한 수운 선생의 청년기 삶을 동학 교단에서는 '周遊八路'라고 부른다.

제2장 출생과 성장

1. 수운 선생의 출생담

수운 선생의 본관은 경주慶州이고, 이름은 제우濟愚, 자字는 성묵性默, 호는 수운水雲, 또는 수운재水雲齋이다. 순조 24년인 1824년 10월 28일 (음) 오늘의 경주시慶州市 현곡면見谷面 가정리柯亭里에서 아버지 최옥崔 溶과 어머니 한씨韓氏 부인 사이에서 태어났다.[1]

수운 선생이 태어났고 또 성장한 경주는 신라의 옛 수도로서 고색 창연한 도시이다. 이곳 경주에서 동북쪽 영천 방면으로 약 40리쯤 올 라가면, 수운 선생이 태어난 '가정'이라는 마을이 나온다. 이 마을은 예로부터 경주 문화권에 속하는 마을이었다.

이곳 가정리에는 경주 최씨들의 한 일족이 집성촌을 이루고 오래 전부터 살고 있었다. 이들은 스스로 자신들을 경주 최씨의 일족인 가

---

1 『天道敎會史』「天統」"大神師 布德前 三十六(朝鮮開國四千一百五十七年) 甲申 十月 二十八日에 朝鮮 慶州 柯亭里에서 誕生하시니…."

암佳岩 최씨라고 부르고 있다.[2] 마을 건너 앞쪽에는 이 마을의 주산主山을 이루는 구미산龜尾山이 수려한 모습을 자랑하며 서 있고, 구미산을 바라보며 오른쪽으로는 구만리장천산九萬里長天山이 구릉을 이루며 펼쳐지고 있어 작은 분지의 형태를 띠고 있는 마을이다.

수운 선생이 태어나 성장한 곳은 오늘의 가정 1리로서, 옛 집은 없어졌고[3] 후인들이 그 집터에 세운 그의 유허비遺墟碑만이 남아 있을 뿐이다. 가정리 마을을 내려보듯이 그 수려한 자태를 펼치고 서 있는 구미산에서 흘러 내려오는 계곡의 물은 산 입구에 이르러 자그마한 연못을 이루고, 마을 앞을 지나 남쪽으로 흐르는 내를 이룬다. 산자락이 끝나는 자리에 계곡의 맑은 물이 모여서 이루어진 연못은 구미산 기슭에 자라는 나무며 풀들과 어울려 구미산의 풍치를 더해 주고 있다. 이 연못을 지나 계곡을 따라 산길로 접어들면, 얼마 오르지 않아 병풍같이 펼쳐진 바위와 작은 폭포를 만나게 된다. 이 작은 폭포를 용추龍湫라고 부른다. 용추 폭포 왼편으로 삼림이 우거져 있고, 이 삼림을 배경으로 날아갈 듯 작은 정자가 자리하고 있는데, 이 정자가 바로 동학의 창도주인 수운 최제우 선생이 한울님으로부터 도道를 받아 세상에 펼친, 그 진원지인 용담정龍潭亭이다.

본래 이 정자 터에는 복령福齡이라는 중이 세운 원적암圓寂庵이라는 작은 사찰이 있었는데, 창건한 지 얼마 되지 않아 문을 닫게 되어 이내 낡고 허물어진 것을 수운 선생의 할아버지가 이 원적암과 아울러

---

2 『龍潭遺詞』「龍潭歌」, "奇壯하다 奇壯하다 龜尾山氣 기장하다 거룩한 佳岩崔氏 福德山 아닐런가."

3 수운 선생이 태어난 집은 이미 수운 선생 당시에 火災로 인하여 燒失되었다. 『東經大全』「修德文」, "先考平生之事業 無痕於火中."

인근의 산과 밭을 사들여 젊은 사람들이 공부하도록 학사學舍를 만들어 주었다. 이에 근암공의 스승 되는 기와공畸窩公 이상원李象遠이 '와룡암臥龍庵'이라는 이름을 붙여 주었고, 그 이후 근암공 최옥이 다시 수리하여 '용담서사龍潭書社'라 이름하고 거처하면서 제자들을 가르치기도 하였다.[4] 이 용담정이 있는 계곡을 마룡골馬龍谷이라고 부르는데, 용담정 뒷편으로 펼쳐진 바위 계곡의 양 옆에 용마龍馬의 발자국이 찍혀 있다고 하여 붙여진 이름이다. 지금도 그 계곡 바위에는 말 발자국 같은 모양의 홈이 마치 지금 막 용마가 계곡을 박차고 하늘로 승천하면서 남긴 것처럼 선명히 남아 있음을 볼 수 있다.[5] 또한 이곳은 이러한 용마 발자국과 함께, 용마 전설이 오래 전부터 내려오고 있다.[6] 이와 같은 여러 가지 이유들로 인하여 이 정자의 이름을 '용담'이라고 한 것이다.[7]

이곳 가정리 일대 주민들의 주업은 농사이다. 대대로 내려오는 유풍과 함께 전형적인 농촌을 이루고 사는 마을이다. 수운 선생의 아버지 최옥은 이곳에서 누대로 살아온 선비이다. 최옥은 그 선조가 신라 말기의 대학자 최치원이라고 한다. 그러나 그 이후 이 가문에서는 크게 벼슬을 했던 사람은 없었고, 중시조重始祖라고 할 수 있는 최예崔汭라는 사람으로부터 7대조가 되는 정무공貞武公 최진립崔震立이 종2품

---

4   최옥,『近庵集』卷二・龍潭二十六詠序, "戊戌間山之僧福齡 創庵於是潭之北厓 名圓寂 未幾庵廢 我先君買屋子若山田數畝 命予小子曰 爲若輩讀書肄業地 吾師畸窩公 命臥龍庵."

5   尹錫山,『龍潭에서 古阜까지』, 신서원, 1998, 11~12쪽.

6   조동일,『동학 성립과 이야기』, 홍성사, 1981, 197쪽.

7   '臥龍庵'이라고 했던 정자의 이름을 近菴公이 '龍潭書社'로 고친 것은, 이보다 먼저 인근 天龍山에 崔翊之라는 사람이 臥龍庵이라는 암자를 지었기 때문이다.(『近庵集』「龍潭二十六詠 幷序」)

의 벼슬에 올랐을 뿐이다.[8] 최진립은 임진왜란 때에 종군하였고, 이후 무과에 급제하고 정유재란에 공을 세워 벼슬에 오른 뒤에 병자호란을 맞아 참전 중 전사를 한 사람이다. 그 공훈으로 정무貞武라는 시호諡號를 받게 되었고, 경주 근교 용산서원龍山書院에 배향되었다. 그러나 최진립 이후 최옥에 이르는 동안 집안은 다시 한미해지고 말았다.

최옥 자신은 비록 벼슬을 지내지 못한 한미한 집안의 자손이나, 학문적으로는 영남학파嶺南學派의 계맥을 이은 선비로서,[9] 문명文名과 학문이 영남 일대에 제법 알려졌다. 그 객관적인 자료로서는 최옥 사후에, 그의 제자들이 꾸민 문집을 들 수가 있다. 『근암집近菴集』이라는 목판본과 필사본으로 된 『근암유고近菴遺稿』가 오늘까지 전하고 있어 이를 뒷받침해 준다. 그런가 하면 최옥은 조선조의 대학자이며 문필가인 노계蘆溪 박인로朴仁老의 문집을 편찬할 때 영남의 여러 학자들과 같이 참여한 인물이기도 하다.[10] 이런 사실들을 통해서 볼 때 최옥은 다만 동네에서 아동이나 가르치던 선비가 아니라, 그 문명이 영남 일대에 제법 알려진 선비라는 것을 짐작할 수가 있다.

그러나 최옥은 매우 가난한 선비였다. 더구나 두 번씩이나 상처喪妻하여, 여러 가지 면에서 곤궁할 수밖에 없었다. 최옥이 살던 조선조 말엽은 사회적으로나 정치적으로나 어려웠던 시대이다. 특히 임금의 외척들에 의하여 세도 정치가 자행되었고, 서서히 무너지는 봉건 질서와 시나브로 밀려드는 외세 때문에 매우 극심한 혼란을 겪던 시기

■

8 『慶州崔氏見谷派譜』.
9 近庵公은 退溪 李滉, 鶴峯 金誠一 등 정통 嶺南의 학맥을 이은 畸窩 李象遠의 문하에서 수학을 하였다.
10 『蘆溪集』 卷二·跋, '月城崔溰謹書.'

였다. 사회적·정치적 혼란은 관리의 부패를 낳고, 관리의 등용문인 과거 제도까지 문란해져서 정상적인 방법, 즉 학문적인 능력만으로는 도저히 과거에 등제할 수 없을 정도로 질서가 무너졌던 시대이다.

기록에 의하면, 최옥은 여러 차례 과거에 응시했다. 그러나 경상도 시골의 빈한한 선비 최옥이 과거에 급제할 수 없었던 것은 그 당시 시대적 상황으로 보아 명약관화한 일이었다.[11] 당시의 과거라는 인재 등용 제도는 이미 형식에 지나지 않았다. 돈 있고 세력 있는 사람이 시험관이나 관리하는 사람을 매수하여 문제를 미리 빼낸다거나, 또는 미리 작성된 답안을 사들여 과장科場에서 바꿔치기를 한다거나, 시험 도중 시험관이 앞에 서서 대신 답안을 작성한다거나, 학식이 높은 사람을 매수하여 대리 시험을 치르게 하는 등[12]의 부정이 공공연히 자행되었고 그 부정 수법이 이루 헤아릴 수 없을 정도였다. 그러므로 고지식하고 또 재산도 권력도 없는 최옥이 과거에 여러 번 낙방했다는 것은 너무나도 당연한 일이 아닐 수 없다. 이와 같은 최옥의 이야기가 가정리 일대에 아직 전하고 있다.

월성군 일원에서 채록된 설화에 의하면, 최옥이 아홉 번씩이나 과거를 치렀으나 한번도 급제를 못하고 번번이 낙방하여, 자신의 재주 없음을 한탄하며 고향으로 돌아가는 길에 나룻배를 타고 한강을 건너려 할 때, 부끄러워 고향에도 내려갈 수도 없고 신세도 처량하여 강둑에 앉아 신세를 생각하며 울고 있으려니, 그 옆에서 빨래하던 웬 할머

---

11 近庵公은 나이 20세 이후 지방 鄕試에 8번 나가서 모두 합격하였고, 굉사시에도 합격하였다. 그러나 서울에서 보는 覆試에는 번번이 落榜했다.

12 당시 科擧試驗의 不正行爲는 공공연한 것으로, '漏泄', '借述', '監怠', '代述', '書持' 등 그 부정의 방법에 관한 用語가 공공연하게 세상에 떠돌던 시대였다.

니가 최옥을 달래며 말하기를, "영남의 최옥이라는 사람은 과거에 아홉 번이나 낙방을 했는데도 아무 말도 하지 않고 그냥 갔는데 대장부가 과거에 떨어졌다고 우느냐?" 하며 위로했다고 한다.[13] 이런 이야기가 경주 근교에 민담으로 오늘까지 전해지고 있을 만큼 최옥은 과거에도 많이 낙방하였고, 또 매우 어렵게 살아가던 선비의 전형이었다.

나이 50이 지나 최옥은 스스로 과거를 포기하고, 앞에서 이야기한 바와 같이 아버지로부터 물려받은 정자를 용담이라 이름하고, 스스로 산림처사山林處士를 자처하며 한가로이 살아가게 된다.[14]

한사寒士를 자처하며 용담정에서 제자나 가르치며 세월을 보내던 어느 날, 최옥은 이상한 일을 겪게 된다. 동학 교단의 기록인 『천도교서天道教書』나 『천도교창건사天道教創建史』, 『천도교회사天道教會史』 등에 다음과 같은 이야기가 전하고 있다.

최옥은 문장文章과 도덕道德과 가세家勢가 아울러 융성隆盛하되 다만 사십四十이 넘도록 자식子息이 없음을 한탄恨歎하더니 하로는 우연偶然히 내실內室에 들어간즉 어떤 생면生面한 부인婦人이 자리에 잇는지라 그 온 까닭을 물은즉 말하되 "나는 금척리金尺里 사는 한씨韓氏 과부寡婦로서 이십세二十歲부터 독거獨居하야 지금只今 나이 이미 삼십三十에 이르도록 친가親家에 잇엇더니 오늘 아침에 문득 정신精神이 혼도昏倒하면서 해와 달이 품속으로 들어오고 이상한 기운氣運이 몸을 싸더니 부지불식不知不識中에 이곳에 왓나이다." 하거늘 최옥은 이 말을 듣고 기이奇異히 생각할 뿐만

■
13 조동일, 『韓國口碑文學大系』 7-1, 한국정신문화연구원, 1980.
14 『龍潭遺詞』 「龍潭歌」, "立身揚名 못하시고 龜尾山下 一亭閣을 龍潭이라 이름하고 山林處士 一布衣로 後世에 傳탄 말가."

아니라 또한 감동感動된 바 잇어 서로 부부夫婦의 의義를 맺더니.[15]

> 부父 산림공山林公이 문장도덕文章道德이 일세一世에 저명著名하야 다만 임천林泉에 소요逍遙함으로써 낙樂을 삼을새 상尙히 무자無子함으로 항상 우려憂慮하니 문도중門徒中 한모韓某(名未詳)가 산림공山林公의게 고왈告曰 "제자弟子의 고모姑母가 과거寡居하오니 선생先生은 재취再娶하심이 여하如何하오잇가." 산림공山林公이 거절拒絶하였더니 일일一日은 산림공山林公이 내실內室에 입入하니 일부인一夫人이 내정內庭에 입좌入坐어늘 심심이 파이頗異하야 이유래其來由를 문문問한대 대왈對曰 "첩妾이 금년今年에 금척리今尺里 친가親家에서 과거寡居하더니 홀연忽然히 정신이 혼미昏迷하여 사몽비몽간似夢非夢間에 태양太陽이 회중懷中으로 입入하며 또한 이기異氣가 신身을 휴휴携하야 부지중不知中 차처此處에 지至하엿노라." 하다. 산림공山林公이 차언此言을 문문聞하니 기부인其夫人은 즉卽 한모韓某의 고모姑母이라. 차此는 천록天緣이라 하고 수遂히 동거同居하니…[16]

위에 예시한 두 이야기는 수운 선생의 어머니인 한씨 부인에 관한 이야기로, 이를 종합해 보면, 수운 선생의 아버지인 최옥이 이상한 기운에 휩싸여 자신의 집을 찾아 들어온 어떤 여인을 부인으로 맞아들였다는 이야기이다. 그 부인은 다름 아니라 최옥의 제자 한 사람이 자신의 고모라고 하며 재취再娶를 권유한 적이 있는 여인이기도 하다. 즉 한모韓某라는 제자의 고모되는 사람이다.

■

15 『天道敎創建史』 第1編 · 1章 「大神師의 誕生」.
16 『天道敎會史』 「天統」.

이 이야기가 암시하고 있는 것은 다름 아니라, 근암공 최옥이 한씨 부인을 만난 것은 하늘이 정한 필연에 의한 것이라는 사실이다. 즉 수운 선생의 탄생이 하늘의 계시에 의한 매우 필연적이라는, 그런 의미를 강조한 설화이기도 하다.

이들 이야기를 좀더 자세히 비교해 보면, 『천도교창건사』[17]에는 한씨 부인이 근암공 제자의 고모가 되는 사람이며, 앞서 중매를 한 적이 있다는 사실은 담겨 있지 않다. 그러나 이와 비슷한 시기에 나온 『천도교회사』에는 한씨 부인에 관한 더 상세한 사실들이 밝혀져 있다. 그런가 하면 이들 기록보다도 앞선 기록이며, 동학의 기록 중에서 가장 오래된 『도원기서道源記書』[18]에는 한씨 부인이 이상한 힘에 이끌리어 왔다는 등의 이야기가 전혀 보이지 않는다.

즉 오래된 기록일수록 수운 선생 어머니에 관한 신비담이 담겨 있지 않음을 알 수 있다. 이런 사실로 보아, 수운 선생 어머니에 관한 신비담은 민간에서 생성되는 영웅 설화와도 같은 것으로, 후대로 내려오면서 수운 선생의 탄생에 첨가된 것으로 생각된다. 즉 이런 요소들은 동학의 교조인 수운 선생의 출생이 범상한 것이 아니요, 하늘의 뜻에 의한 것이라는 사실을 상징하고 암시하기 위한 장치라고 하겠다. 나아가 이러한 요소들은 비록 수운 선생이 근암공 최옥의 세 번째 부인인 한씨라는 재가녀再嫁女로부터 출생을 하였지만, 오히려 그 출생이 하늘의 뜻에 의한 것임을 강조하고, 나아가 수운 선생이 비범한 인물임을 강조하기 위한 하나의 장치가 된다. 실상 조선조에 있어 제도

■
17 『天道敎創建史』는 초기 천도교의 이론가인 野雷 李敦化가 1933년에 지은 책이다.
18 『道源記書』는 동학의 2세 敎主인 海月 崔時亨이 주관을 하여 1879년 旌善의 房時學이라는 제자의 집에서 간행한 漢文本 기록이다.

상 과부는 재혼을 할 수 없었으며, 그러므로 재가녀의 아들은 적자嫡子로서 대접을 못 받던 시대였기 때문이다.

수운 선생은 이렇듯 빈한한 선비 최옥과 재가녀 한씨 부인 사이에서 태어난 사람이다. 비록 재가녀의 아들이라는, 당시 사회 제도로 보아 소외될 수 있는 신분으로 태어났어도, 가난한 선비 최옥이 나이 60이 넘어서 새로 맞이한 부인 한씨로부터 얻은 매우 귀한 손이었다. 그러므로 어린 수운은 근암공으로서는 매우 아끼는 아들이었다.[19]

최옥은 나이 36세에 첫 번째 부인인 정씨 부인과 사별을 하였고, 다시 서씨 부인을 맞이했으나 나이 50세 때에 또다시 사별하였다. 특히 첫 부인인 정씨에게서는 아들을 하나 얻었으나 곧 사망하고 딸만 하나 두었고, 두 번째 부인인 서씨에게서는 딸 둘을 두었으나 아들은 없었다. 그래서 조카인 제환濟與을 양자로 들였다. 이런 상황에서 친아들인 수운 선생이 태어났으니, 최옥으로서는 그 마음이 어떠하였겠는가. 수운 선생이 태어날 때에 최옥의 양자인 제환은 이미 36살이라는 장년의 나이였다.

수운 선생의 당시 신분에 관하여 다소의 논란이 있다. 수운 선생을 서자庶子라고 보는 사람이 있는가 하면, 한씨 부인이 최옥의 후취後娶일 뿐 첩실이 아니기 때문에 서자가 아니라는 주장도 있다. 수운 선생의 경우 우리나라의 서얼庶孼 제도로 이야기한다면 물론 서자는 아니다. 다만 후처의 자식일 뿐이다. 그러나 중요한 것은 경주 최씨의 족보에 수운 선생의 어머니인 한씨 부인이 정실로 올라 있지를 못하고 있다는 사실이다. 이는 곧 수운 선생의 어머니인 한씨 부인이 재가녀

---

19 『道源記書』, "山林公居常愛育 視同奇貨."

再嫁女이기 때문으로 생각된다. 따라서 재가녀의 손인 수운 선생은 그 신분이 서자라고 봄이 타당할 것이다.

이와 같은 수운 선생의 사회적인 신분이 수운 선생을 동학의 교조로 성장하게 하는 중요한 계기가 되었다는 연구가 있다. 즉 자신의 불우한 출생으로 인하여 자신의 뜻을 마음대로 펼 수 있는 기회를 갖지 못하고, 또한 사회적으로 억압을 받게 되므로 당대 사회의 불합리함을 일찍이 깨달은 수운 선생은 이를 극복하고자 노력하게 되었다는 것이다. 따라서 수운 선생을 심리학적인 입장에서 '주변인(周邊人, marginal man)'이라고 본 견해도 있다. 곧 자신이 지닌 지식은 당시 사회에 충분히 발휘될 수 있는 양반과 견주어 모자람이 없는데, 사회 지배층인 양반들과 같이 과거를 볼 수도 없고 상민常民과 같이 살아야 하는, 그러한 '한계'를 늘 느끼며 살아야 했다는 것이다.[20] 이러한 상황이 곧 수운 선생으로 하여금 새로운 길을 찾게 하고, 그것이 동학을 창도할 수 있는 계기가 되었다는 이야기이다.

실상 수운 선생은 그 아버지로부터 조선조의 정통적 학문인 성리학을 수학하여 다른 양반의 자제들과 같이 일정한 지식과 교양을 갖춘 사람이었다. 그러나 당시의 사회적인 제도 속에서는 결코 자신의 뜻을 펼 수 없었음이 수운 선생이 뼈저리게 겪고 있던 현실이기도 했다.[21] 즉 '재가녀의 아들'이라는 출생 배경과 이로 인하여 받게 된 서자라는 사회적 신분은 수운 선생으로 하여금 당시의 시대적인 상황을

---

20 申一澈, 「崔水雲의 歷史意識」, 『한국사상』 12집(최수운 연구), 한국사상연구회, 1974, 16쪽.

21 『日省錄』 등의 기록에 의하면, 庶孽出身이 '許通'이 되어 과거에 응시할 수는 있었지만, 당시의 현실은 이와는 다르게 사회에서 천대를 면치 못하였던 것이 사실이다.

다른 각도에서 보게 하는 동기가 되기에 충분했을 것이다. 더구나 수운 선생은 그 재질이 평범한 사람과는 남다른 데가 있었다고 한다.

동학의 여러 기록들에 의하면, 수운 선생이 태어날 때 경주의 주산인 구미산[22]이 기이한 소리로 사흘을 울었고, 또 태어나기를 전후하여 상서祥瑞로운 기운이 집 주위를 둘러싸고 있어, 신비로움이 감돌았다고 한다. 다음과 같은 기록들을 보기로 하자.

그 달부터 태기胎氣 있어 그해(甲申) 시월十月 이십팔일二十八日에 대신사大神師를 탄생誕生하시니 이 날에 천기天氣 청명淸明하여 서운瑞雲이 집을 둘루고 집앞 구미산龜尾山이 삼일三日을 크게 울었다.[23]

거금距今 일백년一百年 전전前前 갑신년甲申年 시월十月 이십팔일二十八日에 조선朝鮮 경주慶州 땅에서 우주宇宙를 개벽開闢시킨다는 큰 인물人物 하나이 탄생誕生하였다. 그는 지금至今에 세상世上 사람들이 불으고 있는 수운선생水雲先生이라는 사람이다. 선생先生은 최부한모가崔父韓母家 출생出生이니 전삼일前三日 동안 그 출생지出生地인 경주慶州 현곡면見谷面 가정리柯亭里 뒤 구미산龜尾山이 크게 진동振動하여 울었으므로 세상世上 사람들은 그때부터 이상異常타고 말들이 만었었다.[24]

탄생誕生의 시時에 자기紫氣가 옥실을 요요繞繞하고 이향異香이 실실室室에 만만滿滿

---

22 『龍潭遺詞』「龍潭歌」, "人傑은 地靈이라 名賢達士 아니날까. 하물며 龜尾山은 東都之 主山일세."

23 『天道敎創建史』「第1編」第1章.

24 吳知泳, 『東學史』「第1章」.

하며 구미산龜尾山이 삼일三日을 대명大鳴하다.[25]

　그때 하늘의 기운이 맑고 해와 달이 밝게 빛나며, 상서로운 구름이 방에 둘러 있었고, 구미산의 봉우리가 기이한 소리로 삼일을 울었다.[26]

수운 선생이 태어날 때에 상서로운 기운과 함께 구미산이 사흘간이나 울었다는 것은 이렇듯 동학의 모든 기록에 나타나고 있는 이야기다. 즉 수운 선생의 탄생에 하늘과 이 마을의 주산인 구미산이 서로 상응相應하여 상서로운 기운을 보내고 또 사흘씩이나 울었다는 이야기이다. 그만큼 수운 선생의 탄생은 특별한 것이며, 수운 선생이 특별한 존재로 이 세상에 태어난다는 것이 필연적이라는 의미가 담겨져 있다.

이와 같은 이야기는 우리의 설화 속에서 흔히 나타나는 것으로, 영웅이나 또 특별한 인물의 탄생을 암시하는 경우에 전개되는 화소話素들이다.[27] 그러나 궁극적으로 이와 같은 탄생담이 생겨나고 또 기록이 된 것은 다름 아니라, 동학이라는 도道를 펴고, 또 이를 민중들에게 실천한 수운 선생의 탄생을 매우 특별한 것이며 필연적인 것으로 믿고 싶어하는 민중들의 열망이 있었기 때문이라고 하겠다.[28] 즉 민중들 사이에서 일어났으며, 민중적 힘과 주체성을 강조한 동학은 그 교세를 펼쳐 나감에 따라서, 이들 민중들 사이에서, 구원의 열망에 의하여 이

---

25 『天道敎會史』「天統」.

26 尹錫山 譯, 『道源記書-초기 동학의 역사』, 신서원, 2001, "適其時 天氣淑淸 日月光曜 瑞雲繞室 龜尾之峰 奇鳴三日.

27 鄭在晧, 「龍潭遺詞에 나타난 水雲像」, 『신인간』 통권 403호, 1982, 11.

28 尹錫山, 「동학 설화와 동학의 역사」, 『比較民俗學硏究』 20집, 2000, 409~414쪽.

와 같은 동학 설화가 발생하게 된 것[29]으로 생각할 수 있다. 그러나 이와 같은 이야기는 이를 받아들이는 전승자의 의식 속에서 허구(fiction)로 인식되기보다는 사실로 인식되고 있으며, 그 내용 역시 예사롭게 받아들이지 않고 '신성시神聖視'되고[30] 있다.

따라서 이와 같은 수운 선생의 출생담에는 새로운 삶의 양식과 새로운 사회를 건설하여 현실적인 고통에서부터 구원을 받고 싶어하는 민중들의 지대한 꿈과 열망이 담겨 있다고 하겠다.

이러한 출생담과 유사한 이야기를 수운 선생이 직접 지은 『용담유사』 가운데서도 찾을 수가 있어 흥미로움을 더해 준다. 다음은 『용담유사』 중 「몽중노소문답가夢中老少問答歌」이다. 즉 꿈 속에서 노인과 젊은이가 서로 문답을 나눈다는 제목의 가사 중 일부이다.

> 곤륜산崑崙山 일지맥一支脈의 조선국 금강산이
>
> 기암괴석奇巖怪石 좋은 경 일만이천 아닐런가
>
> 팔도명산 다 던지고 천하승지 아닐런가
>
> 삼각산三角山 한양 도읍 사백년 지난 후에
>
> 하원갑下元甲 이 세상에 남녀간 자식 없어
>
> 산제불공山祭佛供 하다가서 (…중략…) 십삭十朔이 이미 되매
>
> 일일은 집 가운데 운무雲霧가 자욱하며
>
> 내금강 외금강이 두세 번 진동할 때
>
> 홀연히 산기産氣 있어 아들 아기 탄생하니

■

29 尹錫山, 「동학 설화 개관」, 『說話와 歷史』, 집문당, 2000, 748쪽.

30 임재해, 『민족 설화의 논리와 인식』, 지식산업사, 1992, 33~38쪽 참조.

기남자奇男子 아닐런가.(「몽중노소문답가」)

수운 선생의 출생담에 나오는 배경인 구미산 대신에 금강산으로 되어 있을 뿐, 매우 유사한 점이 많음을 볼 수가 있다. 이 「몽중노소문답가」의 내용에 관하여 초기 동학 교단에서는 대체로 두 가지의 견해를 갖고 있었다. 즉 이 노래 속의 '기남자奇男子'는 수운 선생을 상징한 것이라는 것이 그 하나이고, 다른 하나는 이 '기남자'와 같은 새로운 인물이 이내 이 세상에 다시 태어날 것을 수운 선생이 예언적으로 노래한 것이라는 견해가 다른 하나이다.

그러나 수운 선생의 출세出世 자체가 새로운 세상인 후천을 열어가는 계기가 되는데, 수운 선생의 뒤에 또 새로운 인물이 탄생된다는 것은 동학의 교의敎義로 보아 맞지 않는 것이다. 따라서 후자는 정통적인 동학 종단의 견해라고 보기가 힘들다.

여하튼 이러한 노래의 내용이 수운 선생 자신을 암시한 것이든 또는 새로운 선지자先知者의 출현을 예언한 것이든, 이 두 견해 모두에서 공통되는 것은 '기남자'가 상징하고 있는, 세상을 제도濟度할 새로운 인물의 출현에 대한 열망이 담겨 있다는 점이다. 즉 '범상하지 않은 탄생'을 이렇듯 비유적으로 노래한 것으로 여겨진다. 따라서 이러한 비유의 장치 속에는 여러 가지 상징이 담겨 있음을 유추할 수 있다.

조선은 그 도읍을 삼각산三角山 아래 정하고 그때까지 400년이라는 시간을 내려왔다. 이 노래는 '삼각산'으로 상징되고 있는 '조선조'가 이미 그 운이 다 하여 하원갑下元甲과 같은 시절을 맞이하게 되었고, 이러한 쇠운의 시대를 구원하기 위하여 삼각산보다도 더 명산名山인 금강산의 정기를 받아, 세상을 새롭게 열어 갈 사람인 '기남자'가 태어났다는 의미를 내밀하게 지니고 있는 것이라고 하겠다.

이렇게 본다면, 이 노래는 이제 운이 다하여 쓰러져 가는 조선이라
는 나라를 새롭게 구할 수 있는 존재는 다름 아닌, 새롭게 이제 세상
에 나타난 '기남자'라는 의미를 담고 있는 것이다. 그런가 하면, 이에
서 한 걸음 더 나아가 낡고 부패한 조선조를 부인하고 새로운 세상을
구현해야 한다는 변혁의 의미까지도 이에는 내포되어 있다고 하겠다.
즉 이와 같은 '기남자'가 함의하고 있는 것은, 수운 선생의 출생담이
지닌, 현실적인 고통에서부터 구원을 받고 싶어하는 민중들의 지대한
꿈과도 매우 흡사한 것으로, '새로운 선지자'의 출현을 기대하는 꿈과
열망이다.

즉 수운 선생의 신비로운 탄생을 전후하여 구미산이 사흘을 울었다
거나 상서로운 기운이 방 안에 감돌았다는 이야기는, 후일 수운 선생
스스로 부른 가사 작품인 「몽중노소문답가」의 내용과 이와 같이 연결
되며, 아울러 후일 그가 펼치는 새로운 차원의 삶, 새로운 질서의 삶을
지향하는 그의 선지자적 모습, 또는 선천先天의 낡은 세계를 부인하고
후천後天이라는 새로운 삶의 질서와 세상을 이 지상에 이룩하려는 그
의 개벽 운동에 대한 중요한 암시가 되고 있는 것이다.

2. 성장 과정

나이 60이 넘은 최옥의 만득자晩得子로 태어난 수운 선생은 아버지
근암공의 지극한 사랑을 받고 자란다. 유독히 영민하여 어려서부터

아버지를 비롯한 동네 어른들로부터 남다른 관심을 받기도 했다.[31]

이렇듯 그 영특함으로 근암공의 사랑을 받고 자라는 수운 선생은 동네 사람들로부터 '복술이'라는 아명兒名으로 불려졌다. '복술이'라는 아명은 일반적으로 '귀여운 어린 아이'라는 뜻의 이름이 된다. 지금도 가정에서 귀여운 자식에게는 '강아지'니 '복술이'니, 하며 부르는 것을 심심치 않게 볼 수가 있다.

그러나 이 아명을 다르게 해석하여, 복술卜術, 혹은 복술福術이라는 한자어와 연결시키고, 이를 통하여 수운 선생이 '복술이'라는 아명을 갖게 된 것은 어려서부터, 이른바 신이한 도술道術과 연관이 있는 행적을 많이 보였기 때문이라고 말하는 사람들이 있다.[32] 실제로 수운 선생이 후일 혹세무민惑世誣民의 죄목으로 관에 체포되어 국문鞠問을 받을 때, 취조관인 당시의 대구 감사는 '복술이'라는 이름으로 수운 선생을 취조하였고,[33] 이름을 근거로, 세상을 현혹하는 좌도左道를 펼친 것이 아니냐는 문초를 하기도 한다. 이와 같은 이야기가 세상에 전해 내려오듯이 수운 선생은 어려서부터 나름대로 신이한 행적을 많이 보여주었던 사람이기도 하다.

수운 선생이 열 살이 되던 해에 어머니인 한씨 부인을 여의게 된다.[34] 어머니를 여의고 연로한 아버지 밑에서 자라며 아버지로부터 한

---

31 『道源記書』, "稍至十餘歲 氣骨壯肅 智局非凡."

32 조동일, 앞의 책, 204쪽.

33 『日省錄』, 高宗元年 甲子 二月二十九日 庚子, "慶州東學罪人 崔福述等 究其本末 分輕重理 登聞事 允下矣." 이렇듯 官邊記錄에서 福述이라는 이름을 쓴 것은 당시 죄인을 貶下하는 관습에 의한 것이다. 따라서 수운 선생 역시 죄인으로 취급되어 兒名을 쓴 것이다.

34 『天道敎會史』「天統」, "大神師 十歲에 母韓氏夫人이 辛하고."

학을 배우게 된다.[35] 앞에서도 잠시 거론한 바와 같이 근암공 최옥은 영남학파 학문을 이은 선비이다. 따라서 수운 선생의 학문적 기초는 아버지인 최옥에게서부터 받은 것이요, 전통적 유학의 영남학파 계맥을 공부한 사람이라고 할 수 있다.

　총명한 아들을 가르치며 연로한 아버지는 자신이 이루지 못한 꿈을 아들인 수운 선생이 이룩하기를 고대한다. 그러나 어린 수운 선생은 그가 지닌 신분적인 제한도 있었지만, 성장하며 아버지와 같이 과거를 본다거나, 입신양명立身揚名하려는 생각을 한번도 하지를 않았다.

　어린 수운 선생은 마을의 어린아이들과 놀 때에도 남다른 영특함을 보여 사람들을 때때로 놀라게 했다고 한다. 특히 수운 선생의 눈빛이 남달리 번쩍여서 그 눈을 한번 본 사람은 스스로 외면할 정도로 형형한 빛을 발했다고 한다. 그래서 사람들이 이 어린아이는 역적逆賊의 눈을 지니고 있다고 말을 할 정도였다고 한다.

　어느 날 아이들과 같이 놀다가, 수운 선생의 눈빛을 가지고 어른들이 하는 말을 흉내내어, "너는 자라서 역적이 될 것이다."라고 말하며 놀렸다고 한다. 이때에 어린 수운 선생은 마치 어른이 아이들을 꾸짖듯, "나는 역적이 될 것이니 너희는 착한 백성이 되어라."라고 대답했다고 한다.[36] 역적의 뜻도 제대로 모를 나이에 이미 수운 선생은 남다른 생각을 담고 있었던 것이다.

■

35 수운 선생의 스승이 가까운 인척 아저씨뻘이 되는 畏窩公 崔琳이라는 설도 있다.(조동일, 『동학 성립과 이야기』, 홍성사, 1981, 83~87쪽.). 그러나 이는 口傳을 통한 것으로, 수운 선생이 자신의 저술인 『東經大全』을 통하여 진술한 사람은 아버지인 近庵公밖에 없다.

36 『天道敎創建史』「第1章」, "特別히 眼晴에 光彩가 잇어 눈을 뜨면 煅光이 사람을 엄습함으로 어렸을 때에 동무들이 父母의 외우는 말을 듣고 大神師를 戲弄하되 '너의 눈은 逆賊의 눈이라' 한즉 大神師는 平然히 대답하기를 '나는 逆賊이 되려니와 너이는 純良한 百姓이 되라.' 하엿고."

역적이란 다름 아니라, 당시 왕조에 대한 반역을 의미하는 것이 된
다. 일찍이 고려조에 만적萬積이 당시 왕조에 대하여 반역을 꾀한 적
이 있었다. 신분적으로 천한 노비였던 그는 "왕후장상이 태어날 때부
터 무슨 다름이 있는가(王侯將相 何有種)."라고 외치며 혁명을 꾀했다고
한다. 일찍이 만인 평등 정신을 바탕으로 한 혁명의 기치였다고 생각
된다. 어린 수운 선생 역시 마찬가지의 생각을 했던 것으로 생각된다.
그가 후일 펼친 동학의 사상을 바탕으로 볼 때에 어린 나이의 수운 선
생이 형형한 눈빛과 함께 아이들에게 던진 '역적'이라는 말은 다름 아
니라, 그 나름대로 봉건 사회가 지니고 있는 신분적 제도의 모순을 생
각하고 한 말이라고 볼 수 있다.

수운 선생은 나이 13살이 되던 해에 박씨 부인을 맞아 결혼을 하게
된다. 그로부터 4년 후 아버지 근암공마저 돌아가고, 가뜩이나 어려운
집안은 더욱 어려워진다. 수운 선생에게 있어 아버지의 죽음은 커다
란 충격이었다. 아직 어린 나이에 모든 것을 아버지에게 의지해 살던
수운 선생은 살아갈 길이 막막하지 않을 수 없었다. 이와 같이 어려운
중에 뜻하지 않은 화재로 집을 잃게 되어 더욱 곤궁함을 면할 수 없게
된다. 이러한 자신의 신세를 『동경대전』에서 다음과 같이 술회하고
있다.

세월이 흘러가는 것을 막을 길이 없고, 하루아침에 부모를 잃게 되는
슬픔을 당하게 되었다. 외로운 나의 목숨이 나이 겨우 열여섯이 되어 무
엇을 알았으리오. 아버지의 평생 사업은 불 속에 자취마저 찾을 수 없
고, 자손의 불초한 여한은 세상에서 낙심하게 되었으니, 어찌 슬프지 아

니하리오.[37]

부모가 남겨 놓은 작은 집마저 화재로 잃게 된 수운 선생은 젊은 날을 가난과 실의 속에서 보내게 된다. 하는 일마다 어긋나고, 뜻대로 되는 일이라고는 하나도 없어 실의의 나날을 살아가게 된다. 수운 선생은 60이 넘은 근암공의 늦둥이로 태어났기 때문에, 귀여움을 받았을 뿐만 아니라, 근암공은 하나뿐인 아들에게 자신의 뒤를 이을 공부만 시켰지 농사를 짓는 등의 일은 시키지 않았다. 그러므로 아버지를 여윈 수운 선생은 더욱 살 길이 막막했던 것이다. 이러한 수운 선생의 심정이『동경대전』중에 나오고 있다.

　　마음에는 떳떳이 가정을 일구고 싶지만, 농사 짓는 방법을 알지 못하고, 글 공부를 독실하게 하지 못하였으니 벼슬에 나갈 뜻도 좌절이 되었구나. 가산이 점점 어려워져 나중에 어떻게 되는지 알 수가 없다.[38]

그러므로 젊은 수운 선생은 장사꾼의 무리에 섞여 장사를 해 보기도 하고, 무료한 시간에는 활을 쏘고 말을 달려 보기도 하며,[39] 세상을 향한 울분을 터뜨려 보기도 한다. 그러나 그의 마음 한가운데에는 늘 어지러운 세상에 대한 걱정이 떠나지 않고 있었으며, 이 세상을 어떻

---

37 『東經大全』,「修德文」, "難禁歲月之如流 哀臨一日之化仙 孤我一命 年之二八 何以知之 無異童子 先考平生之事業 無痕於火中 子孫不肖之餘恨 落心於世間 豈不痛哉 豈不惜哉."

38 『東經大全』,「修德文」, "心有家庭之業 安和稼穡之役 書無工課之篤 意隆靑雲之地 家産漸衰 未知末稍之如何."

39 『道源記書』, "平生所志 潤達大度 有敎人爲上之也 而察其各理之凡術 則 必是明世誤人之理 故一笑打棄 又爲返武."

게 하면 올바르게 구할 수 있는가 하는 생각이 자리하고 있었다.

수운 선생이 살던 19세기 중엽은 조선조 말엽으로서 외척外戚에 의한 세도 정치로 왕권王權이 실추되었을 뿐만 아니라 삼정三政의 문란으로 모든 백성들이 어려움을 겪던 시대이다.

잘 알려진 바와 같이 조선조는 임진·병자 양란 이후 커다란 시대적 변화를 겪게 된다. 특히 농업 기술의 발전과 함께 부농층과 빈농층의 격차가 심해지고, 새로운 부농층이 지방 사회의 신흥 세력으로 등장하는가 하면,[40] 상업의 발달로 재산을 많이 모은 장사꾼이 또한 새로운 힘을 지닌 계층으로 등장하기도 한다. 그런가 하면, 과거 제도가 문란해지고, 과거 시험 자체가 요식적인 행위에 불과해 짐에 따라, 몰락하는 사족士族들이 생겨나게 되고, 이들은 살아가기 위하여 어쩔 수 없이 농업이나 상업, 심지어는 소작일까지 하게 된다.[41] 따라서 전통적인 신분 제도는 그 붕괴의 조짐을 보이고 있었고, 나아가 주자주의적朱子主義的 권위는 실추되고, 이에 따라 봉건적 질서가 본격적으로 무너지기 시작하는 때였다.

그런가 하면 이 시기에 이르러 연년이 겹치는 흉년과 질병[42] 그리고 도처에서 일어나는 민란民亂은 당시의 시대상을 더 큰 혼란으로 몰아가게 된다.

이와 같은 시대에 젊은 지식인인 수운 선생은 한편으로는 자신의 불우한 처지를 한탄하고, 다른 한편으로는 시대적 혼란과 위기를 걱

---

40 김용섭, 「農業生產力의 發展」, 『朝鮮後期 農業史 研究』 II, 일조각, 1991, 136~143쪽.
41 鄭奭鍾, 「朝鮮後期 社會 身分制의 崩壞」, 『대동문화연구』 9집, 성대대동문화연구원, 1972, 304쪽.
42 金龍德, 『朝鮮後期思想研究』, 乙酉文化社, 1977.

정하게 된다.

즉 수운 선생의 성장기는 첫째, 아버지 근암공으로부터 사랑을 받으며 교육을 받던 기간과 둘째, 아버지가 돌아가시고 화재로 인하여 각박하고 어려운 현실을 직시하게 되는 시기로 대별될 수 있다. 즉 아버지 근암공의 죽음과 화재로 보다 확연히 현실에 눈 뜨게 되고, 이 현실을 수운 선생은 새로운 전환의 시기로 삼게 된다. 그러므로 수운 선생은 "아버지의 평생 사업은 불 속에서 자취마저 없어졌다."[43]라고 말하게 된다.

아버지의 모든 것을 잃었다는 것은 곧 아버지로부터 벗어남을 의미하기도 한다. 아버지의 보살핌, 나아가 아버지로부터 교육 받은 성리학적 세계 등 모두를 이는 포함한다고 하겠다. 그러므로 수운 선생은 붕괴의 조짐을 보이는 봉건 사회가 지닌 여러 모순을 보다 분명히 직시하게 되고, 당시의 시대적 이념을 뛰어넘는 '새로운 가르침'의 필요성을 생각하게 된다.

이로써 수운은 세상을 구할 수 있는 '새로운 가르침', 즉 그 시대적 기성 이념인 주자주의를 부인하고, 봉건적 질서나 이념을 부인하며, 새로운 사회와 세계를 이룩할 수 있는 가르침을 찾고자 하는 젊은 지식인으로 성장해 가게 된다.

---

43 『東經大全』「修德文」, "先考平生之事業 無痕於火中."

제3장 구도·수행·득도

1. 주유팔로와 구도

수운 선생의 나이도 어느덧 스무살이 되었다. 자신이 처한 신세는 가련하고 세상은 어지럽고 민심은 흉흉하여 어디 한 군데 마음을 부칠 곳이 없었다. 젊은 수운 선생은 한동안 세상을 한탄하며 지내게 된다.[1] 그러던 어느 날, 불현듯 마음을 정하고 세상 풍속을 살피고자 주유팔로周遊八路의 길을 떠나게 된다. 수운 선생이 주유팔로의 길을 떠나는 것은 풍속을 살핀다는 목적도 있었지만, 궁극적으로는 어지러운 세상을 올바르게 가르칠 수 있는 '도道'를 얻기 위함이었다.[2]

수운 선생이 길을 떠난 것은 나이 스물한 살이 되던 1844년의 일이

---

1 『道源記書』, "家産漸衰 學書不成 意墜靑雲."
2 『道源記書』, "平生所志 闊達大度 有敎人爲上之心 而察各理之凡術則 必是明世誤人之理 故一笑打棄 又爲返武 幾至二年 藏弓歸商 周遊八路."

다.[3] 수운 선생은 『도원기서』의 기록과 같이 '장궁행상藏弓行商', 곧 무예 닦던 것을 멈추고 장사의 길을 떠났던 것이다. 한편으로 행상을 하며, 한편으로 세상의 풍속을 살피기도 하며 수운 선생은 10년 간, 즉 나이 가 서른한 살이 되는 1854년까지 장사도 하고, 또 세상 풍속도 살피며, 나아가 세상을 올바르게 구할 도를 찾아 방방곡곡을 떠돌았던 것이다. 이때 수운 선생은 주로 백목白木, 즉 무명 등의 생활 용품을 취급했다.[4]

이렇듯 생활 용품을 주로 취급한 수운 선생은 장사를 통해 전국 의 곳곳을 돌아다녔고, 또 가장 직접적이고 구체적으로 당시 서민들 과 만나 이들의 면면을 볼 수 있었다. 이를 통해 보다 구체적이고 또 온몸으로 감지할 수 있는 현실 감각을 수운 선생은 지니게 된다. 수 운 선생이 살던 19세기 중엽은 조선조 말엽으로 현실적으로 매우 어 려운 일들이 많았던 시대였다. 사회적 · 정치적 · 경제적으로 어지러 울 뿐만 아니라, 조선조의 지배 체계인 봉건 질서와 주자학적 세계관 이 결정적으로 붕괴되고, 이를 대체할 만한 새로운 신념 체계(A system of belief)가 아직 형성되지 않은, 그러므로 극도의 아노미(anomie) 상태에 빠져 들던 시기였다. 수운 선생은 이러한 시대의 혼란함과 무질서함 을 주유팔로를 통하여 더욱 깊이 실감하게 되고, 이러한 시대상을 『용 담유사』 도처에서 표현하고 있다. 그 중 가장 절실하게 수운 선생의 당시 마음을 나타낸 구절을 찾아보면 다음과 같다.

---

3 『本敎歷史』에 의하면, 수운 선생은 아버지 三年喪을 마치고 武藝 공부를 2년 정도 하다 가, 이를 거두고 장사의 길을 떠났다고 되어 있다. 아버지 근암공이 돌아가신 것은 1840 년, 즉 수운 선생이 17세 되던 해이다. 이러한 사실로 보아 3년상을 마치고 또 이후 2년 동안 무예를 닦고 주유팔로의 길을 떠났으니, 이때가 수운 선생이 21세가 되는 1844년이 라고 추정된다.

4 『高宗實錄』 卷1, 高宗 元年 十二月 二十日 壬辰, "五六年前 移寓蔚山地 賣買白木而資生 矣."

아서라 이 세상은 요순지치堯舜之治라도 부족시不足施요

공맹지덕孔孟之德이라도 부족언不足言이라.(「몽중노소문답가」)

위의 가사 내용은 당시의 시대상을 매우 단적으로 나타낸 것이다. 즉 당시의 혼란한 시대상을 가리켜 수운 선생은 요임금이나 순임금 같은 훌륭한 임금이 이 세상에 다시 나와도 제대로 다스릴 수 없는 시대이요, 또 공자나 맹자 같은 성인들도 어쩔 수 없는 세상이라고 한탄하고 있다.

유교적인 이념에서 추구하는 가장 이상적인 사회는 다름 아니라 요임금과 순임금이 다스리던 시대, 곧 요순시대가 된다. 유학이 지향하는 이상적인 사회인 대동세계大同世界[5]란 결국 맹자가 제시하고 있는 왕도 정치王道政治와 서로 통하고 있으며, 거슬러 올라가면, 요·순의 이상적인 정치와 그 연원을 같이 하는 것이 된다. 이는 왕도 정치가 요임금 순임금이 다스리던 태평성대를 그 전범으로 삼고 있기 때문이다. 그러므로 많은 조선조의 문인들이 난세를 맞아 요순의 시대로 돌아가고 싶은 염원을 노래하곤 했다.[6]

그러나 수운 선생은 당시의 시대적인 혼란은 요임금이나 순임금 같은 훌륭한 임금도 다스릴 수 없는 난세라고 말하고 있다. 그런가 하면 공자와 맹자 같은 성현도 그 덕을 올바르게 펼 수 없는 시대라고 극언

---

5 『禮記』「禮運篇」, "大道之行也 天下爲公 是故謀閉而不興 盜竊亂賊而不作 故外戶而不閉 是爲大同."

6 朝鮮朝의 文人들이 노래한 詩歌 중, 理想的인 太平盛大를 노래한 것은 모두 堯·舜 임금 시대를 노래하고 있다. 卞季良, 成守琛, 成運, 趙存性 등의 시조에 "康衢에 聞童謠하니 太平인가 하노라." 또는 "堯之日月이요 舜之乾坤이라 우리도 太平聖代에 놀고 놀가 하노라.", "堯舜 같은 임금 뫼아 聖代를 고쳐보니" 등과 같이 모두 太平聖代로서 堯舜時代를 들고 있다.

하고 있다. 이러한 모습은 곧 당시의 시대상을 단적으로 나타내는 말이기도 하지만, 결국은 유교적인 이념이나 전범으로는 결코 이와 같은 난세를 극복하고 새로운 세상을 이룩할 수 없다는, 지금까지 조선조 사회를 유지해 왔던 유교적 이념에 대한 과감한 종언 선언이기도 하다. 그러므로 수운 선생은 "유도儒道 불도佛道 누천년累千年에 운이 역시 다했던가."[7]라고 한탄하기도 한다.

이러한 당시의 시대적인 모습을 수운 선생은 다음과 같이 지적하고 있다.

> 천의인심天意人心 네가 알까 한울님이 뜻을 두면
> 금수禽獸 같은 세상 사람 얼풋이 알아내네(「몽중노소문답가」)

> 효박淆薄한 세상 사람 값을 것이 무엇이며(「몽중노소문답가」)

> 효박淆薄한 이 세상에 불사不似한 저 사람은
> 어찌 저리 불사한고(「도수사」)

> 효박淆薄한 이 세상에 불고천명不顧天命하단 말가(「권학가」)

> 효박淆薄한 이 세상에 혼자 앉아 탄식하고
> 그럭저럭 하다가서 탕패산업蕩敗産業 되었으니
> 원망도 쓸데 없고 한탄도 쓸데 없네(「교훈가」)

---

7 『龍潭遺詞』「敎訓歌」.

수운 선생이 주유팔로를 통하여 체험하고 또 인식한 세태는 '효박淆薄한 세상', '효박한 세상 사람', 또는 '금수禽獸 같은 세상 사람' 등의 모습이 된다. 즉 효박한 세상을 금수와 같은 사람들이 살고 있다고 수운 선생은 한탄하고 있는 것이다.

이와 같이 당시 현실에 대한 수운 선생 인식의 양상은 대체로 두 가지 국면으로 나타나고 있음을 볼 수 있다. 즉 '효박한 세상'으로 표현되는, 당시 부패한 봉건 사회가 지니고 있는 시대상이나 모순에 대한 비판적 인식과 '효박한 세상 사람', '금수 같은 세상 사람'으로 표현되는, 당시를 살아가는 세상 사람들의 올바르지 못한 삶의 행태에 대한 비판적 견해가 그것이다. 전자를 사회적 모순에 대한 비판적 인식이라고 한다면, 후자는 인간 본성에 관한 윤리성·도덕성 차원에 대한 인식이 된다.

이와 같은 인식의 두 양상은 수운 선생이 훗날 펴게 되는, 그의 종교 사상을 이룩하는 보다 중요한 바탕이 되는 것으로 생각된다. 그러나 이 양자는 서로 대립적이거나 상대적인 것이라기보다는 상보적이며 호응의 연관 속에 이룩된 인식이라고 할 수 있다. 즉 수운 선생에 의하면, '효박한 세상'의 가장 궁극적인 원인은 '효박한 세상 사람'들의 마음가짐에 의한 것이며, 효박한 세상은 또한 사람들을 더욱더 효박하게 만든다고 보고 있기 때문이다.[8]

주유팔로를 통하여 방방곡곡方方谷谷과 수수산산水水山山[9]을 두루 돌아보고 얻게 된 이와 같은 현실에 대한 인식을 바탕으로, 수운 선생은

8 尹錫山, 『龍潭遺詞 研究』, 민족문화사, 1987, 85~88쪽.
9 『東經大全』 「和訣詩」, "方方谷谷行行盡 水水山山箇箇知."

보다 날카롭게 당시 타락한 사회의 부패상을 비판하고, 나아가 이에 따른 사회 제도의 붕괴와 함께 창궐하는 무고사巫蠱事를 신봉하는 세태를 비판한다. 그런가 하면, 물밀듯 들어오는 서학과 아무러한 비판 없이 이를 받아들이는 당시의 서학 교도들을 비판한다. 그런가 하면 다만 국내적인 상황에만 머물지 않고, 우리나라를 둘러싸고 있는 인접국인 중국이나 일본, 또는 새로운 세력으로 밀려오는 서양 등에 대한 비판적 성찰 역시 늦추지 않고 있음을 볼 수 있다.[10]

이러한 수운 선생의 국내외에 대한 인식과 비판적인 자세는 훗날 그가 동학의 가르침을 펴며 민중들을 향하여 펼치게 되는 제세구민濟世救民과 보국안민輔國安民의 중요한 사상적인 바탕이 되기도 한다. 동시에 당시 도탄 중의 민생民生, 살아갈 바의 방향을 모르고 살아가는 일반 대중에게 제시하고자 하는 새로운 삶의 길을 여는 현실적 바탕이 되기도 했던 것이다.

먼저 당시 시대적 혼란을 초래한 요인으로 조선조라는 봉건 사회를 유지해 오던 유교 질서의 붕괴의 모습은 어떠하였으며, 이를 수운 선생은 어떻게 보았는가 하는 면들을 찾아보고자 한다.

> 강산구경 다 던지고 인심풍속 살펴보니
> 부자유친 군신유의 부부유별 장유유서
> 붕우유신 있지마는 인심풍속 괴이하다(「권학가」)

세상을 떠돌며 인심 풍속을 살펴보던 수운 선생은 유교 사회의 중

---

10 수운 선생이 보였던 '서양, 중국, 일본' 등 外勢를 향한 비판 의식에 관해서는 尹錫山, 「龍潭遺詞에 나타난 對外意識」, 『한양어문연구』 3, 1985 참조.

요한 질서의 바탕이 되는 강상綱常은 있으되, 이것은 다만 하나의 명분일 뿐, 실제로는 하나도 지켜지지 않고 있는 당시의 현실을 발견하고 이를 한탄하게 된다. 이러한 한탄의 모습은 『용담유사』 도처에서 발견되고 있다.

> 평생에 하는 근심 효박한 이 세상에
>
> 군불군君不君 신불신臣不臣 부불부父不父 자부자子不子를
>
> 주소간晝宵間 탄식하니 울울한 그 회포는
>
> 흉중에 가득하되 아는 사람 전혀 없어(「몽중노소문답가」)

임금이 임금의 노릇을 하지 못하고, 신하가 신하의 노릇을 못한다면, 올바른 정치 사회가 될 수 없음은 자명한 사실이다. 사실 조선조 후기는 권문세가가 권력을 전횡하고 왕권이 실추되어 임금으로서의 정도를 행하지 못하던 때였다. 또한 막강해진 권력을 바탕으로 왕권을 압도하던 당시의 권신들 역시 올바르게 신하의 도리를 못한 것 역시 사실이다. 이러한 정치적 현실과 함께, 아비는 아비의 도리를 못하고, 자식은 또 자식의 도리를 못한다고 한다면 이 역시 올바른 가정, 올바른 사회를 기대하기 어려운 상황이다.

이렇듯 당시는 위로는 국가 사회, 아래로는 한 가정에 이르기까지 총체적인 위기를 겪고 있던 시기이다. 주유팔로를 통하여 이러한 현실을 몸소 겪어 보고 실감한 수운 선생은 탄식을 하게 되고 또 고뇌하게 된다.

임금이 임금으로서 올바른 길을 가지 못하고, 신하는 그 도리를 못하고, 또 가정에서 아비와 자식이 해야 할 도리를 못한다는 것은 궁극

적으로 유교적 강상이 조선조라는 사회 속에서 올바르게 행해지지 않고 있다는 의미가 된다.

유교적인 강상綱常이란 곧 그 사회의 질서를 이루는 핵이 되는 것이다. 따라서 이렇듯 유교적 강상이 실천되지 않는다는 것은 이 강상에 의하여 견지되던 공동체 사회가 붕괴됨을 의미하는 것이기도 하다.

19세기 중엽 수운 선생이 주유팔로를 통하여 목도한 조선조 후기의 사회는 바로 이와 같이 도처에서 그 질서가 무너지고 혼란을 겪고 있던, 그런 사회였던 것이다.

그러면 당시 사회 질서를 이루고 있던 유교적 강상이 실천되지 않고, 그러므로 당시의 사회가 어지러워진 그 가장 근본적인 요인이 어디에 있는가? 이 근원적인 요인을 수운 선생은 사람들의 마음속에 '한울님을 공경하고 두려워하는 마음'인 경외지심敬畏之心의 결여된 데서 찾고 있다. 다음과 같은 구절을 보자.

> 무지無知한 세상 사람 아는 바 천지天地라도
> 경외지심敬畏之心 없었으니 아는 것이 무엇이며(「도덕가」)

학식이나 지식이 아무리 많다고 해도 한울님을 공경하고 두려워하는 경외지심敬畏之心이 없다면, 오히려 아무 것도 모르는 것만도 못한 일이라고 수운 선생은 말하고 있다. 그러므로 문맥상 서로 모순되는 것 같으나, '아는 바 천지天地라도' 그 마음 중심에 '경외지심'이 없다면, 그러므로 천지와 같이 많은 지식이 올바르게 실천이 되지 않는다면, 그 사람은 곧 '무지한 세상 사람'이 되는 것이다. 결국 이와 같은 「도덕가」 중의 표현은 아는 것도 중요한 것이지만, 올바르게 실천에

옮길 수 있는 마음가짐이 무엇보다도 중요하다는 강조이기도 하다.

경외지심을 통한 실천의 중요성을 강조하는 모습은 경敬을 통한 실천지實踐知를 강조하는 유학자들의 견해[11]와 같은 것이기도 하다. 그러나 유학자들에 의한 경敬의 대상이 되는 '천天'은 중국적이며 매우 추상적인 것이지만, 수운 선생이 강조하는 경외지심의 대상이 되는 '한울님天主'은 한국적이며 매우 구체적인 것이다. 그러므로 사람과 직접 인격적으로 만날 수 있는 존재라는 면이 다른 점이 된다.[12]

이와 같은 맥락에서 볼 때, 당시 사회적 질서가 붕괴되는 가장 궁극적인 요인은 공경하고 두려워할 '구체적인 믿음의 대상' 없이, 각기 자신의 이익만 따라 살아가는 각자위심各自爲心의 마음 때문이라는 결론에 이르게 된다. 즉 각자위심이라는 이기주의적인 마음이 팽배하므로 지켜져야 할 명분이 지켜지지 않고, 그러므로 사회적인 혼란이 가중된다는 것이다.

이러한 유교적 질서의 붕괴와 함께 조선조를 견지해 오던 정치적·사회적 제도 역시 질서를 잃어버리고 혼란으로 치닫게 된다. 그 절실한 예로 수운 선생은 당시 정치·사회 제도의 주역을 담당할 선비들의 과거科擧에 대한 정신적인 타락상을 들고 있다. 벼슬에 눈이 어두워 천운天運을 건다거나, 학문이 곧 자신의 입신양명만을 위하는 길이

---

11 특히 退溪의 '窮理而驗乎踐履 始爲眞知 主敬而能無二三 方爲實得『退溪集』卷14,「答李叔獻」'하는, 敬을 主로 하여 理를 窮究하는 實踐的 思考와 통하고 있다.

12 수운 선생이 천명하게 되는 '한울님'이라는 신은 인격적인 신과 자연적 신의 모습을 모두 다 지니고 있다. 특히 수운 선생이 종교체험을 통하여 신과의 문답을 하였다는『東經大全』이나『龍潭遺詞』의 내용들에 의하면, 매우 인격적인 신의 모습이 보이기도 하고,「布德文」중에 나오는, "한울님의 德化가 곧 '天主造化'의 자취"라는 대목에 이르러서는 인격적인 '천주'와 자연적인 '造化'가 함께 담겨진 신의 모습이기도 한 것이다. 따라서 이 양자가 모두 갖추어진 모습으로 파악된다.

되고, 이에서 발전하여, 지극히 관료 지향적인 인생 태도를 조장하는
사회적 풍토가 비등하고 있음을 수운 선생은 비판하게 된다.

> 칠팔세 글을 배워 심장적구尋章摘句하여 내어
> 청운교靑雲橋 낙수교洛水橋에 입신양명 할 마음은
> 사람마다 있지마는 깊고 깊은 저 웅덩에
> 진심갈력盡心竭力 지은 글을 넣고나니 허무하다
> 천수天數만 바라다가 많고 많은 그 사람에
> 몇몇이 참예해서 장악원掌樂院 대풍류大風流로
> 삼일유가三日遊街 기장하다 이일저일 볼작시면
> 허무하기 다시없어 아니 가자 맹세해도
> 내 운수 내가 몰라 종종이 다니다가
> 이내 마음 마칠진대 그 아니 운수런가(「흥비가」)

청운교 낙수교에 입신양명하려고만 하는 것은 마치 깊고 깊은 웅덩
이에 빠지는 것과 같은 허무한 일이요, 또한 천수만 바라며 수많은 사
람들이 과거에 참여하는 것도 사실 허무하기 그지없는 일이라고 수운
선생은 지적하고 있다. 또한 사람들은 인격의 수양이나 학문의 정진
보다는 자신의 문벌·가세만을 중히 여기고, 나아가 실질적인 실천보
다는 다만 몇 글자 아는 것을 가지고, 서로 군자를 지칭하는 당시의 천
박한 세태를 근심하게 된다.

> 몰몰沒沒한 지각자知覺者는 옹총망총하는 말이
> 지금은 노천老天이라 영험도사 없거니와

몹쓸 사람 부귀하고 어진 사람 궁박타고

하는 말이 이뿐이오 약간 어찌 수신修身하면

지벌地閥 보고 가세家勢 보아 추세해서 하는 말이

아무는 지벌도 좋거니와 문필이 유여하니

도덕 군자 분명타고 모몰염치冒沒廉恥 추존推尊하니

우습다 저 사람은 지벌이 무엇이게 군자를 비유하며

문벌이 무엇이게 도덕을 의논하노.(「도덕가」)

근본적인 성실성보다는 겉으로 드러나는 형식에만 사람들은 치중하게 되고, 그러므로 세태는 더욱 '몰몰한 지각자'와 모몰염치에 의해서 추존되는 '도덕 군자'들에 의해서 더욱 혼란스럽게 됨을 수운 선생은 주유팔로를 통하여 목도하게 된다.

한 사회를 지탱하던 이념이 무너지면, 이내 혼란이 초래된다는 것은 당연한 사실이다. 따라서 조선조 사회는 극심한 혼란을 맞이하게 된다. 다른 한편으로 이러한 혼란의 와중에서 도참적圖讖的인 풍조와 이를 신봉하는 미신적인 사고가 사회에 만연하게 된다.[13] 즉 당시의 민중들은 기존의 세계관에서 올바르게 살아갈 바의 방향을 설정하지 못한 채, 불확실한 미래를 예언하는 미신이나 도참에 현혹된다. 그러나 그럴수록 민중들의 삶은 더욱 깊은 혼돈에 빠지게 되는 것이다.

세상이 어지러워질 때마다 민간에서는 상대적으로 참위설이 나돌았다. 세상이 어지러워지고, 마땅히 기댈 수 있는 사회적 가치 기준이 붕괴되면 사람들은 불확실한 미래에 대하여 막연한 두려움을 갖게 되

---

13 金龍德, 『朝鮮後期思想研究』, 乙酉文化社, 1977, 257쪽.

고, 따라서 미신이나 정감록과 같은 도참, 나아가 길흉화복을 점치는
민간 신앙 등에 자신을 기대는 것이 일반적인 현상이기도 하다.

주유팔로의 길에서 수운 선생 역시 한때는 이러한 민간 신앙이나
정감록 등의 비결秘訣이 과연 난세亂世를 구할 수 있는 올바른 도인가
하고 잠시 귀 기울여 보기도 하지만, 이들 모두는 결국 세상을 어지럽
히는 술법임을 알게 되고, 경계하고 또 비판하게 된다. 다음과 같은
『용담유사』의 구절은 당시의 이러한 세태를 매우 사실적으로 노래하
고 있으며, 또한 수운 선생의 생각을 잘 나타내고 있다.

> 한漢나라 무고사巫蠱事가 아동방我東方 전해와서
>
> 집집이 위한 것이 명색名色마다 귀신일세.
>
> 이런 지각知覺 구경하소(「도덕가」)

중국 한대漢代부터 성행했던 무고사와 같은 미신이 우리나라에 전해
졌고,[14] 이러한 것이 사회적인 혼란과 함께 더욱 급격히 확대되고, 세
상을 어지럽히는 요인이 되고 있음을 지적하고 있다.

> 괴이한 동국참서東國讖書 추켜들고 하는 말이
>
> 이거巳去 임진왜란壬辰倭亂 때는 이재송송利在松松하여 있고
>
> 가산嘉山 정주定州 서적西賊 때는 이재가가利在家家하였더니
>
> 어화 세상 사람들아 이런 일을 본 받아서

---

14 여기에서 말하는 巫蠱事는 우리의 傳來的인 무격을 지칭한 것이 아니라, 漢代에 성행했
던 것으로, '女能以舞降神謂巫 執左道以惑人謂蠱 (連文釋義)'의 巫蠱事를 뜻하는 것으로
보인다.

생활지계生活之計 하여보세.

진秦나라 녹도서는 망진자亡秦者는 호야胡也라고

허축방호虛築防胡 하였다가 이세망국二世亡國하온 후에

세상 사람 알았으니 이재궁궁利在弓弓 하였다네

매관매작賣官賣爵 세도가도 일심은 궁궁이요

전곡錢穀 쌓인 부첨지富僉知도 일심은 궁궁이요

유리걸식 패가자도 일심은 궁궁이라.

풍편에 뜨인 자도 혹은 궁궁촌 찾아가고

혹은 만첩산중 찾아가고 혹은 서학에 입도해서

각자위심 하는 말이 내 옳고 네 그르지

시시분분 하는 말이 일일시시 그뿐일세.(「몽중노소문답가」)

　위에 나오고 있는 '동국참서'란 곧 『정감록』과 같은 책을 의미한다. 임진왜란이나 또 가산에서 기병하여 정주에서 평정된 홍경래란洪景來亂 등 난리가 나고 세상이 어지러울 때마다 민간에서는 정감록류의 참위설이 나돌았다.[15] 그러나 이러한 현상은 진나라가 『녹도서』를 믿다가 허축방호[16]를 했던 허망한 일과 같은 것으로, 결코 어지러운 세상을 제도할 수 있는 것은 못 된다는 것이 수운 선생의 지론이다. 오히려 어지러운 세상에 『정감록鄭鑑錄』과 같은 참서가 횡행하여 사회적 혼란을 더욱 가중시키는 결과만을 낳는다는 것이 수운 선생의 생각이

---

15 李能和, 『朝鮮基督敎及外交史』 下篇.

16 秦始皇이 『錄圖書』에 담겨진 '亡秦者는 胡也라'라고 하는 구절을 믿고, 北方의 胡를 막기 위해 萬里長城을 쌓았으나, 秦을 멸망케 한 것은 오랑캐가 아니라, 二世인 胡亥였다는 사실을 들어 迷信의 허망함을 꼬집는 말이다.

다. 그러므로 매관매작하는 세도가도, 전곡이 쌓인 부첨지도, 유리걸식하는 사람도 모두 궁궁, 혹은 궁궁촌이라는 도피처만을 생각하고, 자신의 개인적인 삶만을 도모하는, 지극히 이기주의적인 사고, 곧 각자위심이 팽배하는 세태로 변질되어 가고 있음[17]을 수운 선생은 비판하게 된다.

그러므로 수운 선생은 이렇듯 타락한 개인주의적인 성향과, 이에 의하여 야기되는 시대적인 혼란을 극복하고, 새로운 세상을 이룩할 수 있는 가르침을 찾기 위하여, 우리의 민간에 오랜 동안 전해 내려온 선술仙術도 접해 보고, 또 당시 새로운 힘으로 밀려들어오는 서학도 접해 보며,[18] 과연 세상을 올바르게 구할 수 있는 가르침은 무엇인가 두루 편람했던 것이다.

서양이 우리 동양에 관하여 관심을 보이기 시작한 것은 상당히 오래 전부터이다. 서양에서는 16세기를 전후해 나침판의 발명과 함께, 먼 바다까지 항해를 할 수 있는 항해술이 발달하게 되었다. 따라서 모험심과 호기심이 충만한 당시의 서양인들은 보다 먼 바다로 나아가고자 항해를 시도하였고, 이러한 항해를 통해 바다의 저쪽에는 동양이라는 신비의 세계가 있다는 사실을 알게 된다. 이러한 소문이 서양에 퍼지게 되자, 동양이라는 신비의 세계에 대하여 서양인들은 그들 특유의 동경심과 모험심을 키우게 되고, 신비의 세계 동양을 향해 항해를 떠나게 된다.

■

17 실제로 19세기 중후반 이후 이러한 圖讖書를 믿는 많은 사람들이 『鄭鑑錄』 등의 讖書에 弓弓村으로 표현되는 十勝地를 찾아 경상북도 봉화, 풍기 등지로 모여들어 살았다는 현장 조사가 있다. 崔於中, 『현장 風水』, 동학사, 1992.
18 『天道敎創建史』 第二章 「大神師의 周遊天下」.

이렇듯 진취적인 서양의 탐험가들에 의하여 동양은 자꾸 서양에 알려지고, 더 많은 서양인들에게 관심의 대상이 된다. 이렇게 해서 점차 동양이 서양에 많이 알려지게 되자, 이번에는 모험가가 아닌 상인들에게 동양은 관심의 대상으로 부각된다. 그래서 상인들이 상선과 군함을 타고 동양으로 몰려오고, 또한 선교사들이 선교를 위해 상선과 군함에 편승해 동양으로 몰려오게 된다. 우리나라는 이미 18세기 이후 소위 실학파 학자들이 중국을 통해 서학에 관심을 갖기 시작했고 중국을 통해서 들어온 선교사들에 의해 서학이 전파되고 있었고, 이 무렵 서해안에 나타나는 이양선異樣船, 즉 서양의 상선들과 군함들에 의하여 통상의 압력을 받기도 한다.

서양은 동양에 관하여 관심을 가지면서부터는 팽창하는 제국주의적 사고와 함께 동양을 공략하고자 하는 기미를 보이기 시작한다. 즉 상선을 보내서 통상을 시도하기도 하고, 또 때로는 군함을 보내 통상하도록 위협을 하기도 했던 것이다. 그런가 하면, 선교를 위해 우리나라에 들어온 선교사나 신부를 우리나라 정부에서 박해하자, 서양의 열강들이 군함을 보내 위협적인 항의를 하기도 하여, 때로는 무력 충돌이 일어나기도 했다.[19]

따라서 당시 대부분의 조선인들은 포교를 하기 위해 들어온 서학과 침략을 앞세워 위협을 가하는 서양을 동일한 것으로 인식하고 있었다. 즉 서양은 강성한 외래자外來者로서 우리를 위협하는 존재이며, 동시에 서학이라는 이질의 문화, 이질의 종교를 전파하는 존재로 인식되었던 것이다.

---

19 琴章泰, 『東西洋交涉과 近代韓國思想』, 성대출판부, 1984, 45~51쪽.

당시 우리나라 사람들의 서양에 대한 관심은 매우 다양하게 나타나고 있다. 서양이라는 이질 문화에 대한 거부감과 함께 새로운 것에 대한 호기심이라는, 서로 상충된 감정이 당시의 사람들에게는 있었다.[20] 또 서양 세력을 양이洋夷 또는 양귀洋鬼 등으로 비하시키는 자기 문명에 대한 자존적인 태도가 있었는가 하면, 앞에서 이야기한 바와 같이 무엇이든 이루지 못하는 것이 없는 강성强盛한 존재로 인식하는 등,[21] 당시 서양은 한마디로 규정할 수 없는 다양한 존재로 우리에게 다가왔다.

이러한 서양에 대한 시각은 사회 계층에 따라 대체로 일정한 경향으로 나타나기도 한다. 즉 권력을 쥐고 있던 집권층에서는 서양이 양이, 양귀 등으로 폄하 내지는 비하되었다면,[22] 일반 대중이나 권력의 핵에서 밀려난 지식인 계층에서는 호기심의 대상이 되었고, 그들은 상대적으로 긍정적인 관심을 보였던 것으로 생각된다.

수운 선생은 집권층이 아니라 일반 대중에 가까운 사람이다. 반면에 일반인들과는 다르게 공부를 한 지식인이며, 동시에 봉건적 질서에 순응했다기보다는, 이를 개혁하려 하고 새로운 삶의 질서를 추구했던 사람이다. 따라서 수운 선생이 서양·서학에 대하여 보다 긍정적인 관심을 지녔으리라고 추정하기는 그리 어렵지 않을 것이다. 수운 선생은 실제로 젊은 시절에 세상을 떠돌면서 서학에 관심을 갖고, 과연 이 새롭게 밀려오는 서학이라는 도道가 당시의 시대적 어려움을

---

20 丁奇洙(譯), 『朝鮮教會史序論』, 探求堂, 1966, 261쪽.
21 李光麟, 『韓國開化史研究』, 一潮閣, 1974, 9쪽 참조.
22 이러한 모습은 中華主義, 小中華 등 의식에 의하여 마음의 문을 닫고 서양을 卑下시키던 支配層에 의하여 일어나던 현상이다.(申福龍, 『東學思想과 甲午農民革命』, 평민사, 1985 참조)

해결할 수 있는 도인가 관심을 보이기도 한다. 다음과 같은 구절을 보면, 수운 선생의 이런 면을 읽을 수가 있다.

경신년 사월에 이르러 천하가 분란하고 민심이 효박淸薄하여 어찌할 바를 모를 즈음에, 또한 서로 어긋나는 괴상한 말이 세간에 떠들썩하되 "서양 사람은 도성입덕道成立德이 되어 그 조화로써 일을 이루지 못함이 없고 무기로 침공함에 당할 사람이 없다하니, 중국이 소멸하면 어찌 순망脣亡의 환患이 없겠는가. 도무지 다른 연고가 아니라 이 사람들은 도道를 서도西道라 하고 학學을 천주학天主學이라 하고, 교敎는 성교聖敎이니, 이것이 천시天時를 알고 천명을 받은 것이 아니겠는가." 이런 것을 일일이 들어 생각하니 내 또한 두렵게 여겨 다만 늦게 태어난 것을 한탄할 즈음에…. 23

서양 사람들이 천명을 받았다고 하며 서학을 전파하고 있을 때, 수운 선생은 진실로 이들이 천명을 받고 그 도를 세상에 전파하는 것인가 하고, 관심을 기울이고 있는 장면이다. 수운 선생이 경신년(庚申年, 1860) 4월 5일 한울님으로부터 무극대도를 받는다는 결정적인 종교체험을 할 때에도, 세상을 구할 무극대도를 한울님이 준다고 하니, 가장 먼저 한울님께 "서도西道로써 사람들을 가르칩니까?"라고 묻는 것을 볼 수가 있다. 24 이처럼 수운 선생은 서학에 깊은 관심을 지니고

■
23 『東經大全』「論學文」, "夫庚申之年 建巳之月 天下紛亂 民心淆薄 莫知所向之地 又有怪違之說 崩騰于世間 西洋之人 道成立德 及其造化 無事不成 攻鬪干戈 無人在前 中國燒滅 豈可無脣亡之患耶 都鍊無他 斯人道稱西道 學稱天主 敎則聖敎 非知天時而受天命耶 擧此--不已故 吾亦悚然 只有恨生晩之際…."
24 『東經大全』「布德文」, "敎人此法 勿疑勿疑 曰然則 西道以敎人乎."

있었다.

그러나 수운 선생은 이내 서학은 우리를 올바르게 구할 수 있는 도가 아님을 깨닫고, 서학을 비판하게 된다. 다음과 같은 『동경대전』의 구절들은 바로 이와 같은 수운 선생의 뜻을 나타내주는 부분들이다.

서양 사람들은 천주의 뜻이라 하고 부귀를 취하지 않는다 하면서도, 천하를 공격하여 교당을 세우고 도를 세상에 행하니 이것이 어찌 그러한가. 의심하는 마음을 갖게 되어…[25]

수운 선생이 이런 글을 쓸 즈음에는, 영국과 프랑스의 연합군이 북경을 함락하는 큰 사건이 있었다. 이러한 사실이 우리나라에까지 알려지게 되고, 이를 접하게 된 우리의 조정이나 백성은 서양의 동양 침략에 심한 우려와 근심을 보였다. 그래서 당시 임금인 철종哲宗이 중국에 진하사進賀使를 보낼 때, 그곳의 사정이 어떻게 되었는가 살피고 오라는 특별 지시를 내리기도 한다.

따라서 수운 선생 역시 서양은 우리의 안위安危를 해치는 침략자이며, 이들이 내세우는 서학 역시 침략하고 정복하는, 상극相克을 불러오는 종교로 진정한 의미의 한울님의 덕德을 펴는 가르침이 아니라고 판단하게 된다.

수운 선생이 서양에 대해 지녔던 일차적인 관심의 방향은 위에서 살펴본 바와 같이 서양이라는 이질 문화異質文化에 대한 무비판적인 배타성의 관점이 아니라 긍정적인 입장이었다. 그러나 마침내는 서학은

25 『東經大全』「布德文」, "西洋之人 以爲天主之意 不取富貴 攻取天下 立其堂行其道 故吾亦有其然 豈其然之疑."

침략을 앞세운 종교로 세상을 올바르게 제도할 바른 가르침이 아니라
는 나름대로의 판단을 내리고, 이를 보다 구체적으로 비판하기에 이
른다.

　즉 당시 서학의 일반 교도들이 올바르게 도를 배우려고 하였다기보
다는, 현실이 주는 고통을 회피하려고 하는 모습, 다시 말해서 서학이
가르치는 바 사후에 천당이나 가려는 잘못된 종교관에 관하여도 수운
선생은 비판을 가하게 된다. 다음과 같은 『용담유사』의 구절은 수운
선생의 이와 같은 생각을 잘 나타내 주고 있다.

　　　증전曾前에 들은 말을 곰곰히 생각하니

　　　아동방我東方 어린 사람 예의오륜 다 버리고

　　　남녀노소 아동주졸 성군취당成群聚黨 극성 중에

　　　허송세월 한단 말을 보는 듯이 들어오니

　　　무단히 한울님께 주소간晝宵間 비는 말이

　　　삼십삼천 옥경대玉京臺에 나 죽거든 가게 하소

　　　우습다 저 사람은 저의 부모 죽은 후에

　　　신도 없다 이름하고 제사조차 안지내며

　　　오륜에 벗어나서 유원속사唯願速死 무삼 일고

　　　부모 없는 혼령 혼백 저는 어찌 유독 있어

　　　상천上天하고 무엇하리 어린 소리 말았어라.（「권학가」）

　위의 가사에서 볼 수 있듯이 수운 선생이 서학을 배격하게 되는 요
인 중의 하나는, 당시의 어리석은 사람들이 서학을 신봉하므로 우리
의 전통적인 풍속이나, 또 우리 사회를 지탱하는 예의나 오륜을 다 버

리게 될 뿐만 아니라, 조상에게 제사조차 지내지 않으려는 그들의 모습 때문이다. 물론 이러한 문제는 서학이라는 이질의 문화가 전통 사회와 처음으로 접하게 되면서 일시적으로 야기되는 상충 현상일 수도 있다.[26] 그런가 하면, 서학에 대한 수운 선생의 이와 같은 비판적 인식은 당시 서학을 배척했던 대부분 사람들의 일반적인 생각이기도 하다. 즉 당시 선비들은 조상에 대한 제사가 미신이며 우상 숭배偶像崇拜라고 하여 제사를 폐하고 신주를 불사르는 서학 교도들의 처사를 신랄하게 논박했으며,[27] 특히 정조 신해년, 제사를 폐하고 신주를 불사른 윤지충의 무리를 잡아들여 국법으로까지 다스리기도 한다.

> 피랍된 지충尹持忠의 무리는 제례를 폐지한 것도 부족하여 상喪을 당하여 혼백도 세우지 않았고, 어버이가 죽어서도 조문弔問조차 받지 않았다. 천지가 있은 이후로부터 이와 같은 변괴가 있겠는가? 그 죄는 살인죄와 더불어 같은 것이라고 할 수 있다.[28]

이렇듯 당시 서학의 전래와 함께 제사를 폐하고 신주를 불사르는 서학 교도들의 행위는 지탄의 정도를 지나, 국법 훼손의 문제로까지 비화하게 된다. 이 문제가 당시의 지배층에게 이처럼 심각하게 받아들여진 이유는 보다 근원적인 문제로, 서학이 유학을 국시로 삼고 있는 당시 전통 사회에 대한 도전으로 간주되었기 때문이다. 당시 지식

26 洪淳昶, 『韓末의 民族思想』, 探求堂, 1982, 143쪽 참조.
27 『大東正路』 卷 5, "終至於廢其祭燒其主 而單只奉一天主 以成其專權 獨享之利 此皆從天主之心有性 而自立求爲主處發也."
28 『正祖實錄』 卷 33, 11月戊寅, "被持忠輩 廢祭不足 則當喪而不立魂帛 親死而不受弔問 自有天地 密有比等變怪邪 其罪與殺人同."

인과 집권층에 의해서 서학은 정학正學에 대한 사학邪學으로 지탄을 받고 배척을 받게 되었다. 다시 말해서, 공자·맹자·정자·주자로 이어지는 유교적 학통에 대한 사학邪學으로서 지목을 하게 된 것이니 당시 지식인이나 집권층에 의해서 유학은 위정衛正의 대상으로 서학은 척사斥邪의 대상으로 인식되는 것은 당연한 귀결이다.[29]

위정척사론衛正斥邪論은 단순히 전통 사회의 규범이나 윤리를 깨뜨린다는 문제를 지나 조선조의 국시인 성리학을 지켜야 한다는 생각이 그 기조를 이룬 것이라고 하겠다.

그러나 수운 선생의 서학에 대한 입장은 이러한 위정척사론과는 근본적으로 다른 것임을 볼 수 있다. '아동방我東方 어린 사람 예의오륜 다 버리고', '신도 없다 이름하고 제사조차 안 지내'는 이들 서학 교도들의 모습을 보고 서학을 배격하게 되는 것은 위정척사론자들과 같은 이념적인 원인에 의한 배격이 아닌, 당시 혼란스러운 세상을 더욱 혼란시키는 요인으로 이들 서학이 작용한다고 생각했기 때문이라고 할 수 있다.

다시 말해서, '저의 부모 죽은 후에 신도 없다 이름하고 제사조차 안 지내며', 저는 죽어 유독 삼십삼천 옥경대, 즉 천당에 가게 해 달라고 비는 서학 교도들의 허망한 모습을 보고 수운 선생은 이를 배격하게 된다. 물론 이것은 당시 서학을 받아들이는 맹목적인 서학 교도들에 의해 생겨난 현상의 하나이다. 이와 같은 점으로 보아 수운 선생이 서학을 배격하고 있는 원인이 최석우의 지적과 같이 '동학이 곧 서학과 동류라고 지목을 받게 되고, 이러한 관의 지목에서 벗어나기 위하여

---

29 姜在彦, 『近代韓國思想史研究』, 한울, 1983. 8, 53~78쪽 참조.

서학을 배격하게 되었다는, 소극적인 태도에서 기인된 배격'[30]도 아닌 것이고, 당시 유림들이 서학에 대해 벌렸던 척사 위정의 답습에 의한 배격도 아니다.

즉 수운 선생의 서학을 배격하게 된 가장 근본적인 원인은, 저 혼자만 살겠다고 궁궁촌을 찾아 들어가는 사람들과 마찬가지로 서학에 입도를 하여 혼자만이 천당에 가겠다고 비는, 그러한 각자위심의 조장[31]에 있다. 따라서 수운 선생은 한편으로는 당시 새로운 힘으로 들어오는 서양·서학을 비판하고, 다른 한편으로는 조선조 사회가 안고 있는 전통적 질서가 지닌 모순을 동시에 비판하며, '새로운 도'를 찾고자 세상을 떠돌았던 것이다.

수운 선생은 스물이라는 젊은 나이에 주유팔로周遊八路의 길을 떠나, 10여 년의 방랑을 통해 당시의 피폐한 시대상과 함께 타락한 개인주의적 성향인 각자위심의 세태를 목도하게 된다.

아울러 수운 선생은 이러한 시대적 혼란과 위기를 극복할 수 있는 것은 기존의 유교적 가르침도 아니요, 또 민간에 떠도는 이른바 민간신앙 적인 요소도 아니요, 나아가 새로운 기운으로 밀려오는 서학도 아니라는 사실을 깊이 인식하고, '새로운 도', '새로운 가르침', 즉 무너진 기존 질서를 대체할 새로운 신념 체계인, 새로운 도가 무엇보다도 절실히 요청됨을 이러한 주유팔로를 통하여 깨닫게 된 것이다.

■

30 崔奭祐, 「西學에서 본 東學」, 『韓國敎會史의 연구』, 韓國敎會史硏究所, 1982, 157~162 쪽.
31 尹錫山, 위의 책, 102쪽.

2. 을묘천서乙卯天書의 종교적 의미

수운은 세상을 두루 돌아다녀 보았으나, 하고자 하는 일은 서로 어긋나기만 할 뿐이었다. 어지러운 세상을 구원할 수 있는 도를 얻기 위하여, 여러 술법術法도 익혀 보고, 서학에도 관심을 가져 보았으나, 이들 모두가 궁극적으로 세상을 올바르게 구할 수 있는 가르침이 아님을 깨닫게 된다. 10여 년의 주유팔로의 길을 마감하고 다시 고향인 용담으로 돌아와 시름에 젖은 나날을 보내게 된다.[32] 이렇듯 세월을 보내며 나이만 점점 많아지고, 뜻하는 바는 이룩된 것이 하나도 없고, 장차 신세가 초라해 질 것을 스스로 한탄하며 지내다가, 이내 그 거처를 울산蔚山으로 옮겨가게 된다.

이때 이미 수운 선생은 나이가 30이 넘은 장년에 접어들고 있었다. 울산은 본래 수운 선생의 처가가 있는 지역이기도 하다. 수운 선생은 울산 유곡동 여시바윗골(狐岩里) 근처에 살 수 있는 집도 짓고[33] 인근에 논도 마련을 한다.

울산에서의 생활은 소요음영하는 무료한 날의 연속이었다. 이곳 저곳의 풍경이나 살피며 무료한 나날을 지내던 어느 봄날, 수운 선생은 매우 이상한 일을 경험하게 된다.

■

32 수운 선생이 다시 고향으로 돌아온 해는 甲辰年(1854년) 10월이 된다. (『天道敎創建史』 「修練과 苦行」)

33 천도교 기관지인 '『신인간』(1928년 3월호)'에 의하면, 이 수운 선생이 살았다는 집이 1926년까지 남아 있었다고 한다. 지금은 그 집터로 추정되는 곳에 울산시와 천도교가 乙卯天書를 기념하는 遺墟碑를 세웠고, 또 울산시에서 草堂도 지어 성역화를 계속하고 있다.

동학의 모든 기록에 의하면, 이때가 을묘년(乙卯年, 1855)이라고 되어 있다. 그러니 수운 선생의 나이 서른 둘이 되는 해이다. 마침 봄볕이 따듯하게 비추는 춘삼월 어느 오후,[34] 초당에 누워 봄잠을 즐기는데, 꿈인지 생시인지, 밖으로부터 주인을 찾는 사람이 있었다. 문을 열고 내다보니, 어디에서 왔는지 웬 이상한 사람이 초당 문 앞에 서서 주인을 찾고 있는 것이 아닌가. 가만히 모습을 살펴보니 스님 같기도 하고 이인 같기도 하여 그 신분은 짐작할 수 없으나, 용모가 매우 깨끗하고 맑아 보였으며, 차린 모양이 의젓하여 보통 사람같이 보이지는 않았다.

다음은 동학 교단 측의 기록[35]을 중심으로 이인異人과 수운 선생과의 대화를 정리한 것이다.

어느 봄 3월 꿈인지 생시인지, 밖으로부터 주인을 찾는 사람이 있었다.

"누구를 찾으시는지요?"

하며 정중히 여쭈니, 그 이인이 말하기를,

"선생께서 경주 최생원되십니까?"

하고 물었다.

"그러합니다."

대답을 하니, 이인이 말하기를,

"그러시다면 제가 긴하게 드릴 말씀이 있습니다. 초당 안으로 잠시

---

34 『天道敎會史』에는 '乙卯年 二月 三日'이라고 되어 있음.

35 동학 교단 측의 기록은 한문본인 『道源記書』, 『水雲行錄』과 국한문본인 『天道敎會史』, 『天道敎創建史』, 『天道敎書』, 『本敎歷史』 등이 된다.

들어가도 괜찮겠습니까?"

이인을 초당에 오르게 하고, 자리를 정하였다.

"무슨 의논할 일이 있습니까?"

수운 선생이 물으니, 그 이인이 대답하기를,

"저는 본디 금강산 유점사에 있는 사람입니다. 한갓 불경이나 읽으며 지냈으나, 아무러한 신험도 없고 하여, 백일을 기한하고 기도를 드리게 되었습니다. 이런 중에 다소 신험神驗을 몸으로 느끼기도 하고, 그래서 이에 힘입어 더욱 정성을 드려 공을 드리게 되었습니다. 기약한 백일이 다 끝나는 날, 뜰로 내려 탑을 지나는데, 갑자기 아득해지며 정신이 없는 듯하여, 혼신의 힘을 다해 정신을 차리고 눈을 떠 보니, 탑 위에 한 권의 책이 놓여 있지를 않겠습니까. 이상한 생각이 들어 이를 거두어 들쳐 보니, 그 내용을 도저히 알 수 없는 이상한 책이었습니다. 마음에 집히는 바가 있어, 그 책을 지니고 즉시 산을 내려와 팔방을 두루 다니며 혹 박식하다는 사람, 기이한 영험을 가졌다는 사람을 모두 만나 내용을 물어 보았으나, 정확하게 아는 사람은 아무도 없었습니다. 그러던 중 선생의 소문을 듣고, 혹 이 내용을 알 수 있는지, 이렇듯 찾아오게 된 것입니다. 선생께서 혹 이 책의 내용을 알 수 있는지요?"

기이한 생각이 들어, 신중히 생각하며 수운 선생이 말하기를

"어디 책을 책상에 올려 놓아 보시지요."

하니, 이인이 예를 갖추어 책을 올렸다. 마음을 가다듬고 책을 들쳐 보니, 곧 유교의 책도 아니오, 또 불교나 다른 가르침을 담은 책이 아니었다. 따라서 언뜻 해각解覺하기에는 매우 어려운 책이었다. 수운 선생이 잠시 머뭇거리고 있으려니, 이인이 말하기를,

"제가 사나흘의 시간을 드리겠으니, 어디 그 사이 자세히 살펴주시면 감사하겠습니다."

하며, 서책을 그냥 책상 위에 놓고 인사를 하고 물러나가는 것이 아닌가?

이인을 보낸 후 이모저모로 책을 살펴 본 수운 선생은 이 책이 보통의 책이 아님을 알게 되었다. 사흘이 지난 뒤에 다시 그 이인이 초당으로 찾아왔다. 예의 그 맑고 깨끗한 모습으로 그때와 같이 주인을 찾고 있었다. 수운 선생은 커다란 기대 속에 그 이인을 맞이하게 된다.

"혹 깨달은 바가 있습니까?"

물으니, 수운 선생이 대답하기를,

"제가 이 책의 내용을 알았습니다."

이에 이인은 밝은 얼굴로 환하게 웃으며, 말하기를

"이 책은 진실로 선생의 책입니다. 저는 다만 전하기만 할 뿐입니다. 이 책의 내용을 소상히 아셨으면, 그 내용과 같이 행하십시오."

하며, 백배 사례하며, 물러나 섬돌을 내려가는데, 채 몇 걸음을 가지 않아서 문득 사람이 보이지 않게 되었다. 수운 선생은 마음속으로 이내 그 사람이 신인神人임을 알게 되었다.

책을 받는 순간에도 이상한 생각이 들었고, 책을 해독해 나가면서도 이상하였지만, 이렇듯 눈앞에서 일어나는 일을 보니 더욱 이상한 생각이 들지 않을 수 없었다. 이내 수운 선생은 이 사람이 자신에게 신비한 책을 전해 주기 위하여 자신의 앞에 잠시 나타난 신인이었다고 생각하게 된다.

이러한 일을 동학 교단에서는 '을묘천서乙卯天書'라고 부른다. "수운

선생이 을묘년에 신인으로부터 천서를 받았다.”고 해서 붙여진 이름
이다. 이에 대하여 동학의 연구자들은 수운 선생이 제세濟世의 뜻을
품고 세상을 떠돌며 구도의 길을 걷다가 체험하는 첫 번째 신비 체험,
곧 종교 체험의 하나라고 말하기도 한다.[36]

그러나 최근 김용옥 교수는 이 을묘천서에 관하여 수운 선생이 을
묘년에 받았다는 책은 천서가 아니라 『천주실의天主實義』라고 말하고
있다.[37]

이와 같은 주장 근거로 김용옥 교수는 『도원기서』에 나타난 ‘을묘천
서’ 부분에서 신비적 묘사 이외에 4가지의 명백한 상식적 사실을 추론
해 낼 수 있다고 말하고 있다.[38]

따라서 이와 같은 명백한 4가지 사실들로 보아 이는 ‘천서’가 아니
라 『천주실의』이며, 또한 책을 전해준 사람은 우연히 『천주실의』를 얻
게 된 어느 승려이거나, 승려를 가장한 천주교인이라고 보고 있다. 또
한 수운 선생은 울산에서 노승으로부터 받은 『천주실의』를 통하여 비
로소 서학과 접하고, 또 서학을 깊이 있게 탐구할 기회를 갖게 되었다
고 보고 있다.

『천주실의』는 이미 17세기에 우리나라에 들어온 책이다. 당시의 학
자인 이수광(李晔光, 1563~1628)과 유몽인(柳夢寅, 1559~1623)이 자신들의 저

---

36 金光日, 『崔水雲의 宗敎體驗』, 『韓國思想』 12집, 1974, 70쪽.

37 이러한 견해에 관하여 김용옥 교수는 MBC TV 「우리는 누구인가」라는 기획 강연에서 방
  송을 했으며, 이후 펴낸 『도올심득 동경대전』(통나무, 2004)에서 재차 밝히고 있다.

38 4가지 사실로 “첫째, 이 책의 내용이 해독 가능한 한문으로 된 보통 책이며, 둘째 따라서
  해독불능解讀不能이 아니라, 해석난감解釋難堪의 책이므로 기존의 유교나 불교의 논리
  가 아닌 한문 책이며, 셋째 책을 전해 준 선승의 태도는 자신이 책의 내용을 알고 배우려
  는 것이 아니라, 다만 전해 주는 전도사의 태도였으며, 넷째 수운 선생이 이 책을 깊이 있
  게 읽어 보니 책에는 ‘기도의 가르침’이 있었다는 것이다.” 등을 들고 있다.

서인『지봉유설芝峯類說』과『어우야담於于野談』에 각기 다른 관점으로
이를 다루고 있다. 또한 18, 9세기에 이르러 정약용(丁若鏞, 1762~1836) 등
의 학자뿐만 아니라, 다산보다 앞 세대 인물인 젊은 유학자 신후담(愼
後聃, 1702~1761)이나 안정복(安鼎福, 1712~1791) 등이『천주실의』를 중심으
로 천주교를 비판하기도 한다. 따라서 이 책은 중국에서뿐만이 아니
라, 우리나라에서도 공서파攻西派나 신서파信西派를 막론하고 심각한
영향을 준[39] 천주교 교리서였다.

즉『천주실의』는 이미 17, 8세기에 우리나라에 많은 유학자들이 그
탐구의 대상으로 삼은 책이었다. 더구나 수운 선생은 울산 여시바윗
골에서 이인으로부터 천서를 받기 전 10여 년을 전국을 떠돌며 많은
사람들을 만났고, 각종 가르침과의 접촉을 했다. 그러므로 이러한 많
은 가르침이나 도가 과연 세상을 올바르게 구할 수 있는 가르침인가
고뇌하던 한 사람의 젊은 지식인이었다. 따라서 수운 선생은 울산에
오기 이전에 이미 당시에 새로운 힘으로 밀려들어 오던 서양, 서학의
가르침과도 만났을 것이 분명하다. 그러므로 을묘년(1855) 어느 선승
이 수운 선생에게 가져다 준 '해석하기 어려운(難爲解覺) 책'을, 새삼 이
미 2세기 그 이전에 우리나라에 들어왔고, 또 그 동안 많은 유학자들
에 의해 논란의 대상이 되었던『천주실의』라고 말하기는 참으로 어려
울 것이다.

김용옥 교수가 노승으로부터 받은 책이『천주실의』일 것이라는 근
거로 들었던, 이이야기 속의 '4가지의 명백한 상식적 사실' 이외에 을
묘천서 이야기의 '서두와 마지막' 부분은 매우 신비한 묘사로 되어 있

다. 이 부분을 보면 다음과 같다.

을묘년 봄 3월에 이르러 봄잠을 즐기는데 꿈인지 생시인지(如夢如覺) 밖으로부터 주인을 찾는 사람이 있었다.

노승이 사양하고 계단을 내려가 몇 걸음 가지 않아, 문득 사람이 보이지 않게 되었다(數步之內 人忽不見). 선생은 마음 속으로 이상하게 여겼으나, 이내 그 노승이 신인神人임을 알게 되었다(先生心常神異 乃知神人).

이와 같이 을묘천서 이야기의 시작과 끝이 모두 신비한 이야기로 되어 있다. 따라서 이 이야기는 바로 신비함으로 시작하여 신비함으로 끝이 나고 있음을 알 수가 있다. 수운 선생의 노승과의 만남과 헤어짐이 신비한 이야기로 되어 있다는 점은 그 노승의 정체가 다만 노승이 아님을 암시하는 것이라고 하겠다.

또한 수운 선생이 노승을 처음 만날 때, 여몽여각如夢如覺의 상태였다고 기록하고 있다. 여몽여각은 『용담유사』 도처에서 나오고 있는 표현이다. 즉 수운 선생이 경신년(1860) 4월 무극대도無極大道를 받는다는 결정적인 종교 체험을 할 때의 상황을 바로 여몽여각의 상태라고 말하고 있다.[40]

즉 '꿈일런가 잠일런가' 하는 사이에 한울님의 음성을 듣게 되고, 또

---

40 수운 선생이 '꿈인지 생시인지' 하는 사이에 天書를 받았다는 것은 이후 庚申年(1860년)에 이르러 수운 선생은 결정적인 종교 체험을 하며 겪는 광경인 '꿈일런가 잠일런가 天地가 아득해서'(『安心歌』), '꿈일런가 잠일런가 無極大道 받아내어 정신 수습하온 후에'(『敎訓歌』), '萬古 없는 無極大道 如夢如覺 받아내어'(『道修詞』) 등과 매우 흡사함을 알 수가 있다.

대화를 통하여 가르침을 받았다고 기록하고 있다.

이와 같은 면과 함께 수운 선생 자신이 을묘천서를 비유적으로 노래한 것으로 상정되는 「몽중노소문답가」에 역시 "금강산 상상봉에 잠깐 앉아 쉬다가 홀연히 잠이 들어 꿈에 한 도사를 만나게 되고, 그 도사로부터 가르침을 받다가 문득 잠에서 깨어나 보니, 그 도사가 간 곳을 알 수가 없었다(不見其處)."고 노래하고 있다. 이러한 내용은 을묘천서에 나오고 있는 "여몽여각의 상태에서 노승을 만났다."는 것과 "노승이 계단을 내려가 몇 걸음 가지를 않아서 문득 그 모습이 사라졌다."는 처음과 끝 부분의 이야기와 거의 일치하고 있다.

또한 이와 같이 수운 선생이 겪게 되는 신비한 일인 을묘천서에 관하여, 후일 수운 선생을 혹세무민惑世誣民의 죄목으로 정부의 명을 받아 체포를 했던 선전관宣傳官 정운구鄭雲龜가 조정에 올린 보고서에 이와 같은 일들이 기록되어 있다.

조정의 명을 받은 선전관 정운구는 서울을 떠나 경주부慶州府를 향해 길을 떠날 때, 문경聞慶 새재를 지나면서 탐문 수사를 시작하였다고 한다. 특히 경주부에 이르러서는 사람을 시켜 시장이나 절간 등지를 드나들면서, 수운 선생과 동학에 관한 일들을 탐문 조사를 했다고 한다. 이러한 조사를 하던 중에, 당시 가정리柯亭里 부근의 동네 사람들로부터 들었다는 말은 다음과 같은 것들이다.

5, 6년 전에 울산蔚山으로 이사를 간 다음 무명을 팔아서 살다가 근년에 이르러 홀연 다시 고향으로 돌아와서, 사람들에게 말하기를, "나는 하늘에 제사를 지내어 치성을 드리고 돌아오는 길에 공중으로부터 문득 책 한 권이 떨어지는 것을 얻어서 공부를 하였다. 사람들은 어떤 양

식의 문자인지, 알지 못했는데, 홀로 좋은 도(善道)"라고 말하였다.[41]

이러듯 관변官邊의 기록까지 이런 문제를 기술한 것을 보아, 수운 선생이 세상을 떠돌다, 울산 근처에서 '신비한 책을 얻는 체험'을 한 것은 당시로서는 널리 알려진 일이라고 할 수 있다. 특히 이 이야기는 관에서 수운 선생을 체포하기 위하여 민간에서 수집한 것이기는 하여도, 수운 선생 스스로 사람들에게 이야기한 것으로 되어 있다.

이러한 여러 점들로 보아 을묘천서는 실제로 어떤 책을 받은 것이라기보다는, 지금까지 많은 연구자들이 말하고 있는 바와 같이 수운 선생이 제세濟世의 뜻을 품고 세상을 떠돌며 구도의 길을 걷다가 체험하게 되는 신비 체험, 곧 종교 체험의 한 현상이다. 그런가 하면, 수운 선생이 만났다는 이인은 곧 다른 사람이 아니라 자신의 안에 있는 '원형(archetype)으로서의 자신'[42]이며, 동시에 융이 말하고 있는 개성화 과정을 통해 자신의 안에 있는 자기, 곧 신을 만난다는 종교 체험이라고 하겠다.

즉 수운 선생은 울산 여시바윗골에서 이인을 만나 천서를 받는다는 신비 체험을 하게 되고, 이 신비 체험을 통해 새로운 차원의 깨달음을 하게 된 것으로 볼 수가 있다. 이러한 새로운 차원의 깨달음이란 다름이 아니라, 지금까지 자신의 밖에서 도道를 구하는 방식을 버리고 자신의 안에서 도를 구하는 방식을 택하게 된 것을 말한다. 그런가 하면

---

41 『高宗實錄』卷1, 高宗 元年 十二月 二十日 壬辰, "五六年前 移寓蔚山地 賣買白木而資生矣 近年還居本土後 或向人說道曰 吾致誠祭天而歸 自空中墜下一卷書 俾爲受學也 人固不知 其何樣文字 而渠獨曰善道".

42 김병준, 「C. G. Jung의 분석적 입장에서 본 종교체험 이해」, 감리교신학대학교 대학원 석사논문, 1995, 101쪽.

세상으로부터 도를 얻고자 했던 방식을 버리고 기도를 통해 하늘, 또
는 한울님이라는 절대적 존재로부터 도를 얻고자 하는 방식을 택한
것이라고 하겠다.

이는 다른 말로 하면, 을묘천서 이전까지는 무신론無神論의 입장에
서 가르침을 얻고자 했다면, 이후부터는 유신론有神論의 입장에서 신
으로부터 도道를 받고자 했다는 것이다. 그런가 하면 수운 선생은 자
신이 발 딛고 있는 세상이라는 일상적 차원에서, 지금까지 세상에 있
는 기존의 가르침을 만나기 위하여 세상을 떠돌았지만, 을묘천서 이
후 기천祈天을 통하여 하늘, 또는 한울님이라는 일상을 뛰어넘는 차원
에서 지금까지 세상에 없는 전혀 새로운 가르침, 새로운 도를 구하고
자 했던 것이다. 즉 구도의 방법이나 대상 등 그 양상이 을묘천서를
기점으로 완전히 다른 차원으로 전환되었음을 알 수 있다.

즉 을묘천서 이후 수운 선생은 종래의 성리학性理學의 천, 곧 이법천
理法天이 아닌, '섬겨야 할 대상으로서의 천(事天)', '기도해야 할 대상의
천(祈天)'으로 그 인식을 전환한 것이다.[43]

따라서 수운 선생은 이 을묘천서를 기점으로 한 유교적 지식인, 또
는 교양인에서 종교 창시자로서의 길을 가기 시작한다. 을묘천서는
바로 이와 같은 점에서 수운 선생에게 있어 매우 중요한 계기가 된다
고 하겠다.

해가 바뀌고 병진년(丙辰年, 1856) 여름이 되었다. 을묘천서의 일이 있
고, 또 한 해가 지나간 것이다. 수운 선생은 뜻한 바 있어 새로이 음식
을 준비하고 폐백幣帛을 받들고는, 한 사람의 중과 더불어 양산에 있는

---

43 김용휘, 「崔濟愚의 侍天主에 나타난 天觀」, 『韓國思想史學』 20집, 한국사상사학회, 2003.
6, 222쪽.

천성산天聖山에 들어가 삼층으로 단을 쌓고, 49일 동안 기천을 통한 정성을 드리기로 작정한다.[44]

천성산은 제법 산도 깊고 산세도 그윽한 곳이다. 천성산 내원사內院寺라는 사찰을 한 눈에 바라다 볼 수 있는 작은 암자[45]에 들어가, 수운 선생은 기천을 통한 수련을 시작하게 된다. 수운 선생 자신이 쌓은 삼층단을 앞에 하고, 정좌한 자세로 수련에 정진하는데, 마음속으로 늘 생각하는 것은, 한울님의 강령降靈과 더불어 다만 명교命教가 있기만을 바랄 뿐이었다. 여름 산에는 수목의 푸르름이 온 산을 뒤덮고, 한낮에 쏟아지는 햇살은 앉아 있는 사람의 몸을 온통 땀으로 뒤범벅이 되게 하였다. 동이 트기 전에서부터 수련에 임하여 조석朝夕을 드는 시간 외에는 만물이 잠들어 고요에 잠기는 깊은 밤까지 온종일 수운 선생은 수련에 임하게 된다. 때로는 한낮의 매미의 울음 소리가 가슴을 뚫고 들어와 깊이 가라앉은 마음을 왱왱거리며 울려주기도 하고, 때로는 한여름의 뭉게구름 같은 잡념이 마음 깊은 곳에서 피어 올라, 한동안 잡념의 구렁텅이를 돌아다니기도 하지만, 다시금 마음을 잡아 세우고 수운 선생은 수련에 온 정성을 쏟는다.

한여름을 이렇듯 산간에 들어 수련으로 보내던 어느 날, 즉 마음으로 작정한 49일의 기한에서 이틀을 남겨 놓은 47일째 되던 날, 그날도 수련에 정진하고 있는데 자신도 모르게 문득 마음에 뭉클한 기운이 돌며, 고향에 계신 숙부叔父가 돌아가셨다는 계시啓示가 느껴지게 되었다. 이미 마음으로 숙부의 돌아가심을 알게 되었으니 더 이상 수련에

■
44 『道源記書』, "轉至丙辰仲夏之節 謹奉幣帛 與一箇僧 入于梁山通道天聖山 結築三層壇 計爲四十九日."
45 이 암자가 '圓寂庵'이라는 기록도 있다.(『天道教會史』)

임할 수가 없었다.

그래서 산을 내려가 고향으로 돌아가 보니, 과연 숙부가 돌아가신 것이 아닌가. 마음이 지극하여 자연한 가운데 세상의 일을 스스로 알게 된 것이다. 이러한 체험을 동학의 연구자들은 수운 선생이 을묘천서 이후에 두 번째로 겪는 신비 체험이라고 부르고 있다.[46] 즉 지극한 정성을 통해 스스로 닫혀진 마음이 열리게 되고, 그러므로 인간의 육체적 한계를 뛰어넘는, 영적인 체험을 하게 되었다는 것이다.

숙부의 상을 치르고, 다시 울산으로 돌아온 수운 선생은 중단했던 수련을 계속해야 하는데, 마땅한 비용도 없고 그렇다고 이를 마련할 아무런 묘책도 없었다. 그때 마침 자신이 지니고 있는 자산이라고는 다만 논 여섯 두락斗落뿐이었다. 점점 기우는 가세를 어찌할 수가 없어서, 이 논 여섯 두락을 일곱 사람에게 잡히고 돈을 얻어, 집 밖으로는 철점을 세우고, 안으로는 기도를 할 수 있는 장소를 마련하였다.[47] 가난하고 어려운 형편이지만 중단했던 수련을 계속해서 행하기 위함이었다. 기도소를 마련한 이후 수운 선생은 오직 수련과 기도로써 모든 생활을 대신하며, 다만 올바른 도를 터득하기에만 힘쓰며 살아가게 된다.

이러한 생활이 거의 2년 가까이 지속되었다. 마을의 사람들은 이렇듯 수련만 하는 수운 선생을 이상한 눈으로 바라보기 시작하였다. '신이 내렸느니' 또는 '정신이 이상하게 되었느니' 하며, 수군거리는 사람들이 늘어나기 시작하였다. 그로부터 얼마 후 수운 선생이 고향인 가

■
46 金光日, 위의 논문, 70쪽.
47 『天道教會史』「天統」, "丁巳八月에 更히 祈禱의 具를 準備할새 所有沓六斗落을 七人에게 賣하야 千聖山에 入하야 外로 鐵店을 設하고 四十九日 祈禱를 畢하시다."

정리로 돌아와 구미 용담에 들어갔을 때에도, 그곳 가정리 일대의 사람들 역시 수운 선생에 관하여 수군거렸다고 한다. 수운 선생의 고향인 가정리 일대는 경주 최씨의 일족이 대대로 살아온 고장이기 때문에 사실 동네 사람들이라고 해야 모두 가까운 일족들이 된다. 그런가 하면 이곳 가정리 일대의 경주 최씨들은 대부분 전통적으로 유학을 숭상해 온 사람들이었다. 그러므로 이와 같이 수운 선생이 하늘에 기도를 하는 등의 행동을 이단시하는, 그러한 마을이기도 하다.[48] 이러한 당시 마을 사람들의 비방에 관하여 수운 선생은 『용담유사』에 다음과 같이 술회하고 있다.

> 가련하다 경주향중慶州鄕中 무인지경無人之境 분명하다
>
> 어진 사람 있게 되면 이런 말이 왜 있으며
>
> 향중풍속鄕中風俗 던지고 이 내 문운門運 가련하다
>
> 알도 못한 흉언괴설凶言怪說 남보다가 배나 하며(「교훈가」)

이렇듯 친지들과 인근 사람들의 수군거림과 비방을 받는 데서도 알 수 있듯이, 수운 선생의 '새로운 도'에 대한 열망은 당시의 인식으로서는 매우 이단적인 것이기도 하다.

무오년(戊午年, 1858)에 이르러, 거의 다른 생활은 돌보지 않고 수련으로만 일관하는 생활을 하였기 때문에 가산은 탕진되고 빚이 산같이 쌓이게 되었다. 이런 상황 속에서 설상가상으로 논을 일곱 사람들에

---

48 특히 수운 선생은 자신의 一族이 많은 선비가 난 집안, 즉 '科門之聚'이기 때문에 자신의 종교적인 행동을 이들 一家親戚들이 마땅치 않게 여겼다고, 『용담유사』 「교훈가」를 통하여 술회하고 있다.

게 저당 잡힌 것이 알려지게 되고, 그래서 논을 저당 잡은 일곱 사람이 모두 몰려와 돈을 갚으라고 독촉을 하게 된다. 이렇듯 사방에서 성화를 하는 빚 독촉과 가난한 생활 속에서도 수운 선생은 조금도 흔들림 없이 지속적으로 수련에 임하였다.

어느새 7월이 되었다. 한여름의 더위가 기승을 부리는 여름을 맞아, 수운 선생은 49일간의 수련을 다시 기약하고 천성산에 있는 자연 동굴을 찾아올라 간다. 이 굴은 천성산 서남쪽으로 뻗어내린 능선 중간 지점에 위치하고 있는 자연 동굴로, 암벽이 부식되며 이룩된 석굴이다. 이 동굴의 이름은 언제부터인지는 알 수 없어도 '적멸굴寂滅窟'이라는 이름으로 인근의 사람들에게 불리고 있었다. '적멸'이라는 불교의 색채를 띠고 있는 이 이름은, 그 이름과 같이 내면이 고요하고, 어떤 새로운 신비가 다시 태어날 듯한 분위기를 띠고 있는 굴이다. 굴의 입구는 4미터 정도로 넓은 편이며 안의 높이는 1미터, 넓이는 6미터 정도로 두세 명이 활동하는 데에 비좁지 않으며, 안쪽으로는 샘물이 솟고 있어 거처하며 수련하기에 적합한 장소이다. 동굴의 입구의 형상은 마치 커다란 호랑이가 입을 벌리고 있는 형국이어서, 마치 마주 보이는 앞산을 덥석 삼킬 듯한 모습을 하고 있다.

이 굴에 들어 수운 선생은 먹고 자면서, 동이 트기 전의 새벽에서부터 자정까지 다만 정좌하고, 묵념을 통한 수련을 해 나가게 된다. 오직 마음속으로는 한울님의 명교命敎가 있기만을 기다리며. 새벽의 희뿌연 별빛이 서서히 그 빛을 잃어갈 때, 그 여명의 신비로운 빛을 바라보며 수운 선생은 잠자리에서 일어난다. 일어나는 즉시 자리를 가다듬고 몸을 깨끗이 씻고 의관을 정제한 뒤에, 몸을 바로하고 앉는다. 앉은 자세에서 미동도 없이 날이 밝아 해가 중천에 떠오를 때까지 묵

넘을 통한 수련을 계속한다. 요기는 최소한으로 하고, 산 빛이 어둑어둑 저녁빛을 띨 때까지, 그리하여 장중한 힘으로 어둠이 온 천지를 덮고 중천에 둥실 달이 떠오르는 한밤중까지 수운 선생은 수련으로 일관하였다.

이와 같은 수련을 통하여 수운 선생이 궁극적으로 얻고자 하는 것은 다름 아니라, 어지러운 세상, 위기를 겪고 있는 이 세상을 구할 수 있는 '올바른 도'이다. 이러한 자신의 심경을 후일 『용담유사』에서 다음과 같이 노래하고 있다.

> 어렵도다 어렵도다 만나기도 어렵도다
> 방방곡곡 찾아들어 만나기만 만날진대
> 흉중에 품은 회포 다른 할 말 바이 없고
> 수문수답授問受答 하온 후에 당당정리當當正理 밝혀내어
> 일 세상 저 인물이 도탄중 아닐런가.(『권학가』)

1909년 말경에 천도교 3세 교주인 의암 손병희가 최준모, 조기간 등 당시의 젊은 지도급 인사들을 대동하고 천성산 내원암을 찾아가, 그곳에서 49일간 독공 수련을 한다. 이때 내원암 주지의 안내를 받아 적멸굴을 찾아가게 된다. 이 노승은 10여 세 때에 자신의 스승으로부터 적멸굴에 관하여 들었다고 증언했다고 한다. 노승의 스승은 어린 제자에게 적멸굴을 가리키며, "경주 최복술이 이 굴에 와서 도통을 하여 수리가 되어 날아갔다."라고 말했다고 한다.

수운 선생이 도통을 하여 수리가 되어 날아갔다는 굴, 적멸굴. 이 굴을 찾은 의암 선생은 "옛날에도 이곳을 와 보았는데, 오늘 다시 와서

보는구나(昔時此地見 今日又看看)."라는 강시降詩를 썼다고 한다. 이것은 수운 선생의 성령性靈이 곧 의암 선생 스스로의 성령이며, 동시에 우주에 편만한 성령이기 때문에 수운 선생과 의암 선생은 궁극적으로 같은 한울님을 모신, 같은 존재라는 동학의 '시천주侍天主' 정신이 그대로 드러낸 일화라고 할 수가 있다.

적멸굴에서의 49일 수련을 마치고 기미년(己未年, 1859)에 이르러 마땅히 거처할 곳을 정하지 못하여 답답해 하던 중, 장차 집안 식구들을 거느리고 고향으로 돌아갈 계획을 세우게 된다. 오랜 타향에서의 생활은 수운 선생에게는 수련으로 일관된 생활이었지만, 나머지 가족들에게는 견디기 어려운 가난한 삶의 연속이 아닐 수 없었다.

옹색한 살림을 이것저것 챙기고, 젊은 부인과 어린아이들을 거느린 수운 선생의 가족은 고향인 경주 현곡면 가정리로 다시 돌아오게 된다.[49] 이때 맏이인 세정世貞이의 나이는 아홉 살이고, 둘째인 세청世淸이는 여섯 살이었다. 이런 두 아들과 두 딸을 거느린 가난한 이삿짐은 더욱 초라하기만 했다.

고향에 돌아가면, 가난한 대로 일가 친척들과 어울려 살 수도 있고, 또 고향에는 아버지 근암공이 제자를 가르치던 정자인 용담정이 있어, 그곳에서 꾸준히 수련을 할 수 있을 것으로 생각되었기 때문에, 이렇듯 귀향을 결심하게 된 것이다. 고향으로 다시 돌아와 용담정을 찾아가는 수운 선생은 이때의 감회를 다음과 같이 노래하게 된다.

---

49 『天道敎會史』「天統」, "大神師 三十六歲時(己未) 十月에 蔚山으로부터 慶州 龍潭舊趾에 還居하시다."

가련하다 우리 부친父親 구미산정龜尾山亭 지을 때에

날 주려고 지었던가.(「안심가」)

　이렇듯 고향으로 돌아온 때는 가을이 깊어져 아침 저녁으로는 서리
가 하얗게 내리는 음력 10월이다. 본래 용담정은 앞에 언급한 바와 같
이, 수운 선생의 아버지인 근암공이 학업도 닦고, 또 제자도 가르치던
곳이다. 이곳에 근암공은 네 칸의 서사를 만들어 '용담서사'라 이름하
고, 스스로 산림처사를 자처하면서 책을 읽고 제자를 가르쳤던 것이
다.

　이곳 용담으로 온 이후 수운 선생은 마음을 다시 굳게 다지고, 도를
깨닫기 전에는 구미산 산자락에 자리한 용담정 밖으로 한 걸음도 나
가지 않기를 굳게 마음으로 맹세한다. 이렇듯 마음을 다지는 한편, 세
상의 어지러움에서 한 발 물러나 유유히 바라보며, 한가롭고 그윽한
속에서 세월을 보내게 되니, 삶의 즐거움이란 오직 정자와 연못, 그리
고 온갖 날짐승들이 날아다니는 산간에 있을 뿐이었다.[50]

　수운 선생이 이렇듯 다시 고향 가정리의 용담으로 돌아온 해는 기
미년(1859)이다. 세상의 만상이 모두 온통 가을빛으로 물든 10월. 구미
산의 의연한 자태는 온통 물든 단풍으로 더욱 기품 있게 치장이 되었
고, 구미산 앞자락으로 펼쳐진 마을의 논과 밭은 곡식을 걷어 들여, 스
잔한 가을의 빛만이 드리워지고 있는 그런 때이다.

　세상을 구할 도를 찾기 위하여 세상을 떠돌았으나, 그 뜻을 이루지
못하고 다시 고향으로 돌아오게 된 자신의 심경을, 수운 선생은 다음

---

50 『水雲行錄』, "自是由來 罷脫衣冠 心盟不出 休息且退 可笑滔滔之世態 不妨寂寂之閒娛 居
　　遊歲月 樂在亭潭."

과 같이 노래하고 있다.

> 구미용담 찾아오니 흐르나니 물소리요
> 높으나니 산이로세 좌우산천 둘러보니
> 산수는 의구하고 초목은 함정含情하니
> 불효한 이내 마음 그 아니 슬플소냐(「용담가」)

　수운 선생은 자신이 세상을 떠돌면서 구하고자 했던 '올바른 도'를 구하지 못한 좌절의 슬픔을 이렇게 노래하였다.

　그러나 좌절의 심회를 가다듬고, 굳은 결의를 새롭게 하듯이 허물어졌던 집을 손질하고, 무너질 듯한 용담정을 다시 손질하며, 수련을 다시 시작하게 된다. 방안에는 '불출산외不出山外'를 맹세하는 글귀를 써 붙이고, 세상을 올바르게 제도할 도를 깨닫지 못하면, 이제는 다시 세상에 나가지 않겠다는 각오로 수련에 맹진猛進하게 된다.

　이때 수운 선생은 자신의 결심을 더욱 공고히 하기 위하여 이름까지 바꾼다. 본래 수운 선생의 처음 이름은 '제선濟宣'이었다. '제濟'라는 글자는 집안의 항열行列 자가 된다. 이러한 처음의 이름을 바꾸어 오늘 우리에게 알려진 이름인 바로 그 '제우濟愚'라고 개명을 하게 된다. 구할 제濟에다가 어리석을 우愚, 곧 어리석은 세상 사람을 구하겠다는, 또는 세상을 어리석음으로부터 구하겠다는 의지를 담은 이름이라고 하겠다.[51] 이는 바로 수운 선생 스스로 사회에 대한 강한 책임의식과

■

51 『天道敎會史』「天統」, "自是로 大神師 山外에 不出을 盟誓하시고 名을 改하야 濟愚라 하시고."

윤리 의식을 다짐한 것이라고 하겠다.[52]

이렇듯 부모님이 지어 준 이름까지 바꾸며, 세상을 구할 도를 얻기로 결심한 수운 선생은 밤낮을 쉬지 않고 수련에 정진하게 된다. 시간은 흘러 겨울로 접어들고, 폭설과 추위 속에서 한겨울을 보내는 동안에도 수련 정진은 계속되었으며 용담정에서 수운 선생은 입춘절을 맞이하게 된다. 아직은 겨울의 차가운 날씨가 계속되고 있지만, 새 봄이 멀지 않다는 것을 절기는 말해 주고 있었다.

본래 입춘절에는 새 봄을 맞이하는 각오와 함께 기원을 글로 써서 벽이나 대문에 붙이는 풍습이 있다. 수운 선생도 이제 삼십대 후반, 장년의 나이이다. 앞으로 다가올 새 봄을 생각하며, 입춘시를 써서 벽상에 걸어두고 마음의 다짐으로 삼는다.

> 도의 기운이 오래 지속되어 사악함이 들지 못함이여
>
> 세상의 허망한 뭇 사람들과 함께 돌아가지 않으리라.[53]

즉 세상을 건질 도를 깨우치기 위하여 도의 기운을 더욱 공고히 할

---

52 김상일, 『동학과 신서학』, 지식사업사, 2000, 68쪽.

53 『東經大全』, "道氣長存邪不入 世間衆人不同歸." 이 입춘시는 후일 우리나라에서 일어나게 되는 신흥 민족 종교의 제종단, 또는 도를 찾아 수련을 하는 사람들에게 많이 원용되고 있음을 볼 수 있다. 특히 일반인들에게는 道人 마을이라고 알려진 '更定儒道會'의 집단 주거지인 智異山 '靑鶴洞'에 가게 되면 촌장 집 마루에 바로 이 수운 선생의 입춘시가 붓으로 쓰여져 걸려 있다. 모두 내용이 동일한데, '世間衆人不同歸'의 '不' 대신에 '皆'로 쓰여져 있음을 볼 수 있다. 이때의 뜻은 아마도 "도가 이룩되면, 세상의 모든 사람들과 같이 돌아가겠다."는 의미로 해석될 수 있을 것이다. 즉 같은 내용이지만 이를 활용하는 사람들에 따라 서로 다르게 쓰이고 있음을 볼 수 있다. 여하튼 수운 선생의 이와 같은 면을 본다고 해도, 19세기 이후 많이 일어난 우리나라 민족 종교의 그 가장 첫 번째가 동학이며, 나아가 동학의 수운 선생 영향을 직접적이든 간접적이든 받지 않은 종교는 없을 것으로 생각된다.

뿐만 아니라, 이 각자위심에 물든 세상의 사람들과는 다른 삶을 살겠
다는 결의를 수운 선생은 입춘시를 통하여 다지고 있는 것이다. 이것
은 곧 용담에 들어온 직후 불출산외不出山外를 다짐하고, 또 이름을 바
꾸어 제세濟世의 의지를 다지듯, 또한 입춘시를 지어 이러한 각오와 마
음을 더욱 굳게 하는 것이라고 하겠다.

을묘천서 이후 수운 선생은 울산, 양산 천성산, 적멸굴 그리고 용담
등지에서 한울님으로부터 도를 받기 위한 수련을 지속적으로 행하였
다. 즉 을묘천서의 신비한 체험 또는 그 가르침과 같이 '기천'을 통한
수련을 통해 '도'를 얻고자 노력을 한 것이라고 하겠다.

수운 선생은 을묘천서라는 신비 체험을 계기로 지금까지 자신이 견
지해 오던 궁리와 사색, 탐색 등의 방식[54]에서 기도라는 종교적인 방
법으로 전환하여 도를 얻고자 했던 것이다. 이와 같은 수운 선생의 구
도求道 태도의 전환은 곧 지금까지 견지해 왔던 무신론적인 입장을 버
리고, 유신론의 입장에서 도를 구한 모습이라고 할 수 있다. 을묘천서
의 의의는 바로 이것이라고 하겠다.

3. 종교 체험과 동학의 창도

유별나게 혹독했던 기미년(己未年, 1859)의 겨울은 지나가고, 용담정
앞의 꽝꽝 얼어 있던 냇물이 스스로 몸을 풀고 새로운 기운으로 흘러

---

54 『천도교회사』, 『동학사』, 『천도교창건사』 등 대표적인 동학의 여러 기록들에 의하면, 수운
   선생이 乙卯天書 이전에는 민간에 떠도는 術法을 비롯해 仙道, 耶蘇敎 등 각 이치에 대하
   여 탐색하고 또 궁리했음을 알 수가 있다.

내려가기 시작하는 경신년(庚申年, 1860) 봄이 찾아왔다. 새 봄을 맞아 수운 선생은 더욱 더 수련에 박차를 가하고 있었다.

당시 조정의 세력을 잡고 있던 안동 김씨 가문의 세도는 기승을 더하여, 기세가 하늘을 나는 새도 떨어뜨릴 정도로 높아 있었고, 왕권을 마음대로 주물러서 국왕의 권위는 떨어질 대로 떨어져, 세상은 마치 아래위가 없는 세상과 같이 어지러움이 극에 달하던 때이다. 따라서 백성들의 삶은 더욱 더 어려워지고, 관리들의 횡포를 견디지 못한 백성들 중에는 도적이 되어 산간에 숨어들기도 하고, 민란을 일으키기도 하며, 그 어지러움이 나날이 도를 더해 가던 시기이다.[55]

그런가 하면 서양의 동양에 대한 침공은 보다 노골적으로 드러나기 시작하여, 동양의 대국이라고 일컬을 수 있는 중국에 대한 침공이 끊이지 않고, 이런 소식을 접한 우리의 조야朝野 모두 서양에 대한 두려움과 위기 의식 속에서 어찌할 바를 모를 때이기도 하다.[56]

구미산에는 이제 제법 녹음이 서서히 퍼져가고 있었다. 푸른 싱그러움을 머금은 산바람이 온 산으로 퍼지고, 제법 시원스레 벌어진 나뭇잎들은 계곡을 덮어 숲을 이루고 있었다. 얼마 전만 해도 온 산이 죽은 듯이 겨울의 정적 속에, 또는 흰눈 속에 덮여 있었는데, 이렇듯 새로운 기운으로 되살아나 활기찬 모습을 띠고 있으니, 과연 자연의 변화란 신비한 것이 아닐 수 없다. 이렇듯 신비로운 자연의 경관에 둘러싸여, 때로는 고개 들어 하늘을 바라보며, 수운 선생은 어지러운 현실, 그 혼란 속에 살아갈 바의 방향도 모르며 허덕이는 백성들을 생각

---

55 한명기, 「사회 세력의 위상과 저항」, 『조선 정치사』 상, 청년사, 1990.
56 신복룡, 『동학사상과 갑오농민혁명』, 평민사, 1985, 45~76쪽.

하며, 자신도 모르게 나오는 한숨을 쉬게 된다.

음력 4월 5일은 곧 장조카 맹륜孟倫의 생일날이다. 조카가 의관을 보내 생일에 오기를 청하니, 그 청을 이길 수가 없어 조카의 생일연에 참석하게 된다. 상을 받고 잘 물리고 난 뒤에, 수운 선생은 갑자기 정신이 아득해지고 아무 것도 보이지 않으며, 도대체 정신을 수습할 수가 없게 되었다. 마치 무엇에 씌어서 미친 것 같기도 하고 술에 취한 것 같기도 하여, 일어나려고 해도 일어날 수가 없고, 선 자리에서 그냥 넘어지고 엎어지는가 하면, 몸이 저절로 한 자 이상씩 뛰어올라, 도저히 그 증상을 알 수가 없었다.[57]

간신히 사람들의 도움을 받아 집으로 돌아왔는데도, 이런 상태는 그치지 않고 계속되었다. 꿈인지 생시인지 알 수 없는 어떤 경지 속으로 점점 빠져들게 되고, 알 수 없는 강력한 힘에 취한 듯한 황홀한 경지에 수운 선생은 놓이게 되었다. 이런 상황에서 문득 천지를 진동하듯 커다란 소리가 어디선가 들려왔다.[58] 정신을 차리고 가만히 들어보니, 다름 아니라 수운 선생 자신을 부르는 소리였다. 마음에 이상한 기분이 들어 가만히 듣고 있으려니, 또렷또렷한 그 소리는 다른 어디에서 오는 소리가 아니라, 바로 자신의 안에서 들려오는 소리가 아닌가. 이러한 경험을 수운 선생은 『동경대전』에 다음과 같이 기록하고 있다.

■

57 수운 선생이 이렇듯 신비한 힘에 휩싸이게 된 것이 조카인 孟倫의 집에서라는 기록(『道源記書』, 『天道敎創建史』)이 있고, 또 조카의 집 이야기는 없이 그냥 신비한 기운에 휩싸이게 되었다는 기록(『天道敎會史』)도 있다.
58 『東經大全』, 「布德文」, "有何仙語 忽入耳中."

뜻하지 않게 어느 4월에 마음이 춥고 몸이 떨리어 무슨 병인지 그 증
상을 알 수가 없고 말로 형상하기 어려울 즈음에 어느 신선의 말이 있어
문득 귀로 들어오는지라.[59]

몸이 떨리고 마음이 선뜻해지며 어느 신선의 말소리가 들려왔다고
한다. 이와 같은 표현을 수운 선생은 『동경대전』의 또 다른 부분에서
도 언급을 하고 있다.

몸이 많이 떨리고 추우며, 밖으로는 접령接靈의 기운이 있고 안으로는
강화降話의 가르침이 있는데, 보였는데 보이지 않고 들었는데 들리지 않
는지라.[60]

「논학문」의 기록도 「포덕문」의 기록과 마찬가지로, 몸이 떨리고 추
웠다고 기록하고 있다. 그러나 이 「논학문」의 기록에서는 「포덕문」의
기록에서 한 걸음 더 나아가 밖으로는 접령接靈하는 기운이 있었고, 안
으로는 강화降話의 가르침이 있었다고 기록하고 있다. 즉 한울님의 기
운과 내 기운이 하나가 되어 만나게 되므로 밖으로는 '접령接靈'을 하
는 기운을 느끼게 되고, 안에서는 '한울님 가르침의 말씀(降話)'이 들려
왔다고 말하고 있다.

수운 선생은 이와 같이 종교 체험을 통하여 한울님을 직접 몸으로
체험하고 나아가 구체적으로 그 가르침까지도 받게 된다. 이때 가장

---

59 『東經大全』, 「布德文」, "不意四月 心寒身戰 疾不得執症 言不得難狀之際 有何仙語 忽入耳
中."
60 『東經大全』, 「論學文」, "身多戰寒 外有接靈之氣 內有降話之教 視之不見 聽之不聞."

먼저 받은 가르침은 '내 마음이 곧 네 마음'이라는 '오심즉여심吾心卽汝心'의 가르침이다.[61] 이 오심즉여심이란 곧 수운 선생이 한울님과 꼭 같은 마음을 지니고 있다는 말이 된다. 다시 말해서 수운 선생은 오랜 수련을 통하여 일상에 물든 마음을 모두 씻어 내고 한울님의 마음, 곧 본래의 마음을 다시 회복한 것이다. 따라서 한울님의 마음(吾心)과 수운 선생의 마음(汝心)이 같은 마음이 되고, 한울님과 일체를 이루는 '천인합일天人合一', 곧 '천인여일天人如一'[62]의 경지를 이루게 된 것이다. 그러므로 수운 선생은 천인합일의 경지를 통하여 한울님이 다른 초월적인 공간에 계신 것이 아니라,[63] 근원적으로 내 안에 모셔져 있음을 깨닫게 되고,[64] "한울님이 바로 내 안에 모셔져 있다."는 '시천주侍天主'로 동학의 근본 사상을 삼을 수 있게 된다.

수운 선생이 겪게 되는 종교 체험에 관하여, 많은 학자들이 이러한 수운 선생의 종교 체험이 '주술적인 것으로 무巫의 빙의 현상憑依現狀과 같은 것'으로 보는 경우가 있다. 특히 수운 선생이 신비 체험 당시에 "찬 기운이 돌며 몸을 심하게 떨었다(心寒身戰, 身多戰寒)."는 사실을 들어 강신무降神巫의 입신 체험入神體驗과 매우 유사하다고 말하고 있다.[65]

그러나 이러한 현상은 오직 무에서만 일어나는 현상만은 아니다. 이와 같이 몸이 떨리고 추위를 느끼는 현상은 유신론적 전통에서는

■
61 『東經大全』「論學文」, "修心正氣而問曰 何爲若然也 曰吾心卽汝心也."
62 최민홍, 『한국철학』, 성문사, 1981, 187쪽 참조.
63 『龍潭遺詞』「道德歌」, "天上에 上帝님이 玉京臺에 계시다고 보는 듯이 말을 하니 陰陽 理致 고사하고 虛無之說 아닐런가."
64 『龍潭遺詞』「敎訓歌」, "네 몸에 모셨으니 捨近取遠 하단말가."
65 金烈圭, 「新興宗敎와 民間信仰」, 『韓國學報』 4, 1976, 10~18쪽.

아주 흔하게 발견되는 일들이다.[66] 그러므로 이러한 점만을 단순 비교하여 수운 선생의 종교 체험이 강신무와 같다고 말할 수는 없는 일이다. 특히 무의 종교 체험에서는 신이 내릴 때에 신과 하나가 되어 무巫가 자신의 인격을 잃어버리고 신의 말을 전해 주는 반면에, 수운 선생은 이러한 신비 체험 동안 자신의 인격을 그대로 유지한 채 상제上帝라고 불리는 존재와 대화를 나눈다는 점[67]이 구조적으로 다른 것이라고 할 수 있다. 즉 무와 같이 탈혼망아脫魂忘我에서 외부의 신령神靈이 들어오는 체험이나 자기의 의식이 외계로 나가는 것과 같은 그러한 체험이 아니라, 수운 선생의 종교 체험은 본연적으로 마음에 모시고 있는 절대자인 한울님을 깨달음으로 해서, 이 한울님과 합일의 경지를 이룸으로써[68] 겪게 되는, 그러한 종교 체험인 것이다.

수운 선생이 이렇듯 경신년(庚申年, 1860년) 4월 5일 대도를 받는 것을 연구자들은 동학을 창도하게 되는 가장 결정적인 종교 체험(religious experience)이라고 말하고 있다. 수운 선생이 겪는 종교 체험의 순간을 정리해 보면, 첫째 몸이 떨리고 마음이 추워졌다는 심신의 변화와 둘째 신의 음성을 듣고 신과 서로 대화를 했다는 사실들이다. 즉 수운 선생은 '신과 대화를 하는 신 체험神體驗'을 하게 된 것이다.

이와 같이 동학의 창도는 수운 선생의 '신 체험'에서부터 비롯된 것이라고 하겠다. 수운 선생은 바로 이와 같은 신 체험을 하게 되므로, 지금까지 조선조 400년을 이끌어 왔고 또 자신이 지금까지 쌓아온 가장 중요한 사유 방식이었던 유교와는 다른 '동학'을 창도하게 된 것이

---

66 최준식, 『한국의 종교, 문화로 읽는다』, 사계절출판사, 2000, 66쪽.
67 『東經大全』이나 『龍潭遺詞』 각처에 이러한 한울님과 대화 모습이 나타나고 있다.
68 趙鏞一, 『東學造化思想硏究』, 東星社, 1988, 113~117쪽.

라고 하겠다. 즉 수운 선생의 신 체험이라는 종교 체험을 통한 동학의 창도는 지금까지 조선조를 유지해 왔던 유교적 이념과의 결별이며 동시에 새로운 이념, 새로운 사유, 새로운 신념 체계의 출발이라고 할 수가 있을 것이다. 수운 선생이 겪은 종교 체험은 바로 이와 같은 의의를 지닌다.

그러나 수운 선생은 처음에 지금까지 자신을 형성시켜 왔던 방식과는 전혀 다른 '신 체험'이라는 새로운 체험을 하게 되므로, 이것이 혹 서학이 아닌가 생각하고, "서도로 세상 사람을 가르치리이까?"라고 묻게 된다. 이에 한울님이라는 신은 "그렇지 않다."라고 부정하며, 수운 선생에게 '영부靈符와 주문呪文'을 주고, 이로써 세상 사람들을 가르치고 또 구하라고 한다.[69]

즉 수운 선생은 경신년 4월 5일부터 결정적인 종교 체험을 통하여 한울님과 하나됨을 체득하게 되고, 영부와 주문으로 의미되는 무궁의 도를 깨닫게 된다. 나아가 이러한 신 체험과 깨달음을 바탕으로 하여 후천이라는 새로운 세상을 열어갈 동학을 창도하게 되었던 것이다.

그러면 동학 창도의 결정적 계기가 된 한울님 체험과 이를 통해 수운 선생이 한울님으로부터 받았다는 '영부'와 '주문'은 무엇인가?

『동경대전』에서는 영부를 선약仙藥이라고 말하고 있다. '선약'이란 낱말 그대로의 뜻으로 보면, '신선의 약', 곧 먹으면 죽지 않는 '불사약不死藥'을 뜻하는 것이다. 그런가 하면, 「안심가」 중에 수운 선생이 한울님으로부터 영부를 받는 장면에서 "삼신산 불사약을 사람마다 볼까보냐." 또는 "진시황 한무제가 무엇 없어 죽었는고 내가 그때 났더라

---

69 『東經大全』「布德文」, "吾有靈符 其名仙藥 其形太極 又形弓弓 受我此符 濟人疾病 受我呪文 敎人爲我 汝亦長生 布德天下矣."

면 불사약을 손에 들고 조롱만상 하올 것을.”이라고 노래하고 있음을 볼 수가 있다. 즉『용담유사』중에서는 ‘영부’를 구체적으로 ‘불사약’이라고 부르고 있음을 볼 수가 있다.

또한 수운 선생은 이 영부를 태워서 물에 타서 마시고 이내 몸이 윤택해지고 병에 차도가 있음을 실감하고 선약임을 확신하기도 한다.[70] 그러면 수운 선생은 한울님으로부터 정말로 불사약을 받았는가. 어떤 연유로 영부를 불사약이라고 했는가?

『동경대전』중에 영부의 “이름은 선약이지만, 그 형체는 태극太極이요, 또 다른 형체는 궁궁弓弓이다.”라고 말하고 있다. 이는 곧 영부란 우주의 근원이 되는 태극의 형상을 지니고 있으며, 또한 궁궁의 모양을 지니고 있다는 뜻이다. 궁궁弓弓이라는 글자의 모양은 태극의 모형과 유사하다. 그러므로 그 형태가 태극이고 또 궁궁이라고 말했을 것으로 본다.

그러나 이는 다만 그 모형만을 뜻하는 것은 아닌 듯하다. 해월 선생은 궁궁 또는 궁을을 ‘마음’이라고 말하고 있다.[71] 그런가 하면 “궁은 천궁天弓이요, 을은 천을天乙이니, 궁을은 천지天地의 형체이다.”[72]라고 말하고 있다. 즉 궁궁, 궁을은 ‘마음’이며 동시에 ‘천지의 형체’라는 말이다. 이러한『동경대전』의 설명과 해월 선생의 영부에 대한 설명을 종합해 보면, 영부란 다름 아닌 우주의 근원을 표상화한 것이며, 그 형태인 ‘궁궁’ 또는 ‘궁을’은 약동하는 천지의 형체를 나타내는 것이요,

---

70 『東經大全』「布德文」, “吾亦感其言 受其符 書以呑服則 潤身差病 方乃知仙藥矣.”
71 『海月神師法說』「靈符呪文」, “弓乙其形 卽心字也.”
72 『海月神師法說』「靈符呪文」, “心和氣和 與天同和 弓是天弓 乙是天乙 弓乙 吾道之符圖也 天地之形體也.”

동시에 사람의 본원적인 마음[73]을 표상한 것이 된다.

'영부'를 '신령스러운 부적符籍'이라고 보는 것이 일반적인 견해이다. 그러므로 '부적'의 부정적인 면, 즉 기복祈福이나 축사逐邪의 민간신앙 측면에서 영부를 해석하고 이해하기 쉽다. 그러나 본래 '부적'이란 '부합符合'의 의미를 지니고 있는 말이다. 따라서 영부란 '영靈의 부합', 즉 '신령스러움의 부합'을 뜻한다. 수운 선생이 결정적인 종교 체험의 순간에 들었다는, 한울님 마음이 수운 선생의 마음과 한 치도 어긋남이 없이 부합했다는, 그 '오심즉여심'[74]이라는 말의 표상이 곧 영부인 것이다. 한치의 오차도 없이 나의 마음과 천지의 형체가 부합된 것을 영부라고 이름한 것이라고 하겠다.

이처럼 영부靈符란 다름 아닌 '나와 한울님과 일체를 이루므로 해서, 내 안에서 한울님을 회복하는 것'을 이름이요, 그러므로 내 안에 모신 한울님의 무궁성을 깨닫는 것을 의미한다. 즉 영부를 통하여 내 안에 모셔진 한울님의 마음과 기운을 회복하게 되므로, '무궁한 이 울과 더불어 무궁한 나'[75]를 깨닫게 되고, 나아가 무궁한 우주의 생명에 그 근원을 둔 '생명의 무궁성'을 깨닫게 되므로, '영부'를 선약 또는 불사약이라고 지칭하게 된 것이다.

따라서 영부란 다른 어느 곳에 있는 것이 아니라, 한울님의 기운과 마음을 회복하므로 깨닫게 되는 '한울님의 무궁성', '생명의 무궁성'으로 '내 안'에 있는 것이다.

■

73 太極이나 弓弓이 뜻하는 '마음'에 관하여 李敦化는 '創造心'이라고 말하고 있다. 즉 "太極과 弓弓의 形으로 創造心의 躍動的 形象을 象徵케 한 것"이라고 설명하고 있다.(李敦化, 『水雲心法講義』, 천도교중앙종리원, 1926, 27쪽 참조)

74 오문환, 『사람이 하늘이다』, 솔, 1996, 67쪽.

75 『龍潭遺詞』「興比歌」, "무궁한 이 울 속에 무궁한 내 아닌가."

가슴에 불사약을 지녔으니 그 형상은 궁을이요,

입으로 장생하는 주문을 외우니 그 글자는 스물한 자이다.[76]

이렇듯 수운 선생은 한울님이라는 신을 '내 안'에 모신 것(侍天主)과 같이, 장생불사의 약 역시 밖에 있는 것이 아니라, '내 안'에 있음을 강조하고 있다. 불사약은 다른 어느 곳에 있는 것이 아니라 바로 모든 사람의 안에 있는데 이것을 모르고 불사약을 구하기 위하여 삼천 명의 동자童子를 천하로 내보낸 진시황秦始皇을 '조롱만상嘲弄萬狀'한 것이 아니겠는가? 결국 불사약을 얻기 위해서는 나를 연성煉性하고 나의 마음을 닦아야 한다는 것이 수운 선생의 가르침이다.

수운 선생이 경신년 4월 신체험을 통하여 영부와 함께 한울님으로부터 받은 것은 '주문呪文'이다. 영부를 받아 세상 사람들을 구하라고 한데 비하여, 한울님은 주문을 받아 "한울님 스스로를 위하도록 세상 사람들을 가르치라(受我呪文 敎人爲我)."고 했다. 즉 주문은 '한울님을 지극히 위하는 글'[77]이다.

'한울님을 위한다는 것'은 무엇인가? 이는 다름 아니라, 한울님의 뜻에 따라 사는 것을 말한다. 이는 곧 천리天理와 천명天命에 따라 산다는 말과 같은 의미가 될 것이다. 주문은 궁극적으로는 천리와 천명을 따라 사는 한울 사람의 길이 담겨져 있는 글이라고 하겠다. 그러므로 수운 선생은 도를 배우러 오는 사람들에게 다른 무엇을 가르치지 않고

---

76 『東經大全』「修德文」, "胸藏不死之藥 弓乙其形 口誦長生之呪 三七其字."

77 『東經大全』「論學文」, "曰呪文之意 何也 曰至爲天主之字."

오직 주문 스물한 자만을 전했다고 한다.[78] 그런가 하면 천도天道에 이르는 차제도법次第道法이 모두 이 주문 스물한 자에 담겨 있다[79]고 말하고 있으며, 주문 열세 자만 지극히 하면 만권시서萬卷詩書가 필요하지 않다고 강조하고 있다.[80]

이처럼 수운 선생이 경신년 결정적인 종교 체험의 순간에 한울님으로부터 '영부'와 함께 받았다는 '주문'은 곧 천도에 이르는 바른 길이 담긴 글이다. 즉 '영적 주체인 한울님 모심을 깨닫고 이 깨달음을 통하여 올바른 삶을 실천하는' 시천주侍天主와 '한울님의 덕과 한울님 마음을 체득하여 새로운 삶으로 거듭 태어나는' 조화정造化定, 그리고 '한울님 모심을 깨닫고, 한울님의 덕과 한울님의 마음 모두를 체득하므로 한울님의 경지에 이르게 되어 우주 만사를 모두 알게 되는' 만사지萬事知에 이르는 길[81]을 이 주문은 담고 있는 것이다.

수운 선생이 경신년 4월 결정적인 종교 체험의 순간에 한울님으로부터 받았다는 영부는 바로 한울님의 기운과 마음을 회복하므로 깨닫게 되는 '한울님의 무궁성', '생명의 무궁성'의 표상이며, 주문이란 곧 한울님 경지에 이르는 올바른 가르침이 담겨 있는 글이다. 이렇듯 수

---

78 『龍潭遺詞』「道修詞」, "내 역시 이 세상에 無極大道 닦아 내어 오는 사람 曉諭해서 三七字 전해 주니 無爲而化 아닐런가."

79 『東經大全』「論學文」, '一以作呪文 一以作降靈之法 一以作不忘之詞 次第道法 猶爲二十一字而已.'

80 『龍潭遺詞』「敎訓歌」, "열세 자 지극하면 萬卷詩書 무엇하며"(동학의 주문은 스물한 자인데, 이 스물한 자 중에 앞의 여덟 자는 降靈呪文이라고 하고, 뒤의 열세 자를 本呪文이라고 부른다. 동학의 수행 중 이 本呪文만 읽는 경우가 있다.)

81 侍天主, 造化定, 萬事知는 동학 주문의 핵심이 되는 것으로, 道에 이르는 과정과도 같은 것이다. 동학의 呪文은 바로 이러한 과정을 매우 섬세하게 주문 스물한 자 안에 모두 담고 있다. 이에 관한 보다 상세한 논의는 '오문환, 『동학의 정치철학』, 모시는사람들, 2003, 47~68쪽' 참조 바람.

운 선생은 경신년 한울님을 만나는 체험을 통해 영부와 주문을 받게 되고, 이를 통해 세상을 올바르게 구하고(濟人疾病), 세상의 사람들에게 한울 사람의 삶을 살아가게(敎人爲我) 하는 동학을 창도하게 된다.

경신년 종교 체험의 순간을 수운 선생은 그의 『동경대전』과 『용담유사』 곳곳에서 표현하고 있음을 볼 수 있다. 다음은 이러한 부분들을 정리한 것이다.

> 천은天恩이 망극하여 경신 사월 초오일에
> 글로 어찌 기록하며 말로 어찌 성언할까
> 만고 없는 무극대도 여몽여각如夢如覺 득도로다
> 기장하다 기장하다 이내 운수 기장하다.(『용담가』)

> 사월이라 초오일에 꿈일런가 잠일런가
> 천지가 아득해서 정신 수습 못할러라
> 공중에서 외는 소리 천지가 진동할 때 〈중략〉…
> 이내 신명 좋을시고 불로불사不老不死 하단말가
> 만승천자萬乘天子 진시황도 여산驪山에 누워 있고
> 한무제漢武帝 승로반承露盤도 웃음바탕 되었더라
> 좋을시고 좋을시고 이내 신명 좋을시고(『안심가』)

> 꿈일런가 잠일런가 무극대도 받아내어
> 정심수신正心修身 하온 후에 다시 앉아 생각하니
> 우리 집안 여경餘慶인가 순환지리 회복인가
> 어찌 이리 망극한고 전만고前萬古 후만고後萬古를

역력히 생각해도 글도 없고 말도 없네(『도수사』)

나도 또한 이 세상에 천은天恩이 망극하여

만고 없는 무극대도 여몽여각如夢如覺 받아내어

구미 용담 좋은 풍경 안빈낙도 하다가서

불과 일년 지낸 후에 원처근처遠處近處 어진 선비

풍운같이 몰려드니 낙중우락樂中又樂 아닐런가.(『안심가』)

위의 부분들은 '한울님으로부터 무극대도를 받는', 바로 그 순간을 노래한 부분들이다. 『용담유사』에 나타나고 있는 이러한 종교 체험의 순간과 앞에서 살펴본 『동경대전』 중의 종교 체험 상태를 종합해 보면, 첫째 몸과 마음이 춥고 떨리며, 둘째 정신이 아득해졌으며, 셋째 신과 대화를 했으며, 넷째 신과의 대화에서 "두려워하지 말라, 또는 의심하지 말라."는 말을 들은 것으로 보아 수운 선생에게 두려움이라는 외경畏敬의 마음이 있었으며, 다섯째 더없이 커다란 기쁨, 곧 환희의 고양 등의 현상이 있었음을 알 수 있다. 즉 수운 선생은 경신년 결정적인 종교 체험의 순간에 평소와는 다른 육체적 · 정신적 또는 정서적인 변화를 체험하게 된다.

이와 같이 수운 선생이 무극대도를 받으며 겪은 현상은 종교학자들이 제시한 종교 체험의 특징과도 같은 현상이기도 하다.[82] 즉 '여몽여각' 같은, 다시 말해 '꿈인지 잠인지' 알 수 없는 상태는 종교 체험의 가장 중요한 특징이 되는, '황홀경' 또는 '표현되기 곤란한 심리적 상태'

82 岸本英夫, 朴仁載 譯, 『宗敎學』, 김영사, 1983, 53~59쪽.

의 또 다른 모습이다. 그런가 하면, '기장하다 기장하다' 또는 '이 내 신명 좋을시고' 하는 고양된 기쁨의 모습은 종교 체험 중에 겪게 되는 '덧없는 환희의 고양 상태'의 또 다른 표현이 된다. 즉 종교 체험을 함으로써 일어나는 심리적인 변화의 구체적인 모습이라고 말할 수 있다.

종교학자들의 연구 보고에 의하면, 종교 체험의 상태에서는 '신비감, 위화감, 호증好憎 감정' 등의 정서를 수반하게 된다고 하는데, 이렇듯 정서적 변화를 일으키는 것은 궁극적으로 인간의 모든 불완전한 의식이 완전에 도달하려는 충동에 의해서 생기게 되는 것[83]이라고 이들은 설명하고 있다.

수운 선생의 경우 자신이 지니고 있는 제세濟世의 꿈, 그러나 완전하지 못한 이 제세의 의식은 보다 완전한 경지에 이르기 위해 노력을 요구하게 된다. 그러므로 수운 선생은 구도求道라는 종교적 행위를 통해 '완전'에 이르기 위해 노력을 한다. 이러한 구도적 수행의 결과로 한울님이라는 절대자와 만나게 되고,[84] 그 만남을 통해 수운 선생은 자신이 원하던 완전함의 세계로 들어서게 된다. 바로 이와 같은 상태에서 앞서 말한 두려움 등의 감정을 겪게 된 것이라고 하겠다.[85]

그러므로 종교 체험 이전에는 수운 선생은 '몰락한 집안과 자신의

---

83 Jung C. G, *Psychology and Religion*, New york, 1938, 42쪽 참조.

84 『東經大全』「論學文」, "身多戰寒 外有接靈之氣 內有降話之敎 視之不見 聽之不聞 心尙怪訝 修心正氣而問曰 何爲其然也 曰吾心卽汝心 人何知之 知天地而 無知而鬼神 鬼神者吾也."

85 이러한 체험의 상태를 老子는 "황홀의 상태, 분간해 인식할 수 없는 상태, 볼 수도 잡을 수도 없는 것, 즉 道라고 말하고 있다. "道之爲物 惟恍惟惚 恍兮惚兮 其中有物 惚兮恍兮 其中有象 其中有精 其精甚眞 其中有信, 『道德經』二十一章."

불우한 처지(「용담가」)'나, '지난날의 어려움에 대한 한숨(「안심가」)', 또는 '자신의 불우한 처지와 이를 생각하며 전전반측(「도수사」)'하거나, '자신의 신세를 한탄(「교훈가」)'하는 등의 '개인적인 고뇌와 시대적인 절망감'을 토로하는 다만 한 사람의 젊은 지식인이었다.

그러나 경신년 4월 종교 체험을 기점으로 해서 지금까지 '오작은 날아들어 조롱을 하는 듯', 그러므로 '비감회심 절로 나던' 구미 용담이 '세상에서 가장 뛰어난 승지'로, 또는 '모든 사람들의 낙원(「용담가」)'으로 노래되는가 하면, '좋은 세상(춘삼월)에의 신념(「안심가」, 「도수사」)', 나아가 '좋은 세상을 이룩하도록 당부하는(「교훈가」)' 등, '제세에의 신념과 미래에 대한 믿음'을 노래하는 한 종교의 창도자로서의 면모를 보이고 있음을 볼 수가 있다. 즉 이러한 변모는 종교 체험의 특성이기도 한 정서적 측면에서, 또는 의지적 측면에서 일어나는 변모의 하나이다.

그런가 하면, 수운 선생은 경신년 4월 종교 체험 이후 인격적인 측면에서도 전혀 다른 사람같이 변한다. 수운 선생의 부인은 수운 선생이 젊어서부터 세상을 떠돌며 구도의 삶을 살았기 때문에 참으로 많은 고생을 한 사람이다. 더구나 경신년 결정적인 종교 체험의 현장에서 수운 선생이 마치 미친 사람 마냥 공중을 향하여 말을 하고 신들린 사람처럼 펄펄 뛰기도 하므로, 더 없이 놀라게 된다. 그래서 아들과 서로 손을 잡고 통곡을 하기도 한다.[86] 그러나 그 이후 수운 선생은 "인물 대접하는 거동이 세상 사람 아닌 듯하고, 처자에게 하는 거동

---

86 『龍潭遺詞』 「安心歌」, "아버님 이 웬일고 정신수습 하옵소서 物形符 있단 말씀 그도 또한 혼미로다. 애고애고 어머님아 우리 신명 이 웬일고 아버님 거동 보소 저런 말씀 어데 있노. 모자가 마주 앉아 手把痛哭 한참 할 때."

역시 진정으로 지극하여(「교훈가」)" 전혀 다른 사람같이 변하게 된다.

특히 수운 선생은 동학을 창도한 이후 당시 관으로부터 지목을 받고, 끝내는 조선 정부에 체포되어 처형을 당하게 된다. 이 과정에서 수운 선생은 후천개벽의 길을 열기 위하여 묵묵히 체포를 당하고 또 형장으로 걸어가는, '순도'의 모습을 보여 주기도 한다.

이러한 수운 선생의 변모는 종교 체험을 통해 도달하는 내면적 조건이기도 한 '긍정적 성인聖人다움'으로의 변모이기도 하다.[87] 이렇듯 수운 선생은 경신년 종교 체험 이후 정서적인 면, 의지적인 면, 나아가 인격적 · 도덕적인 면에서 성인, 곧 한 종교의 개창자로서의 모습을 갖추게 된 것이다.

이러한 수운 선생의 종교적 수행을 통한 종교 체험은 극히 개인적인 것이며 동시에 보편적인 것이 된다. 자신의 개인적인 고뇌, 예를 든다면 조실부모를 한 가정적인 아픔, 또는 적서의 차별에 의해 서자로서 겪게 되는 고뇌, 이에서 나아가 화재 등으로 인한 가산의 피폐, 이러한 환경적인 요인에 의해 좌절된 청운의 꿈[88] 등, 자신의 개인적인 한계를 극복하기 위하여 노력하게 된다. 그러나 수운 선생은 이러한 자신의 고뇌나 좌절감을 자기 개인의 것으로만 받아들였다기보다는 19세기 중반이라는 부패되고 혼돈된 조선조 사회를 살아가는 모든 사람들의 고뇌, 또는 시대적인 고뇌나 좌절감으로 받아들이게 된다.[89]

---

87 윌리암 제임스, 김재영 역, 『종교적 경험의 다양성』, 한길사, 2000.

88 『道源記書』, 先生居憂三年 家産漸裏 學書不成 意隆青雲.

89 封建社會에서 겪게 되는 嫡庶의 차별이나, 사회적 불균형으로 겪게 되는 貧富의 차이는 사회적 시대적 상황의 유산임에는 틀림이 없다. 그러나 이를 자신의 개인적인 것으로 인식하느냐 또는 사회적 시대적인 공동의 것으로 인식하느냐 하는 것은 본질적인 면에서 차이를 가져온다. 이러한 측면에서 水雲은 이 苦惱를 자신의 개인적인 고뇌로 국한시키

다음과 같은 『용담유사』의 부분들이 이러한 수운 선생의 심경을 잘
나타내 주고 있다.

> 내 역시 이 세상에 자아시自見時 지낸 일을
>
> 역력히 생각하니 대저 인간 백천만사
>
> 행코나니 그뿐이오 겪고 나니 고생일세
>
> 그 중에 한가지도 소업성공所業成功 바이없어
>
> 흉중에 품은 회포 일소일파一笑一罷 하온 후에
>
> 이내 신명 돌아보니 나이 이미 사십이오
>
> 세상 풍속 돌아보니 여차여차 우여차又如此라
>
> 아서라 이내 신명 이 밖에 다시없다
>
> 구미용담 찾아들어 중한 맹세 다시하고
>
> 부처가 마주앉아 탄식하고 하는 말이
>
> 대장부 사십 평생 해음없이 지내나니
>
> 이제야 할 길 없네 자호字號 이름 다시 지어
>
> 불출산외不出山外 맹세하니 기의심장其意深長 아닐런가(「교훈가」)

 수운 선생은 지금까지 자신이 겪은 개인적인 고생을 "행코 나니 그
뿐이요 겪고 나니 고생일세."라고 노래하고 있다. 또한 이러한 생활
속에서 '흉중에 품은 회포'를 일시에 타파해 버리고, '세상 풍속 돌아
보려' 주유팔로의 길을 떠나기도 하고, 주유팔로를 통해 세상을 돌아
보고, 자신의 고뇌가 곧 이 세상 모든 사람들의 고뇌임을 알게 된다.

■ 지 않고 시대 또는 사회가 공동적으로 같이 겪는 고뇌로서 인식하게 되고 이의 克服을 위
해 시대적인 고뇌의 길을 걷게 된 것이라고 본다.

또한 구미산 용담정으로 돌아와, 이름을 고치고, 세상을 제도할 올바른 도를 얻기 위한 종교적 수행을 행하게 된다. 이러한 일련의 과정을 통해 수운 선생은 자신의 절망감을 자신의 것으로 한정하지 않고 '세상의 모든 사람들', 곧 '창생蒼生의 것'임을 통찰하게 되었고, 이로써 그의 종교적 수행은 자신의 고뇌를 구제하기 위한 구도가 아닌 창생을 구제하기 위한 수행으로 전이되는 것이다.[90]

이러한 관점에서 볼 때, 수운 선생이 수행修行을 통해 얻게 되는 무극대도는 궁극적으로 창생의 구제를 위한 대도大道이며, 동시에 수운 선생이 무극대도를 한울님으로부터 받는다는 종교 체험은 그 시대 사람들이 공통적으로 지닐 수 있는 자기 개벽의 가능성,[91] 그것이기도 하다. 그러므로 이러한 종교 체험을 통해 얻게 되는 끝없는 기쁨, 아직 한 번도 느껴 본 일이 없는 듯한 삶의 보람[92] 등은 바로 수운 선생 개인의 기쁨이며 동시에 그 시대의 창생을 구제할 수 있다는 창생 모두를 위한 보다 보편적인 기쁨으로 승화되는 것이다.

즉 수운 선생의 종교 체험이란 어느 의미에서 억압된 본능의 깊은 층에 잠재되어 있는 의식이 일체의 관념적인 나를 벗어나 진아眞我에 이르는 과정에서 겪게 되는 '제2의 탄생 경험'이라고 할 수 있을 것이다.[93] 따라서 이러한 영적인 제2의 탄생 과정을 거치면서, 이제까지 잠재적으로 지니고 있던 개인적인 욕망과 소망들을 사회적으로 유용하고 또 인정될 수 있는 사고와 이념, 즉 제세濟世 이념으로 전이시키

---

90 李符永, 「水雲의 神秘體驗」, 『韓國思想』 11輯, 1974, 한국사상 연구회, 14~15쪽 참조.
91 金光日, 「水雲의 宗教體驗」, 『韓國思想叢書』 Ⅳ. 1980, 태광문화사, 78쪽 참조.
92 岸本英夫, 朴仁載 譯, 『宗教學』, 김영사, 1983, 58쪽 참조.
93 김재영, 「윌리암 제임스의 종교이론」, 『종교적 경험의 다양성』, 한길사, 2000, 46쪽 참조.

고, 이를 자신의 종교적 교의로 삼게 된 것이라고 하겠다.[94]

종교 체험의 결과로 수운 선생은 '세상을 새롭게 제도濟度할 가르침'인 '동학'을 내놓게 된다. 즉 '동학의 창도'는 곧 수운 선생의 종교 체험으로부터 비롯된다. 따라서 이 종교 체험은 수운 선생 개인의 전환점일 뿐만 아니라 인류의 삶을 우주적 차원에서 바라보고 또 인식하게 하는 계기가 되었으며, 지금까지의 인류의 삶인 선천先天을 청산하고 후천後天이라는 전혀 새로운 삶을 지향하는, 그러한 문명의 대전환을 세상의 사람들을 향하여 선포하는 계기가 되기도 한다.

그러나 종교 체험을 통하여 한울님으로부터 무극대도를 받은 이후, 수운 선생은 거의 일 년이 지나도록 계속해서 수련에 전념한다.[95] 수운 선생이 경신년 4월의 종교 체험에 만족하지 않고, 거의 일 년 가까운 시간을 수련으로 일관하였다는 것은 매우 중요한 사실이 아닐 수 없다.

경신년 4월의 종교 체험에 만족하지 않고 '지속적인 수련'을 이어갔다는 것, 이것이 지니는 의미는 자신에 대한 반성과 성찰을 통한 보다 합리적인 교의, 곧 교의의 철학적 합리성을 마련하기 위한 노력이라고 하겠다. 그러므로 수운 선생은 섣부르게 포덕布德하려 하지 않고 다만 지극히 치성을 통한 수련에만 정진하게 된다.[96] 그 기간은 경신년 4월부터 다음 해인 신유년(辛酉年, 1861) 봄까지로 생각된다.

경신년 4월의 종교 체험은 전혀 예상하지 못했던 사건이며 또 매우 직관적이고 직접적인 일이었다. 다시 말해 '한울님과의 만남과 대화'

---

94 尹錫山, 위의 책, 57~60쪽 참조.
95 『東經大全』, 「論學文」, "吾亦幾至一歲 修而度之."
96 『東經大全』, 「修德文」, "不意布德之心 極念致誠之端."

라는 전혀 다른 차원에의 경험이었다. 또 이에 수반되는 외경감畏敬感
과 고양된 환희 등의 급격한 정서의 변화는 어느 의미에서 객관적이
고 또 체계적인 사고 과정이었기보다는 지극히 추상적이며 또 혼란된
일련의 과정이었다.

　이렇듯 지극히 추상적이고 또 혼란스러운 경험을 수운 선생은 거의
일 년에 가까운 기간 동안 수련을 통하여 정리하고 또 체계를 잡아 나
간다. 즉 수운 선생은 이 수련 기간 중에「용담가」를 비롯한「안심가」,
「교훈가」등의 노래를 짓기도 하고,「검결」과「포덕문」등,『동경대
전』과『용담유사』의 근간이 되는 동학의 경편經篇들을 짓는다. 이러한
노력은 결국 결정적인 종교 체험 이후 수운 선생 스스로 자신이 체득
한 경험을 체계화하는 것이며 나아가 철학적 합리성을 마련하는 길이
기도 하다.

　일 년여의 수련 기간 동안 수운 선생은 한울님의 강화降話[97]를 통하
여 가르침을 받고, 혹은 한울님으로부터 시험(trial)을 받기도 한다.

　'시험'의 과정은 이러하다. 강화를 통하여 한울님은 수운 선생에게
백의재상白衣宰相을 제수하겠다고 하고, 또는 신비한 조화造化를 내려
주겠다고도 한다.[98] '백의재상'이 함의하고 있는 것이 곧 세상을 권력
으로 이끌고자 하는 '힘의 논리'라면, '신비한 조화'란 세상을 '현혹하

■

97 '降話'란 수운 선생이 경신년 종교 체험 당시 한울님과의 대화를 한 것을 일컫는 용어이
　　다. 수운 선생은 한울님과의 만난 순간을 "안으로는 降話의 가르침이 있고(內有降話之敎),
　　밖으로는 靈과 接하는 기운이 있었다(外有接靈之氣)."라고 말하고 있다(『東經大全』「論學
　　文」). 즉 이때의 '降話'가 곧 한울님과의 대화를 뜻하는 것이 된다.

98 『道源記書』, "上帝又敎曰 汝除授白衣之相乎 先生答曰 以上帝之子 寧爲白衣相乎 上帝曰
　　汝不然則受我造化."

는 술법'에 불과한 것이 된다. 그러므로 수운 선생은 비록 한울님의 명교命敎가 있어도 이를 거행하지 않기로 맹세하고 열하루 동안 음식을 끊기까지 한다.[99]

수운 선생이 종교 체험 이후 행하는 지속적인 수련 중 겪게 되는 이와 같은 시련은 예수나 붓다가 고행 중에 겪는 시련과 동일한 것이라고 하겠다. 한울님이 주겠다는 '백의재상'은 궁극적으로 '부와 권력'을 의미한다. 또한 '조화'란 일종의 술법으로 권능이며 동시에 이 권능을 통해 이룩하려고 하는 '공명심'의 또 다른 표현이 된다. 그런가 하면, 이러한 명교를 받지 않고 열하루 동안 단식을 결행한 것은, 모든 욕심을 버리고 죽음을 마다하지 않는 모습이라고 하겠다.

인간에게 있어 가장 얻고 싶어하는 것 세 가지란 다름이 아니라, 첫째, 영원히 멸滅하지 않는 것, 즉 죽지 않는 것이요, 둘째, 무한한 권력이요, 셋째, 커다란 공명심이다. 그러나 인간은 누구나 이 셋을 동시에 소유할 수는 없는 것이요, 또 세상은 이러한 인간의 욕망 때문에 어지러워지고 또 혼란에 빠지는 것이라고 하겠다. 수운 선생이 죽음을 각오하고 단식을 결행하였다는 것은 실상 이 세 가지, 즉 부와 권력, 공명심, '불멸不滅'이라는, 가장 근원적인 욕망에의 유혹을 뿌리치는 모습이라고 하겠다.

종교 체험에는 반드시 시험이라는 과정이 따른다. 석가모니가 보리수 밑에서 성불成佛하기 전에는 일어나지 않겠다는 결심으로 수행에 임한다. 이때 죽음의 신 마라가 접근하여 유혹하여 마지막 구도의 길을 포기하도록 한다. 마군魔軍을 이끌고 와 위협하기도 하고, 성불이라

---

99 『道源記書』, "其後 雖有命敎 誓不擧行 絕飮十一日."

는 것이 헛된 것이라고 회유하기도 한다. 그런가 하면 마라는 '불만', '쾌락', '욕망'이라는 이름의 세 딸을 데리고 와 유혹을 한다. 또한 예수 역시 광야에서 40일 간의 금식과 기도의 시간을 보낼 때 시험을 받는다. 첫째 시험은 사탄이 와서 예수에게 돌을 떡으로 만들라는 것이다. 둘째는 예수를 성전 꼭대기에 세우고 아래로 뛰어내리라고 한다. 셋째는 산꼭대기로 데리고 가 천하 만국과 영광을 보여 주고, 자기에 경배하면 모든 것을 주겠다고 한다.

이렇듯 석가모니나 예수가 겪은 시험과 수운 선생이 겪는 시험은 매우 유사한 것들이 된다. 수운 선생이 받았다는 백의재상, 권모술수, 조화 등은 모두 석가모니나 예수가 받은 경제적·정치적 욕망, 조화와 권능에 의한 종교적 욕망[100] 등과 같은 것으로 궁극적으로는 인간에 내재한 욕망이기도 한 것이다. 따라서 이와 같은 시험을 통하여 인간이 지니고 있는 근원적인 욕망을 모두 이겨 냄으로 해서 거듭 새로운 사람으로 태어나게 되는 것이라고 하겠다.

그러나 불교나 기독교 등 모든 종교 체험의 과정에 나타나 시험을 하는 존재는 '사탄'이나 '죽음의 신' 등과 같이 부정적인 신이지만, 수운 선생을 시험한 존재는 다른 무엇이 아니라 바로 한울님 자신이라는 점이 선천의 종교들과 다른 것이 된다. 이는 곧 '천지, 귀신, 음양 모두가 바로 다른 무엇이 아니라 한울님'이라는[101] 동학의 독특한 신관神觀이 잘 드러난 모습이라고 하겠다.

즉 수운 선생은 경신년 4월 겪게 되는 결정적인 종교 체험과 함께

---

100 오강남, 『세계 종교 둘러보기』, 현암사, 2003, 239~240쪽 참조.
101 『東經大全』「論學文」, "知天地而無知鬼神 鬼神者 吾也."

한울님의 시험을 통해 진정 인간의 내면에 도사린 욕망을 벗어 버리고, 나아가 일년 가까운 지극한 수련의 기간을 통해, 자신의 종교적 교의의 철학적 합리화를 이룩한다. 따라서 이러한 가르침을 '시천주侍天主 주문'에 집약했으며, 『동경대전』을 통하여 철학적인 담론으로 체계화했고, 또 『용담유사』의 노랫말로 일반 평민들에게 전달하였던 것이다.[102] 즉 자신의 종교 체험을 주문으로, 철학으로, 노래로 설명하므로, 새로운 삶의 체계를 세상 사람들에게 전하고자, 조선조만이 아니라 온 인류가 격동을 겪고 있던 19세기 중엽, '동학'을 이 세상에 내놓았던 것이다.

---

102 오문환, 위의 책, 36쪽.

제4장 포덕과 교단 조직

1. 수운 선생의 이적담

수운 선생은 성장할 때도 그러했지만, 경신년 4월 결정적인 종교 체험을 한 이후에도 많은 이적異蹟들을 세상 사람들에게 보여 주었다.

먼저 수운 선생이 득도 이전에 자신이 실수로 죽음에 이르게 한 사람을 다시 살렸다는 이야기가 전하고 있다.

〈치병治病에 관한 이적 1〉

무오년(戊午年, 1858)에 이르러, 거의 다른 생활은 돌보지 않고 수련으로만 일관하는 생활을 하였기 때문에 가산은 탕진되고 빚이 산같이 쌓이게 되었다. 이런 상황 속에서 설상가상으로 논을 일곱 사람들에게 저당 잡힌 것이 알려지게 되고, 그래서 논을 저당 잡은 일곱 사람이 모두 몰려와 돈을 갚으라고 독촉을 하게 된다. 빚 독촉이 성화와 같아서, 그 급함을 이기지 못하고 일곱 사람을 모두 불러모아 각기 상황에 대한 설명을 글로 써주고 달래 말하기를,

"잘 헤아려서 같은 날 같이 주도록 할 것이다."

하고 돌려보냈다. 그러나 정한 날이 다가와도 이를 해결할 수 있는 기미가 보이지 않자, 다시 일곱 사람을 모두 부르고, 또 관을 초치招致하여 대질하여 말하기를,

"잘하고 잘못한 것은 나에게 있고, 처결은 관에서 하는 것이니, 이 문제는 영감令監이 판결해 주시오."

하니, 관官이 판결하기를 가장 먼저 저당을 잡은 사람부터 해결하도록 판결을 내렸다. 이러한 관의 판결에 불만을 품은 마을의 한 노파가 마음에 앙심을 품고 집으로 찾아와 행패를 부렸다. 행패가 너무 심하여, 이를 참고 참던 수운 선생은 순간적인 분을 이기지 못하고 손을 휘두르다, 잘못 노파에 맞아 그 충격으로 노파가 기절을 했다. 노파가 기절을 하고 난리가 나니, 소식을 들은 그 아들 세 사람과 사위 둘이 달려와 흉언을 퍼부으며, 수운 선생을 붙들고 하는 말이,

"내 어머니께서 돌아가셨다. 살인은 법에 있고, 복수는 아들이 하는 것이다. 만약 어머니를 다시 살려내지 못하면 곧 관에 고발을 할 것이다."

수운 선생이 스스로 사세를 헤아려 보니, 일어난 일이 큰일은 큰일이었다. 그래서 그 집을 친히 찾아갔다. 가는 도중 문득 노파를 구할 수 있는 방도가 떠올라, 문을 들어서며 큰 소리로 말하기를,

"너희 어머니를 다시 살려 내면 너희는 다시 무슨 말을 하지 않겠느냐?"

그 아들들이 이구동성으로 대답하기를,

"죽음을 다시 구하여 살린다면, 다시 무슨 말을 하겠습니까."

라고 말하며 오히려 공손히 간청을 한다. 이에 좌우를 물러나게 하고, 친히 시신이 있는 방에 들어가 맥을 짚어 보고 시신을 만져 보니

영영 죽은 것이 분명했다. 잠시 묵념을 한 뒤에 한 자 가량 되는 꿩의 깃털을 가져오게 하여, 이를 노파의 목구멍에 넣어 휘저으니, 오래지 않아 목에서 홀연히 숨 터지는 소리가 나면서, 한 덩어리 피를 토하고 조금씩 어깨를 움직이는 것이 아닌가? 이러기를 얼마 하지 않아 그 노파는 눈을 뜨고 살아 일어나 앉게 되었다.

〈치병에 관한 이적 2〉

당시에 본부本府 중에 윤선달尹先達이라는 사람이 있었다. 영장營將과 더불어 서로 친한 사이였다. 그래서 이 윤선달이라는 사람이 영장과 한통속이 되어 말하기를,

"이 고을에 최 선생이라는 사람이 있는데, 그의 제자가 천 명이나 됩니다. 만약에 최 선생을 잡아다가 다스리게 되면, 제자 한 사람마다 돈 한 꿰미씩만 가져오라고 해도 금방 천 냥 이상이 될 것입니다. 잡아서 다스리는 것이 어떻겠습니까?"

영장이 그 사람의 말을 듣고 곧 차사差使를 보내 잡아오게 했다. 이때가 가을 9월 29일이었다. 수운 선생은 장차 차사가 잡으러 온다는 말을 듣고, 마음은 비록 분했지만 관헌의 아래에 있는 신분이라, 제자 10여인을 이끌고 말을 타고 가기 싫은 걸음을 하게 되었다. 관청에 이르니,

영장이 물어 말하기를,

"너는 일개 한사寒士로 무슨 도덕이 있어 많은 선비를 제자로 거느리고, 세상을 조롱하며 이름을 얻어, 술가術家의 말을 하는가? 너의 의술은 의술이 아니요, 박수는 박수가 아니요, 무당은 무당이 아니다. 그런데도 사람들을 술수로 헤아리니 무슨 이유인가?"

이때 수운 선생이 노한 모습으로 이에 대답하기를,

"하늘의 명(天命)을 성性이라고 하고, 하늘 성품을 거느리는 것(率性)을 도道라 하며, 도 닦음(修道)을 가르침(敎)이라고 하니, 이 삼단三端으로 사람을 가르쳐 업業을 삼는데, 어찌하여 이치에 부당하다 할 수 있으리오?"

눈을 들어 영장을 바라보니, 영장이 수운 선생의 위의威儀를 보고, 놀라서 감히 말을 부치지 못하고 곧 돌려보냈다. 수운 선생이 물러나 부중으로 들어가니, 얼마 있지 않아서 수운 선생이 부중에 잡혀 있다는 소문을 듣고 사방에서 몰려온 사람들이 거의 6~700인이 되었다.

영장의 성씨는 김金이요, 이름은 알 수 없다. 몰려온 사람 700여 인이 관문官門에 돌입하여 윤선달을 찾으니, 윤선달이 몸을 피해 영장의 방안 벽장 속에 숨어 버렸다. 뭇 사람들이 책망하며 말하기를,

"윤선달을 내놓아라."

하니, 영장이 사정사정하여 사람들을 진정시켰다. 사람들은 그 영장의 선대함을 보고 그냥 물러 나갔다.

얼마 있지 않아서 영장이 차사를 내보내 장을 짊어지고 와 죄를 청하니, 수운 선생이 말하기를,

"나는 백면한사白面寒士라, 어찌 관원과 차사를 벌할 수 있겠는가?"

하고 용서하여 돌려보냈다.

또 본관사또가 예리禮吏로 하여금 급히 보고하여 말하기를,

"사또님 내실께서 병환이 나셨습니다. 선생님께서는 약을 쓰지 않고도 병을 고치신다고 하시니, 부도符圖 한 장만 그려 주시기를 청합니다."

수운 선생이 아무런 말도 하지 않고 있다가, 잠시 후 예리에게 일러

말하기를,

"병이 곧 차도가 있을 것이니 가보도록 하라."

예리가 돌아가 사또께 말하기를,

"선생께서 말씀하시길 병이 곧 차도가 있을 것이라고 합니다."

라고 보고하니, 사또 말하기를,

"이미 병세가 좋아졌다."

고 하더라.

수운 선생은 부중에서 5~6일을 더 머문 후에 10월 5일 용담으로 돌아왔다.

위의 두 이야기는 모두 치병治病에 관한 이야기들이다. 〈이야기 1〉은 득도 이전의 이야기이고, 〈이야기 2〉는 득도 후의 것이다. 이들 두 이야기에서 공통적인 것은 수운 선생이 어려움에 처하게 되었을 때, 그 어려움을 치병을 통하여 벗어나게 되었다는 점이다.

즉 〈이야기 1〉에서는 일곱 번이나 저당 잡힌 밭 문제로 인하여 다툼을 하다가 실수로 노파를 죽게 하고, 이를 다시 살려내므로 오히려 그 아들과 사위들로부터 치하를 받았다는 것이고, 〈이야기 2〉는 동학을 탄압하는 관에 의하여 잡혀간 수운 선생이 사또 부인의 병을 고쳐주어 오히려 치하를 받으며 풀려나게 되었다는 이야기이다.

〈이야기 1〉은 그 내용상 두 개의 상충되는 축으로 구성되어 있다. 수운 선생이 득도 이전 가난이 극에 달하여 자신의 밭을 일곱 사람들에게 저당 잡히는 일종의 사기 행각을 했고, 이로 인하여 치욕적인 모욕까지 당한다는 이야기가 그 첫 번째이다. 이와 같이 어려운 삶을 살아온 자신이기 때문에, 훗날 수운 선생 스스로 "만고풍상萬古風霜을 겪

었다."고 술회한다.[1]

이와 같은 매우 부정적 의미를 지닌 이야기는 수운 선생이 죽은 노파를 살렸다는 대목에 이르러 수운 선생이 신이한 능력을 지닌 사람이라는, 매우 긍정적 의미로 반전된다. 그러나 비록 수운 선생이 노파를 살렸다는 신비함으로 이야기가 반전이 되었다고 해도, 밭을 일곱 사람에게 겹쳐서 저당을 잡혔다는 것은 수운 선생이 지닌 면모로 보아 쉽게 납득이 가지 않는 매우 꺼림칙한 대목이 아닐 수 없다. 그래서 그런지 시천교侍天敎 측의 기록에는 '다만 병든 노파', 또는 '이웃집 노파' 정도로 되어 있다.[2]

그러나 이 이야기의 진수는 수운 선생이 밭을 여러 사람들에게 겹쳐서 저당을 잡힐 만큼 그 처지가 옹색했으며, 이제 더 이상 어쩔 수 없는 상황에 이르렀음을 암시해 주는 대목이기도 하다. 밭을 저당 잡힌 시기는, 울산에서 용담으로 돌아오는 그 직전이다. 즉 수운 선생은 이제 현실적 삶의 마지막 골목에 이른 것이나 다름없는, 그러한 막바지 상황에서 '사즉생死卽生'의 심정으로 고향인 용담으로 되돌아오고, 이곳에서 '불출산외不出山外'를 결심하고 필생의 수련에 임하였던 것이다. 그리하여 마침내 경신년 4월 결정적인 종교 체험을 하게 된다.

이 이야기의 의미는 이렇듯 수운 선생이 겪게 되는 극한의 상황과 이후 전개되는 '용담으로의 귀환', '불출산외의 맹세', '제선濟宣에서 제우濟愚로의 개명', '경신년 득도' 등으로 이어지는, 일련의 서사적 전개

■

1 『龍潭遺詞』,「勸學歌」, "萬古風霜 겪은 일을 山水 만나 逍暢하고."

2 侍天敎 측의 기록으로는 『侍天敎歷史』, 『靈跡實記』 등이 있다. 이들 기록에는 "戊午隣嫗有病勿藥得甦(무오년 이웃 노파가 약을 쓰지도 않고 살아났다.)"라고 되어 있다.

에서 '전환이 지닌 의미'[3]와도 같은 대목이라고 할 수 있다.

〈이야기 2〉는 수운 선생의 치병 능력이 보다 높은 경지에 이르렀음을 보이고 있는 이야기이다. 즉 〈이야기 1〉에서는 죽은 노파를 꿩 털 등으로 목구멍을 휘저어 깨어나게 했지만, 〈이야기 2〉에서는 아픈 사람을 만나보지도 않고, 다만 "이제 나았을 것이다."라고 말만 함으로써 고치게 되어 그 신비함과 위엄을 더해 주고 있다.

이는 곧 수운 선생 자신이 말한 '심학心學'의 구체적인 실천이기도 한 것이다. 즉 〈이야기 2〉는 '완숙한 동학의 교조'로서의 면모를 강조한 이적담의 하나라고 할 수가 있다.

또한 수운 선생이 큰 빗속에서 비를 맞지 않았다는 이야기가 동학 교단의 기록들에 전하고 있다.

> 여름 어느 날 수운 선생이 기도를 하는데, 문득 한울님의 가르침이 있어, 말씀하기를,
>
> "너는 내일 꼭 친산親山에 성묘를 가도록 하라."
>
> 라는 가르침이 있었다고 한다. 다음 날을 기다려 갈 준비를 하는데, 마침 큰비가 내려 모든 길이 막혀 나아갈 수가 없게 되었다. 그래서 주저하고 있을 즈음에 다시 한울님이 독촉하여 말씀하기를,
>
> "어찌하여 늦는가? 즉시 성묘를 가도록 하라."

■

3   敍事的 展開'란 일반적으로 '발단, 전개, 위기, 절정, 종말'의 다섯 단계를 갖고 있다. 이 중 '위기'의 단계에 이르러 서사적 사건이 위기를 맞게 되고, 이 위기를 기점으로 서사적 사건은 새로운 국면으로 전환을 하게 된다. 이 '위기'는 다음 단계인 절정에 이르기 위한 바로 전단계이기도 하다. 이러한 서사적 단계와 같이 수운 선생이 일곱 사람에게 밭을 저당 잡힌다는 대목은 바로 '위기'의 단계이며, 동시에 '경신년 득도'라는 절정을 향한 전환의 단계와 같은 것이라고 하겠다.

하니, 수운 선생은 그 명을 어길 수가 없어, 비를 무릅쓰고 가게 되었다. 우구雨俱나 우의雨衣도 없고 하여, 조카의 집에 이르러 인마人馬를 빌리는데, 조카가 말하기를,

"이와 같은 큰비에 갑자기 왜 성묘를 하시려 합니까?"

하고 만류하는 조카의 말을 듣지 않고 수운 선생은 억지로 인마를 꾸려 길을 떠났다. 우중에 50리 길을 왕복을 하였으나, 태양이 머리 위에 둘러 있었고, 하인까지도 조금도 젖지 않은 채 돌아왔다.

조카가 말하기를,

"종일 큰비가 내렸는데, 어찌 조금도 젖지 않고 돌아올 수가 있었습니까? 참으로 기이하고 이상한 일입니다."

하니, 수운 선생이 말하기를,

"이것이 한울님의 조화이다."

이에 조카가 더욱 괴이하게 여기게 되었다.

10월에 이르러 조카 맹륜孟倫이 와서 도道에 들기를 청하였다. 이에 도를 전하여 주었다.

하루 종일 큰비가 내리고 그 빗속에 성묘를 다녀왔는데도, 조금도 젖지 않았다고 이 이야기는 전하고 있다. 즉 수운 선생이 빗속에서 하루 종일 태양을 머리에 이고 다녔다고 한다. 그러나 이 이야기에서 더욱 중요한 것은 수운 선생이 빗속을 50리나 다녀왔는데도 조금도 비를 맞지 않았다는 사건이 아니라, 이러한 일을 목도하고 조카 맹륜孟倫이 동학에 입도를 자청했다는 사실이라고 하겠다.

조카 맹륜은 수운 선생과는 여러 면에서 매우 중요한 관계에 놓여 있는 인물이다. 수운 선생이 경신년 4월 처음 종교 체험을 하게 된 것

도 맹륜의 생일날 그의 집에서이다.

수운 선생이 종교 체험을 한 이후, 그 행동이 남다르므로 인근의 사람들이 모두 수군거리고 또 손가락질을 하게 된다. 특히 수운 선생이 살고 있는 가정리 일대는 경주 최씨의 집성촌으로 대부분 주민들이 친척이다. 그래서 양반을 자처하는 집안에 서학에 물들었다거나 또는 이상한 무당과 같은 사람이 나왔다고 흉을 보았던 것이다.[4]

이런 상황에 가장 가까운 인척의 한 사람이 수운 선생의 이적을 보고서 입도를 했다는 사실은 시사하는 바가 크다고 하겠다. 더구나 조카 맹륜의 입도는 수운 선생이 본격적으로 포덕을 행하는 신유년(辛酉年, 1861) 6월 이전의 일이다. 물론 이보다 앞서 처음 입도를 한 사람은 수운 선생의 부인인 박씨 부인이지만, 맹륜은 냉대와 질타를 보내던 친척들 중 처음으로 입도를 한 사람이다. 바로 그런 사람 중의 한 사람이 입도를 한 이야기가 담겨져 있기 때문에 그 의의가 큰 것이 아닌가 생각이 된다.

이와 같은 이야기들과 함께 말(馬)을 통해 수운 선생이 이적을 보였다는 이야기가 몇 편 전하고 있다.

〈말을 통해 보인 이적 1〉

강원보姜元甫라는 사람이 있어, 수운 선생이 그 집에 가서, 때때로 머물곤 하였다. 7월에 이르러 집으로 돌아가는 길에 말을 타고 가게 되

---

4 『용담유사』에 수운 선생이 鄕里의 사람들로부터 兇言을 듣고, 특히 친척들로부터 모함을 받고 있음을 아쉬워하는 대목이 여러 군데 나오고 있다. 예를 들면, "알도 못한 兇言怪說 남보다가 倍나 하며 六親이 무삼일고 원수 같이 대접하며 殺父之讐 있었던가 어찌그리 원수런고"「교훈가」; "가소롭다 가소롭다 너희음해 가소롭다"「안심가」 등이 이에 해당이 된다.

었다. 회곡回谷이라는 곳에 이르러, 논길 아래 일고여덟 척이나 되는 방축 앞에서 말이 문득 멈춰 섰다. 같이 가던 대여섯 사람이 말을 때리기도 하고 혹은 채찍질을 하기도 했지만, 말은 일어나려 하지 않았다. 이럴 즈음 방죽의 벽 일고여덟 장丈이 벽력 같은 소리를 내며 모두 무너져 내렸다.

말이 비록 미물이라고 하지만, 역시 사람의 뜻을 알고 있음을 알 수가 있었다. 말을 돌려 좁은 길로 돌아가게 되었다.

〈말을 통해 보인 이적 2〉

박대여朴大汝의 집으로 가려고 하는데, 밤중에 문득 큰비가 내렸다. 물이 크게 불어, 모든 사람들이 더 머물도록 만류했지만 수운 선생이 말하기를,

"물이 비록 백 척이라도 나는 건너겠다."

하며 건너려고 하니, 사람들이 안 된다고 만류했지만, 말을 몰아 한 달음에 한 장이 넘는 깊은 물을 뛰어넘고 말았다. 수운 선생을 만류하던 사람들이 놀라 감탄을 하지 않을 수 없었다.

〈말을 통해 보인 이적 3〉

경주에서 체포되어 다음날 길을 떠나 영천永川에 이르려 하는데, 압송하던 하졸下卒들의 언사가 불경하고, 멸시함이 이루 말할 수가 없었다. 이때 수운 선생이 말에 앉아 있는데, 말의 다리가 땅에 붙어 움직이지도 않고 옮길 수도 없게 되었다. 이에 놀란 수십 명의 하졸들이 황망히 말하기를,

"소인들이 과연 선생님을 몰라 뵈었습니다. 오직 선생님께서 편안

히 행차하시기를 바랄 뿐입니다. "

이렇듯 말하니, 잠시 사이에 말이 홀연히 달려가기 시작했다.

수운 선생의 이야기 중에는 말을 타고 다녔다는 이야기가 많이 나온다. 어느 의미에서 말은 그 사람의 신분을 나타낸다. 수운 선생이 지향하던 세계가 양반도 천민도 없는 세상이기 때문에, 수운 선생이 말을 타는 것으로 스스로 지체가 높았음을 드러내려 했던 것은 아닐 것이다. 다만 수운 선생이 외출 시에 말을 타고 다닌 것으로 이야기 속에 그려진 것은, 수운 선생이 다름 아닌 '동학을 펴는 선생', 곧 '동학 선생'이라는 면이 강조된 것이라고 하겠다.

어쨌든 수운 선생이 보였다고 하는 이적 중에 많은 사례가 말(馬)과 함께 일어난 일들이다. 어떤 점에서 신비한 이적을 일으킨 주체는 수운 선생이기보다는 말이라는 뜻이 된다. 이러한 일이 일어나는 것은 곧 수운 선생의 집안이 무반武班이었고, 수운 선생 자신도 젊어서 말 타고 활쏘기를 일삼았기 때문이라고 보는 견해도 있다.[5]

그러나 수운 선생의 선조 중 한 사람인 최진립이 무장일 뿐, 수운 선생의 집안은 엄밀한 의미에서 무반은 아니다. 말에 관한 이적이 많은 것은 말이 우리의 신화 속에서 흔히 영물靈物로 이야기되고 있는 사실과 무관하지 않을 듯하다.[6] 또한 말은 사람들이 예감하지 못하는 일들을 앞서서 예감하기도 하고, 주인을 위험에서부터 구하기도 한다. 수

---

5 조동일, 『동학 성립과 이야기』, 홍성사, 1981, 153쪽.

6 東明王 이야기에서 扶餘의 王 解夫婁가 자식이 없어 山川을 돌며 祈禱를 하던 중 타고 가던 말이 큰 돌 앞에서 눈물을 흘리므로, 사람들을 시켜 그 돌을 뒤집어 놓으니 그 곳에 金色蛙形의 아이가 있어, 이 아이를 태자로 삼았다고 한다. 이 아이가 뒷날 東扶餘의 왕이 된 金蛙라고 한다.(『三國史記』高句麗本紀) 이렇듯 말이 靈物로 나타나고 있다.

운 선생의 이적담에도 역시 제방이 무너지는 것을 먼저 알고 말이 발길을 떼지 않아 수운 선생을 구했다고 하며, 말을 탄 채 물이 분 강을 건너 수운 선생의 신이함을 여실히 보였다고 하며, 수운 선생이 체포되어 압송될 때 포졸들의 언사가 불손하자 말이 발을 떼지 않다가 포졸들이 빌고 나서야 다시 걷기 시작하여, 수운 선생의 위엄을 다시 살렸다는 방향으로 이야기는 전개되고 있다. 따라서 수운 선생의 이적담에 나오고 있는 '말'의 이야기는 우리의 신화나 설화, 민담 등에 그 근원을 두고 있는 것으로, 수운 선생 집안이 무반이었다거나, 수운 선생이 무술을 익혔다는 사실에 연유한 것만은 아니라고 본다.

다시 말해 수운 선생의 이적담에 나오는 말과 관련되는 이야기는 우리나라의 오랜 신화, 전설, 민담에 그 뿌리를 둔 것으로, 영웅이나 이인의 출현을 고대하는 민중에 의하여 만들어진 우리 전래의 영웅담 또는 신이담 등에 근원을 둔 것이라고 하겠다.

수운 선생이 지나갈 때 하늘에서부터 상서로운 기운이 하늘을 향해 뻗쳐 있었다는 이야기가 있다. 그러나 이 상서로운 기운을 본 사람들은 다른 사람들이 아니라, 빨래를 하던 여인들이었다고 한다.

　　수운 선생이 경주부에 잡혀갈 때, 서천西川이라는 곳에 이르러 물을 건너려고 하는데, 동쪽 물가에서 빨래하던 여인 백여 인이 일시에 일어나며, 수운 선생을 우러러보았다. 수운 선생은 속으로 의아하게 생각했으나, 그냥 관청으로 갔다.

　　훗날 빨래하던 여인들이 수운 선생을 우러러본 연유를 들으니, 수운 선생이 오던 서쪽 하늘에 상서로운 기운이 신비하게 뻗쳐 있었기 때문이라고 한다.

서기瑞氣가 하늘에서부터 수운 선생에게 내려왔다는 이야기는, 집 주위로 상서로운 기운이 사흘 간이나 둘러져 있었다는 수운 선생 탄생의 이야기와 매우 흡사하다. 또한 이 신이담에 관하여 조동일 교수는 첫째, 수운 선생이 부당하게 관에 잡혀가는 몸이 되었지만 하늘이 무심치 않아 서기가 비쳤다는 것이요, 둘째, 이 서기를 빨래하는 여인들이 보았다는 것은 다름 아닌 미천한 민중이라야 수운 선생을 알아본다는 뜻이라고 풀이하고 있다.[7]

이와 같이 수운 선생의 이적에 관한 이야기는 '치병', '말을 통한 이야기' 또는 '서기가 드리운 이야기' 등으로 수운 선생이 비범한 인물임을 강조한 이야기들이며, 동시에 영웅 또는 이인의 출현을 바라던 민중의 절박한 기대와 열망이 담겨 있는 이야기들이다.

이런 이야기들은 다만 동학 교단의 기록에서만이 아니라, 지금까지도 경주 용담 근처 현곡면 일대에서 전해지고 있다. 그러나 이러한 신이한 이야기가 후일 조정에서 수운 선생을 체포하여 국문鞫問을 할 때 '혹세무민'이라는 죄목을 내리게 한 빌미가 되기도 했다.

2. 신유 포덕과 의례의 확립

수운 선생은 경신년 종교 체험 이후 거의 일년이 다 되도록 수련을 계속하며 마음을 다지고 또 교의를 정리하고 체계화했다.

결정적인 종교 체험과 지속되는 수련, 그리고 계속되었던 시험 등

7　조동일, 위의 책, 156쪽.

을 거치며 경신년 한 해를 보내고, 이듬해인 신유년(辛酉年, 1861)을 맞아 수운 선생은 서서히 한울님으로부터 받은 가르침을 세상에 펼칠, 마음을 갖게 된다.[8] 같은 해 봄, 수운 선생은 비로소 『동경대전』의 수장 首章이 되는 「포덕문」을 짓는다.

제일 먼저 동학에 입도한 사람은 수운 선생의 부인인 박씨였다(『天道 敎創建史』 「辛酉布德」). 수운 선생에게 시집 온 이후, 숱한 고생만을 해 온 아내이다. 부인 박씨는 수운 선생이 경신년 4월에 도를 받은 이후, 정신이 이상해진 것으로 생각하기도 했다. 눈에도 보이지 않는 형상이 종이 위에 나왔다고 하며, 붓으로 그림을 그려 종이를 태워 마시지를 않나, 아무도 없는 바람벽을 바라보며 중얼거리며 이야기를 하지를 않나, 실로 이해할 수 없는 일이 한두 가지가 아니었다.[9] 그래서 부인 박씨는 수운 선생이 미친 것으로 알고 연못에 투신하여 자살을 시도하기까지 했다고 한다.

이렇듯 남편인 수운 선생의 행동을 걱정하고 있는 아내를 향해 수운 선생은 포덕을 시도한 것이다. 그러니 부인 박씨가 입도할 리가 없는 것이 아닌가? 한울님의 뜻을 받아 세상 모든 사람들에게 도를 펴야 하는, 그야 말로 포덕천하布德天下의 임무를 지닌 수운 선생으로서는 집안의 안식구마저 포덕하지 못한다면, 이는 정말 말이 아니게 되는

---

8 동학의 가르침과 한울님의 덕을 펴는 일을 '포덕'이라 한다. '布德'이라는 말은 첫째 布敎 와 같은 의미로 쓰이기도 하고, 둘째 동학·천도교의 年號로 사용되고 있다. 특히 동학·천도교는 다른 많은 종교들과는 다르게 동학의 시작된 그 첫해를 창도자의 탄생에 두지 않고, 창도자인 수운 선생이 得道를 한 때, 곧 庚申年인 1860년을 그 元年으로 삼고 있다.

9 『龍潭遺詞』 「安心歌」, '空中에서 외는 소리 天地가 振動할 때 집안 사람 거동 보소 驚惶失 色 하는 말이 애고애고 내 팔자야 무삼일로 이러한고 애고애고 사람들아 藥도 사 못해 볼 까 沈沈漆夜 저문 밤에 눌로 대해 이 말 할꼬 驚惶失色 우는 자식 구석마다 끼어 있고 댁 의 거동 볼작시면 자방머리 행주치마 엎어지며 자빠지며 종종걸음 한창할 때…'

상황이었다. 그러므로 수운 선생은 하루에도 수십 번씩 절을 하며, 아내에게 입도를 권하게 된다. 그리하여 마침내 이러한 수운 선생의 지극한 뜻에 따라 박씨 부인은 경건히 입도의 절차를 밟는다.[10] 즉 부인 박씨가 동학 첫 번째의 포덕 대상이 된 셈이다. 박씨 부인의 입도는 신유년 6월 본격적인 포덕을 시작하기 전의 일이다.

이렇듯 가장 가까운 사람에서부터 가르침을 펼치고, 또 집에서 부리던 하녀 중 한 사람은 수양딸로, 또 다른 한 사람은 며느리로 삼는 것으로, 자신의 신념을 가장 가까운 곳에서부터 몸소 실천한 수운 선생은 신유년을 맞아 한울님으로부터 받은 무극대도를 세상을 향해 한 발 한 발 펴 나가기 시작했다. 그렇게 해서 득도 이듬해인 신유년 6월부터는 '개문납객開門納客'으로 포덕을 시작하게 된다. 이렇듯 신유년 6월에 이르러 포덕을 시작한 것을 동학 교단에서는 '신유 포덕辛酉布德'이라고 부른다.

수운 선생의 가르침이 용담 일대는 물론, 먼 지역까지 입소문을 타고 퍼져 나갔다. 그러자 풍문風聞을 듣고 찾아오는 사람들의 수가 많아, 전부를 헤아릴 수 없을 정도가 되었다.[11]

수운 선생의 수양딸이 1920년대 후반까지 살았는데, 그때 이미 나이가 팔순이었다. 이 수양딸을 천도교의 이론가인 김기전金起田 선생이 면담한 기록이 있다. 이 면담 기사에 의하면, 신유년 포덕 당시에 찾아오는 사람들이 수운 선생께 예물로 곶감을 갖고 왔는데, 찾아오

---

10 이렇듯 수운 선생이 부인인 박씨에게 대하는 모습을 보고 박씨 부인이 감복을 하여 입도를 했다고 한다. 『龍潭遺詞』「敎訓歌」, '중심에 한숨 지어 이적지 지낸 일은 다름이 아니로 다 인물대접 하는 거동 세상 사람 아닌 듯고 처자에게 하는 거동 이내 진정 지극하니 天恩이 있게 되면 좋은 운수 회복할 줄 나도 또한 알았었네.'

11 『東經大全』「修德文」, "開門納客 其數其然 肆筵說法 其味其如."

는 사람들이 얼마나 많은지, 용담정 부근에 버려진 곶감꽂이만을 짊어지고 가도 인근 마을 사람들의 땔나무가 될 수 있었다고 한다. 그런가 하면 너무 많은 사람들이 찾아와서, 손님들 조석朝夕 준비에 수양딸과 부인 박씨는 나날이 바쁘고 힘이 들었으며, 특히 날이 저물어 저 많은 사람들이 어디에서 다 잠을 자나 하고 아직 어렸던 수양딸은 혼자 걱정을 했다고 한다. 그러므로 용담으로 들어가는 작은 산길은 마치 장터마냥 늘 사람들로 북적였다.[12]

이렇듯 당시의 많은 사람들이 동학에 관심을 가지고 수운 선생을 만나러 용담으로 찾아왔다는 것은, 다름 아닌 수운 선생의 가르침이 조선조 말엽 부패와 부정의 질곡 속에서 고통을 당하고 있던 당시의 사람들에게 새로운 희망으로 다가왔다는 증거의 하나이기도 하다. 또 당시의 많은 사람들이 무너지고 있는 기존 질서 속에서 이를 극복하기 위한 대안을 찾으려는 열망이 그만큼이나 높았다는 반증이기도 하다. 즉 수운 선생의 가르침은 바로 당시의 혼란을 극복할 수 있는, 그러므로 새로운 내일의 삶을 열어갈 수 있는 새로운 대안으로서 당시의 많은 사람들에게 인식되었던 것이다.

용담의 문은 늘 활짝 열려 있었다. 세상을 구할 새로운 도가 나왔다거나, 용담에 신비한 힘을 지닌 선생이 한 분 나타나서 새로운 가르침을 편다는 이야기는 이제 경주 일대에만 떠도는 풍문은 아니라 충청도와 강원도, 전라도에까지 입에서 입을 거쳐 퍼져 나가고 있었다.

"용담이라는 곳에 이인異人이 나시었대." 또는 "용담 주인인 수운 최제우라는 분이 하늘로부터 도를 받았는데, 그 풍신風身하며, 정말로 세상을 올바르게 구할 가르침을 펴고 계신대." 또 심지어는 "최제우라는 분이 바람도 부르고 비도 부르며, 풍운대수風雲大數를 마음대로 부린다고 하던데…." 하는 등의 소문이 퍼져서 만나는 사람마다 용담과 수운 선생의 이야기로 화제의 꽃을 피우곤 하였다. 그러나 이러한 소문을 듣고 찾아온 사람들은 정작 수운 선생의 모습을 보고, 또 대화를 나눈 뒤에 진정 세상을 구할 도는 바람을 부르고 비를 부르는 도술道術과 같은 것이 아님을 깨닫게 되고, 진정 수운 선생의 가르침에 감복하여 입도했다고 한다.

신유년(辛酉年, 1861년) 7월에 이르러 수운 선생을 찾아보고는 입도하는 사람들의 숫자는 더욱 늘어나고 있었다. 가난하고 억눌려 살고 있는 일반 백성들뿐만 아니라, 당시의 시대상에 실망하고, 나아가 새로운 대안을 추구하던 당시의 지식인들, 즉 각처의 어진 선비들 역시 수운 선생으로부터 새로운 가르침을 받고자 속속 모여들고 있었다.[13]

이렇게 도를 배우고자 오는 사람들의 모습을 수운 선생은 『용담유사』에 다음과 같이 노래하고 있다.

> 구미 용담 좋은 풍경 안빈낙도 하다가서
> 불과 일년 지낸 후에 원처근처遠處近處 어진 선비
> 풍운같이 모아드니 낙중우락樂中又樂 아닐런가(「도수사」)

『동경대전』「수덕문」 중에도 다음과 같은 구절들이 보인다.

---

13 『東經大全』「修德文」, "時維六月 序屬三夏 良朋滿座 先定其法 賢士問我 又勸布德."

문을 열고 손님을 맞으니 그 수효가 그럴 듯하며, 자리를 펴고 법을 베푸니 그 재미가 그럴 듯하도다. 어른들이 나아가고 물러가는 것은 마치 삼천제자三千弟子의 반열班列 같고, 어린이들이 읍揖하고 절하는 것은 육칠의 읊음 같구나. 나이가 나보다 많으니 이 또한 자공子貢의 예와 같고, 노래를 부르고 춤을 추니 어찌 공자孔子의 춤과 다르랴.[14]

어른도, 아이도, 노인도, 아낙네들도 새로운 가르침을 얻고자, 또 시대적인 위기를 절감하며 올바르게 살아갈 길을 찾고자 스스로 용담으로 찾아와 도에 관하여 묻고, 또 입도하게 된다. 이렇듯 찾아온 사람들에게 수운 선생이 전해 주는 도의 요체는 주문呪文 스물한 자뿐이었다. 후일 동학의 2세 교주가 된 최경상(崔慶翔, 뒷날 이름을 時亨으로 고침)도 이때에 찾아와서 여러 사람들과 함께 입도의 절차를 마치고 수운 선생의 제자가 되었다고 한다.(『天道教會史』「地統」 참조)

이렇듯 찾아온 여러 사람들과 일문일답一問一答하는 광경이 『동경대전』「논학문」 중에 잘 기록이 되어 있다. 이를 보면 다음과 같다.

(1)

"지금 한울님의 영靈이 선생께 강림하였다 하오니 어찌된 일입니까?"

"가면 돌아오지 아니함이 없는 이치(無往不復之理)를 받은 것이니라."

"그러면 무슨 도道라고 합니까?"

"천도天道이니라."

___

14 『東經大全』「修德文」, "開門納客 其數其然 肆筵設法 其味其如 冠子進退 況若有三千之班 童子拜拱 倚然有六七之詠 年高於我 是亦子貢之禮 歌詠而舞 豈非仲尼之蹈."

(2)

"서도西道와 다른 것이 없습니까?"

"서학은 우리 도와 같은 듯하나 다른 것이 있고, 비는 것 같으나 실지가 없느니라, 그러나 운運인즉 하나요, 도道인즉 같으나 이치가 다르니라."

"무엇이 다르오이까?"

"우리 도는 무위이화無爲而化라. 내 마음을 지키고 내 기운을 바르게 하면, 한울님 성품을 거느리고 한울님의 가르침을 받아 자연한 가운데서 이룩되는 것이요, 서도로 말하면 말에 모순이 많고, 한울과 사람을 서로 멀리하는 고로 몸에 기화氣化하는 신령이 생기지 않게 되고, 마음이 한울의 감화를 받지 못하게 되는 까닭으로 생각은 있으되 마음에 얻는 바 없고, 형식은 있으되 자취가 없고, 생각하는 것 같지만 주문이 없는지라. 그러므로 도道는 허무에 가깝고 학學은 한울님을 위하는 것이 아니니, 어찌 다름이 없겠는가?"

(3)

"도가 같다고 하면 서학이라고 합니까?"

"그렇지 아니하다. 내가 동에서 나서 동에서 받았으니 도는 비록 천도라 하지만 학은 동학東學이라. 하물며 땅이 동서로 나뉘었는데, 서가 어찌 동이 되며 동을 어찌 서라고 말할 수 있겠는가?"

(4)

"주문의 뜻은 무엇입니까?"

"지극히 한울님을 위하는 글이므로 비는 글이라고 말하는 것이니라."

(5)

"한울님 마음이 곧 사람의 마음이라면 어찌하여 선악이 있습니까?"

"사람은 귀천貴賤이 다르고 고락苦樂이 정해져 있다고 하나, 군자의 덕
은 기운이 바르고 마음이 정해져 있으므로, 천지와 더불어 그 덕에 합하
고, 소인의 덕은 기운이 바르지 못하고 마음이 옮기므로 천지와 더불어
그 명에 어긋나기 때문이니라. 이것이 곧 이 세상 성쇠盛衰의 이치가 아
니겠는가?"

(6)

"온 세상 사람들이 어찌하여 한울님을 공경하지 않습니까?"

"죽을 때를 당하여 한울님을 부르는 것은 사람의 마음인데, 목숨이 한
울에 달렸다느니, 한울님이 만민을 내었다느니 하는 말은 옛 성인이 하
신 말씀을 미루어 한 것이나, 그런 것 같기도 하고 그렇지 않은 것 같기
도 하여 자세한 것을 알지 못하기 때문이니라."

"도를 훼방하는 자는 무슨 마음입니까?"

"그럴 수도 있는 일이니라. 우리 도는 지금이나 옛날이나 듣지 못하
던 일이요, 지금이나 옛날이나 비길 데가 없는 법이라. 닦는 사람은 헛
된 것 같지만 실제實際가 있고, 귀로 듣기만 하는 사람은 실제가 있는 것
같지만 헛된 까닭이니라."

「논학문」에 나오는 대화를 중심으로 당시 주된 화제를 이루던 대화
의 내용을 살펴보면, 첫째, 수운 선생 자신이 받은 도가 천도天道이며
무왕불복無往不復의 이치를 받았다는 것, 둘째, 동학과 서학이 어떻게
다른가 하는 문제, 셋째, 동학이란 이름은 어디에서 왔는가 하는 문제,

넷째, 주문이란 무엇인가 하는 문제, 다섯째, 가치관의 문제, 여섯째, 세상의 사람들이 한울님을 공경하지 않는 이유 등이다.

즉 수운 선생은 먼저 자신의 도는 천도이며, 한울님으로부터 무왕불복의 이치를 받았다고 말하고 있다. 이 말은 곧 천도의 핵심 원리가 무왕불복이라는 뜻이다. "간 것은 돌아오지 않는 것이 없다."는 말은, 곧 "간 것은 어떠한 원인에 의하여 돌아오게 되어 있는 것이고, 온 것은 어떠한 법칙에 의하여 필히 가게 된다."는 뜻을 담고 있다. 온 것은 언젠가는 가야 할 '원인'을 내포하고 있으며, 간 것은 이내 돌아오는 '결과'를 맞이한다는 것이다.

수운 선생이 받았다는 '무왕불복의 이치'란 다름아닌 '생生과 멸滅, 그 순환의 인과因果'이며,[15] 천도의 근본 원리라고 하겠다. 따라서 한울님으로부터 무왕불복의 이치를 받았다는 것은, 수운 선생이 한울님을 만난다는 종교 체험의 그 순간, 만물 순환의 중심 자리에 서서 천도의 근본 법칙을 파지把持했다는 뜻이 된다.

이러한 근원적 깨달음을 통하여 세상에 동학을 창도하고, 이어서 수운 선생은 당시 새로운 세력으로 들어오고 있는 서학이 동학과 그 근원에서 어떻게 다른가를 설파하기도 한다. 즉 서학과의 차별을 설파하여 동학의 독자성을 확보하는가 하면, 유도나 불도 역시 그 운이 다하여(「교훈가」) 새로이 다가올 후천의 시대에는 필연적으로 동학이라는 새로운 가르침이 대두되어야 함을 강조하기도 한다.

이렇듯 수운 선생은 당시 용담을 찾아오는 사람들에게 동학의 독자성과 시대적 필연성을 강조함으로써, 보다 강력한 힘으로 자신의 가

---

15 오문환, 『해월 최시형의 정치사상』, 모시는사람들, 2003, 88~89쪽 참조.

르침을 당시 사람들에게 전파할 수 있게 된다. 따라서 동학은 다만 경주 일원뿐만 아니라 경상도 전역으로 확산되고, 그 교도 역시 나날이 늘어나게 된다. 이러한 동학의 교세 확장은 뒷날 경상도 일대 유림의 탄압과 중앙 정부 차원의 지목指目의 대상이 되기도 한다.

신유년 6월 이후 본격적인 포덕을 통해, 자신의 가르침인 동학을 세상에 알리는 한편 수운 선생은 의례儀禮를 제정하기도 한다. 초기 동학에서는 종교 의식으로 '포덕식布德式'이 있었고, 이 포덕식을 치르는 과정으로 '입도식入道式'과 '치제식致祭式'을 행하였던 것으로 전해진다. 그리고 특별한 일, 예를 들어 천제天祭를 지낸다거나, 도통道統을 전수할 때에는 제수식祭需式을 행했던 것으로 추정된다.

포덕식은 말 그대로 포덕이 되어 처음 도에 입도를 하는 사람을 위하여 시행하는 의식이다. 이 포덕식을 행하기 위해서 먼저 입도식을 행하고, 이어서 치제식을 행함으로써 포덕식을 마치게 된다. 이로 보아 '입도식과 치제식'을 합하여 '포덕식'이라고 부른 것으로 생각된다. 그 내용을 보면 다음과 같다.

> 포덕식布德式 : 입도하기를 원하는 사람은 먼저 입도한 사람이 도를 전할 때에 의관을 바르게 하고 예로써 이를 받는다.
>
> 입도식入道式 : 입도할 때에 혹은 동쪽을 향하거나 혹은 북쪽을 향하여 위位를 설정하고, 정성으로 의식을 행하여, 분향하고 네 번 절한 후에 초입자의 주문으로써 공경히 받는다.
>
> 치제식致祭式 : 입도한 이후 한울님께 치제하는 절차는 위를 설하고 네 번 절한 이후에 축문祝文을 소리내어 읽고, 강령주문 및 본주문을 읽는다.

제수식祭需式 : 예주醴酒와 떡과 국수와 어물魚物, 과일 종류, 포, 튀각, 채소, 향과 촉 등을 설정하여 이를 쓰고, 고기 종류를 가지고 논하면, 꿩고기는 즉 쓰일 수 있고, 돼지고기는 혹 쓰인다. 제수의 많고 적음보다는 그 힘써 정성껏 행하는 것에 따른다.[16]

위의 설명을 통해 보면, 포덕식을 치르기 위하여, 먼저 의관을 정제하고, 동쪽이나 북쪽을 향하여 위位를 설치한다. 이때 '위'는 곧 한울님 모시는 위패가 될 것이다. 이 위를 향하여 네 번 절을 한 후에, 초학주문初學呪文인 '위천주 고아정 영세불망 만사의爲天主顧我情永世不忘萬事宜'를 입도자가 공경히 받는다.

이러한 입도식이 끝나게 되면, 한울님께 치제致祭하는 절차로, 위를 설하고 네 번 절한 이후에 축문祝文[17]을 읽고, 강령주문과 본주문을 읽는다. 이때 주문을 몇 번 읽는지는 알 수가 없다. 회수가 나오지 않은 것으로 보아 한 번을 읽는 것이 아닌가 생각된다.

입도식과 치제식으로 진행되는 포덕식 외에, 특별한 경우에 제수祭需를 차려 놓고 행하는 제수식이 있다. 이때에는 술·떡·국수·어물·과일·포·튀각·채소 등의 음식이 주를 이루는데, 고기 종류는 꿩고기는 쓰고, 돼지고기·양고기는 간혹 쓰일 수 있고, 소고기도 쓰인다. 이때 처음 향과 촉을 설치한다. 그러나 계해년(癸亥年, 1863) 8월 수운 선생이 해월 선생에게 도통을 전할 때 제수식을 행하며, 고기 종

---

16 尹錫山 註解, 『癸未版 東經大全』, 동학사, 1996, 291쪽.
17 동학 초기에 사용되던 祝文은 훗날 천도교 3세 교주인 義菴 孫秉熙에 의하여 '懺悔文'으로 고쳐서 수련을 시작할 때 사용이 되고 있다. 이는 초기 의식이 훗날 많이 바뀌게 되고, 그래서 祝文이 사용되지를 않기 때문에 이렇듯 바꾼 것으로 추정된다.

류는 모두 쓰지를 않았다. 이는 곧 동학이 유·불·선 삼교의 가르침을 겸하여 나온 것이기 때문이라고 한다.[18] 그러나 이와 같은 여러 종교적 의식 중에서 특기할 것은, 오늘 동학의 제종단에서 행하는 '청수淸水'에 관한 기록이 초기 수운 선생 당시의 어느 의식에도 보이지 않는다는 사실이다. 이에 관해서는 보다 세심한 조사가 필요하다.

또한 수운 선생은 자신에게 가르침을 받고자 모여든 자신의 제자들과 어울려 시문詩文을 읊으며, 때로는 달 밝은 밤이면 산정山頂에 올라 제祭를 지냈다고 한다. 이때 지냈다는 '제祭'가 '제수식'의 하나인 천제天祭라고 생각된다. 기록에 의하면 돼지고기와 국수, 떡, 과일 등을 준비하여 산에 들어가 천제를 지내고 또 검무劍舞를 추었다고 한다.[19]

특히 이러한 의식이나 또는 강도講道를 하는 자리에서 수운 선생이 손에 목검木劍을 잡고 「검결劍訣」을 부르며, 이 「검결」에 맞추어 검무劍舞를 추었다는 기록이 여러 부분에서 나오고 있다. 특히 이 검무에 관한 기록은 동학과 수운 선생을 반란을 꾀하는 불순 세력으로 몰아 취조를 했던 '관변기록'에 집중적으로 나타나고 있음을 볼 수가 있다.

　　사람들을 모아놓고 강도講道를 펼치는 자리에서 최한(崔漢, 수운 선생을 지칭함)이 글을 읽고, 나무칼을 잡고는 꿇어앉았다 다시금 일어나며 마침내 검가를 부르고, 한 장씩이나 뛰어올랐다가는 오랫동안 공중에서 머문 후에 아래로 내려오곤 한다.[20]

■

18 『東經大全(癸未版)』「儀式」, "先生布德之初 以牛羊猪肉 通用矣 至於癸亥八月 先生顧予 傳道之日 此道兼儒佛仙 三道之敎 故不用肴種事."

19 『日省錄』, 高宗 甲子 二月 二十九日 庚子, "劍歌則曰 龍泉利劍 不用何爲 以猪麵餅果 入山祭天 出於差病之意也."

20 『備邊司謄錄』, "若値衆會 講道之席 則崔漢誦文 手執木劍 始 跪而起 終乃劍歌 騰一丈 良

위의 기록들을 종합해 보면, 수운 선생은 하늘에 제를 지내는 자리에서나 제자들을 모아놓고 천제天祭를 지낸다거나, 수운 선생이 도를 논하는 자리에서 검무를 추며 「검결」을 불렀던 것을 알 수가 있다. 이와 같이 음식을 차려놓고 천제를 지내고 또 검무를 추던 '산제'는 초하루와 보름날, 이렇게 한 달에 두 번씩 열었다고 한다.[21] 이 산제는 곧 모여서 종교적 의식과 검무 등을 행하고, 또 강도를 하는 등, 초기 동학의 주체들이 그들의 메시지를 분배 보급하고 학습하던 공동 마당이자 공시망公示網[22]의 하나였다.

이와 같은 산제의 현장에서 행해지던 '검무' 역시 종교적인 집회에서 행하던 의식의 하나였다고 할 수 있다. 검무를 출 때 불렀다는 '칼노래'인 「검결」은 경신년 종교 체험 이후, 일 년 가까이 수련을 하며 보내던 시기에 지어진 것이다.[23] 특히 수운 선생은 이 「검결」을 한울님과 서로 영적靈的으로 교감을 가질 때에 지었다고 술회하고 있다.[24] 이 「검결」과 이에 수반되는 검무를 수운 선생은 자신의 종교적인 의식에서 적극 활용하였던 것이다.[25]

또한 수운 선생은 이러한 치제致祭의 의식 외에 제자들을 모아 놓고 시시때때로 강도회講道會를 열어, 자신의 가르침을 폈다.

久乃下."

21 每月朔望 殺猪買果 入去淨僻山中 設壇祭天 誦文降神(「宣傳官鄭雲龜書啓」)

22 박영학, 『東學運動의 公示構造』, 나남, 1990, 157~159쪽 참조.

23 『道源記書』, "幾至一歲 修而煉之 無不自然 乃作龍潭歌 又作處士歌 而敎訓歌安心歌 幷出一以作呪文二件 一件呪先生讀之 一件呪傳授於子姪 又作降靈之文 又作劍訣."

24 『日省錄』, 高宗 元年 甲子二月 二十九日 庚子, "一日天神降敎曰 近日海舶往來 皆是洋人非劍舞以制之 因以劍歌授之 文作賦唱."

25 尹錫山, 『동학 사상과 한국문학』, 한양대출판부, 1999, 164~183쪽.

"홍비가는 전에 반포한 바가 있다. 누가 그것을 외울 수 있는가?" 하고 각기 면강面講을 하게 하여, 차례로 이것을 읽게 하였다. 강수姜洙 홀로 좌중座中에서 나와 선생을 면대하여 읽고 뜻을 물었다.[26]

즉 수운 선생은 포덕식·입도식·치제식·제수식 등, 입도와 치제의 종교적인 의식을 통하여 영성 개발 및 훈련을 하게 하였고, 한편으로는 강도회 등을 통하여 자신의 가르침을 제자들에게 체계화시켜 나갔던 것이다.

수운 선생은 신유년 6월 이후 본격적으로 세상 사람들을 향하여 도를 펴기 시작하였으며, 이러한 포덕을 통하여 모여든 교도들을 지도하며 한편으로는 종교적 의례를 확립해 나갔고, 다른 한편으로는 강석講席을 통한 가르침으로 교의敎儀의 체계화를 꾀하면서 동학을 세상에 펼쳐 나갔으며, 동학 교단을 형성해 나갔던 것이다.

3. 남원 은적암

신유년 11월에 이르러 수운 선생은 갑자기 길을 떠날 계획을 세우게 된다.[27] 본격적으로 포덕을 한 지 불과 반 년밖에 되지 않는 시점이다. 그러므로 제자들은 아직 모두 공부가 매우 미진하고, 아직은 더 많이 지도를 해야 할 상황이었다. 이러한 제자들을 생각하면 차마 발

---

26 『道源記書』, "先生曰 興比歌 前有頒布矣 或爲孰誦之耶 各爲面講也 第次講之後 姜洙獨出座中 對先生 而面講問旨."
27 『天道敎創建史』「隱寂菴」.

길이 떨어지지 않았지만, 수운 선생은 스스로 자신이 처한 상황을 생각하고, 탄식하며 전라도를 향해 길을 떠나게 된다.

이처럼 갑자기 수운 선생이 길을 떠나게 된 것은 이유가 있었다. 6월에 시작한 포덕 활동은 10월이 되니 멀리 충청도, 강원도에까지 미치기 시작하여, 그곳에서도 찾아오는 사람들이 나날이 늘어났다. 그렇게 되자 상대적으로 동학을 비방하는 무리들도 늘어나기 시작했다. 특히 유생儒生들과 인근의 최씨 문중의 사람들이 더욱 심하게 비방을 하였다. 혹세무민이니, 집안의 망신이니 하는 모함의 소리가 제법 높았다. 이러한 상황에 접한 심정을 수운 선생은 『용담유사』에서 다음과 같이 노래하고 있다.

알도 못한 흉언괴설凶言怪說 남보다가 배나 하며

육친이 무삼 일고 원수같이 대접하며

살부지수殺父之讐 있었던가 어찌 그리 원수런고.(『교훈가』)

이러한 구절에서 모함과 시기가 적지 않았음을 알 수 있다. 따라서 수운 선생 스스로 많은 심리적인 갈등도 겪었던 것이다.

이 해 11월에 이르러는 경주부사가 직접 관인官人을 시켜 포덕을 중지하도록 엄명을 내린다. 동학이라는 새로운 도를 포덕하는 것을 혹세무민하는 행위로 간주했기 때문이었다. 또한 당시 영남 일대의 유림들에 의하여 동학이 세상을 현혹시키는 사도邪道이니, 이를 저지시켜야 한다는 여론이 비등했다.[28] 마침내 유림의 의견이 관에 영향을

28 慶尙道 일대의 儒生들이 官과 鄕校, 書院 등지에 「通文」 등을 돌리며, 동학을 西學의 무리라고 하여 비판을 했었다. 특히 尙州 外西面에 위치한 愚山書院에서 각처의 서원으로 돌

미처 경주부에서 이와 같은 시달을 내린 것이라고 하겠다.

이러한 주변의 상황을 감안하여, 수운 선생은 관의 지목을 피할 겸, 또 나름대로 새로운 구상도 할 겸 해서, 길을 떠나기로 결심을 했던 것이다.[29] 이때의 심정을 수운 선생은 『용담유사』에서 다음과 같이 노래하고 있다.

> 무단히 사죄死罪 없이 모함 중에 들단 말가.
> …중략…
> 아서라 이내 신명 운수도 믿지마는
> 감당도 어려우되 남의 이목 살펴두고
> 이같이 아니 말면 세상을 능멸한 듯
> 관장官長을 능멸한 듯 무가내無可奈라 할 길 없네.(「교훈가」)

이렇게 수운 선생은 세상의 음해와 시기, 그리고 이로 인한 관의 탄압을 탄식하며, 자신의 제자이며 먼 친척이 되는 최중희崔仲義라는 사람 한 명만을 대동하고 정처 없이 떠날 것은 결심하게 된다.

용담을 떠난 수운 선생은 먼저 울산으로 갔다. 그곳에서 여러 도인들을 만나고 며칠을 머문 후 부산으로 간다. 그 무렵 부산에는 누이동생이 살았다고 한다. 표영삼 선생의 증언에 의하면 부산 대신동에 누이동생이 수운 선생의 혼령을 달래기 위해 지은 산당山堂이 아직 남아

린 「通文」이나, 이에 답한 道南書院의 「通文」 등에서 이러한 점들을 찾을 수가 있다.
29 『東經大全』 「通諭」, "前歲仲冬之行 本非遊江上之淸風 與山間之明月 察其世道之乖常 惟其指目之嫌 修其無極之大道 惜其布德之心."

있다고 한다.[30] 부산에서 배를 타고 오늘의 진해시에 속한 웅천熊川이라는 마을에 가서 유숙하며 잠시 머물다가, 다시 길을 떠나 성주를 지나며 충무공의 사당에 배알을 하고,[31] 충무공의 보국輔國 정신을 다시 한번 마음에 새겨 보기도 한다. 이어서 전라도 무주에서 잠시 머문 뒤에 다시 길을 떠나 남원 땅에 이르게 된다.[32]

남원에 이른 수운 선생은 광한루廣寒樓 근처에 살고 있는 서형칠徐亨七의 집을 찾아간다.[33] 이때가 12월 중순 경인 것으로 추정된다. 길을 떠난 지 두 달이 지난 뒤이다.

서형칠은 한약방을 하고 있었다고 한다. 수운 선생과 서형칠이 본래부터 아는 사이였는지 알 수는 없어도, 당시 수운 선생의 제자 중 최자원崔子元 등 약종상을 하는 사람이 있기 때문에, 이들 제자들의 알선으로 남원의 한약상인 서형칠의 집을 찾아온 것으로 추정된다.

남원은 오래된 마을로서 전라도의 큰 고을 중의 하나이며, 풍류와 멋이 넘치는 고을이다. 남도 고읍古邑 남원에 들어 수운 선생은 마을 됨됨이와 산수의 아름다움, 풍토의 순후淳厚함을 두루 구경을 한 후, 이곳이 절승絶勝의 땅임을 더욱 실감하게 된다.

서형칠의 집에서 잠시 머물다가, 서형칠의 생질甥姪 되는 공창윤孔昌允의 집으로 거처를 옮겨 열흘 가까이 머물며 수운 선생은 서형칠, 공

■

30 표영삼, 「남원 은적암 이야기」, 『신인간』, 2003년 6월호.

31 동학의 모든 기록에는 '星州'라고 되어 있는데, 星州에는 忠武公 祠堂이 없다. 따라서 수운 선생이 당시 지났던 곳은 '星州'가 아니라, 전라도 '升州'가 아닌가 추정된다.

32 『天道敎創建史』,「隱跡菴」.

33 동학의 대부분 기록에는 南原에 와서 수운 선생이 먼저 徐公瑞라는 사람을 만난 것으로 되어 있는데, 天道敎 南原宗理院에서 발행한 기록에 의하면, 徐亨七을 처음 만난 것으로 되어 있다.

창윤, 양형숙梁亨淑, 양국삼梁國三, 이경구李敬九, 양득삼梁得三 등을 포덕한다.[34] 남원에 도착한 지 10여 일이 지난 12월 그믐쯤 수운 선생은 이들의 안내를 받아 남원 교외의 교룡산성蛟龍山城 안에 선국사善國寺[35]라는 절을 찾아가, 그곳에서 산 속으로 조금 떨어진 밀덕암密德庵이라는 작은 암자에 거처를 정하게 되었다. 그곳에 머물면서 수운 선생은 자신이 스스로 그곳에서 '자취를 감춘다'는 뜻의 '은적암隱跡菴'으로 그 이름을 바꾼다.

은적암은 전라도 남원 동편, 교룡산성 속에 있는 선국사善國寺라는 절에 딸려 있던 작은 암자이다. 이 산성은 국방상 매우 중요한 요새지로서 남으로부터 침략하는 왜구를 견제하기 위하여 구축된 산성이다. 당시는 남원부의 관리를 받고 있었고, 남원부를 중심으로 하는 호남 일대와 호남에서 서울로 올라오는 길목을 수비하던 전략 요새의 외성外城으로 중요한 역할을 했다. 일명 황룡산黃龍山이라고 불리는 그다지 높지 않은 산을 뒤로 의지하고 구축된 산성의 입구에는 이 산성을 지키고 수비하던 비장裨將들의 비석이 줄줄이 서 있어, 산성의 험난했던 지난 역사를 말하고 있는 듯하다.

산성의 입구를 지나 산길을 조금 올라가면, 이제는 퇴락하여 이내 쓰러질 듯한 절이 그 모습을 눈앞에 드러낸다. 단청도 모두 지워져 나무의 결이 그대로 보이는 이 절에는 '선국사'라는 현판이 세월에 씻긴 모습으로 덩그러니 붙어 있다. 그러나 지금은 낡고 미처 수리를 하지 못했어도, 그 서까래며 기둥 등의 재질이나 규모로 보아 전성기에는

---

34 『天道敎 南原宗理院史』.

35 『天道敎創建史』에는 절의 이름이 '報國寺'라고 되어 있는데, 이는 '善國寺'를 잘못 알고 표기한 것이다.

제법 많은 승려와 수도자들이 머물렀던 절이라는 것을 짐작할 수 있는, 그런 절이다.

때는 12월이었다. 한거울의 추위와 함께 한 해가 저물고 있었다. 뉘엿뉘엿 저무는 산간의 어스름 속으로, 절에서 들려오는 종소리는 은은히 퍼져 나가고, 뭇 중들이 모여들어 불공을 드리는 모습은 단아한 산간의 풍경을 더욱 적요하게 만들고 있었다.

밤이 깊어 외로이 등불을 밝히고, 베개를 높이 베고 누워 이리저리 뒤척이며 어진 친구들을 생각하고 또 처자를 생각하기도 하고, 자리에서 일어나 정좌하고 동학이 서학과 어떻게 다르며, 궁극적으로 유학과도 어떻게 대별되는가 하는 문제와 함께, 동학의 본체를 밝힌 글인 「논학문」을 짓고, 또 『용담유사』 중의 하나인 「도수사」, 「권학가」 등의 가사 작품을 짓는다.[36]

은적암에서의 겨울은 수운 선생에게 있어 새로운 전기를 마련하는 시간이 된다. 젊은 시절 주유팔로를 통해 도를 찾아다녔고, 또한 경신년 무극대도를 받는 결정적인 종교 체험을 한 이후, 수련과 포덕으로 보낸 지난 일 년여의 시간들. 포덕을 시작한 지 불과 5개월여 만에 관의 지목을 피해 이곳 은적암까지 오기는 했지만, 은적암에서 보내게 되는 몇 달은 지난 일을 돌아보고, 또 새로운 계획을 세울 수 있는 그런 시간이기도 했다.

은적암을 품에 안 듯이 둘러져 있는 교룡산성 뒷쪽으로 솟아 있는 산은 황룡산이다. 산등선이 그리 높지는 않아도, 산의 정상으로는 제법 기암괴석이 작은 병풍 마냥 펼쳐져 있고, 골짜기마다에는 어느 시

---

36 『道源記書』, "寒燈孤枕 輾轉反側 而一切賢友之共懷 每憶妻子之相思 强作道修詞 又作東學論勸學歌."

대에 만들었는지는 알 수 없어도, 아흔 아홉 개의 우물이 돌무덤으로
만들어져 있어, 유래가 있는 명산임을 다시금 알 수 있게 한다. 마치
교룡蛟龍이라는 산성의 이름과도 같이 아직은 용이 되지 못한 이무기
의 슬픔과 잠재적 가능성이 꿈틀거리듯 자리하고 있는 산성. 이 산성
의 이름은 이곳 지형과 무관하지 않을 것으로 보인다.

산의 정상에 자리한 바위에 올라 마주 보이는 지리산을 바라보면,
지리산의 웅장함이 마치 하늘에 매달린 듯 장엄하게 보여, 바라보는
사람들로 하여금 감탄을 자아내게 하기도 한다. 은적암은 바로 이 산
중턱에 자리하고 있어, 본사인 선국사와는 좀 떨어진 거리에 있던 작
은 암자이다. 지금은 암자는 없어지고, 자리만 잡풀 속에 덮인 채 남
아 있어 세월의 무상함을 말해 주고 있을 뿐이다.[37]

이곳에 은거한 수운 선생은 아침 저녁 수련에 임하거나 경전을 집
필하는 시간 이외에는 산간의 이곳저곳을 다니며 명상으로 시간을 보
낸다. 달이 뜨는 밤이면 능선에 올라 「처사가處士歌」[38]를 부르기도 하
고, "시호時乎 시호 이내 시호 부재래지不再來之 시호로다."하는, 상원갑
上元甲의 새로운 전기를 이룰 때가 왔음을 암시적으로 노래한 「검결」
을 부르며, 목검을 잡고 검무를 추기도 하며, 수운 선생은 제세濟世를
위한 열망을 표현하고 아울러 심신을 단련시키기도 했던 것이다.

은적암에 머물며 불렀다는 「검결」은 앞에서 잠시 거론한 바와 같이
'검무'라는 춤동작과 직결되는 단형短型의 노래이다. 수운 선생은 이곳

---

37 이곳 隱跡菴 터에 近年에 들어서 천도교 서울교구 교인들이 안내판을 세웠다.
38 「處士歌」는 오늘 전하지 않는 노래로, 어떤 노래인지 알 수가 없다. 다만 「和訣詩」의 일부
  분을 '처사가'라고 불렀다는 옛분들의 증언이 있을 뿐이다.(尹錫山, 『龍潭遺詞 研究』, 민족
  문화사, 1987, 16쪽 참조)

은적암에 머물면서 달이 밝은 밤이면, 산정에 올라 하늘에 매달린 듯
한 웅장한 지리산의 자태를 앞으로 바라보며, 이 '칼노래', 곧 「검결」
을 부르며 검무를 추었던 것이다.

　이처럼 「검결」은 곧 동학의 종교적 체험의 한 표현이기도 한 것이
다.[39] 따라서 「검결」은 후천 오만년의 새로운 변혁의 때를 맞이하는
장부丈夫로서 '용천검 날랜 칼'로 '일월을 희롱할' 수 있는 그러한 기개
와 기상을, 또는 '넓고 넓은 긴 소매로 우주를 가득 덮는' 드넓고 커다
란 기상을[40] 나타내고 있는 노래이다. 그러나 이 노래는 다만 단순히
장부의 기상과 기개만을 표현한 것만은 아니다. 다름 아니라, 동학에
서 이야기하는, 한울님의 덕과 마음을 체득함으로 해서(與天地合其德),[41]
우주에 가득 차는 정신을 소유한 '무궁한 존재'[42]로서의 자신을 깨달
은 민중 모두의 모습이며, 동시에 쇠운衰運의 시대를 성운盛運의 시대
로 이끌어가고자 하는, 곧 새로운 변혁의 시대를 주도하고자 하는 높
은 정신의 또 다른 표현이라고 말할 수 있다. 그러므로 이러한 정신적
인 고양에 의하여, 그 신명神明이 극에 달하게 되고, 이내 "좋을시고 좋
을시고 이 내 신명 좋을시고."라고 그 희열을 노래하는 것이다. 군무
群舞로 어우러지며 모두의 입으로 「검결」을 부르고, 모두가 어울려 칼
춤을 추며 후천개벽을 향한 신명이 극에 달한 모습을 이 노래에서 떠
올릴 수 있는 것이다.

　이와 같은 관점에서 본다면, 칼노래인 「검결」에 나타나고 있는 '칼'

■

39 尹錫山, 「동학가사 검결 연구」, 『한양어문연구』, 1997.

40 金仁煥, 『문학과 문학사상』, 열화당, 1971, 26~27쪽 참조.

41 『東經大全』 「論學文」, "然而君子之德 氣有正而心有定故 與天地合其德…."

42 동학의 무궁한 존재에 관해서는, 尹錫山, 「용담유사에 나타난 수운의 인간관」, 『한국학논
　집』 5집, 한양대, 1983년 참조.

은 단순한 '무武'나 '변혁을 향한 전의戰意'의 상징이 아니라, 새로운 시대인 후천을 열기 위한 고양된 정신의 상징이며, 또한 「검결」에 나타나는 신명과 희열은 종교적 각성을 통해 도달하는 희열과 신명이 되며, 동시에 후천개벽의 시대를 열어가고자 하는 모든 민중들의 높은 열망의 또 다른 표현이라고 하겠다.

「검결」이 노래하는 후천개벽은, 인간이 각성을 통해 당시 사람들을 지배하고 있던 봉건 관념을 떨치고, 새로운 주체 의식을 민중에게 부여하고자 하는 것이었으며, 나아가 보다 능동적인 모습으로 새로운 시대를 열어 가고자 하는 변혁 의지의 또 다른 표현이라고 할 수 있다. 또한 이러한 개벽사상은 동학이 지향하는 궁극적인 목표인 보국안민과 광제창생을 달성하기 위한 것이요, 동시에 동귀일체同歸一體의 새 세상을 열어 가고자 하는 모습이라고 할 수 있다.

이처럼 수운 선생은 은적암에 머물면서, 「검결」을 통하여 후천의 새로운 세상을 열고자 하는 의지를 고취시켜 나갔으며, 한편으로는 이 의식儀式을 통하여 '우주와 내가 하나가 되는', 또는 '한울님과 내가 하나가 되는' 정신의 고양과 희열을 누리며, 무궁한 이 울 속의 무궁한 존재인 나의 정체성을 다시 한번 확인하곤 했다.

은적암에 도착한 지 얼마 지나지 않아 수운 선생은 신유년을 보내고, 임술년(壬戌年, 1862) 새해를 맞이한다. 이곳에 머물면서 수운 선생은 자신의 종교적인 신념을 고취시키는 한편, 다른 한편으로는 고향에 두고 온 여러 제자들에 대한 생각을 떨쳐버릴 수가 없었다. 도에 입도한 지 얼마 되지를 않아 아직 분별이 없는 제자들을 그냥 팽개치듯 버려 두고 온 것이 여간 마음에 걸리는 것이 아니었다. 『용담유사』에서 "모우미성毛羽未成 너희들을 어찌하고 가잔 말고(「교훈가」)."라고 노래했듯이, 갓 태어나 솜털도 자라지 않은 둥지의 어린 새를 걱정하듯, 수운 선생은 두고 온 제자들을 걱정하곤 했던 것이다. 그리하여 임술년 봄에는 같이 대동하고 왔던 제자 최중희에게 은적암에서 지은 「권학가」와 「도수사」, 그리고 「논학문」을 편지와 함께 제자들에게 보내어 숙독상미熟讀嘗味하도록 당부하기도 한다.

이곳 은적암에서 수운 선생이 어떠한 생활을 했는지는 잘 알려져 있지는 않다. 다만 수운 선생이 이곳 은적암에 머물면서 제자들에게 보낸 것으로 추정되는 「통유通諭」[43]를 잘 분석해 보면 수운 선생의 은적암 생활의 일단을 유추할 수 있다. 「통유」에 의하면, 당시 그 지역의 많은 사람들이 수운 선생이 은적암에 와 머문다는 풍문을 듣고 찾아와 도道를 논하고 배움을 청하였음을 알 수 있다.[44]

그러던 어느 날이었다. 선국사에 거처하는 송월당松月堂이라고 하는 노승이 수운 선생을 찾아온다. 그는 수운 선생이 보통 사람이 아닌 것을 알고, 도담이라도 나눌 셈으로 찾아온 것이다. 『천도교창건사』에 나와 있는 이들의 대화를 요약하면 다음과 같다.

노승이 수운 선생에게 물었다.

"선생은 불도佛道를 연구하십니까?"

수운 선생이 대답했다.

---

43 수운 선생이 東學의 道를 펴면서 보낸 겨울은 庚申年에서 癸亥年까지 네 번밖에 없다. 이 네 번의 겨울 중, 경신년 겨울은 得道 후 修而煉之의 겨울이었고, 壬戌年 겨울은 興海 梅谷洞 孫鳳祚의 집에서 보내며 接主制를 실시했다. 그런가 하면 癸亥年 겨울은 용담에서 서울에서 파견된 官軍에 의하여 체포가 된다. 그러므로 길을 떠난 겨울은 오직 辛酉年 겨울뿐이다. 따라서 「通諭」에 '前歲仲冬之行 本非遊江上之淸風' 등의 구절이 보이는 사실로 보아, 이 「통유」는 隱跡庵에서 쓰여진 것이 분명하다.

44 『東經大全(癸未板)』「通諭」, "各處諸益 或有事而來 無事而從風 而來者半 學論而處者半."

"나는 불도를 좋아하지요."

"그러면 왜 중이 되지 않으셨소?"

"중이 아니고서도 불도를 깨닫는 것이 더욱 좋지 않소?"

"그러면 유도儒道를 하십니까?"

"나는 유도를 좋아하나 유생儒生은 아니지요."

"그러면 선도仙道를 좋아하십니까?"

"선도는 하지 않소마는 좋아는 하지요."

"그러면 무엇이란 말씀입니까? 아무 것도 하는 것이 없이, 아무 것이나 다 좋아한다 하오니 말을 알아들을 수 없구료."

"스님은 두 팔 중에 어느 팔을 배척하고 어느 팔을 사랑하십니까?"

그때서야 노승은 뭔가를 깨달은 듯이,

"예, 알았습니다. 선생은 몸 전체를 사랑한다는 말씀이군요!"

하니, 수운 선생이 천천히 대답하기를,

"나는 오직 우주의 원리인 한울님의 도, 바로 그 천도天道를 좋아할 뿐이오"

하고 말을 마치니, 노승은 감복하여 한참 동안 말을 잊고 있었다.

즉 수운 선생은 유교나 불교, 도교가 지닌 교의의 어느 한 부분에 얽매이지 않고 이들 모두를 관통하는 천도의 진수를 공부한다는 뜻에서 이렇듯 대답을 한 것이다. 수운 선생의 동학은 바로 이와 같이 모든 가르침을 회통하는 가르침이라는 의미인 것이다.

노승과의 대화가 이어져, 노승이 수운 선생에게 "유교와 불교, 도교 중에 어느 가르침이 그 이치가 높으냐?"고 묻자, 수운 선생은 "죽은 사자와 죽은 개가 무엇이 더 무서우냐?"고 되묻는다. 사자가 개보다 훨씬 무서운 짐승이지만, 죽은 사자는 죽은 개와 마찬가지로 하나도 무섭지 않다는 뜻이다. 곧 죽은 사상, 죽은 이념, 죽은 종교는 결국 아무런 가치가 없다는 말로, 유교나 불교, 도교는 선천의 가르침으로 죽은 송장이나 다름이 없다는 대답이라고 하겠다.

남원 교룡산성, 문자 그대로 교룡蛟龍이 틀고 앉은 듯한 산세의 한 자락에 깃들인 은적암이라고 이름한 작은 암자에 들어앉아, 수운 선생은 먼 곳에 두고 온 제자들과 연락을 끊고 은거한 채 내일에의 계획을 세웠다. 동학을 이제 세상에 배태시켜 놓았으니, 이 새로운 가르침을 어떻게 가르치고 펼쳐나갈 것인가 하는 구상을 했던 것이다. 또한 관의 지목과 탄압을 직접 피부로 느끼게 되니, 이런 문제들을 여하히 헤쳐나갈 것인가를 생각하며 길고 긴 겨울을 보냈을 것이다.

특히 그 가운데에는 자신의 도를 전수하여 이어갈 새로운 인물을 염두에 두는 일도 포함되어 있지 않나 추측이 되기도 한다.

이러한 추측이 가능한 것은 수운 선생이 남원 은적암에서 경주 용담으로 돌아온 이후, 후일 수운 선생을 이어 동학의 2세 교주가 된 해월 선생에 관한 일이 자주 등장하고 있는가 하면, 실제로 계해년(癸亥年, 1863) 8월에 이르러 해월 선생에게 도통을 전수했기 때문이다.

임술년 봄 3월, 수운 선생은 전라도 은적암으로부터 경주의 서쪽 현서縣西에 있는 백사길白士吉의 집으로 돌아오게 된다.[45] 길다면 긴 겨울을 객지에서 보내고, 한층 새로워진 마음으로 수운 선생은 경주로 돌아온 것이다.[46] 그런데 무슨 연유에서인지, 자신이 경주 현서의 백사

___

45 『道源記書』, "壬戌年春三月 還來於縣西白士吉家."
46 수운 선생이 隱跡庵에서 壬戌年 3월에 돌아왔다는, '三月還來說'을 부인하고 '六月還來說'을 주장한 논문이 있다.(표영삼, 「동경대전 편제와 내용」, 『新人間』 통권 433호, 1985.

길의 집에 와 있다는 사실을 전체 제자들에게도 알리지 않았을 뿐만 아니라, 또 알리지 못하도록 지시까지 내린다. 그리고는 자신이 아직 은적암에 머물러 있는 듯이, 최중희로 하여금 집에 편지를 보내고, 제자들에게 공부에 전념하도록 당부만을 했다.

수운 선생은 한동안 백사길의 집에서 머물다, 다시 그 근처에 있는 박대여朴大汝의 집으로 가서 은거한다. 수운 선생이 이처럼 자신의 거처를 알리지 않고 은거하듯이 지낸 것은 얼핏 단순히 일체의 번거로움을 피하기 위한 것 같지만, 실상은 아직 관의 지목이 엄중하다는 것을 실감하였기 때문으로 생각된다.

이렇게 은거하며 보내던 3월 어느 날, 생각하지도 않던 해월 선생이 문득 찾아온다. 뜻하지 않은 방문이었다. 아무도 수운 선생이 이곳 박대여의 집에 머무는지를 알지 못하는데, 불현듯 해월 선생이 찾아온 것이다.

수운 선생은 오랫만에 만나는 제자가 일견 반갑고, 또 의아하기도 하여, 어찌하여 오게 되었는가를 묻는다. 이때의 대화가 동학의 많은 기록 중에 나타나고 있다. 이를 요약하면 다음과 같다.

  "그대는 혹시 듣고서 찾아오는 길인가?"

  하니, 경상慶翔이 대답하기를,

11). 이러한 논의는 수운 선생이 제자들에게 보낸 「通諭文」의 "歲換月踰 幾至五朔"하는 내용을 "해가 바뀌고 다시 달이 지나 거의 다섯 달에 이르렀다."라고 해석하여, 임술년이 된 이후 다시 다섯 달이 지났으므로, 이 「通諭文」이 임술년 5월경에 쓰여졌다고 보았기 때문이다. 그러나 위의 구절은 "해가 바뀌고 달이 지나 거의 다섯 달에 이르렀다."라고 해석함이 옳을 듯하다. 그러므로 '幾至五朔'의 다섯 달은 수운 선생이 길을 떠난 辛酉年 仲冬, 곧 10월이나 11월부터 따진 다섯 달(五朔)로 보아야 할 것이다. 따라서 동학의 모든 기록과 같이 '三月還來說'이 옳다고 본다.

"제가 어찌 알았겠습니까? 스스로 오고자 하는 뜻이 있어서 왔을 뿐입니다."

수운 선생 웃으며 말하기를,

"그대가 진실로 그래서 왔는가?"

"그렇습니다."

라고 대답하며, 이어 경상이 묻기를,

"제가 그간 공부가 독실하지 못했습니다. 그런데 수련을 하는 동안 이상한 일이 몇 번 일어났습니다. 어찌된 일인지를 모르겠습니다.

수운 선생 말하기를,

"계속 말을 해 보라."

경상이 꿇어앉아 고하기를,

"반 종지의 기름으로 스무하루의 밤을 밝혔습니다. 그것은 무슨 까닭입니까?"

수운 선생이 말하기를,

"그것은 곧 조화造化의 커다란 효험이다. 그대의 마음이 스스로 기뻐 자부함이니라."

경상이 또 묻기를,

"어느 날 문득 「양신지소해養身之所害는 우한천지급좌又寒川之急坐」라는 천어天語를 들었습니다. 이는 무엇입니까?"

하니, 수운 선생이 말하기를

"네가 들었다는 천어는 바로 내가 한 말이니, 그대의 마음과 내 마음이 비로소 하나가 된 것이니라."

다시 경상이 조심스럽게 말하기를,

"이후부터 포덕을 하도록 할까요?"

"포덕하도록 하라."[47]

'마음이 서로 통한 사람', 이것은 바로 수운 선생이 한울님으로부터 받은 '오심즉여심吾心卽汝心', 바로 '내 마음이 너의 마음'이라는 그 가르침의 또 다른 표현이 아니겠는가. 해월 선생의 수련도 어느 결에 '오심즉여심'의 경지에 이르게 된 것이다.

동학에서 '내 마음이 네 마음'이라는 것은 수운 선생이 한울님으로부터 무극대도를 받을 때에, 처음 한울님께 들은 천어天語이다. 수운 선생 역시 지극한 수련을 통하여 본래의 마음, 곧 한울님으로부터 품부稟賦 받은 그 마음을 다시 회복하게 되었고, 그러므로 한울님의 마음과 같은 마음이 되었으므로, 한울님으로부터 "내 마음이 곧 네 마음이다."라는 천어를 듣게 된 것이다.

또한 해월 선생이 위의 기록과 같이 수운 선생의 마음과 같아졌다면, 바로 이는 해월 역시 한울님의 마음을 회복했다는 이야기가 된다. 다시 말해 그 수련의 정도와 깊이가 도통의 첫 단계에 이른 것이라고 볼 수 있다. 그러므로 수운 선생이 해월 선생에게 포덕하기를 허락한 것이다. 나아가 이때부터 수운 선생은 은연중에 해월 선생을 자신의 도를 전수해 줄 사람으로 생각했던 것으로 추측할 수 있다.

6월에 이르러 『동경대전』 중의 한 편인 「수덕문」을 지었다. 또 『용담유사』 중의 한편인 「몽중노소문답가」도 지었다.[48] 이때는 이미 은

■

47 『天道敎會史』나 『道源記書』 등에는 이때 수운 선생을 朴大汝의 집으로 찾아간 사람을 海月 선생 한 사람이었다고 되어 있는데, 『水雲行錄』의 異本에는 河致旭, 朴夏善 등과 함께 같이 간 것으로 되어 있다.
48 『道源記書』, "竟至六月 作修德文 又作夢中歌."

적암을 떠나 현서縣西 박대여의 집에 와 머물고 있을 때이지만, 이들 두 경편經篇들은 그 내용으로 보아, 수운 선생이 은적암에 머물면서 구상한 글들이라고 생각된다. 동학의 도인으로서 지켜야 할 규율과 가르침을 담은 「수덕문」과 수운 선생 자신의 출자出自를 암시적으로 노래한 「몽중노소문답가」는 수운 선생의 종교적 생활 중 후반에 속하는, 한 종교의 교조로서의 면모를 여실히 보여 주는 글들이기도 하다.

이와 같이 수운 선생은 관의 지목을 피해 전라도 남원 은적암에서 신유년 11월부터 다음 해인 임술년 3월까지 머물면서, 동학의 중요한 경전들을 직접 지었고,[49] 또 교단의 새로운 전기를 마련하기 위한 구상을 하였던 것이다.

4. 접주제와 도통의 전수

수운 선생이 남원 은적암에서 경주로 다시 돌아온 것은 임술년(壬戌年, 1862) 3월이다. 스승인 수운 선생이 돌아오자, 그간 흩어졌던 도인들이 다시 모여들게 되고, 용담을 비롯한 경주 일대는 다시금 동학의 열기가 달아오르고 사람들의 발길이 번다하게 되었다.

그러자 동학과 수운 선생은 다시금 관으로부터 지목의 대상이 되었다. 은적암에서 돌아온 이후 봄과 여름을 보내고 가을을 맞이하는 동안 경주 감영의 동학에 대한 감시와 지목은 시시각각 강화되고 있었

---

49 수운 선생이 隱跡庵에 머물면서 많은 동학의 經典들을 저술하였기 때문에, 이러한 시기를 동학의 역사적 전개로 보아, '교리 정리 시기'라고 규정한 연구가 있다. (김기승, 「『용담유사』의 역사적 이해」, 동학학회 편, 『동학과 동학경전의 재인식』, 신서원, 2001, 96쪽.

다. 이럴 즈음에 감영의 김씨 성을 가진 한 영장營將이 수운 선생을 감영으로 잡아들여 감금하는 사태가 벌어진다. 동학의 많은 기록에는 이때가 임술년(壬戌年, 1862) 9월 29일이라고 되어 있다. 그때의 상황을 동학의 기록들은 다음과 같이 서술하고 있다.

> 경주부慶州府에 윤선달尹先達이란 자者 유有하야 영장營將 김모金某로더불어 상친相親이라. 영장에게 위왈謂曰 용담龍潭에 최선생崔先生이 유有하야 기제자其弟子 수천數千이라. 만일 최선생崔先生을 집집執하야 좌도左道로써 지목指目하면 기도其徒 필必히 금金으로써 속贖하리라 한대 영장營將이 기언其言을 종從하야 동구월이십구일소九月二十九日에 영졸營卒로 하야금 대신사大神師를 집執하거늘 대신사 도제徒弟 수십 인을 솔率하시고 행행行하시다.(『천도교회사』「천통」)

즉 윤선달이라는 사람이 돈을 뜯어내기 위하여 영장을 충동해서 수운 선생을 잡아들였다고 되어 있다. 그러나 속내가 그러하였는지는 몰라도, 겉으로 드러낸 명분은 사교금압책邪敎禁壓策에 의한 것이다.

이때 경주 감영까지 몰려가 항의를 했던 도인들이 기록에 의하면 6~700인이나 되었다고 한다.[50] 이들 동학도들은 관정官廷으로 몰려들어가 "동학이 본래 백성과 풍속을 해치는 가르침이 아니니 속히 우리 스승을 석방해 주시오."[51]라고 요구한다. 이렇듯 많은 사람들이 몰려와 항의하니, 영장은 놀래서 수운 선생에게 사과하고는 이내 석방한

■

50 『道源記書』에는 700여 명으로, 『大先生主文集』에는 1,000여 명으로 되어 있음.
51 『備邊司謄錄』 哲宗 14년 12월 20일 참조.

다. 수운 선생이 다시 용담으로 돌아온 날은 10월 5일이다.[52] 그러니 7
일 정도 경주 감영에 머문 것으로 볼 수 있다.

감영에서 풀려나온 수운 선생은 10월 14일에 각처의 제자들에게
〈통문通文〉을 돌린다. 그 내용은 다음과 같다.

> 대개 신진문도新進門徒로서 심주心柱가 아즉 고固치 못하야 영부靈符를
> 망시妄施하니 무근無根의 설說이 거익치선去益熾煽할 려慮가 유有한지라.
> 고故로 기수정其守正의 훈訓을 면려勉勵케 하고자 하노니, 숙야夙夜에 게으
> 르지 말지어다.(『천도교회사』「천통」)

이렇게 바른 자세로 공부에 임할 것을 독려한 뒤, 수운 선생은 용담
을 잠시 떠나 머물 곳을 찾게 된다. 이에 해월 선생이 검곡劍谷의 집으
로 모시고자 했는데, 수운 선생은 해월 선생의 집은 좁다고 하며, 머물
기를 사양한다.[53] 해월 선생의 집이 너무 좁다고 말한 것은 다름 아니
라 이번 출행에서 수운 선생은 각처의 접주接主를 정하는 행사, 곧 개
접開接을 할 생각이 있었기 때문으로 생각된다. 다시 말해서 각 접의
동학의 책임자인 접주를 정하는 대회의를 갖게 되면 많은 사람이 모
이게 되고, 그러면 그 규모가 큰 집에서 모여야 하기 때문에 그렇게 말
을 한 것이다. 수운 선생은 처소를 홍해興海 매곡동梅谷洞에 있는 손봉
조孫鳳祚의 집으로 정하였다. 이때가 11월 9일이다.[54]

이곳 매곡동에 머물면서 한동안 수운 선생은 아이들과 습자習字도

---

52 『天道敎會史』「天統」, "大神師 府中에서 留하시다가 十月 五日에 龍潭에 還次하사…."

53 『道源記書』 "十一月 慶翔來請曰 先生枉臨生之家如何 先生曰君家狹窄移定他處."

54 『道源記書』, "初九日 倍先生卽到孫鳳祚家坐定."

하며, 다른 한편으로 글을 쓰면서 신필神筆을 얻고자 노력을 하였다는 기록도 또한 있다. 이러한 정황으로 보아 수운 선생은 이곳에 머무는 동안 『동경대전』 중의 「필법筆法」을 쓴 것으로 생각된다.

수운 선생은 손봉조의 집에서 과세過歲를 한다. 섣달 그믐을 맞아 각처의 동학 지도급 인사들을 모이게 하고, 이들 가운데서 각처의 접주를 정한다. 이때 정해진 접주는 다음과 같다.

> 경주부서慶州府西 백사길白士吉 강원보姜元甫 영덕盈德 오명철吳明哲 영해寧海 박하선朴夏善 대구大邱·청도淸道·경기도 일대 김주서金周瑞 청하淸河 이민순李民淳 연일延日 김이서金而瑞 안동安東 이무중李武中 단양丹陽 민사엽閔士葉 영양英陽 황재민黃在民 영천永川 김선달 신영新寧 하치욱河致旭 고성固城 성한서成漢瑞 울산蔚山 서군효徐君孝 경주본부慶州本府 이내겸李乃謙, 장기長鬐 최중희崔仲犧[55]

이 기록으로 볼 때 당시 동학은 창도된 지 불과 3년밖에 되지 않았는 데도, 경상도 일대는 물론 충청도, 강원도 일부에까지 그 분포 지역을 넓혀가고 있음을 알 수 있다. 특히 경주를 중심으로 그 이북 지역이 동학의 주 활동 지역이라는 것도 알 수 있게 된다. 따라서 흥해興海는 당시 동학이 분포되어 있던 지역의 중심지가 되는 곳이기도 하다. 그러므로 수운 선생은 지목이 심한 경주 감영의 영향권을 벗어나, 동학 분포의 중심지이며 또 경주에서도 가까운 이곳 흥해에서 각 지역의 접주를 임명하고 접주제接主制를 시작한 것이 아닌가 생각된다.

■
55 『道源記書』.

접주제에 있어, 접주를 지역별 책임자로 임명한 듯하지만, 이 접주제의 내용을 잘 살펴보면, 접의 구성이 지역별이 아닌 인맥 중심으로 구성되어 있음을 알 수 있다. 경주본부의 접주로 임명된 이내겸李乃謙은 본래 영천永川 사람이다.[56] 그러나 그가 경주본부의 접주로 임명이 된 것은 동학의 접주제가 속지제屬地制를 따르지 않고 속인제屬人制를 활용했기 때문이다. 이는 곧 전도자傳道者와 수도자受道者의 인적 유대를 중요시 여긴 까닭이기도 하지만, 궁극적으로는 도의 전수傳受는 정신의 전수라는 면이 강조된 것이라고 하겠다. 이러한 접 제도는 오늘까지 천도교단의 연원제淵源制로 전승되고 있다.

그런데 접주를 임명한 기록을 보면, 해월 선생의 이름은 보이지 않는다. 당시 해월 선생의 이름은 최경상崔慶翔이었다. 이미 이때 해월 선생은 입도한 지도 오래 되었고, 또 많은 사람들을 포덕하여, 수운 선생의 신임을 단단히 받던 사람 중의 한 사람이다. 그런데도 접주의 명단에서는 해월 선생의 이름이 빠져 있다.

그러나 다른 한편으로 이와 같이 접주제를 확립한 이후 수운 선생은 해월 선생에게 이내 도통을 전수한다. 따라서 수운 선생은 당시 해월 선생에게 도통 전수라는 막중한 임무를 맡기기 위하여, 일반 접주의 명단에서는 뺀 것이 아닌가 생각된다.

각 지역별 접주를 정함으로써 이제 동학은 본격적인 조직체로 그 모습을 바꾸어 나가게 되었다. 수운 선생은 관의 지목을 피하여 전라도 남원 은적암에서 한 겨울을 나기도 하였고, 또 다시 경주로 돌아온 이후 경주 감영에 구금되기도 한다. 수운 선생은 이와 같은 상황을 겪

---

56 박영학, 『東學運動의 公示構造』, 나남, 1990, 166쪽.

으면서 동학을 유지 발전시키기 위해서는 제도적인 교단 조직의 필요성을 절감했을 것이다. 따라서 경주와는 지역적으로 다소 떨어져 있으면서도 그 시기 전체 동학 세력 분포상 어느 정도 중심이 될 수 있는 이곳 흥해 매곡동 손봉조의 집에서 접주를 발표하고 접주제를 실시한 것이다.

손봉조의 집은 이렇듯 동학이 새로운 조직적인 변모를 시도한 장소로서 의미를 지니는 곳이다. 이곳은 훗날의 동학혁명의 중요한 동력이 되는 접 조직이 처음 시작된 곳이며, 동시에 동학의 교단 조직을 처음으로 제도화한 장소로서의 의의를 지닌다고 하겠다.

특히 수운 선생은 이곳 손봉조의 집에 머물면서 계해년(癸亥年, 1863) 새해 첫날에 한울님으로부터 강화를 받아, 시를 쓴다.[57] 이것이 『동경대전』에 나오는 「결訣」이라는 제목의 시다. 이 시는 당시 접주 임명을 받기 위하여 모인 제자들에게 마음을 조급하게 갖지 말고 때를 기다리라는 의미를 전하기 위하여 쓴 시로 생각된다. 시의 내용을 잘 분석하면, 당시 흥해 매곡동에서 수운 선생이 어떠한 마음으로 접주제를 실시하였는가를 잘 알 수 있다.

> 도를 묻는 오늘, 아는 바 무엇인가.
> 뜻은 새해 계해년에 있도다.
> 공을 이룬 지 얼마 만인데, 또 때를 만나겠느냐.
> 늦는다고 한탄하지 말라. 그렇게 되는 것이다.
> 때는 그 때가 있나니, 한恨한들 무엇하리.

---

57 『道源記書』, "癸亥正月初一日 上帝降訣于先生 其書曰 問道今日…."

새해 새 아침에 운을 불러 좋은 바람을 기다린다.

지난 해 서북에서 좋은 벗들이 찾아오니

훗날 알리라, 우리의 이 집에서의 그날 그 기약을.

봄이 오고 있음을 마음으로부터 응하여 알 수 있으니,

지상신선地上神仙의 소식 가까워지네.

이날 이때 좋은 벗들이 모였으니,

대도大道 그 가운데 부지심不知心이라.[58]

이 시 「결」에서, 이제 새롭게 접주제를 확립하였으니, 수운 선생 스스로 다가올 새해인 계해년을 기약할 수 있다고 말하고 있다. 그러나 한편으로 이어서 "공을 이룬 지 얼마 만인데, 또 때를 만나겠느냐."라는 구절에서, 지난 경신년(1860)에 한울님으로부터 무극대도를 받은 것이 얼마 되지 않는데, 조급하게 공을 이루려고 서두르지 말 것을 당부하고 있다.

이어서 '지난 해 서북에서 좋은 벗들이 찾아오니, 훗날 알리라 우리의 이 집에서의 그 날 그 기약을'이라고 노래한 것은, 이곳 손봉조의 집에서 모여 접주제를 이룬 일을 회상하며, 훗날 바로 이 접주제가 중요한 일의 계기가 될 것이라고 말하는 것이다.

당시 그곳에 모인 접주들은 주로 경주를 중심으로 서북쪽에서 온 동학의 지도자들이었다. 수운 선생은 이를 염두에 두고 "서북쪽에서 영통한 벗들(靈友)이 찾아왔다."라고 말한 것이며, 이곳에서 이룩한 접

---

58 『東經大全』, 「訣」, "問道今日何所知 意在新元癸亥年 成功幾時又作時 莫爲恨其爲然 時有其 時恨奈何 新朝唱韻待好風 去歲西北靈友尋 後知吾家此日期 春來消息應有知 地上神仙聞 爲近 此日此時靈友會 大道其中不知心."

주제가 곧 앞날의 동학을 이끌어가고, 새로운 세상을 열어갈 중요한 기틀이 될 것이라는 확신 속에서, '뒷날 이 기약을 알게 될 것'이라고 말하고 있는 것이다.

이와 같이 접주제 시행은 동학의 앞날을 열어가는 매우 중요한 사건이다. 이 '접接'은 동학 신앙 공동체의 중요한 원천이 되었고, 훗날 갑오 동학혁명을 일으키는 기본조직인 포의 원형이 되었다.

'접'이라는 말은, 신라 때 대학자인 최치원의 난랑비 서문에 '접화군생接化群生'이라는 말을 쓴 데서 유래한다. 즉 "만물들과 접하여 이들을 교화한다."는 뜻으로 '접'이라는 말이 쓰였다는 것이다. 그러나 유학儒學에서는, 이 '접'이라는 말을 '유생儒生들의 모임'을 지칭하는 말로 썼다. 따라서 과거를 보고자 준비하는 유생儒生들의 모임 등을 일컬어 '접'이라고 부르기도 하였다. 또 그들의 우두머리를 '접장接長', 또는 '접주接主'라고 하였다.

옛날 화랑에서 쓰이던 '접'의 의미와 훗날 유생들의 모임인 '접'의 의미를 모두 포괄하여 수운 선생은 이를 동학의 조직에 사용했다.

즉 수운 선생은 자신으로부터 도를 받은 사람들의 계통을 모두 '용담연원龍潭淵源'이라고 불렀다. 한울님으로부터 무극대도를 받은 용담을 기점으로 하여 그 도가 이어져 내려간다는 의미이다. 수운 선생으로부터 도를 받은 사람들이 각처로 나아가 또 도를 전함으로써 용담연원은 그 규모를 점점 넓혀가게 되었다. 따라서 수운 선생은 각처의 지도자를 명해야 할 필요성을 느끼게 되고 접주를 정하였다.

이런 점을 고려해 보면, 동학의 접은 사람들의 단순한 집합이나 모임이 아니라, 도를 주고받은 서로의 사승 관계師承關係에서 이룩된 모임임을 알 수가 있다. 즉 '도'를 통한 영적인 깨달음을 중심으로 하는 모임이라는 말이 된다. 따라서 접주는 단순한 지도자가 아니라, 그 접의 스승의 위치에 있으면서 영적인 지도를 맡고 있는 사람이라고 하겠다.

뒷날 동학은 이 접의 조직 이외에 '포包'라는 조직을 갖게 된다. 이 '접'과 '포'의 관계에 있어, 포包가 접接보다는 상위 개념인 양 쓰인 예가 많다. 즉 여러 '접'이 합하여 하나의 '포'를 이룬 것으로 포의 의미를 쓰는 것이다. 그러나 그 쓰임을 좀더 면밀히 살펴보면, '포'가 꼭 '접'의 상위 개념이라고 말할 수는 없는 듯하다.

'포'가 대체로는 '접'보다는 큰 개념이기는 하지만, 그 쓰임을 보면 '포'와 '접'은 그 기능상 서로 다른 점이 있다. 다시 말해서 '접'은 주로 영적 깨달음을 중심으로 하는, 즉 도를 주고받은 사승師承과 연원淵源에 의한 조직이다. 그러므로 지역적인 연고는 전혀 고려되지 않고 다만 도를 주고받은, 전도자傳道者와 수도자受道者의 관계에서만 성립되는 것이다. 반면에 '포'는 이 접 조직에 지역적인 성격이 더해져서 인위적인 면이 좀더 강화된 모임이다. 따라서 이 '포'는 어떠한 사상의 사회적 실천을 수행하는 데 적합한 모임이 된다. 해월 선생은 바로 동학혁명에서 이와 같은 포와 접을 유용하게 활용하여 동학도를 이끌고 이를 지도해 나갈 수 있었다.

수운 선생 당시에는 포의 조직은 없었고 오직 접 조직만 있었다. 임술년(1862) 12월 납일에 동학의 영적인 조직인 '접'을 흥해 매곡동에서 선포한 후 수운 선생은 용담으로 돌아오고, 6월부터는 각 접주로 하여금 동학도들을 동원하여 용담에 와서 수행을 하며 강론을 듣도록 하였다. 이러한 모임을 '개접開接'이라고 하는데, 한 번에 40~50명씩 참

가하였다.[59]

뒷날 수운 선생으로부터 도를 이어받은 해월 선생이 오랫 동안 끊겼던 개접을 다시 시행하면서 이 개접의 의미를 잘 말해준 기록이 있다. 즉 무인년(戊寅年, 1878) 7월 25일 정선의 유시헌劉時憲이라는 접주의 집에서 오래 동안 중단되었던 접을 다시 열면서[60] 개접의 의미를 다음과 같이 설파했다.

> 우리 도의 개접開接이라는 것은 무엇을 말하는 것인가? 선생님이 계실 때에 파접罷接의 이치가 있었고, 그런 까닭에 지금에 와서 개접을 하는 것이다. 이는 문사의 개접이 아니다. 천지의 이치는 음과 양이 서로 합하여 일월과 밤낮의 나뉨이 있고, 또 열두 때가 있어, 이로써 원형이정元亨利貞의 수가 정해지는 것이다. …(중략)… 선생께서 하늘에서 도를 받았기 때문에 행하는 것도 하늘로부터 하였고, 닦는 것도 하늘로부터 하는 것이다. 이러하기 때문에 하늘을 개開하고 하늘에 접接하는 것이니, 하늘에서 운을 받고 하늘에서 명을 받는다는 개접開接의 이치를 이루는 것이다. 어찌 마땅한 것이 아니겠는가?[61]

즉 접을 연다는 '개접'은 수운 선생 당시에 처음 시행한 것으로 한울님으로부터 받은 도를 열고(開), 그 한울님과 접接하는 큰 의미가 있는 것이라고 설명하고 있다. 앞에서 거론한 바와 같이 다만 문사文士의 개접이 아니라, 최치원이 말한 접화군생接化群生의 의미가 강조되고

---

59 『道源記書』, "先生卒爲發文罷接 定于七月二十三日 其時會集者 僅爲四五十人."
60 『道源記書』, "七月二十八 發文開接于劉時憲之家."
61 『道源記書』.

있음을 볼 수가 있다. 즉 한울님의 도를 열고 그러므로 우주의 섭리에 의하여 만유萬有를 교화한다는 매우 종교적이고 또 영적靈的인 의미가 담긴 모임이라는 것이다.

수운 선생이 도를 세상에 펼친 지도 어느덧 3년이라는 세월이 지났다. 주위에 모인 제자들도 많고, 특히 학식이 뛰어난 제자들도 많았다. 그러나 이들 중 수운 선생의 눈에 가장 띄는 제자는 해월이었다. 해월 선생은 다른 제자들과 같이 학식이 높지도 않고, 그 출신도 한미寒微한 사람이다. 그러나 도를 행함이 누구보다도 진실된 사람이었다. 동학에 입도한 이후, 많은 제자들 중에서 유난히 나서지도 않고, 늘 묵묵히 수행에만 정진하는 것이 다른 제자들과는 다른 점이 있었다.

특히 사람을 대할 때나 사물을 대할 때 그 공경함이 얼마나 지극한지, 마치 한울님 대하듯 했다. 후일 이와 같은 해월의 행동이 그의 「대인접물待人接物」 법설[62] 등으로 나타났다. 특히 이러한 해월의 생각과 실천은 스승인 수운 선생의 가르침인 '시천주'를 이어 '인즉천人則天', '사사천事事天', '물물천物物天'으로 정리되어, 그의 유명한 경천敬天, 경인敬人, 경물敬物의 「삼경三敬」[63]의 법설로 정리되기도 한다.

해월 선생은 임술년(1862) 중추절을 맞아 스승인 수운 선생을 모시고 명절을 보내고자 용담으로 찾아온다. 이때 수운 선생은 해월(경상)에게 '해월당海月堂'[64]이라는 도호道號를 내리고, '북접주인北接主人'을 명함으

---

62 『海月神師法說』「待人接物」.

63 『海月神師法說』「三敬」.

64 이후 본 글에서 崔慶翔을 '海月'이라고 지칭할 것임.

로써, 명실상부한 도통을 전수한다.[65]

　수운 선생이 해월 선생에게 도통을 전수할 때에 동학의 기록들에는, '북접주인北接主人', 또는 '북접대도주北接大道主'라는 명칭을 내렸다고 했다. 그 후 해월은 모든 공식적인 문서에 '북접주인', '북접도주', '북접법헌' 등의 명의를 썼다.

　이러한 기록을 바탕으로, 오늘날 동학 연구자들은 일반적으로 해월을 중심으로 하는 '북접北接'과 이에 대칭되는 '남접南接'이 있는 것으로 상정하고 연구를 하는 경우가 있다.

　좀더 구체적으로 동학혁명 당시 해월 선생을 중심으로 하는 온건파의 '북접'과 전봉준 등을 중심으로 하는 강경파인 '남접'이 존재한 듯이 기술하는 것이 학계의 일반적인 의견이다. 그런가 하면, 해월 선생을 중심으로 사회적인 활동을 주로 하는 '북접 계통'의 천도교가 있는가 하면, 은둔한 채 수련을 주로 삼으며 신앙을 해 왔던 '남접 계통'의 다른 종파가 있었다는 주장도 또한 있다. 즉 해월 선생을 중심으로 하는 북접 또는 북접 계통인 천도교에 대하여, 남접 또는 남접 계통의 동학 계열의 종단들이 있다는 주장이 된다. 이러한 주장을 검토해 보면, 북접은 하나인데 비하여 남접을 자칭한 동학의 계파나 집단은 한 둘이 아니라 매우 많았음을 알 수 있다.

　먼저 남접을 자칭한 동학의 계파를 살펴보면, 이들 종단 대부분은 '남접주인'으로 '청림靑林 선생'이라는 사람을 내세우고 있다. 이 청림이라는 사람이 누구인지, 그 본 이름이 무엇인지, 어떻게 살았는지 알려진 바는 없다. 다만 수운 선생이 참형을 당한 이후 해월 선생이 다

---

65 『天道敎會史』 「天統」, "大神師 崔慶翔에게 海月堂의 道號를 賜하시고 北接主人을 特定하시고…"

시 무너진 동학의 교단을 일으켰을 때에, 혹은 해월 선생이 참형을 당한 이후, 스스로를 이 '청림'이라고 칭하거나 청림으로부터 도를 받았다는 사람들이 나타나 동학의 분파를 세우기도 하였다. 이들은 대부분 자신들의 법통이 남접이라고 자처를 한다.

청림과 남접을 자처한 동학의 대표적인 분파로는 상주尙州 동학교東學敎와 청림교靑林敎 등을 들 수가 있다.[66] 그러나 이들 종단에서 수운 선생으로부터 도를 받았다고 내세운 '청림 선생', 곧 김시종金時宗, 김낙춘金洛春, 정시종鄭侍宗 등의 인물은 모두 가공의 인물들임이 상주 동학교의 실질적인 창시자인 김주희金周熙의 아들인 김덕룡金德龍의 증언과 학계의 연구에 의하여 이미 밝혀진 지 오래이다.[67] 이로 미루어 보아 '청림'이라는 인물은 실재하지 않았던 것으로 생각된다. 그럼에도 이렇듯 허구의 인물을 세운 것은, 이들 스스로 남접을 칭한 교단의 설립자가 그 연령상 수운 선생으로부터 직접 도통을 받을 수 없기 때문에, 그 중간에 '청림'이라는 허구 인물을 세워 자신이 세운 교단의 연원을 직접 수운 선생에게 대고, 수운 선생 법통의 적자嫡子임을 내세우기 위한 것으로 생각할 수 있다.

실상 동학에 관한 어느 기록에도 수운 선생이 해월 이외에 다른 조직이나 사람에게 법통을 물려주었다는 기록은 없다. 법통을 전해 준 것은 오직 계해년(1863) 8월 14일 해월에게 '북도중주인', 또는 '북접주인'이라는 명명과 함께 도통을 물려준 기록뿐이다.

---

66 吳知泳, 『東學史』 「第五章」, "靑林敎派니 本派는 水雲先生當時 李白初라는 道人이 甲山으로 定配되어 그곳에서 隱道로 道를 傳하여 靑林道士라 稱하여 그것이 靑林敎가 되었다하고…(중략)…東學敎派니 本派는 嶺南 安東地方에 있는 金洛春, 金周熙 等의 發起로 其時 北接道主崔時亨을 相對로 南接道主라는 名稱으로 角立한 것이다."

67 崔元植, 「東學歌辭 解題」, 『東學歌辭』 1, 韓國精神文化硏究院, 1979, iii~iv쪽 참조.

또한 '북접', '북접주인'이라는 용어는 1879년에 작성된 동학의 초기 기록에도 나오지만, '남접'이라는 용어가 본격적으로 등장한 것은 이보다 근 30년 후인 1894년이 되어서이다. 또한 '남접'이라는 용어는 대부분 동학을 토벌한 관변기록이나 토벌군 측의 기록에 보이고 있다. 즉 유학자인 황현黃玹의『오하기문梧下記聞』, 이두황李斗璜이 남긴『양호우선봉일기兩湖右先鋒日記』, 당시 주한 일본 공사에 보고된 문서, 또는 동학군을 토벌한 일본군 사령관의 보고서,『전봉준공초』 등에서 찾을 수가 있다.[68]

이들은 모두 1894년 이후에 작성된 기록들이다. 더구나 이들 기록은 '남접'을 충청도, 전라도 동학 교도 중에서 1894년 3월을 전후하여 봉기한 세력들을 지칭하고 있다. 이는 곧 본래 동학의 내부에는 북접과 대對를 이루는 남접이라는 조직은 없었는데, 1890년대에 들어와서 동학의 조직이 방대해지면서, 그러므로 해월 선생의 지도 체제에 이견을 지닌 일군의 동학 지도자들이 스스로를 '남접'이라고 칭한 것을, 동학군을 토벌한 관군이나 일본군 측이 이를 그대로 받아 기록한 것이 아닌가 생각된다. 특히 해월 선생이 동학혁명 당시 각 포에 보낸「통유문通諭文」에, "이제 들으니, 호남의 전봉준全琫準과 호서의 서인주徐仁周가 문호를 별도로 세워 남접이라 이름을 삼고…"라고 한 기록을 보아, 이 '남접'이라는 이름이 이때에 이들 전봉준이나 서인주에 의하여 쓰여졌음을 알 수가 있다.

그러나 많은 연구자들이 지적한 것처럼 당시 남접의 지도자로 일컬어지고 있는 김개남金開南, 손화중孫化中, 김낙철金洛喆, 김낙봉金洛鳳, 서

---

68 朴孟洙,「崔時亨 硏究」, 博士學位論文, 韓國精神文化硏究院 韓國學大學院, 1995, 225쪽.

인주徐仁周 등도 해월 선생에 의하여 대접주, 또는 접주·육임에 임명되었다(『天道敎會史』 「天統」). 더구나 이들 중 김낙봉은 전봉준이 고부에서 난을 일으키자, 당시 충청도 청산 문암리文巖里에서 강석講席을 열고 있던 해월에게 며칠 밤과 낮을 달려가 이를 보고하였다고 한다. 또한 동학혁명 이후 전봉준이 관에 체포되어 심문을 받을 때, 심문관이 전봉준에게 "동학 교도 중 접주의 차출은 모두 누가 하느냐?"라는 물음에 "모두 최법헌(崔法軒, 해월을 뜻함)으로부터 나왔다."라고 대답하고 있으며, "호남湖南, 호서湖西 모두가 같으냐?"는 물음에 전봉준이 "그렇다."라고 대답하고 있다.[69]

이러한 사실들로 보아 당시 일부 남접을 칭하는 계파가 동학 내부에 있었어도, 이들에게는 '남접주인'은 없었을 뿐만 아니라 이들 모두역시 해월 선생의 지도 체제 아래 있었음을 알 수 있다.

이와 같은 여러 정황을 보아, 남접이라는 용어는 동학 지도부에서 정통적으로 사용해 온 것이 아니다.[70] 따라서 해월 선생의 지도 체제 아래 있던 동학 교도 및 해월 선생을 이은 천도교와는 그 노선을 달리하는 동학 계열의 일부 종단이 스스로를 '남접'이라고 칭한 것과, 동학혁명 당시 내부에 급진적인 변화를 바라는 일군의 세력이 형성되면서 스스로 자신들을 '남접'이라고 명명했던 두 부류의 남접이 동학의 역사 속에 있었을 뿐이다.

그러면 해월 선생은 왜 고집스럽게 어느 한쪽 지역의 의미만을 띠

---

69 『全琫準供草』, "問東徒中差出接主 是誰之爲 供皆出於崔法軒…(중략)… 問湖南湖西一切同然乎 供然矣."

70 朴孟洙, 「동학농민전쟁기 해월 최시형의 활동」, 『해월 최시형과 동학사상』, 부산문화예술대학 동학연구소편, 예문서관, 1999, 172쪽 참조.

고 있는 '북접'이라는 이름을 평생 사용해 왔는가. 이에 대하여 박맹수 교수는 '북접'이라는 용어를 씀으로써 해월이 수운 선생으로부터 직접 도통을 전수 받았다는 정통성을 보이기 위해서라고 평하고 있다.[71] 또 이러한 견해와 함께, 스승인 수운 선생 당세에 해월 선생이 받은 직책이 오직 '북도중주인'이라는 명칭뿐이었기 때문에, 수운 선생이 참형을 당하고, 그러므로 비록 자신이 직접 지도하던 지역인 흥해, 영덕, 영해 등 지역의 남쪽인 경주 지역 일대 역시 자신이 지도해야 하면서도, '북도중주인'이라고 명했던 스승의 명을 어길 수 없어, 평생 이 이름을 지키며 살았던 것으로 이해될 수 있는 것이다.

이렇듯 임술년 중추절 전날 밤, 수운 선생으로부터 도통을 전수 받은 사람은 해월뿐이었고, 그 후나 그 전에 누구에게도 도통이 또 전수되었다는 기록은 어디에서도 찾을 수가 없다. 특히 남접을 따로 조직하거나, 남접대도주南接大道主를 두었다는 기록은 찾을 수 없다.

따라서 최경상을 '북접주인', '북접대도주' 등으로 명하고 도통을 전수한 것은 당시까지 수운 선생 자신이 생존하고 있으므로, 수운 선생 자신이 거처하는 지역보다 지역적으로 북쪽에 살고 있으며, 그 북쪽을 중심으로 포덕하고 또 지도하라는 의미에서 '북접'이라는 용어를 사용했던 것이라고 하겠다.[72]

날이 훤하게 밝아오자, 수심정기守心正氣 넉 자를 주며 말하기를, "일후 병을 다스릴 때 이것을 행하여 쓰라."하며, 또 부도符圖를 주고, 특히

71 朴孟洙, 앞의 논문, 222쪽.
72 吳知泳, 『東學史』, 永昌書館, 1940, 136쪽.

붓을 잡아 '수명受命' 두 자를 써서 주었다. 한울님께 고하여 결訣을 받아, "용담의 물이 흘러 사해四海의 근원이 되고, 검악劍岳에 사람이 있어 한 조각 굳은 마음이다.(龍潭水流四海源 劍岳人在一片心)" 등의 시를 써서, 이를 해월 선생에게 주며 말하기를, "이 시는 그대의 장래 일을 위하여 내린 강결降訣의 시이다. 영원히 잊지 않도록 하라."라고 말하였다.(『도원기서』)

이 시의 '검악劍岳'은 곧 해월이 머무는 곳인 '금등골', 즉 오늘의 검곡劍谷을 뜻하는 것이다. 즉 용담에서 나온 도를 검악劍岳의 해월 선생에게 물려준다는 의미를 담고 있는 것이다.

이로써 수운 선생은 자신의 대도를 해월 선생에게 물려주고, 해월 선생은 이내 동학의 2세 교주가 된다. 이 사람이 수운 선생 순도 이후에 관의 지목 등 온갖 고초를 다 겪으며, 경상도·강원도의 태백산맥과 소백산맥으로 숨어들어 흩어진 동학 교도를 모아 교단을 정비하고, 또한 스승의 가르침을 이어 교리를 진전시킴은 물론, 동학의 경전인 『동경대전』과 『용담유사』를 목판으로 발간하고, 근대를 향한 동학의 기치를 높이 든 해월 최시형이다. 해월 선생은 갑오 동학혁명 이후 또 다시 관에 쫓기는 몸이 되었다가, 관에 체포되어 참형을 당한다. 스승인 수운 선생과 마찬가지로 거룩한 순도의 길을 갔던 것이다.

5. 수운 선생의 저술 활동

수운 선생은 경신년 이후 교도들에게 가르칠 자신의 종교적 교의를 담은 글을 짓는데, 이는 대체로 세 가지로 나뉘고 있다.

첫 번째는 「포덕문」, 「논학문」, 「수덕문」, 「불연기연」 등의 한문으로
된, 동학의 본체를 밝힌 글들이다. 두 번째는 한글 가사체로 되어 있
는 「용담가」, 「교훈가」, 「안심가」, 「도수가」, 「권학가」, 「몽중노소문답
가」, 「도덕가」, 「흥비가」 등의 가사 작품과 단가 형태의 「검결」 등으로,
자신의 교리를 노래로 표현한 것들이다. 세 번째는 한문으로 된 여러
「시문」들과 「결」, 「주문」, 「팔절」, 「필법」, 「축문」, 「탄도유심급」, 「좌잠」
등으로, 수행에 필요한 글들이다.

이들 저술들이 쓰여진 연대를 보면 다음과 같다.

먼저 「포덕문」은 1861년 봄, 「논학문」은 1861년 12월에서 1862년 2
월 사이, 「수덕문」은 1862년 6월, 「불연기연」은 1863년 11월, 「탄도
유심급」은 1863년 1월에 각기 쓰여졌다. 또 「용담가」, 「안심가」 등이
1860년 후반기에, 「교훈가」는 1861년 11월, 「도수사」, 「권학가」 등은
1861년 12월, 「몽중노소문답가」는 1862년 6월, 「도덕가」는 1863년 7
월, 「흥비가」는 1863년 8월, 「검결」은 1860년에 쓰여졌다. 또한 「팔
절」은 1863년 11월에, 「필법」은 1862년 11월에, 「좌잠」은 1863년 4월
에 쓰여졌다. 기타 「시문」이나 「결」 등은 이 연대 사이 사이에 쓰여진
것으로 추정된다.[73]

앞에서와 같이 수운 선생의 전 생애를 '일상적 생애'와 '종교적 생애'
로 나눌 때, 그가 득도한 경신년(1860) 4월부터 참형당하는 갑자년(1864)
3월까지를 그의 종교적 생애라고 상정할 수 있다. 즉 수운 선생의 종
교적 생애는 4년이라는 매우 짧은 시기이지만, 이 기간에 수운 선생은

---

73 수운 선생이 쓴 『용담유사』 중의 가사 작품들이 지어진 연대는, "尹錫山, 『龍潭遺詞 硏
究』, 민족문화사, 1987"을 참조하고, 그 외 『東經大全』 중에 실린 글들은 尹錫山 註解,
『東經大全』(동학사, 1996)을 참고한 것임.

제세의 의지를 적극적으로 표출했으며, 나머지 전 생애에 값할 수 있
는 삶을 살았기 때문에 그는 한 교단의 창시자로서 오늘날까지 그 뜻
을 펼치고 있는 것이다.[74]

수운 선생의 종교적 생애는 다시 전기와 후기로 나눌 수 있다. 즉
결정적인 종교 체험 이후 지속적인 수련으로 교조로서의 면모를 보
다 면밀히 다듬던 시기와 당당히 그 종교적 면모와 교의를 펴던 시기
로 나누어 볼 수가 있다. 전기에 쓰여진 「교훈가」, 「용담가」, 「안심가」,
「도수사」 등에는 수련을 통한 종교 체험이나 제세에 대한 각성이 좀
더 강하게 담겨져 있는가 하면, 후기에 쓰여진 글들인 「몽중노소문답
가」나 「도덕가」, 「흥비가」 등에서는 자신의 교조적 면모나 가르침이
보다 여실하게 드러나 있음을 또한 볼 수가 있다.

이와 같은 수운 선생의 저술들을 후대에 해월 선생이 주동이 되어
한문으로 된 문文과 한시들, 그리고 「결」, 「주문」 등을 합해 『동경대
전』이라는 이름을 붙여 경진년(庚辰年, 1880)에 강원도 인제麟蹄 갑둔리甲
遁里에 있는 김현수金顯洙라는 제자의 집에서 한 책으로 출간을 하였고
(『천도교회사』「지통」), 가사 여덟 편을 합해 수운 선생이 도를 받은 용담정
의 이름을 따서, 곧 '용담 선생이 남긴 글'이라는 의미의 『용담유사龍潭
遺詞』라는 이름을 부쳐 신사년(辛巳年, 1881)에 충청도 단양 샘골 여규덕
呂圭德이라는 제자의 집에서 목판으로 출간한다(『천도교회사』「지통」). 그
러나 「검결」은 수운 선생이 대구 감영에서 국문鞫問을 당할 때에 문제
가 된 노래였기 때문에,[75] 이 책들이 간행될 때 편제에서 제외되었다

---

74 尹錫山, 『龍潭遺詞 硏究』, 민족문화사, 1987, 49~52쪽.

75 朴孟洙, 「東學의 '칼노래'와 '춤'에 나타난 反侵略的 性格」, 『尹炳奭敎授華甲紀念論叢』, 지
   식산업사, 1994, 132쪽 참조.

가, 관변기록 등을 바탕으로 다시 복원, 『용담유사』에 편입시켜 오늘
에 전하고 있다. 이것이 동학의 경전이다. 그러나 오늘날 해월 선생에
의하여 최초로 간행된 '경진판庚辰版'『동경대전』이나 '신사판辛巳版'『용
담유사』'는 전해지지 않고, 가장 오래된 고본으로 '계미판(癸未版, 1883)'
과 '계사판(癸巳版, 1893)'이 전해지고 있다.

　『용담유사』의 표제인 된 '용담龍潭'은 앞에서 거론한 바와 같이, 본래
경북 월성군 현곡면 구미산 기슭에 있는 연못의 이름으로, 이 연못가
의 '용담정'에 수운 선생이 기미년(1859년) 10월 처가 동네인 울산에서
옮겨와 기거하면서 '불출산외'를 맹세하고 수련에 정진하였으며, 이
수련의 결과로 한울님이라는 우주 절대의 신으로부터 무극대도를 받
는, 결정적인 종교 체험을 하였다.[76] 다시 말해서 수운 선생이 오늘의
동학을 일으킨 매우 중요한 장소이다. 그러므로 동학 교단에 있어 '용
담'은 동학이 창도된 장소 또는 그 근원을 의미하기도 하며, 한편으로
수운 선생을 지칭하는 말이 되기도 한다.[77]

　또한 '유사遺詞'는 '남겨 놓은 노래'라는 뜻으로, 수운 선생이 제자들
에게 가르침을 주기 위하여 남겨 놓은 노래라는 의미가 된다. 따라서
이는 수운 선생 당시에 붙여진 이름이라기보다는, 수운 선생 사후에
그의 문도門徒들에 의하여 붙여진 이름이라고 하겠다.

　또한 '동경東經'은 '동학 경전'을 줄인 말이며, '대전大全'은 '모든 것을
아우름'을 의미한다. 따라서 『동경대전』은 '동학의 모든 경전을 아우

---

76 『東經大全』, 「修德文」, "率妻子之日 己未之十月 乘其運道受之節 庚申之四月."
77 水雲 先生이 스스로 지은 詩인 "龍潭水流四海源 龜岳春回一世花"가 의미하는 바가 곧 '龍
　潭'이 지닌 의미를 단적으로 나타내는 증거라고 하겠다.

른 책'이라는 뜻이 된다.

이들 수운 선생의 저술인 동학의 경전들이 판본으로 정착된 과정에 관한 일반적인 학설은, 동학의 2세 교조인 해월이 처음부터 끝까지 영기靈氣로 외워 구송口誦한 것을 다른 제자가 받아 써서 문자로 정착시켰다는 구송설口誦說이었다.[78] 그러나 후일 연구자들에 의하여, 해월이 관의 지목을 피해 도망다닐 때 늘 보따리를 짊어지고 다녔다는 기록과, 목판본 후기後記 등을 분석하여 구송설이 아닌 원본설原本說이 제시되기도 하였다.[79]

이 문제에 관하여 필자는 계미판 후기 등의 분석을 통하여, 구송설과 원본설을 통합한 절충설을 제기하였다. 즉 해월이 사방에 흩어진 경편經篇의 저본을 모으고 또 자신이 수운 선생으로부터 받아서 지니고 있던 저본들을 기초로 삼고, 이들 중에서 빠진 것들과 불확실한 것들은 구송 등을 통하여 경전 판본을 확정한 것으로 생각된다.[80]

이들 경전 중 『동경대전』은 자신의 도를 펴고, 또 그 가르침을 담은 「포덕문」과 자신의 도를 서학이나 유학과 비교하여 논한 「논학문」, 「수덕문」 그리고 인간과 만유萬有의 근원과 본질에 대한 인식을 비유적으로 논한 「불연기연」 등 네 편이 그 종宗을 이룬다. 그 밖에 제자들이 너무 급하게 도를 이루려는 마음을 한탄하며 수도의 절차를 이야기한 「탄도유심급歎道儒心急」, 기타 시문詩文들, 「결」, 「주문」 등이 담겨

---

78 口誦說은 주로 天道敎側의 國漢文混用本 기록인 『天道敎書』나 『天道敎創建史』 등을 기초한 것으로, 韓㳓, 李光麟, 愼鏞廈, 姜在彦 등이 제기를 하였다.

79 原本說을 제기한 학자들로는 崔東熙, 申一澈, 表映三 등을 들 수 있다.

80 口誦說과 原本說을 절충한 '折衷說'은 筆者가 1986년 필자의 박사학위 논문(『용담유사 연구』, 한양대, 1986)에서 처음으로 제기하였고, 이를 이어 朴孟洙 교수가 그의 박사학위 논문(『최시형 연구』, 정신문화연구원 한국학대학원, 1995)에서 또한 제기하였다.

있다. 또 『용담유사』는 수운 선생이 득도를 하는 과정에서 겪게 되는
기쁨과 이를 근저로 하는 동학의 중요 사상들이 문학적으로 표현된
가사 문학 작품이 담기게 된다.

　한글 가사로 되어 있는 『용담유사』는 한문을 모르는 일반인, 또는
아녀자 등 당시 하층 계층의 사람들이 읽고 이해하도록 쓰여진 경전
이며, 『동경대전』은 당시 지배 계층인 식자층이 읽고 이해하도록 쓰
여진 동학의 경전이다. 따라서 이 『용담유사』는 글을 모르는 아녀자
나 하층민들도 쉽게 외우고, 노래할 수 있었던 '동학의 경전'이다. 즉
글은 몰라도 가사 가락에 따라 노래로 읊을 수 있고, 또 쉽게 외울 수
있는 것이 바로 『용담유사』다. 그러므로 『용담유사』는 보다 폭 넓게
민간에 유포될 수 있었고, 민중들을 보다 쉽게 이끌고 또 자각自覺시키
는 매우 중요한 가르침의 원천이 되었다.

　19세기 중엽, 조선조 후기에 들어서서, 수운 선생이 자신의 가르침
을 『동경대전』이라는 한문본 경전과 『용담유사』라는 한글 가사체의
경전으로 나누어 쓴 것은, 시사하는 바가 매우 크다.

　잘 아는 바와 같이 당시 사회의 언어 체계는 이중적으로 되어 있어,
일반에서 통용되는 언어, 즉 구어체口語體의 언어와 지식이나 사상을
전달하는 매체로서의 언어, 곧 문장에 의한 언어인 문어체文語體가 완
연하게 구분되어 있던 때이다. 또 이를 향유하는 그 계층도 서로 달라
서, 상층 계층인 양반들에 의하여 문자는 독점되었고, 일반 대중과 아
녀자들은 문자를 향유하지 못했던 것이 당시 현실이었다. 곧 문자를
향유하느냐 못하느냐의 문제가 곧 반상과 남녀라는 신분과 성별을 구
분하는 척도가 되었다. 당연히 지식의 전달이나 사상을 고취시키는
교육은 양반 계층에게만 허여되었던 일이지, 일반 대중은 꿈도 꾸지

못하던 일이었다. 즉 언어에 의하여 그 사람의 신분이 결정되던 시대였다고 말해도 과언이 아니던 시대였다.

이런 시대에, 수운 선생이 한문본으로 된 경전 『동경대전』을 저술하였다는 것은 논리적인 지식의 전달과 사상의 체계화를 위해서는 당연한 일이다. 당시의 모든 교육 체계는 한문 위주의 텍스트에 의하여 이루어졌고,[81] 수운 선생 역시 아버지인 근암공으로부터 어려서부터 한문 교육을 받았으며, 당시의 모든 지식층의 인사들 모두 한문으로 된 텍스트를 중심으로 교육을 받았다. 그러므로 당시 사회적인 지식의 소통이나 사상의 형성을 위한 경로는 '한문'이라는 문자 이외에는 없었을 것으로 판단된다. 따라서 수운 선생이 자신의 사상을 체계화하고 또 이를 논리화하기 위해서는 필연적으로 한문이라는 문자 체계를 빌리지 않을 수 없는 당위성이 여기에는 있는 것이다.

이와 같은 한문본 『동경대전』에 대하여, 『용담유사』는 우리가 잘 알고 있는 바와 같이, 가사 형태의 경전 작품집이다. '가사'는 곧 율문律文 형식의 시가詩歌[82] 작품이다. 이러한 시가 작품에 있어 가장 중요한 것은 '언어'에 대한 자각이다. 즉 언어의 개념 전달의 기능보다는 언어의 표현 기능, 곧 어떠한 의미나 의사의 전달이라는 일상 언어의 측면이 아니라, 언어의 느낌이나 감각을 통해 표현하고자 하는 기능이, 무엇보다 중요한 것이 된다.

■

81 당시의 교육은 주로 儒學의 經書인 四書三經이 주요한 텍스트였음은 잘 알려진 사실이다. 또한 이러한 교육이 당시 사회에 더욱 왕성해진 이유는, 양반의 子弟들이 응시해야 하는 科擧制度의 문제 역시 이들 儒學의 經典에서 모두 출제가 되었기 때문이기도 하다.
82 국문학계에서 歌辭의 장르에 관하여 많은 논의가 되고 있다. 이러한 많은 논의들 중에서, 가사를 抒情의 양식으로 보고, 서사적 서정, 서정적 서정, 희곡적 서정, 교술적 서정으로 보고 있는 見解가 현재로서는 가장 설득력을 지닌 장르적인 해석이라고 생각된다. 따라서 가사를 서정의 장르인 詩歌로 보기로 하였다.

『용담유사』는 바로 이와 같이 언어의 표현적 기능을 중시하는 '시가' 작품이다. 그러므로 한문이라는 중국식 통사 구조를 지닌 문장에서 한국인이 느끼지 못하는 느낌과 감각, 나아가 이가 지닌 정서를 표출하는 것은 무엇보다도 필요하고 또 중요했던 것이다. 그러므로 수운 선생은 이러한 본연의 정서 표현을 위해 『용담유사』에 수록되는 일련의 가사 작품을 집필한 것이다.

또한 모든 민족의 민족 언어 속에는 하나의 세계관이 갈무리되어 있다. 우리는 이를 언어 공동체의 운명, 지리적 · 역사적 형세, 정신적 조건과 외적 조건 속에서 형성된 그 민족의 세계관이라고 말하고 있다.[83] 그러므로 우리의 말에도 우리의 세계관이 온축되어 있는 것은 당연한 일이다. 즉 수운 선생은 우리의 언어 속에 담긴 우리의 세계관을, 당시 모든 계층에서 사용되고 있는 언어를 통하여 『용담유사』에 표현하고자 노력했던 것이라고 하겠다.

이에 비하여 당시 우리나라에서 쓰이고 있던 '한문 문장'이 중국의 그것과는 다르다고 하여도, 최소한 당시 상층 계층인 양반들의 세계관, 이들에 의하여 이룩된 세계관이 담겨 있는 것이지, 일반 대중의 인식과 세계관까지 모두 담고 있는 언어 양식은 아닐 것이다. 조선조 사회는 분명히 봉건적인 신분 질서와 함께, 최소한 언어에 있어서는, 두 다른 세계관을 그 내면에 지니고 있던 사회였음에 틀림이 없다. 즉 상층 계층인 양반들과 하층 계층인 일반 대중의 의사 소통의 방법인 문자가 같지 않았고, 그러므로 사유의 방식이 달랐으며, 나아가 이에 의하여 형성되는 그 세계관 역시 같지 않았을 것이 분명하다.

---

83 이기상, 『이 땅에서 우리 말로 철학하기』, 살림, 2003.

이와 같은 면을 깊이 인식하고 고려한 수운 선생은 당시의 하층 계층에서 사용하고 있는 언어인 '한글'을 『용담유사』의 표현 방법으로 선택하였고, 그 지식의 논리적인 전달이나 사상의 체계화를 위해서, 당시 교육을 받은 지식인 계층에서 통용되고 또 소통되고 있는 언어인 '한문'을 『동경대전』의 표기 양식으로 택했던 것이다.

수운 선생이 동학을 창도한 19세기 중엽은 중국 중심의 세계관이 지배하던 시대였다. 또, 당시 사회의 주도 세력은 지식인 계층이었고, 이들은 외국어나 다름이 없었던 한문을 아무런 불편 없이 사용하고 있었으며, 정보나 의사의 유통에 한문은 가장 편리한 도구가 되었다. 그러므로 이들에 의하여 주도되고 형성된 당시의 세계관 역시 한문 문화권에서 벗어나지 못하는 것이었다. 즉 당시 조선조는 중국 중심의 문화 제국주의에 잘 길들여져 있던 사회라고 하겠다. 언어는 다름 아닌 그 문화의 토대이며 그 문화 중핵이기 때문인 것이다.

특히 수운 선생의 『동경대전』과 『용담유사』가 모두 같이 동학의 교의와 사상을 전달하고 또 표현한 중요한 경전들임에 불구하고, 그 표현의 양상이 매우 다른 것은 이에 담긴 세계관의 다름에 기인하는 것이다. 다시 말해서 『동경대전』은, 당시 지배 계층의 사상이었던 유교적인 인식과 방법이 그 문장의 진술이나 전개, 또는 표현에 많이 원용되었고, 『용담유사』에서는 당시 기층 문화를 이루고 있는 민간 사상들, 곧 풍수지리風水地理나 도참설圖讖說 또는 역 사상易思想 등이 많이 원용되고 있음을 볼 수가 있다.

즉 수운 선생은 『용담유사』에 민중의 꿈과 이상이 담긴 사상을 담고, 이를 통하여 보다 쉽게 이들에게 자신의 사상을 펴고 고취시키려고 했던 것이다.[84] 다시 말해서 당시 모든 민중의 꿈에 부합되는 이상을 수운 선생은 『용담유사』를 통해서 펼쳐 나갔던 것이다.

이런 시대에 수운 선생이 『동경대전』과 함께 『용담유사』를 남긴 것은, 중국 중심의 절대 중심 체계에서 탈중심의 세계로 나가고자 하는 근대 지향적인 의지에 의한 것이라고 하겠다. 즉 중국 중심의 세계에서 아국我國 중심의 세계관으로 그 의지를 펼쳐나가는 모습의 하나라고 하겠다.

한편 『동경대전』이 한문 문장을 통하여 교도와 일반인에게 교의教義와 사상을 전달하고자 하는, 즉 의미 중심의 경전이라면, 『용담유사』는 대중들을 감화시키고 또 한울님이라는 존재를 깨닫게 하는 경전이다. 즉 『동경대전』이 이성적 의미 전달에 그 차원을 두고 있다면 『용담유사』는 실용적 존재에 대한 인식에 그 차원을 두고 있는 것이라고 하겠다.

수운 선생은 『동경대전』이나 『용담유사』에 담겨 있는 글들을 쓰면, 이내 제자들에게 보내서 읽고 꼭 외우도록 가르쳤다.[85] 그런가 하면, 보낸 가사에 대하여 면강面講을 하기도 하였고, 중요한 구절에 대하여 그 의미를 찾도록 질의 응답도 하였던 것이다.[86] 또한 가사의 끝 절에는, 늘 이 가사를 '구구자자句句字字' 살펴 내고 외워야 하며, 정심수도正心修道하여 이내 곧 좋은 세상을 맞이해야 한다[87]고 그 가르침을 펴고

---

84 尹錫山, 「東學歌辭에 나타난 民間信仰的 要素의 의미」, 『인간과 경험』 2집, 1990.

85 『道源記書』, "强作道修詞 又作東學論 勸學歌 今年 壬戌春 三月 還來於縣西 白士吉家 使崔仲羲 修送家書 又封送 學與詞二件."

86 『道源記書』, "先生曰 興比歌 前有頒布矣 或有誦之耶 各爲面講也 第次講之後 姜洙獨出座中 對先生而面講…(중략)…洙亦問蚊將軍之意 先生曰 君爲心通 可知矣."

87 이와 같은 구절은 『용담유사』 중, 「도수사」, 「권학가」, 「안심가」, 「몽중노소문답가」, 「도덕

있다. 또한 『동경대전』 중에 담긴 경편들인 「포덕문」, 「논학문」, 「수덕문」 등에도 『용담유사』의 경편들과 같이, "간략하게 적어 내어 가르쳐 보이니 공경히 이 글을 받아 삼가 교훈의 말씀으로 삼을지어다(忘略記出 論以示之 敬受此書 欽哉訓辭)."(『東經大全』, 「布德文」), 또는 "논하여 말하고 효유曉諭하여 보이니, 밝게 살피어 현기玄機를 잃지 말지어다(論而言之 諭而示之 明而察之 不失玄機)."(『東經大全』, 「論學文」) 등의 구절을 통하여, 익히기를 게을리 하지 않도록 가르치고 있다.

이와 같이 『용담유사』는 동학의 중요 경전이며, 또한 가사 작품으로 민중들의 꿈과 소망을 담아낸, 나아가 이들의 이상을 펼치고 있는, 소중한 민중들의 경전이며 노래라고 하겠다. 이에 비하여 『동경대전』은 보다 논리적으로 수운 선생 자신의 사상을 체계화한 글로, 지식층을 향한 동학의 경전이라고 하겠다.

이들 『동경대전』과 『용담유사』로 대별되는 두 권의 저술은 수운 선생이 득도한 경신년(1860)에서부터 조선조의 조정에 체포가 되는 계해년(1863)까지 대략 3년간에 쓰여진 글들이다. 이렇듯 그 기간이 짧은 데에 비하여, 수운 선생은 비교적 많은 양의 저술을 오늘 우리에게 남겨 주고 있다.

■
　가」 등 여덟 편 모두에 나오고 있다.

제5장 용어를 통해 본 사상 및 교의

1. 동학과 유·불·선

수운 선생은 「논학문」에서, "나의 도는 지금도 듣지 못하고 예에도 듣지 못한 일이요, 지금도 비할 바 없고 예전에도 비할 바가 없는 법."[1]라고 천명하였다. 그럼에도 불구하고 '동학은 수운 선생이 유·불·선儒佛仙 삼교三教를 합일슴一해서 만든 사상이며 종교'라고 보는 인식은 쉽사리 해소되지 않는다. 즉 동학은 사상적으로 오래 전부터 우리나라에서 전해 내려오던 사상인 유교·불교·도교 등과 많은 상관 관계를 지니고 있는 사상이라고 생각을 하고 있음이 그 일반적인 견해이다.

동학에 관한 이와 같은 일반적 인식은 어떤 경우에는 동학에 긍정적으로 작용하기도 하고, 어느 면에서는 매우 부정적인 작용을 한다. 즉 동학이 오랫동안 우리의 사상계를 관류해 온 유교나 불교, 도교 등 우리의 다양한 종교 사상을 융합融合, 회통會通하는 과정을 거쳐, 기존

---

1 『東經大全』, 「論學文」, "吾道 今不聞古不聞之事 今不比古不比之法也."

의 종교 사상을 뛰어넘는 사상으로 등장하였다는 긍정적인 면이 있는
가 하면,[2] 동학은 유교나 불교 · 도교 심지어는 기독교나 무속 등의 여
러 종교가 지닌 장점을 종합한 종교라는, 동학의 사상적 독창성을 의
심하게 하는, 매우 부정적인 면 또한 내포하고 있다.

동학 사상 형성과 관련된 기존 종교 사상의 영향에 관한 부정적인
견해는 비단 일반인들뿐만 아니라, 학계 일각에서도 심심하지 않게
제기하는 견해이다. 예를 들어서 "수운의 이상은 유 · 불 · 선 삼교를
종합한 것으로서 유교에서는 오륜을, 불교에서는 정심을, 도교에서는
자연적 · 도덕적 불결에서 몸을 깨끗이 하는 법을 배운 것이다."라고
하여, 삼교三教의 종합으로 보고 있으며, 심지어는 '동학은 천주교가
한국 샤머니즘의 토대 위에 토착화되어진 한 종파'[3]라고 말하는 경우
까지 있다.

동학에 관한 이와 같은 '삼교 합일의 부정적 견해'가 처음 제기된 것
은 일본 학자인 요시카와 분타로(吉川文太郎)에 의해서이다. 요시카와
분타로는 『조선제종교朝鮮諸宗教』라는 저서에서, "동학은 새로이 탄생
된 종교라기보다는 오히려 조작된 것이라 말하는 편이 적절할 듯하
다. 최 씨는 유 · 불 · 선 삼교에서 장점을 취하고 단점을 버렸다는
것이다."라고 언급함으로써, 바로 동학이 유 · 불 · 선 3교의 장점만을
취하여 '조작造作한 종교'라고 말하고 있다.

이후 이러한 일본 학자의 견해를 일부 한국의 학자들이 비판 없이
받아들여 사용해 왔기 때문에, 동학은 수시로 '삼교합일三教合一의 조

---

2 한자경, 「동학의 종교성」 『제11회 이화여자대학교 인문과학대학 교수학술제 발표집』, 이
   화여자대학교 인문학연구원, 2003.
3 윤성범, 『기독교와 한국사상』, 대한기독교서회, 1969.

작 종교'인 양 일반에게 인식되어 왔다. 그 결과 동학은 종교로서의 독창성 내지 자기 완결성이 없을 뿐 아니라, 동학에서 사용하는 대부분의 용어 역시 이곳 저곳에서 취해온 것이라는 매우 부정적인 견해를 낳고 있다.

수운 선생이 남긴 글은 『동경대전』과 『용담유사』에 전부 담겨 있다. 이들은 오늘 동학을 이은 천도교의 가장 중요한 경전이기도 하다. 그러나 동학 연구의 일차 자료가 되는 이들 경전을 실제로 읽어 보면, '동학이 유·불·선 삼교의 합일'이라고 명기한 곳은 어디에도 없다. 즉 수운 선생은 어디에서고 그러한 말을 한 일이 없다는 뜻이다.

다만 수운 선생이 직접 기술을 하지 않았지만, 수운 선생으로부터 도통을 물려받고 동학의 2세 교주가 된 해월 선생이 주관하고, 강시원, 유시헌, 신시일 등 당시 동학의 지도자들이 편찬한, 동학의 가장 오래된 역사 기술서인 『도원기서』에 "이 도는 유·불·선儒佛仙 세 도를 겸하여 나온 것(兼出)이다."[4]라고 되어 있다. 즉 유·불·선 세 도 모두를 포괄해서 나왔다는 '겸출'이라는 표현을 쓰고 있다.

'겸출'이라는 말의 의미는 '합일合一'과는 근본적으로 다른 것이다. 즉 '합일'은 이것 저것을 합하여 하나로 만들었다는, 매우 인위적인 의미를 나타내기 위한 용어라면, '겸출'은 본질적으로 이런 면 저런 면 모두를 아울러 지니고 세상에 나왔다는 뜻이 된다. 따라서 수운 선생이 '겸출'이라는 표현을 한 것은 천도교가 유교와, 불교와, 도교의 진리 등 세상의 모든 진리를 아우를 수 있는 크나큰 도로서 이 세상에 출현했다는 뜻으로 사용한 것이라고 하겠다.

---

4 『道源記書』, "此道以儒佛仙三道兼出也."

합일이라는 표현이 천도교단의 기록에 나타나는 것은 20세기에 들어서이다. 특히 오상준, 이돈화 등 천도교 이론가들에 의하여 기록된 『본교역사』나 『천도교창건사』 등에서 찾을 수 있다. 이들 기록에 비록 '합일'이라는 표현이 보이고 있지만, 또 다른 항에서 "오도吾道는 원래 유儒도 아니며 불佛도 아니며 선仙도 아니며, 오직 유·불·선을 모두 포괄하는 천도이다."[5]라고 피력하고 있으므로, 요사카와의 견해와는 근본적으로 다르다. 즉 천도교 이론가들 역시 유불선 모두를 아우르는 사상이며 종교임을 강조함으로써, 본래 수운 선생이 쓴 '겸출'과 동일한 견해를 유지하고 있음을 볼 수가 있다.

마치 수운 선생이 삼교의 단점을 버리고 장점만을 취합하여 조작하듯이 만든 종교라는, 일본 학자의 천도교에 대한 평가는 지나친 것을 지나, 매우 의도적인 것이라고 생각된다. 일제 강점기에 일제에 의한 천도교단 분열 정책은 곧 민족 세력에 대한 분열 공작이었으며, 천도교·동학에 대한 훼손은 민족 정신의 훼손이기도 했던 점을 상기한다면, 이와 같은 악의에 찬 일본 학자의 평가는, 그 의도성이 쉽게 짐작이 가는 일이다. 그럼에도 불구하고 이러한 견해를 아무런 비판 없이 그대로 쓴다면, 이는 아직도 일제의 잔재로부터 벗어나지 못하는 태도가 아닐 수 없다.

동학이 마치 이것저것 여러 종교의 장점만을 취합하여 조작한 종교라는 견해가 나오고 있는 또 하나의 배경으로는, 동학 연구에서 가장 기본적으로 참고해야 할 동학 경전인 『동경대전』과 『용담유사』를 구체적으로 고찰하지 않았거나, 그 자체를 무시했기 때문이라고 생각된

5 李敦化, 『天道敎創建史』.

다. 즉 『동경대전』과 『용담유사』에 집중적으로 기술되어 있는, '경신년 4월에 수운 선생이 결정적인 종교 체험을 통하여 무극대도無極大道를 얻고, 이로써 동학을 창도'하게 되는 종교적 과정을 철저히 논구하지 않고 개진한 견해라고 하겠다.

대부분의 종교가 그러하듯이 동학 역시 교조인 수운 선생의 득도得道라는 결정적인 종교 체험에 의하여 창도되었다. 따라서 이 사상 저 종교를 취합하고 그 장점만을 취하여 의도적으로 조립하는 것과는 그 근본적으로 다른 것이다.

물론 득도, 또는 각득의 과정에서 겪는 종교 체험 역시 엄밀하게 따진다면, 그 체험자가 속해 있는 시대 또는 역사의 영향을 절대적으로 벗어날 수는 없다. 수운 선생 역시 자신이 자라나고 또 교육을 받은 당시의 시대와 자신이 속한 역사적 상황과 매우 유기적인 관계 위에 놓여 있고, 따라서 수운 선생의 종교 체험 역시 그가 처한 시대나 역사와 결코 무관하다고는 할 수가 없다. 따라서 우리의 삶 속에 오랫동안 담겨져 온 사상인 유불선 등의 사상이 수운 선생이 체득한 종교 체험에 영향을 주었을 것으로 볼 수가 있다. 그러나 이와 같은 영향 관계와, 의도적으로 취합하여 조립하듯이 조작한 것과는 근원적으로 다른 것이다. 이 문제에 관하여 다음과 같은 박종홍 선생의 견해에 귀기울일 필요가 있다.

논자는 말할지도 모른다. 천도교는 유·불·선 삼교의 영향 밑에 이를 종합한 것뿐이라고. 좋다. 그러나 그 어느 사상 치고 유래를 따지면 다른 사상의 영향을 받지 않은 것이라곤 절대로 없을 것이다. 가끔 독창적이라 하여 마치 하늘에서 떨어진 것같이 말하는 이도 없지 않으나 알고 보면 이미 어떤 유서를 가지지 않는 것이라곤 없는 것이요, 캐어서 따져 보면 이미 있었던 어떤 사상과 반드시 연관성을 갖고 있는 법이다.[6]

즉 동학 역시 다른 종교들과 마찬가지로 기존의 종교와 연관성을 갖고, 이의 영향은 받을 수는 있었지만, '이를 종합한 것'은 아니라는 견해이다. 따라서 동학은 기존의 사상이나 종교의 영향 속에서, 수운 선생이 오랜 수련修煉 끝에 결정적인 종교 체험을 통해 천명한 종교이지, 기존의 종교들을 인위적으로 취합하여 '조작한 종교'는 아니라는 말이다.

그럼에도 불구하고 아직까지 동학을 기성 종교의 영향 관계 속에서 부정적으로 바라보게 되는 가장 구체적인 이유는 『동경대전』과 『용담유사』에 담겨 있는 유·불·선을 비롯한 전통 사상의 개념을 선입견을 가지고 바라보았기 때문이다. 또 이들 개념들을 지나치게 요소주의적으로 분석했기 때문이기도 하다.

그러나 동학 경전에 포함된 전통적 요소들은 전통 사상에 대한 수운 선생 특유의 해석학이지, 결코 단순한 원용이나 조합이 아니다. 즉 수운 선생이 기성 전통 사상을 단순한 독서인적인 자세로 접근한 것이 아니라, 종교적 신비 체험을 통해 새로운 차원으로 종합하고, 과거와 현재의 지평 습합을 통해 전통을 계승하며 동학을 창도하였기 때문이다.[7] 그러므로 수운 선생은 동학의 경전에 유·불·선 등 전통 사

6　朴鍾鴻, 「韓國思想硏究의 構想」, 한국사상연구회, 『韓國思想叢書』 I, 태광출판사, 1975, 15쪽.
7　신일철, 「동학과 전통사상」, 『동학학보』 5집, 2003. 6, 10~11쪽 참조.

상의 개념을 담고 있으면서도, '나의 도는 지금도 예도 듣지도 못하고, 지금이나 예도 비교할 수 없는', 전혀 새로운 사상이며 가르침이라고 말했던 것이다.

그 밖에도 동학의 경전에 나오는 많은 용어들은 동학의 독창적인 사상을 그 안에 담고 있다. '한울님', '지기至氣', '동학', '주문', '영부靈符', '시천주侍天主', '수심정기守心正氣', '무위이화無爲而化', '성·경·신誠敬信', '불연기연不然其然', '보국안민輔國安民', '동귀일체同歸一體', '후천개벽後天開闢' 등이 바로 그것이다. 본 장에서는 이들 용어들을 통하여 동학의 사상 및 종교적 교의를 논의하고자 한다. 그러나 주문과 영부는 앞장에서 논의했기 때문에 이 장에서 재론하지 않는다.

2. 한울님/하늘님·천주·상제

동학 경전에 표기된 신 명칭은 하늘님, 한울님, 천주, 상제 등이다. 1880년부터 2세 교주 해월 선생은 동학의 경전을 본격적으로 목판으로 간행, 보급한다. 1880년 인제麟蹄 갑둔리甲遁里에서 간행한 『동경대전』과 1881년 단양 천동泉洞에서 간행한 『용담유사』가 바로 이것이다. 그러나 이들 경전들은 그 판본이 발견되지 않아 볼 수가 없고, 이보다 몇 년 후에 간행된 계미중하(癸未仲夏, 1883년) 경주판이 우리가 볼 수 있는 가장 오래된 경전 판본이다.

이 계미 경주판 『용담유사』에는 '하늘님', 또는 '하울님' 등으로 표기되어 있다. 계미판이 간행되던 19세기 중·후반은 한글 표기가 일정한 체계를 갖추지 못했던 때이다. 그러므로 이렇듯 표기를 혼용했던

것으로 생각된다.[8]

그러나 3세 교주인 의암 선생이 1905년 동학을 천도교로 대고천하
大告天下한 이후 천도교단에서 공식적으로 간행한 『천도교회월보』나
『용담유사』에는 '한울', '한울님' 등으로 표기하고 있어, 오늘까지 천도
교에서는 '한울님'으로 표기, 사용한다.

이와 같은 '한울님' 표기에 관하여 계미판(1883) 등에서 쓰인 '하늘님'
의 현대적 표기인 '하날님' 또는 '하늘님'으로 표기를 해야 한다는 주장
이 제기되곤 했었다.[9]

최근에 이르러 김용옥 교수가 동학·천도교에서 현재 사용하고 있
는 '한울님'은 잘못된 것이므로 '하늘님'을 써야 한다고 주장하였다.

> 그런데 왜 수운이 명시했고 『용담유사』가 표기하고 있는 '하늘'을 포
> 기하고 쓰기를 꺼리는가? 이유인 즉 간단하다. '하늘님' 하면은 뭔가 유
> 치한 듯한 느낌을 주기 때문이다.…(중략)…왜 하늘님을 버리고 촌스럽
> 게 야뢰라는 한 인간이 인위적으로 조작하여 만든 '한울님'에 집착하는
> 가?[10]

이와 같이 김용옥 교수는 천도교에서 오늘 '한울님'이라고 표기하는
것에 대하여, "야뢰와 그를 맹목적으로 추종한 천도교인들이 동학의
천주天主는 기독교와 명칭이 달라야 한다고 생각했기 때문에 '한울님'

---

8   癸未板 『용담유사』에는 '한울님'에 대한 혼용된 표기 이외에, '스람', '스롬', 또는 '~ㅎ는
    가', '~ㅎ는ㄱ' 등 'ㆍ'에 관하여 혼재되어 표기되어 있음을 볼 수가 있다.

9   金京昌, 「동학의 신관과 그 명칭」, 『신인간』 379호, 1978.12.

10 김용옥, 『도올심득 동경대전』, 통나무, 2004, 157~158쪽.

을 쓴 것이다."라고 강하게 비판하고 있다.

또한 김용옥 교수는 야뢰 이돈화가 『신인철학』을 통해서 개진한 「흥비가」의 마지막 구절인 "무궁한 이 울 속에 무궁한 내 아닌가."[11] 와 '천주'의 개념과는 무관한 것이며, 흥興을 나타내는 하나의 비유적 표현이라고 말하고 있다. 나아가 '울'과 '하늘'과는 차원과 맥락을 달리하는 것으로 비교되거나 등식화될 수가 없다고 말한다.

그러나 「흥비가」의 마지막 구절인 "무궁한 이 울 속에 무궁한 내 아닌가."는 김교수가 주장하는 바와 같이 단순히 비유적 '흥'의 표현은 아니라고 본다. 『용담유사』 여덟 편은 모두 서로 연계된 것으로, 연속의 성격을 띠고 있다. 그러므로 「흥비가」는 여덟 편 가사의 마지막 가사이며, 이의 마지막 구절인 "무궁한 이 울 속에 무궁한 내 아닌가."는 『용담유사』 여덟 편 가르침의 대미大尾를 장식하는 중요한 가르침의 구절이 된다. 즉 여덟 편의 가사에서 누누이 강조해 온 가르침을 바탕으로, '무궁한 그 이치를 불연不然 기연其然 살펴 내어' 무궁한 이 우주와 더불어 스스로 무궁한 한울님을 모시고 있는(侍天主) 무궁한 자신임을 깨달아야 함을 강조한 동학의 핵심적인 가르침이 담겨진 구절이 된다.

따라서 이 「흥비가」의 마지막 구절인 '무궁한 이 울 속에 무궁한 나'는 수운 선생이 천명한 '시천주侍天主'의 다른 표현이며, 동시에 해월 선생의 '인시천人是天', '인즉천人卽天', '인내천人乃天'을 표현한 동학의 가장 중추적인 가르침이 된다.

그러므로 실상 어원적으로 '무궁한 이 울'의 '울'과 '하늘'과는 등식

---

11 李敦化, 『新人哲學』, 천도교중앙총부, 1924, 9쪽.

화될 수는 없다. '울'은 단순한 '하늘'이기보다는 하늘과 땅 모두를 포괄하는 '우주'를 의미하는 말이기 때문이다. 특히 '무궁한 이 울'이 의미하는 바는 '제약적 개념'이기보다는 무궁한 우주이며, 바로 우주적 차원의 무극대도인 것이다. 따라서 '하늘'과는 등식화될 수 없다.

그러나 '한울'이 동학에서 말하고 있는 '천주'에서의 '천'과는 비교되거나 등식화될 수가 있다고 본다. 동학에서 말하고 있는 '천주'의 '천'은 '땅(地)에 대비되는 하늘(天)'이기보다는, 이 모두를 포괄하는 '우주로서의 의미'가 보다 강조되고 있기 때문이다. 따라서 수운 선생이 깨달은 '천주'의 '천'은 우리의 일상적 '하늘' 또는 '하늘'과는 대등의 관계를 이루지 못하는 것이지만, '무궁한 울' 곧 '한울'과는 서로 비교되거나 대등화될 수 있는 것이라고 본다.

야뢰 이돈화가 한울님에 관하여 이론적인 개진을 한 『신인철학』은 1924년도에 발간된 책이다. 그러나 한울님, 한울, 한우님 등의 용어가 천도교에서 쓰인 것은 이보다 훨씬 먼저이다. 즉 1910년에 창간된 천도교 기관지인 『천도교회월보』에서는 초창기부터 '한을', '한울', '한우님', '한울님' 등의 용어를 사용하고 있다. 특히 1910년대 초반에 '한울'이라는 용어가 '힌울님'과 같은 의미로 쓰인 용례는 수없이 많이 찾아볼 수가 있다. 따라서 김용옥 교수의 주장과 같이 '한울', '한울님'은 이돈화가 이를 이론적으로 개진하기 그 이전 이미 천도교단에서는 공식적으로 '한울', '한울님'의 명칭을 사용했던 것이다. 즉 '한울님' 등의 용어가 쓰였던 『천도교회월보』는 의암이 주도하던 천도교단의 공식적인 기관지였기 때문이다.

이와 같은 문제와 함께 거론할 수 있는 것은 구암龜菴 김연국金演局이 교주였던 상제교上帝敎에서도 '한울님'이라는 용어를 썼다는 사실이

다.[12]

김연국은 어떤 인물인가? 의암은 1905년 12월 1일 동학을 천도교로 대고천하한 이후 이내 김연국에게 대도주大道主를 선수한다. 그러나 김연국은 몇 달 지나지 않아 이용구 등의 꼬임에 속아 시천교侍天敎 대례사로 옮겨가게 된다. 이때가 1908년의 일이다. 그 후 김연국은 시천교에서 몸을 빼 상제교上帝敎를 세워 계룡산으로 신도들을 이끌고 들어가게 된다.

김연국은 의암보다도 더 일찍 동학에 입도한 사람으로 일찍이 해월 선생을 모시고 목판으로 경전을 간행하는 데에 주도적으로 일을 했던 동학의 중요한 지도자 중 한 사람이다. 더구나 의암 손병희, 손천민 등과 함께 '3인공동지도체제'를 이루었던 인물이다. 이와 같은 김연국이 천도교 대도주를 물리고 시천교로 갔다는 사실은, 결국 개인적인 사정도 있었겠지만, 당시 지도 체제의 핵심인 의암 선생의 여러 노선과 불일치했기 때문이라고 생각된다, 그렇다면 만약 의암이 스승인 해월 선생이 사용하던 '하늘님'을 임의로 바꾸어 '한울', '한울님' 등의 명칭을 사용을 했다면, 김연국이 자신이 이끌던 또 다른 동학 계열인 시천교나 상제교 등에서 의암이 임의로 바꾼 '한울님'이라는 명칭을, 의암을 답습하여 사용했을 까닭이 없을 것이다.

따라서 이와 같은 여러 정황과 또 의암 선생이나 김연국이 해월 선생의 지도를 받아 오랫동안 동학 교단의 중추적인 지도자로 활동을

■
12 이러한 사실은 김연국의 막내아들인 김의경(1923년 생)옹과의 인터뷰 과정에서 확인된 사실이다. 2004년 1월 김연국의 막내아들인 올해 82세인 김의경 옹을 만나 인터뷰를 하던 중 김옹이 '한울님'이라고 말하는 것을 듣고 놀라, 상제교에서도 '한울님'이라고 부르느냐고 물으니, 그렇다고 대답을 했다. 김의경 옹은 어려서부터 상제교 본부가 있는 계룡산에서 자랐고 또 생활했던 사람이다.

했었다는 사실들로 보아, 해월 선생 시대에도 '한울님'이라는 명칭을 실질적으로 사용했던 것이 아닌가 생각된다. 즉 그 표기에는 당시의 일반적인 표기인 '하늘님', '하날님' 등으로 하면서도, 실제 호칭으로는 '한울님'으로 부르지 않았나 생각이 된다.

이와 같은 여러 사실로 보아, '한울님'이라는 명칭은 야뢰 이돈화가 인위적으로 조작한 명칭도 아니고, 야뢰 이전에 이미 천도교단의 공식적인 명칭이었음이 분명하다. 다만 야뢰가 한 사람의 천도교 이론가로서 이에 대하여 이론적인 배경을 『신인철학』에 개진한 것에 불과하다. 또한 이러한 여러 사실과 정황으로 보아 해월신사, 그 이전부터 실질적인 면에서 '한울님'의 명칭이 동학 교단의 공식적인 호칭이 아니었나 생각된다.

이러한 '한울님'이라는 명칭 이외에 '천주', '상제' 들의 용어들이 보인다. 그러나 '천주'라는 말은 한문으로 표기된 경우에서만 볼 수가 있고, 『용담유사』에는 단 한 번도 쓰이지 않고 있다. 해월 선생의 말씀들이 기록되어 있는 규장각 소재 관몰문서官沒文書인 「동학서東學書」 중에 있는 「내수도문」 역시 순 한글로 되어 있는데, 이 역시 '천주'라는 한자투의 표기는 보이지 않고, 오직 '하날님'이라는 한글식 표기만 보인다. 또한 1910년대 이후에 들어서서 천도교단에서 발간한 여러 국한문으로 표기된 동학에 관한 기록들 중에도 여지없이 '한울님'이지, 한자투의 표기인 '천주天主'는 보이지 않는다. 다만 '주문'을 말하는 자리에서 '시천주侍天主'라는 표현만 보일 뿐이다. 주문은 어쩔 수 없는 한문 표기에 따라야 하기 때문으로 생각된다.

이로 보아 동학의 신에 대한 표기는 순수 우리말 표기인 '한울님'이 된다.

'상제'라는 표기는 한문본이나 국한문 혼용본 모두에서 볼 수가 있다. 특히『동경대전』중에도 보이고『용담유사』에서도 볼 수 있다. 그러나 이 '상제'라는 표기 역시 매우 제한적으로 쓰이고 있다. 다음은『동경대전』과『용담유사』중에 쓰인 예이다.

어느 신선의 말이 있어서 문득 귀에 들어왔다. 깜짝 놀라 일어나 찾아 물어보니, 말하기를 두려워하지 마라, 세상 사람들이 나를 상제上帝라고 하니, 너는 상제를 알지 못하느냐?[13]

천상에 상제님이 옥경대玉京臺에 계시다고
보는 듯이 말을 하니 음양이치陰陽理致 고사하고
허무지설虛無之說 아닐런가.(「도덕가」)

인용된「포덕문」중에서 볼 수 있듯이, 수운 선생이 경신년 4월 종교 체험을 하는 과정에서, 한울님 자신이 자기 스스로 어떤 존재인가를 수운 선생에게 알려 주기 위하여, 스스로를 '상제'라고 부르고 있다. 즉 종교 체험을 통하여 수운 선생이 알 수 없는 존재와 대화를 하는 과정에서 "지금 나와 대화를 하는 당신(한울님)은 누구냐?"고 묻자, 한울님이 "세상 사람들이 나를 상제라고 부르는데, 너는 그 상제를 모르느냐?"라고 대답하고 있다. 즉 한울님 스스로 자신을 보다 잘 설명하기 위하여, 당시 민간에서 통상적으로 쓰이고 있는 '상제'[14]라는 이

■
13 『東經大全』,「布德文」, "有何仙語 忽入耳中 驚起探問則 曰勿懼勿恐 世人謂我上帝 汝不知 上帝耶."
14 上帝는 元始天尊 곧 玉皇上帝를 지칭하는 것으로 道敎 주재신의 명칭이다. 고려조, 조선

름으로 자신을 설명하고 있는 것이다.

또한 인용된 「도덕가」는 서학을 비판한 내용으로, 이에 쓰인 '상제' 역시 통상적인 신을 지칭하는 말이지, 동학의 신을 지칭하는 말이 아니다. 이러한 사실들로 보아 '상제'는 동학의 신을 일컫는 고유 용어가 아님을 알 수가 있다. 따라서 이와 같은 여러 가지의 정황으로 보아 동학의 신을 지칭하는 말로는 오직 '한울님' 하나인 것을 알 수가 있다.

이러한 한울님은 이돈화가 지적한 바와 같이, '무궁한 이 울', 곧 우주적 존재를 의미하고 있다. 따라서 '지地'에 상대되는 '천天'이 아니라, 이 지地와 천天 모두를 포괄하고 있다. 그러므로 동학의 한울님은 인간의 머리 위에 높이 떠 있는 하늘이라는 초월적 공간에 있는 그런 존재가 아니다. 즉 동학의 한울님은 수운 선생이 내놓은 '시천주'가 뜻한 바와 같이 '내 안에 모셔져 있으며', 동시에 이 우주에 편만해 있다. 이는 초월의 성격과 내재의 성격을 모두 갖춘 존재라는 의미이다. 그런가 하면, 이 말은 곧 그 자리도 없고 형상도 알 수 없지만, 언제·어디서나 한울님이 작용하지 않는 곳이 없다는 뜻도 포괄한다.

또한 동학의 한울님은 수운 선생이 주문 해의에서 밝힌 바와 같이 '부'와 '모' 모두를 포괄하고 있다.[15] 즉 어느 한 성性이 아니라, 양성兩性을 구유한 존재라는 뜻이다. 전통 유신론(Theism)에서 신은 물질에 대하여 정신에, 여성에 대하여 남성에 속하는 존재였다. 이와 같은 신의

조를 거치면서 佛敎와 儒敎가 통치적 이념이었던 반면에, 道敎는 민간에 깊이 뿌리를 내렸던 종교 사상이다. 따라서 민간에서는 자신들과 친숙한 도교의 주재신인 上帝를 시공을 초월한 절대의 신으로 생각하게 되었다.

15 『東經大全』「論學文」, "主者 稱其尊而與父母同事者."

모습은 가부장적 문화의 유산으로, 역사적으로 여성들에게 억압적인 것으로 작용해 왔다.[16] 동학의 양성兩性 모두를 구유한 한울님은 지금까지 인류를 지배해 온 남성 편향의 폭력에서부터 벗어나는, 후천의 새로운 신이 아닐 수 없다. 그러므로 해월 선생은 이 '한울님'을 '천지부모天地父母'라고 부르고 있다.

따라서 동학의 한울님 신관神觀은 신이 초월적 공간에 존재한다고 믿어왔던 종래의 초월적 유일신(唯一神, monotheism) 신관과 신이 만물 속에 내재한다고 생각하고 있던 내재적 범신(汎神, pantheism)관을 동시에 극복한 것이다. 이러한 신관은 매우 초현대적인 것으로 '범재신(汎在神, panentheism)관'[17]이라고도 부른다.

이러한 동학의 '한울님'은 초월적이면서 동시에 내재적이고, 인격적이면서 모든 존재의 근원이라는 반대일치反對一致의 묘합妙合을 보이고 있다. 나아가 한울님은 무궁한 절대자이자 만물을 화생化生하는 조화造化의 주재자이면서, 아직 인간의 역사 창조에 뜻을 다 이루지 못하고 계속 인간을 통하여 새로운 창조와 진화를 거듭하고 있는 신이기도 하다. 따라서 한울님은 우주 만물을 낳으신 초월적인 존재이면서, 동시에 만물 속에 내재해 있으면서 무궁한 생성, 변화와 그 조화를 주재하고 있는 존재이다. 이러한 한울님의 조화는 자연계와 모든 생명, 그리고 우주 만유의 끊임없는 생성 변화와 그 질서를 주재하는 지공무사至公無私하며 전지전능全知全能한 힘이기도 한 것이다. 또한 이 한울님의 조화란 무위이화無爲而化로서, 어떤 작위作爲가 아니라 한울님의

---

16 김상일, 『수운과 화이트헤드』, 지식산업사, 2001, 92쪽 참조.
17 김경재, 「崔水雲의 神觀」, 『한국사상』, 12집, 한국사상연구회, 1974.

섭리에 의한 자율적 창조·진화를 하는 것이기도 하다. 즉 동학의 한울님은 만유를 주재하며, 만유와 함께 끊임없는 변화와 생성을 지속하고 있는, 그러한 신[18]이다.

그러므로 동학의 종교적 경배의 대상인 '한울님'은 어떠한 표현으로도 개념화될 수 없는, 인간 인식의 한계를 초월한 것이다. 따라서 수운 선생은 『동경대전』「논학문」가운데 주문呪文 21자를 해의解義하는 자리에서, 오직 '한울님'에 해당되는 '천天'에 대해서만 그 해의를 유보하고 있다.

그러나 인간 지식의 한계를 넘어서는 신앙의 깊은 경지에 들어가게 되면, 사람은 누구나 한울님의 감응感應을 받을 수 있게 되고, 거룩한 한울님의 뜻을 알 수 있게 된다.[19] 우주 만유는 한울님 스스로의 무궁한 조화에 의하여 그 자취로 나타난 것이며, 사람은 한울님을 몸에 모시고, 한울님의 뜻에 따라 살아가고 있기 때문이다.

이러한 한울님과 사람과의 관계를 설파한 동학의 신관은 곧 단순한 초월적 신관이나 내재적 범신관이 아닌, '초월과 내재'를 모두 포함하는, 또는 '인격성과 자연성'을 모두 포함하는 신관이며, 동시에 '사람이 한울님을 모시고 있으니, 사람이 이에 한울님'이라는, 시천주를 근간으로 하는 신관인 것이다.

---

18 김욱동, 『한국의 녹색문화』, 문예출판사, 2000, 289~290쪽.

19 이러한 예로 먼저 수운 선생이 경신년 종교 체험을 통하여 한울님과 만날 수 있었고, 또 대화를 나눌 수 있었다는 사실을 들 수가 있다. 또한 해월 선생을 비롯한 동학의 많은 지도자들 역시 이와 같은 종교적 체험을 했었다. 그런가 하면, 오늘 천도교단의 많은 수도자들이 이와 유사한 체험을 하고 있다.

3. 지기

'지기至氣'는 스물한 자로 된 동학의 주문 중 첫머리에 다음과 같이
쓰이고 있다.

지기금지 원위대강至氣今至願爲大降

이 여덟 글자를 '강령주문降靈呪文'이라고 부른다. "지금 지기至氣가
이에 이르렀으니 원하건대 대강大降이 되게 해 주십시오."라는 문맥으
로 보아, 지기는 곧 '대강'이 되게 하는 주체임을 알 수가 있다.

'대강'은 수운 선생의 해의에 의하면, '기화지원야氣化之願也'라고 되
어 있다.[20] 따라서 이 강령주문을 다시 해석하면, "지극한 기운인 지기
와 함께 기화氣化, 곧 융화일체가 되기를 원합니다."라고 해석된다. 따
라서 강령주문이란 곧 '나의 기운이 지기와 융화일체融化一體가 되기를
기원하는 글'인 것이다. 그러면 동학의 교도들이 자신의 기운과 융화
일체가 되기를 기원하는 그 지기至氣란 무엇인가? 동학 교도들이 주문
을 읽는다는 것은 곧 한울님을 지극히 위하는 것으로, 한울님의 마음
을 회복하고 나아가 '한울님의 기운을 회복하는 수행'의 하나이다. 이
러한 점으로 본다면, 지기란 곧 '한울님의 기운'이라고 할 수가 있다.

수운 선생은 이 지기至氣에 관하여 다음과 같이 해의하고 있다.

---

20 『東經大全』「論學文」, "大降者 氣化之願也."

지기라는 것은 허령이 창창하고 간섭하지 않는 것이 없으며, 명命하
지 않는 것이 없다. 그러나 형용이 있는 것 같으나 형상하기 어렵고, 들
을 수 있는 것 같으나 보기가 어려우니, 이것 역시 혼원渾元한 한 기운이
다.[21]

이 해의를 다시 풀어보면, 지기는 허령虛靈으로 창창히 이 우주에 가
득 차 있으며, 만유萬有를 간섭하고 있으며, 또한 만유에 명命을 주는
것이 된다. 즉 지기란 우주적 원기元氣로서 만물의 생명력·생성력의
근원이며 동시에 우주의 궁극적인 실재가 되는 것이다.

그러면 이 지기는 단순하게 한울님의 기운일 뿐인가? 그러면 이 지
기라는 기운을 지닌 한울님은 어디 계신가? 이와 같은 물음에 "한울님
은 이 지기를 통하여 실재하고 있다."는 것이 곧 수운 선생의 생각이
라고 본다. 따라서 한울님은 이 지기를 통하여 이 우주에 편만遍滿해
있으며 동시에 내 안에도 모셔져 있는 것이다. 지기는 다만 한울님의
기운만이 아니라, 바로 한울님의 존재 양식이기도 한 것이다. 즉 지기
와 한울님은 둘이면서 하나이고, 하나이면서 둘인 것이다.

이러한 지기와 한울님의 관계에서 보다 지기론至氣論에 중심을 두게
되면, 이것이 곧 동학의 우주론으로 발전하게 되고, 한울님에 보다 중
심을 두게 되면 동학의 신관神觀으로 발전할 수 있다.

이 지기至氣는 기왕의 기론氣論의 개념과 유사하게 보인다. 특히 우
주의 모든 활동이 기氣의 적극적 표현이라고 보는 점에서 이 둘은 매
우 유사하다. 그러나 '지기'의 '지至'는 수운 선생 스스로 해의한 바와

---

21 『東經大全』 「論學文」, "至氣者 虛靈蒼蒼 無事不涉 無事不命 然而如形而難狀 如聞而難見
是亦渾元之一氣也."

같이 '가늠할 수 없을 정도로 큰 것'[22]을 의미하므로, '지'가 관冠하고 있는 '지기'란 단순한 '기氣'와는 차별화된다. '기와 지기'의 다름에 관하여 이돈화李敦化는 '영靈이면서도 순령純靈이 아니며 순기純氣도 아닌 물심 양면을 표현할 가능성을 가진 조화의 존재'[23]라고 말하고 있다. 즉 '기氣가 물질'인데 비하여 '지기至氣는 허령虛靈'이므로, 영靈의 성격이 보다 강하다는 것이다. 지기는 기왕의 기 개념과 유사하지만, 만유萬有를 간섭하고 또 명命한다는 영적靈的인 요소가 강조되었다는 점에서 차별성을 지닌다.

그러면 지기를 바탕으로 하고 있는 동학의 우주관은 어떠한 것인가? 동학의 경전에서 우주를 나타낸 말로는 『용담유사』 「흥비가」 중에 나오는 '무궁한 이 울'이라는 것이 있다. 즉 우주란 '무궁한' 것으로 '시작과 끝을 알 수 없다'고 말하고 있다. 한편 이 우주는 한울님의 기운인 '지기'로 가득 차 있으며, 이 지기가 간섭하지 않고, 또 명命하지 않는 것이 없다고 한다. 즉 이 우주는 한울님의 지기가 그 본체를 이루며, 나아가 한울님의 지기로 이룩된 것이라고 한다.

그러므로 이 우주에 삼라만상森羅萬象이 편만해 있어도, 궁극적으로 이들 모두는 이 우주에 가득 차 있는 한울님의 지기와 유기적인 연관을 맺고 있고, 나아가 이 모두는 궁극적으로 무궁한 우주와 함께 '하나의 커다란 생명'으로 되어 있다는 것이 곧 동학의 우주관이다. 즉 이 우주를 한울님의 지기에 의한 하나의 커다란 영성의 생명체로 보고 있는 것이 동학의 우주관이다.

■

22 『東經大全』 「論學文」, "至者 極焉之爲."
23 李敦化, 『人乃天 要義』, 천도교중앙총부, 1924, 238쪽.

따라서 이 무궁한 우주, 곧 한울님의 지기에 의하여 명命을 부여받은 만유는 궁극적으로 같은 뿌리를 지닌 모두 같은 존재이다. 그러므로 동학에서는 다만 이 우주에서 인간만이 홀로 가장 존귀하다는 인간 위주의 인간 존엄주의에 머물지 않고, 경천敬天 · 경인敬人 · 경물敬物의 삼경三敬 사상을 삶의 근간으로 삼는다. 즉 우주를 하나의 커다란 생명체로 보고 있기 때문에, 이 우주에 그 근원을 둔 모든 존재는 모두 같이 존중되어야 한다는 것이다.

이러한 동학의 우주관은 인간 중심주의의 팽배로 인하여 야기되는, 오늘이라는 현대에 우리가 겪고 있는 지구적 난제難題를 슬기롭게 헤쳐나갈 수 있는 사상의 근간이 될 것으로 기대되기도 한다.

즉 동학의 우주관은 한마디로 '우주' 자체를 '하나의 커다란 생명체'로 보고 있으며, 이와 같은 하나의 생명체와 유기적인 연관을 맺고 있는 우주 만상은 궁극적으로 같은 근원에 뿌리를 둔 동포同胞라는 데에 그 핵심이 있는 것이다. 그러므로 이러한 우주 속에서 삼라만상과 더불어 '우주적 공동체'를 이루고, 나아가 우주적인 질서에 의하여 살아가고자 하는 것이 동학이 지향하는 종교적인 이상이라고 하겠다. 이 우주는 만유의 삶의 터전이며, 동시에 만유의 삶의 질서이며, 그 삶의 근원적 생명이라는 것이 동학의 우주관이라고 하겠다.

4. 동학

동학은 '동학東學'이라는 이름 때문에 당시 새로운 세력으로 등장하고 있던 '서학西學'에 대항하기 위하여 창도된 것이라고 보는 것이 일반적인 견해이다.

이러한 일반적인 견해의 형성에 가장 구체적으로 기여한 것은 수운 선생을 처형하기 위하여 당시 경상감사慶尙監司 서헌순徐憲淳이 조정에 올린 장계狀啓이다. 이 장계는 수운 선생을 취조한 것을 바탕으로 작성된 문건이다. 즉 수운 선생이 혹세무민惑世誣民의 죄명으로 대구 감영에 구금되어 취조를 받는 과정에서 "이름을 동학이라고 한 것은 동국東國의 뜻을 취한 것이다. 양학洋學은 음陰이고 동학은 양陽이다. 그런 까닭으로 양陽으로써 음陰을 제재制裁하고자 하여 항상 (주문을) 읽었다."[24]라고 진술한 것을 근거로 많은 논자들이 '동학은 서학에 대항하기 위해 부쳐진 명칭'이라고 말하고 있다.

그러나 이 문맥을 잘 살펴보면 당시 동양을 침범하던 서양의 세력을 제압하기 위하여 수운 선생이 취한 것은 열세 자로 된 동학의 주문을 읽는 것이지, 동학이라는 이름 그 자체는 아님을 알 수 있다. 즉 수운 선생은 "주문을 항상 열심히 읽는다(常誦讀)."는 동학의 종교적인 수행을 통하여 서양의 세력을 물리치려 했지, 새로이 들어오는 서학의 대칭되는 개념으로 동학이라는 이름을 명명했다는 단서를 앞의 기록에서는 결코 찾을 수가 없다.

동학에서 주문 읽기는 가장 중요한 종교적 수행의 하나이다. 동학의 주문은 주술적인 힘을 빌려 무엇을 이루는 수단이 아니라, 수운 선생의 말처럼 '한울님이라는 신을 지극히 위하는 글'[25]이다. 한울님을 지극히 위한다는 것은 곧 한울님의 뜻에 따라 사는 삶을 말하며 동양

---

24 『日省錄』 高宗 元年 二月 二十九日 庚子, "做出 爲天主顧我情永世不忘萬事宜 名之曰 東學 取東國之義 而洋學陰也 東學陽也 欲以陽制陰 常誦讀矣."

25 『東經大全』 「論學文」, "曰呪文之意 何也 曰至爲天主之字."

적 관념으로 본다면 '순천리順天理 순천명順天命'하는 것을 의미한다.

따라서 수운 선생이 서양의 침략으로부터 우리나라를 보호하고 또 서양을 제압한다는 것은 어떤 물리적인 힘으로 그렇게 한다는 것이 아니다. 이는 극히 근원적인 의미를 갖는 것으로, 순천리 순천명하는 삶을 이룩함으로써 시대적 혼란이나 서양의 침략이라는, 당시 우리 민족이 처해 있던 시대적 위기에서 벗어나고자 했음을 알 수가 있다.

위 기록에서 수운 선생은 '동학은 그 이름을 동국東國의 의義, 곧 우리나라에서 취한 것'이라고 진술하고 있다. 더구나 수운 선생은 "내가 동에서 태어났고 동에서 도를 받았으니, 비록 도는 천도이나 학은 동학이다."[26]라고 하고 있다. 즉 서학에서 말하는 천도나 자신의 천도나 결국 모두 우주를 아우르는 도로서 같은 도라는 것이다. 다만 그 천도를 궁구하는 학리적 방법인 '학學'이 서로 다르다는 것이 수운 선생의 지론이다.

이어서 수운 선생은 공자의 가르침이 비록 온 중국과 동북아 일대에 퍼져 있어도, 공자가 태어났고 또 도를 처음 편 노魯 나라와 추鄒라는 땅의 이름을 들어 그 가르침을 '추로지풍鄒魯之風'이라고 부른다는 사실을 들어, 자신이 이곳 동쪽에서 도를 받고 또 이곳에서 태어났으니, 서학이 아니라 '동학'이라고 불러야 한다고 말하고 있다.

즉 수운 선생이 천명하는 '동학'이라는 이름은 단순히 서학에 대응하는 뜻에서의 동학이 아님을 알 수가 있다. 지금까지 많은 성인들이 천도를 궁구하는 학리적 방법을 많이 내놓았는데, 그러한 방법 중 자신이 세운 학리적 방법을 자신이 도를 받고 또 태어난 지역적 성격을

---

26 『東經大全』「論學文」, "吾亦生於東受於東 道雖天道 學則東學."

따라서 '동학'이라고 이름한다는 뜻이다.

당시 동양에서는 '종교(religion)'에 해당하는 개념의 단어는 없었던 듯하다. 다만 '교敎, 학學, 도道' 등의 어휘가 그 단어의 뜻과 교차하며 쓰였을 뿐이다. 따라서 수운 선생은 '도'와 '학'을 분별하여 자신이 행하는 '도'는 이 우주를 아우르는 천도天道이지만, 이 천도를 궁구하고 또 이 천도에 이르는 학리적 방법인 '학'은 서학과는 다른 방법인 동학이라고 말한 것이다. 즉 서양적인 방법인 서학이 아닌 동방, 곧 우리의 학리적 사유와 방법에 뿌리를 둔 방법인 동학에 의하여 천도를 밝히고 궁구하겠다는 의미가 이에는 담겨 있는 것이다.

따라서 동학이라는 이름은 당시 새로운 힘으로 들어오는 서학에 영향을 받았다거나, 또는 서학에 대항한다거나 하여 붙여진 이름이 아님을 알 수가 있다. 즉 수운 선생은 당시 서학이 지닌 모순[27]을 극복하고 이에 대처할 수 있는 가르침을 세상에 제시하고, 이를 동학이라고 명명했던 것이다. 즉 '동학'은 서학에 대칭되어 명명된 이름이 아니라 동양 특히 우리나라의 학문적 전통에 근거한 학學인 동국지학東國之學ㆍ동방지학東方之學의 준말임을 알 수가 있다.

이처럼 수운 선생이 행한 가르침을 '동학'이라고 명명을 한 것은 서학과의 이항대립(binary opposition)으로서가 아니라, 당시의 각자위심各自

---

27 水雲 선생은 당시 새로운 힘으로 들어오고 있던 서학을 동양 사회를 침범하던 서양의 세력과 동일하게 인식하고 있었다. 따라서 서양은 "天主의 뜻이라고 하고 富貴를 취하지 않는다고 하며 천하를 공격하여 예배당을 세우고 또 도를 행한다고 한다.(以爲天主之意 不取富貴 攻取天下立其堂 行其道,「논학문」)"라는 사실을 들어 그 첫 번째 당시 서학이 지닌 모순을 지적했고, "서학의 가르침은 도무지 한울님 위하는 단서가 없고 다만 제 몸만을 위하여 빌고, 그러므로 몸에는 氣化의 가르침이 없고, 學에는 천주의 가르침이 없다.(頓無爲天主之端 只祝自爲身之謀 身無氣化之神 學無天主之敎,「논학문」)"는 점을 들어 두 번째로 그 모순을 지적하고 있다.

爲心의 세태에서 살아갈 방향을 모르는 세상 사람들에게 새로운 삶의 질서를 제시한 가르침의 명명이라고 하겠다. 즉 우주적 차원에서 삶의 가치를 논하고, 천도天道를 논하고, 이에 상응할 수 있는 가르침을 수운 선생은 '동학'이라고 명명했던 것이다.

따라서 이러한 동학의 가르침은 서양의 세력이 동양을 침략해 오던 19세기 중엽이나 그 침략이 노골화되었던 20세기 초엽은 물론이고 서양의 이성 중심주의로 인한 폐해가 심각하게 번지고 있는 오늘이라는, 이 포스트 모던 시대에 있어서도 매우 유효한 가르침이 될 수 있는 것이다.

5. 시천주

수운 선생이 경신년 4월 5일 결정적인 종교 체험을 통해 가장 먼저 한울님이라는 절대의 신에게서 받은 것은, 오심즉여심吾心卽汝心이라는 심법心法이다.[28] 즉 '나의 마음이 곧 너의 마음'이라는 오심즉여심의 심법을 통해 한울님이 바로 내 안에 모셔져 있다는 사실을 깨닫게 되고, 나아가 이 '내 안에 모셔져 있다'는 '시천주侍天主'를 자신의 가장 핵심적인 종교 사상으로 삼게 된다.

다음과 같은 『용담유사』의 구절도 이를 잘 나타내 주고 있다.

해음없는 이것들아 날로 믿고 그러하냐

---

28 『東經大全』, 「論學文」, "身多戰寒 外有接靈之氣 內有降話之敎 視之不見 聽之不聞 心尙怪訝 修心正氣而問曰 何爲若然也 曰吾心卽汝心也."

> 나는 도시 믿지 말고 한울님만 믿었어라
>
> 네 몸에 모셨으니 사근취원捨近取遠 하단말가(「교훈가」)

이는 수운 선생이 교도에게 한울님이 어디에 계시며, 어떻게 한울님을 공경해야 하는가를 가르치기 위하여 부른 노래의 한 부분이다. 이 중 '네 몸에 모셨으니'라는 부분이 바로 수운 선생이 천명했던, 동학의 핵심 사상이 되는 '시천주'를 뜻하는 부분이 된다. 수운 선생은 인간은 누구나 한울님을 모시고 있기 때문에 인간을 떠나서 한울님을 생각할 수 없으며, 한울님의 뜻도 인간을 통해서만이 구현될 수 있다는 것이다. 다음과 같은, 수운 선생과 한울님 사이에 오간 문답은 바로 이러한 생각을 뒷받침해 주는 사례이다.

> 그 까닭을 물으니 대답하시기를 "내 또한 공이 없으므로 너를 세상에 내어 사람들에게 이 법을 가르치게 하니 의심하지 말고 의심하지 말라."[29]

한울님이라는 절대의 신 역시 자신의 뜻을 수운 선생이라는 사람을 통하여 세상에 펴려 한다고 말하고 있다. 이렇듯 수운 선생이 깨달은 한울님은 사람을 통하여 자신의 뜻을 세상에 펼 수 있으며, 인간 역시 자신의 내면에서 한울님과의 합일적 경지에 이르러야 진정으로 한울님의 의지를 실현할 수가 있는 것이다.[30] 이를 달리 표현하면, 인간의

■

29 『東經大全』「布德文」, "問其所然 曰余亦無功 故生汝世間 敎人此法 勿疑勿疑."
30 최동희・이경원, 『새로 쓰는 동학』, 집문당, 2003, 86쪽.

마음 속에 주체적으로 신을 모시고 있다는 의미가 된다. 이러한 신과 사람과의 관계를 수운 선생은 '시천주'라는 말로 세상에 천명하였던 것이다.

시천주를 바꾸어 말하면 천인여일관天人如一觀이 된다. 즉 한울님이라는 절대의 신은 이 세상과 다른 초월적인 공간에 존재하는 것이 아니라, 우리의 안에서 우리에게 계시를 주고 있다는 말이다. 이러한 동학의 시천주를 보다 분명히 구명하기 위해서는 '시侍'에 대한 엄밀한 규명이 필요하다.

'시천주'라는 용어가 등장하는 곳은 『동경대전』의 「주문」과 「논학문」이다. 특히 이 '시천주'는 수운 선생이 주문 스물한 자를 해의解義하는 「논학문」에서 상세하게 설명하고 있다.

수운 선생은 주문 스물한 자를 해의하면서, '천天'에 관해서는 해석을 하지 않았다. 그러면서 '시侍'와 '주主'를 한 자 한 자 풀이를 하고 있다.

우선 '시천주'라는 용어는 '시侍＋천天＋주主'의 개념들이 합성된 개념어다. 동학이 지닌 독특한 '천' 관념, 즉 기존의 천天과 더불어 지地의 개념까지 포괄하는 '우주적 개념'인 천天에 '주'의 의미를 첨가하므로 성리학적인 이법천理法天에서 영적靈的이며 나아가 인격적인 면까지 지닌 '천주'로 발전시키는 동시에, 이 천주를 '시', 즉 내 몸에 모신다는 규범에까지 이끌고 있는 개념어이다.

이어 수운 선생은 이 '시'에 대하여, "시라는 것은 안에 신령이 있고(內有神靈), 밖으로는 기화가 있어서(外有氣化), 온 세상의 사람이 각각 옮기지 못할 것을 아는 것(各知不移)"[31]이라고 설명하고 있다. 즉 '한울님을 모셨다'는 '시'의 상태란, 안으로는 신령스러운 영靈이 있음을 깨달으며, 밖으로는 어떠한 신비한 기운과 동화일체同化一體가 되므로, 이러한 자각의 상태를 깨닫고 또 이 마음을 옮기지 않는 것이라는 뜻이된다.

이러한 수운 선생의 '시'에 대한 해석은, '시'라는 '모심'의 주체를 '안과 밖'으로 나누어 설명을 하고 이어 이 '안과 밖'이라는, 이원적 구조를 지닌 듯한 모심의 주체를 '온 세상 사람들이 각기 깨달아 옮기지 않는다(各知不移)'는 말로서 다시 종합적으로 묶어 놓고 있다.

안으로 느껴지는 '신령스러운 영'이란 무엇인가? 이는 다름 아니라 '나'의 주체이며 동시에 한울님의 마음이 된다. 그러면 밖으로 느껴지는 '신비한 기운과의 동화同化'란 무엇인가? 이는 곧 나의 기운이 한울님의 기운과 서로 일치함으로써 일어나는 작용이 된다. 따라서 이는 안으로 느껴지는 신령스러운 영인 신령의 작용인 것이다. 즉 안으로는 신령이 자리하게 되고, 밖으로는 이 신령과의 동화 작용이 일어나고 있다는 말이 된다. 따라서 안과 밖이 둘로 나뉘는 것이 아니라, 서로 일치를 이루는 것이다.

즉 '신령'은 '기화'를 통하여 활동하게 되고, 이러한 '기화'로 이룩되는 '신령'의 활동을 각기 깨달아 옮기지 않고, 이를 삶 속에서 실천하는 것을 '각지불이'라고 설명하고 있는 것이다. 따라서 '시'란 신령이라는 한울님 마음을 지니고, 기화라는 한울님의 실천적 삶을, 각지불이를 통하여 옮기지 않고 살아가는 것을 의미한다.

■
31 『東經大全』, 「論學文」, "內有神靈 外有氣化 一世之人 各知不移."

이와 같은 면에서 본다면, 시천주侍天主란 내 안에 자리한 참 주체인 영靈의 목소리에 귀 기울여 한치도 그 뜻에 어긋남이 없이[32] 살아가는 것이라고 하겠다.

이를 보다 확대하여 해석하면, '안에 신령이 있다는 것'은 한울님 모심을 깨달음으로 해서 본성을 회복하는 것을 뜻하는 것이요, '밖에 기화가 있다는 것'은 한울님 기운과 나의 기운이 융화일체됨을 의미한다. 또한 안으로 한울님 본성을 깨달음으로 해서 자신이 우주의 중심에 서 있음을 자각하는 것이요, 밖으로는 한울님 기운과 융화일체를 이룸으로써 자신이 무궁한 우주와 서로 같은 기운으로 연결되어 있음을 자각하는 순간이기도 하다. 즉 시천주의 시侍의 순간이란 안과 밖으로 한울님 본성과 기운을 동시에 깨닫고 느끼므로, 자신이 단순한 하나의 개체가 아니라 우주라는 전체와 동일한 기운으로 관통되어 있음을 깨닫는 것을 말한다.

또한 이러한 시에 대한 수운 선생 스스로의 해석을, 해월 선생은 '안에 신령이 있다 함은 처음 세상에 태어날 때의 어린이 마음을 말하는 것이요, 밖에 기화氣化가 있다 함은 포태胞胎할 때에 이치 기운理致氣運이 바탕에 의하여 체體를 이루는 것'[33]이라고, 다시 설명하고 있다. 이러한 수운 선생과 해월 선생의 해석을 바탕으로 '시'의 의미를 재구성해 보면, '내 안에 한울님을 모셨다'는 것은 안으로는 처음 태어난 아기의 마음과 같은 순수한 마음, 곧 한울님으로부터 품부稟賦 받은, 한울님의 마음을 지니게 된다는 말이다. 또 '밖으로 기화가 있다'는 말은

---

32 吳文煥, 「水雲 崔濟愚의 人間觀」, 『동학연구』 4집, 1999, 162쪽.

33 『海月神師法說』 「靈符 呪文」, "內有神靈者 落地初 赤子之心也 外有氣化者 胞胎時 理氣應質而成體也."

어머니의 자궁子宮에서 처음 생명이 형성될 때, 즉 지금까지는 우주의
품속에 있었던 무형의 생명이 인간이라는 유형의 생명으로 바뀌는 그
순간, 그러므로 이렇듯 형성된 유형의 생명체가 우주의 기운과 접하
게 되는 신비함을 체득하는 바로 그 순간[34]을 말하는 것이다. 다시 이
야기해서, '신령한 한울님의 영靈과 신령한 한울님의 기운'을 안과 밖
에서 동시에 만나게 되므로 무형無形의 생명이 인간人間이라는 유형有
形의 생명체生命體로 바뀌는 순간, 곧 포태의 순간을 해월 선생은 '시侍'
라고 말하고 있는 것이다.

'시'에 대하여 수운 선생은 '일세지인一世之人 각지불이各知不移'라고
해의하고 있다. 즉 '온 세상의 사람이 각기 깨달아 옮기지 않는 것'이
라는 의미이다. 이는 수행과 수련을 통하여 회복한 한울님의 마음과
기운을 깨닫고 이를 조금도 변하지 않고 실행하고 실천하는 것이다.
또 이는 한울님 마음과 기운을 지키며 살아가는 '영적 삶'이며, 동시에
분열시키고 가로막는 모든 요인과의 투쟁을 뜻하기도 한다. 즉 '각지
불이'의 '지'는 '깨달음'의 의미이고, '불이'는 곧 '조금도 변함 없이 꿋
꿋이 실천함'[35]의 의미를 지니고 있기 때문이다.

이와 같은 견해에서 본다면 '시'는 단순히 모신다는 의미를 넘어서,
사람이 처음 포태될 때 품부 받은 한울님의 마음과 기운을 다시 회복

---

34 無形의 생명이 有形의 생명으로 바뀌며, 우주의 기운과 만나게 되는 그 순간 느끼게 되는
  상태를 수운 선생은 「布德文」과 「論學文」에서 '뜻밖에도 4월에 마음이 선뜩해지고 몸이
  떨려서(不意四月 心寒身戰)' 또는 '몸이 몹시 춥고 떨리면서, 밖으로는 接靈하는 기운이
  있고(身多戰寒 外有接靈之氣)' 등으로 표현하고 있다.

35 김지하는 이와 같은 '不移'의 의미를 보다 확대 해석하여, 인위적인 착취·약탈·파괴·
  오염·멸종 등과 같은 비본질적이며 반생명적인 세력, 조직, 사상, 경향, 생활과의 투쟁
  이며, 이와 같은 모든 인간의 생명 파괴와 맞서 있는 것이라고 말하고 있다.(김지하, 『동학
  이야기』, 솔, 25~28쪽)

하고 삶의 현장에서 그대로 행하고 실천하는 것을 의미하는 것이다. 또 한울님 마음과 기운을 회복함으로써, 자기 자신이 단순한 하나의 고립된 개체가 아니라 우주와 관통하는 존재임을 깨닫는 것을 의미하는 것이다.

한울님 마음을 회복하지 못하고, 따라서 한울님 모심을 깨닫지 못했을 때는 한 유한 존재로서 살아가는 것이지만, 한울님 마음을 회복하고 무궁한 한울님 모셨음을 깨닫게 되면, 이내 자신이 모신 무궁한 한울님과 더불어 스스로 무궁한 존재임을 깨닫게 되는 것이다.

무형의 생명이 신령한 한울님의 영과 신령한 한울님의 기운을 받아 포태가 되는 순간은 곧 '선천적인 시侍'라고 말할 수 있다. 즉 모든 생명체는 본원적으로 한울님의 영과 기운에 의하여 생성되는 것이라는 말이 된다. 그러나 사회적인 환경과 생활 속에서 이러한 신령한 영과 기운을 잃어버리고, 각자위심各自爲心의 마음으로 살아가는 것이 일반적인 사람의 삶이기도 하다. 그런데 지극한 수련을 통하여 다시 처음 포태가 될 때의 그 영과 기운을 회복함으로써, 지금까지 자신을 덮고 있던 유형적인 육신의 삶을 벗어나 한울님의 본원적인 영과 혼원渾元한 기운을 회복하게 되는데 바로 이것이 '시'의 순간이며, 곧 '후천의 시侍'가 되는 것이다.

아울러 이러한 '후천의 시侍'를 통해서만이 자신의 진아眞我이며, 또한 우주의 본체인 한울님을 자신 안에서 회복할 수가 있다. 이런 점에서 수운 선생은 이 '시천주'로 자신의 가장 핵심적인 사상을 삼은 것이 아닌가 생각된다. 또한 훗날 수운 선생과 해월 선생의 뒤를 이은 의암義菴 선생에 의하여 천명되는 '이신환성以身換性', 곧 "육신을 성품으로 바꾸라."는 설법 역시 이러한 시천주에 그 근원을 둔 가르침이라고

하겠다.[36]

　이와 같은 시천주는 곧 무궁한 존재인 한울님을 내 안에 모셨다는 뜻이므로, 궁극적으로 무한한 우주와 더불어 '무궁한 나'[37]가 될 수 있는, 그러한 '동학의 인간관'[38]을 이루는 근간이 된다. 또한 우주는 곧 모든 생명체와 유기적인 연관을 맺고 있는 커다란 하나의 생명체라는 '동학의 우주관'을 이루는 근간이기도 하다. 나아가 이 시천주로부터, 이 우주의 근원적인 섭리가 곧 신의 작용이며, 동시에 신의 면모라는 '동학의 신관神觀'을 확립하게 된다.

　아울러 수운 선생은 이러한 시천주를 통하여 대사회적對社會的인 면에서는, 인간은 누구나 본질적으로 평등하다는 인간 평등주의를 암암리에 암시하기도 한다. 즉 당시 사회적으로 신분이 천한 사람이나 존귀한 사람이나, 양반이나 천민이나를 막론하고, 모두 본원적으로 그 안에 한울님이라는 무궁한 존재를 모시고 있으므로 세상의 모든 사람은 평등하다는 것이다. 즉 '시천주'라는 수운 선생의 가르침에는 본원적인 평등 사상이 깃들어 있는 것이다.

　이러한 '시천주'와 동학이 표방하는 '평등 사상'의 관계를 살펴보기 위해서는 먼저 수운 선생이 밝히고 있는 인간 출생의 문제를 살펴볼 필요가 있다. 『용담유사』에서 이러한 인간 출생의 문제들을 다룬 부분들을 발견할 수 있다. 인간은 그 출생에 있어서, 한울님의 본원적 질서에 따라 화생化生한다는 것이 바로 수운 선생의 생각이다.

■

36 『義菴聖師法說』「以身換性說」.

37 『龍潭遺詞』「興比歌」, "무궁한 이 울 속에 무궁한 내 아닌가."

38 尹錫山, 「용담유사에 나타난 수운의 인간관」, 『한국학논집』 5집, 한양대, 1981 참조.

나도 또한 한울님께 명복命福 받아 출세하니

자아시自兒時 지낸 일을 역력히 헤어보니

첩첩히 험한 일을 당코나니 고생일네(「안심가」)

장평갱졸長平坑卒 많은 사람 한울님을 우러러서

조화 중에 생겼으니(「권학가」)

  수운 선생 자신도 그 출생에 있어 한울님께 명복을 받아 이 세상에 태어났으며, 세상의 모든 사람들도 만물과 마찬가지로 한울님의 조화 중에 생겨난 것이라고 말하고 있다. 그런가 하면, 이러한 한울님의 조화에 의해서 화생化生된 백천만물百千萬物 중에서 가장 존귀한 존재가 바로 인간이라고, 그 가르침을 펴고 있다.

대저 생령生靈 초목군생草木群生 사생재천死生在天 아닐런가

하물며 만물지간 유인惟人이 최령最靈일세(「안심가」)

천지유양 시판始判 후에 백천만물百千萬物 화化해 나서

지우자至愚者 금수요 최령자最靈者 사람이라(「도덕가」)

  이와 같은 견해는 『동경대전』에도 마찬가지로 나타나고 있다.

  음양이 서로 고루어 백천만물이 그 속에 화해 나지마는, 사람이 가장

신령한 것이니라.[39]

여기서 수운 선생은 음양이 서로 고르게 되어, 만물과 인간이 화생한다는 동양적 철학에 기초한 인간 본연에 대한 견해를 보이고 있다. 그러나 보다 면밀하게 살펴보면, 다만 인간을 만물 중에서 가장 존귀한 존재로 보았을 뿐만 아니라, 「흥비가」에서 노래한 바와 같이 '무궁한 우주와 더불어 무궁한 존재'로 보고 있다. 즉 수운 선생은 우주적 존재인 한울님의 무궁성뿐만 아니라, 인간의 무궁성 역시 깨닫고, 이로써 동학의 인간관을 삼고 있다.

'무궁한 존재'로서 인간을 본 것은 전대의 어느 성인聖人도 천명하지 못한, 수운 선생의 독자적인 생각임에는 틀림없다. 바로 이러한 점이 수운 선생이 천명한 가장 탁월한 인간관의 하나이기도 하다.

그러면 수운 선생은 어떠한 면에서 인간을 무궁한 존재로 보고 있는가? 이는 인간 모두가 내 안에 한울님을 모셨다는 시천주 사상을 그 바탕으로 한 것이기 때문이다. 즉 무궁한 존재인 한울님을 내 안에 모시고 있기(侍天主) 때문에 그 인간 존재 역시 무궁한 것이라는 말이다. '무궁성'은 바로 이렇듯 초월성과 보편성 모두를 동시에 겨냥하고 있는 것이다.[40]

그런가 하면, 어느 특정한 사람이 아닌, 빈부貧富나 귀천貴賤의 구분 없이 세상 사람이면 누구나 내 안에 한울님을 모시고 있다고 말하고 있다. 인간은 누구나 본질적으로 평등하다는 인간주의가 그 안에는

■

39 『東經大全』 「論學文」, "陰陽相均 雖百千萬物 化出於其中 獨惟人 最靈者也."
40 문명숙, 「동학·생명·인간」, 『동학학보』 1집, 2000, 187쪽 참조.

내재되어 있다. 이와 같은 인간관은 신분과 제도로 반상班常의 구분을 짓고, 귀천貴賤의 차별이 분명했던 봉건 사회를 뛰어넘는, 현대적 이념에 입각한 인간관이라 하겠다.

　수운 선생은 그의 가르침을 통하여, 당시 억압된 민중에게 "모든 인간은 무궁한 존재로서 평등하며, 또 평등해야 한다."는, 새로운 자각을 불어넣어 주는 동시에, 당시 겪고 있는 시대적 위기를 극복할 수 있는 힘이 다른 어느 곳에 있는 것이 아니라, 민중 자신에 있음을 일깨워 주고 있는 것이다.

　그러므로 이와 같은 만인 평등의 사상적 가르침은 당시 빈천貧賤의 삶에서 위기를 겪고 있는 많은 사람들에게 새로운 희망이 될 수 있었으며, 특히 수운 선생 스스로 빈천을 면치 못하는 신분이었다는 점이 더욱 강하게 파급될 수 있는 배경이 되기도 하였다.

　그런가 하면, 지금은 비록 많은 민중이 빈천을 면치 못하고 있지만, 오는 시절에는 좋은 삶을 맞이하게 되고, 나아가 그 시대의 주역이 될 것이라는 희망을 불어넣어 주게 된다. 다음의 『용담유사』의 구절에서 이런 면을 확인할 수가 있다.

　　　　부귀자는 공경公卿이오 빈천자는 백성이라

　　　　우리 또한 빈천자貧賤者로 초야에 자라나서

　　　　유의유식裕衣裕食 귀공자는 앙망불급仰望不及 아닐런가

　　　　복록福祿은 다 버리고 구설앙화口舌殃禍 무섭더라

　　　　졸부귀猝富貴 불상不祥이라 만고유전萬古遺傳 아닐런가

　　　　공부자孔夫子 하신 말씀 안빈낙도安貧樂道 내 아닌가

　　　　우리라 무슨 팔자 고진감래苦盡甘來 없을소냐

홍진비래興盡悲來 무섭더라 한탄 말고 지내보세(「안심가」)

　지금은 비록 빈천자로 세월을 보내고 있지만, 고진감래의 기쁨이 있을 것이라는 말이다. 그리고 그것은 아무런 소신 없이 막연히 그렇게 된다기보다는, 동양적 순환의 원리에 의해서, 즉 무왕불복無往不復하는 천운에 의해서 된다고 말하고 있다. 다음과 같은 구절을 보기로 하자.

> 천생만민天生萬民 하였으니 필수지직必受之職할 것이오
> 명내내천命乃在天하였으니 죽을 염려 왜 있으며
> 한울님이 사람 낼 때 녹祿 없이는 아니 내네
> 우리라 무슨 팔자 그다지 기험할꼬
> 부하고 귀한 사람 이전 시절 빈천이오
> 빈하고 천한 사람 오는 시절 부귀로세
> 천운이 순환하사 무왕불복無往不復 하시나니(「교훈가」)

　이와 같은 내용은 어느 의미에서, 존천尊賤의 신분이 뚜렷한 봉건 사회로 볼 때에는, 하나의 반역이며 또 혁명적인 사고일 수 있다. 그러나 일반 민중의 입장에서 볼 때 이는 오히려 새로운 희망의 계기가 된다. 그런가 하면, 민중들이 스스로 새로운 시대의 주역으로 등장할 수 있다는 믿음의 발판이 되기도 한다.
　그러면 수운 선생은 어떤 관점에서 이런 믿음을 일반 대중에게 주고 있는가? 이는 바로 당시 시대적인 위기를 극복할 주역은 다름 아니라 수운 선생 자신을 포함한 일반 민중이라는 신념에서부터 비롯된다. 다시 말해서, 정치적으로 타락하고 또, '군불군 신불신 부불부 자부자君不君 臣不臣 父不父 子不子'(「몽중노소문답가」)한 윤리적인 타락 때문에 '효박淆薄한 세상'이 되었으므로, 이러한 타락상을 제거하고 새로운 세상이 대두되기 위해서는 민중이 새롭게 눈을 뜨고, 이들이 지닌 역량이 발휘되어야 한다는 것이 바로 수운 선생의 신념인 것이다. 아울러 시대적 위기를 극복하고 나라를 보존할 사람은 당시 부귀를 누리는 집권층이 아니라, 나를 비롯한 빈천한 민중이라는 것이 수운 선생이 지닌 신념이기도 하다.

> 한울님이 내 몸 내서 아국운수我國運數 보전하네
> 그 말 저 말 듣지 말고 거룩한 내 집 부녀
> 근심 말고 안심하소(「안심가」)

인용된 『용담유사』의 부분과 같이, 천운天運에 의해서 민중의 시대가 돌아왔음을, 그러므로 민중들이 새로운 역량을 발휘하기를, '거룩한 내 집 부녀'(「안심가」)로, 또는 '기장奇壯한 내 집 부녀', '왈이자질曰爾子姪 아이들'(「교훈가」)로 상징되는 당시의 억압받는 빈천한 일반 민중에게 그 가르침을 통해 촉구하고 있는 것이다.

이와 같은 면이 당시 봉건 사회를 뛰어넘는 동학사상의 민중 지향적 모습이며, 아울러 이와 같은 동학의 가르침은 후일 갑오 동학혁명이 동학 교도라는 민중에 의해서 주도될 수 있었던 직접적인 근거가 되기도 했던 것이다.

이렇듯 당시 수운 선생이 지니고 있던 민중 지향적인 의식은 곧 본원적인 평등주의에 의한 것이며, 이는 곧 수운 선생이 자신의 가장 중요한 종교 사상으로 천명한 '시천주'에 근거한 것이라고 하겠다.

그러나 '시천주'의 평등주의는 단순한 근대적인 평등주의가 아니라, 인간의 마음에 모시고 있는 한울님의 마음을 회복함으로 해서 이룩하는 만인 평등이기 때문에, 그 '평등'의 가치나 의미의 차원이 다르다고 하겠다. 즉 '내 마음이 네 마음(吾心卽汝心)'이라는, 보편적 존재인 신과 상대적 존재인 인간이 하나로 이해되는 경지에서, 무한과 유한, 절대와 상대, 보편과 특수가 하나로 관통되어 이루는 평등이기 때문이다.[41]

따라서 이러한 '오심즉여심'과 '시천주'를 근거로 동학이 지향하는 사회, 세상은 본성을 회복하고 또 이를 실천하여 실현시키는 사회, 그러므로 세상의 사람들 모두가 인간의 본래적 공공성을 지킬 수 있는 사회를 의미하는 것이다. 또 이와 같은 '시천주'의 평등주의는 다만 봉건 사회에서 근대로 이행되는 과정에서 요구되고 나타나는 평등 사상만은 아니다. 현대라는 오늘 인류가 겪고 있는 불균형의 삶을 벗어나, 새로운 삶의 질서로 개벽된 사회를 이룩하는 데에도 역시 절실하게 요구되는 탈근대적 평등 사상이라고 할 수 있을 것이다.

6. 정성 · 공경 · 믿음

수운 선생이 자신의 교도들에게 가장 많이 강조한 것은 정심수도正心修道이다. 신유년 겨울 관의 지목을 피하여 전라도 남원 땅으로 가면

---

41 오문환, 『동학의 정치철학』, 모시는사람들, 2003, 294쪽 참조.

서 지은 것으로 추정되는 「권학가」를 비롯해 대부분의 가사에는 '정심
수도하여 춘삼월 호시절'을 맞이해야 함이 강조되어 있다.

이러한 정심수도에 중요한 덕목으로 등장하는 것이 다름 아닌 성·
경·신 세 글자이다. 즉 성·경·신은 동학 수도 연성과 생활의 자세
로 강조되는 덕목이다. 이러한 성·경·신이 가장 강조된 곳은 「좌잠
座箴」에서이다.

우리 도는 넓고도 간략하니 많은 말을 할 것이 아니라,

별로 다른 도리가 없고 다만 성·경·신 석 자이니라.

吾道博而約 不用多言義 別無他道理 誠敬信三字.

수운 선생 스스로 자신의 도는 넓고도 간략한 것이며, 오직 성誠·
경敬·신信 세 덕목의 실천에 모든 것이 담겨 있다고 언명하고 있다.

이 시 「좌잠座箴」은 그 제목이 시사하는 바와 같이, 수련하는 사람이
'좌우명座右銘'으로 삼아야 하는 '잠언箴言'과 같은 시이다.[42] 특히 이 시
는 수운 선생의 수제자 중의 한 사람이었던 강수姜洙가 수도의 절차를
물을 때, 그 답으로 써 준 시이다.[43] 이러한 여러 사정으로 보아 수운
선생은 이 성·경·신을 동학의 수련을 하는 데에 있어 가장 필요한
덕목으로 보았음을 알 수가 있다.

본래 성과 경은 유학의 중요한 덕목이다. 유학에서 '성'은 천도와 인
성의 관계에서 설명되는 개념이다. 『중용中庸』에 "성은 하늘의 도道이

---

42 尹錫山, 「동경대전의 체제와 내용」, 『註解 東經大全』, 동학사, 1996, 316쪽.
43 『道源記書』, "四月盈德人姜洙 來問于道修之節次 先生曰 只在信敬誠三字云云."

고, 성을 행하는 것은 사람의 도이다."[44]라고 말하고 있다. 더구나 이에 대한 주자朱子의 주석은 "성은 진실되어 망령됨이 없는 것으로, 천리의 본연이며 이 성을 행하는 것은 진실되어 망령됨이 없고자 하는 것으로 사람이 당연히 해야 할 일"[45]이라고 언명하고 있다. 즉 '성'은 천리의 본연이기 때문에 도덕적인 수양을 통해 회복해야 하는 본성이라는 설명이다. 이러한 성誠에 비하여 경敬은 인사의 근본이며,[46] 천도인 성에 이르는 길이라고 보고 있다.

그러나 수운 선생이 자신의 도에 이르는 덕목으로서 이야기하고 있는 '성과 경'은 이러한 유교적 '성·경'과는 다른 것으로, 신앙적 자세로서의 그것이다. 즉 깨달음에 이르기 위한 수련자, 또는 신앙인이 견지하고 또 지켜야 할 덕목인 '정성(誠)', 그리고 '공경(敬)'인 것이다. 수운 선생은 이러한 '정성과 공경'을 「팔절八節」에서 보다 구체적으로 설명을 하고 있다.

> 한울님에 대한 나의 정성이 어느 만큼 이르렀는지 알지 못하거든
> 내 마음을 잃어버리지 않았나를 헤아리리라.
> 不知誠之所致 數吾心之不失(「전팔절前八節」)

> 한울님에 대한 나의 정성이 어느 만큼 이르렀는지 알지 못하거든
> 이에 스스로 자신의 게으름을 알아야 한다.

---

44 『中庸』二十章, "誠者天之道也 誠之者 人之道也."
45 『中庸』二十章 朱子註, "誠者 眞實無妄之謂也 天理之本然也 誠之者 未能眞實無妄而欲其 眞實無妄之謂 人事之當然."
46 『二程遺書』卷一, "誠者 天之道 敬者 人事之本 敬則誠."

不知誠之所致 是自知而自怠(「후팔절後八節」)

즉 수도자가 '정성(誠)'을 견지하기 위해서는 "마음을 잃지 말아야
하며, 스스로 게을러지지 않도록 노력을 해야 한다."는 것이다. 그러
므로 해월 선생은 이 '정성'에 관하여 "순일純一한 것을 정성이라 이르
고, 쉬지 않는 것을 정성이라 이른다."[47]라고 말하고 있다. '오직 한 마
음으로 쉬지 않고 마음을 다하는 것'이 바로 '정성'이라는 덕목이 되고
있다는 말이다. 그러므로 깨달음에 이르는 길은 "다만 구하는 데에 있
는 것이 아니라, 정성을 드리는 데에 있다."[48]고 말하고 있다.

그러나 수운 선생이 말하는 수도자가 견지해야 할 '정성'은 다만 쉬
지 않고 마음을 다하는 것만은 아니다. 먼저 마음을 바르게 하고,[49] 그
바른 마음을 순일하게 하여 쉬지 않는 것이 '정성'이라는 것이다. 다시
말해 정성은 곧 자기 자신에 대한 성실함과도 통하는 것이기도 하다.

또한 '경敬' 역시 한울님에 대한 공경이 그 주가 된다. 따라서 '공경'
역시 신앙적 자세를 견지하기 위한 덕목이 된다. '정성'과 마찬가지로
수운 선생은 이 '공경'에 관해서도 「팔절」의 한 덕목으로 설명을 하고
있다.

한울님에 대한 나의 공경함이 어느 만큼인지 알지 못하거든
잠시라도 한울님 모앙하는 마음을 늦추지 마라.

■

47 『海月神師法說』「誠·敬·信」, "純一之謂誠 無息之謂誠 使此純一無息之誠 與天地 同度同
運則 方可謂之大聖大人也."
48 『東經大全』「歎道儒心急」, "在誠不在於求."
49 『東經大全』「歎道儒心急」, "非徒心至 惟在正心."

不知敬之所爲 暫不弛於慕仰(「전팔절前八節」)

한울님에 대한 나의 공경함이 어느 만큼인지 알지 못하거든
내 마음이 거스르고 몽매함을 두려워 하라.

不知敬之所爲 恐吾心之寤昧(「후팔절後八節」)

즉 '공경'의 근원이 되는 것은 '한울님을 사모하고 우러르는 태도'이
며, 그러므로 마음에 거스르고 몽매함이 없도록 해야 한다는 것이다.
따라서 '정성'이 오직 한울님을 향한 변함 없는 마음을 가리킨다면,
'공경'은 한울님을 외경하고 공경하는 태도를 가리킨다.[50] 그러나 '공
경' 또한 오직 한울님에 대한 공경만을 뜻하는 것은 아니다. 사람도 한
울님을 모신 존재이기 때문에 한울님이요, 만물 역시 모두 한울님 모
시지 않음이 없으니, 이 역시 한울님과 같이 공경해야 한다는 것이 곧
시천주 사상에 의한 공경의 태도인 것이다.

그러므로 시천주의 가르침을 이어 받은 해월 선생 역시 "사람마다
마음을 공경하면, 기혈이 크게 화하고, 사람마다 사람을 공경하면 많
은 사람이 와서 모이고, 사람마다 만물을 공경하면 만물이 거동하여
오나니, 거룩하도다 공경함이여!"[51]라고 말하고, 한울님을 비롯한 사
람이나 사물 역시 공경해야 함을 강조하고 있다. 이와 같은 해월 선생
의 '공경'에 관한 생각은 훗날 '삼경 사상'을 이룩하는 바탕이 되기도
한다. 즉 수운 선생이 수도자의 올바른 태도로 제시한 '경'은 오늘이라

---

50 최동희·이경원, 앞의 책, 98쪽.
51 『海月神師法說』「誠敬信」, "人人敬心則 氣血泰和 人人敬人則 萬民來會 人人敬物則 萬相
來儀 偉哉 敬之敬之也夫."

는 현대에 이르러 지난至難한 문제로 떠오르고 있는 환경의 문제에 대한 중요한 대안의 사상적 근거가 되고 있는 '경천敬天, 경인敬人, 경물敬物'이라는 삼경 사상으로 전개되고 있는 것이다.

'성·경'과 함께 또 수운 선생은 신信을 강조하고 있다. "믿을 신자信字는 '사람의 말'을 의미하며, 사람의 말 가운데는 옳고 그름이 있는데, 그 중에서 옳은 것은 취하고 그른 말은 버리어 거듭 생각하여 마음을 정하는 것"[52]이라고 말하고 있다. 즉 옳고 그름을 잘 판단하고 또 재삼 생각하여 굳건한 심주心柱를 세우는 것이 바로 믿음(信)이 된다는 뜻이다.

그런가 하면, 이렇듯 굳건한 믿음의 심주를 세운 이후에야 정성을 이룰 수 있다[53]고 말한다. 이로 보아, 믿음이 곧 정성이나 공경의 바탕이 되고 있음을 알 수가 있다. 따라서 수운 선생은 "먼저 믿고 뒤에 정성을 드리라."[54]고 말함으로써, '믿음'이 '정성'에 우선함을 가르치고 있다. 즉 먼저 믿는 마음이 있을 때에 비로소 마음을 다하는 정성이 나올 수 있는 것이요, 또 참된 공경의 태도가 될 수 있다는 것이다.

그러므로 수운 선생은 「도수사」에서 '대저 세상 인도人道 중에 믿을 신자信字'가 으뜸으로 필요한 것이라고 말하고 있다. 또한 해월 선생역시 오행五行에서 토土가 없으면 목이나 금·수·화 등이 성립되지 못하듯이, 오상五常에 있어서도 믿을 신信이 없으면 인의예지仁義禮智가 행하여지지 않는다고 말하고 있다.[55]

■

52 『東經大全』「修德文」, "以信爲幻 人而言之 言之其中 曰可曰否 取可退否 再思心定 定之後 言 不信曰信."

53 『東經大全』「修德文」, "……定之後言 不信曰信 如斯修之 乃成其誠."

54 『東經大全』「修德文」, "誠與信兮 其則不遠 人言以成 先信後誠."

55 『海月神師法說』「誠敬信」, "仁義禮智 非信則不行 金木水火 非土則不成 人之有信 如五行

이와 같은 면에서 본다면, 믿음을 굳건한 바탕으로 하여 정성의 마음과 공경의 태도로 일관할 때에 비로소 올바른 깨달음에 이를 수 있는 것이다. 그러므로 수운 선생은 믿음의 심주를 굳건히 해야 도의 맛을 알 수 있는 것이요,[56] 성경誠敬의 두 글자를 지켜내어 차차차차 닦아내면 이내 무극대도를 이룰 수 있다고[57] 말하고 있다. 즉 인간의 성실성을 뜻하는 '정성(誠)'이나, 타인이나 사물과의 올바른 관계를 지니게 하는 '공경(敬)'에 앞서, 내 몸에 모시고 있는 한울님을 믿는 '믿음'을 가장 우선적인 것으로 들고 있는 것이다.

정성 · 공경 · 믿음은 한울님 모심을 깨닫고자, 그리하여 한울님 삶을 실천하고자 하는 동학 수련자에게 무엇보다도 절실하게 요구되는 덕목인 것이다.

7. 수심정기守心正氣

앞에서 살펴본 바와 같이, 수운 선생은 젊은 시절 주유팔로를 통하여, 조선조를 지탱해 왔던 유교적 사회 질서가 붕괴되고 있는 혼란된 사회상을 보았다. 이러한 시대적 혼란과 함께 도처에서 창궐하는 지극히 개인적인 이익만을 추구하는 무고사를 목도하였으며, 나아가 시대적인 어지러움을 틈타 나도는 『정감록』 등의 도참서와 함께, 혼자만 살겠다고 궁궁촌弓弓村을 찾아 떠나는 뭇 사람들의 지극히 타락한

■

　之有土."
56 『東經大全』「歎道儒心急」, "固我心柱 乃知道味."
57 『용담유사』「도수사」, "誠敬二字 지켜내어 차차차차 닦아내면 無極大道 아닐런가."

개인주의적 성향을 보게 된다. 그런가 하면, 서세 동점과 함께 위협적으로 밀려들어 오는 서학과 그 서학을 신봉하는 사람들의, 죽어서 저혼자 삼십삼천三十三天 옥경대(天堂)에 가게 해 달라고 비는 허망한 모습을 보게 된다.

즉 당시 수운 선생이 주유팔로를 통하여 직시하고 또 인식했던 현실은 경제적인 어려움이나 정치적인 혼란의 문제였다기보다는, 사회적·문화적인 혼란의 심각성이었던 것이다.[58] 그런가 하면, 이러한 혼란이 당시의 사회 속에서 증폭되고 있었던 것은 궁극에 있어 자신만을 위하는 마음, 곧 '각자위심各自爲心'의 타락한 심성心性에 기인하고 있다고, 수운 선생은 생각하게 된다.

따라서 이와 같은 시대적 위기를 극복하기 위하여서는 가장 먼저 타락한 인성인 각자위심을 버릴 수 있어야 한다고 수운 선생은 역설하게 된다. 아울러 사람들의 마음속에 있는 각자위심을 버리기 위해서는 사람들 모두 무궁한 생명력의 원천이 되는 한울님을 공경하고 두려워하는 경외지심敬畏之心을 갖추어야 한다고 가르친다. 다음과 같은 『용담유사』의 구절을 보기로 하자.

> 요순지세堯舜之世에도 도척이 있었거든
> 하물며 이 세상에 악인음해惡人陰害 없단말가
> 공자지세孔子之世에도 환퇴가 있었으니
> 우리 역시 이 세상에 악인지설惡人之說 피할소냐
> 수심정기守心正氣 하여 내어 인의예지仁義禮智 지켜두고

군자 말씀 본을 받아 성경이자誠敬二字 지켜내어(「도덕가」)

　요·순의 시대에도 도척과 같이 법도에 벗어난 행동을 하는 사람이 있었고, 환퇴와 같이 공자 같은 성인을 음해한 사람이 있었는데, 자신이 펼치는 새로운 도에 대하여 세상 사람들이 시기하고 또 음해하는 것은 있을 수 있는 일이라고, 수운 선생은 생각하고 있다. 그러므로 이렇듯 어지러운 때에 사람들은 수심정기守心正氣, 즉 한울님으로부터 품부 받은 본래의 마음을 지키고(守心),[59] 이를 올바르게 실천해서(正氣), 옛 성인의 가르침인 인의예지仁義禮智를 지켜내야 한다고 노래하고 있다.

　이와 같은 수운 선생의 가르침을 잘 살펴보면 당시의 시대상은 한울님에 대한 경외지심이 없으므로 각자의 마음속에 각자위심이라는 이기심이 가득하게 되고, 그러므로 바르게 실현되어야 할 인의예지가 올바르게 세상에 현현되지 않는다고 보고 있는 것이다. 따라서 세상에 이러한 인의예지를 보다 이상적으로 구현하기 위해서는 사람들은 수심정기를 그 바탕으로 삼아야 한다는 말이 된다. 즉 수운 선생은 당시 시대적인 위기를 올바르게 극복하기 위한 방안으로, 인의예지와 같은 품성을 보다 이상적으로 구현할 새로운 수행법인 '수심정기'를 들고 있는 것이다. 이러한 견해는 『동경대전』에도 나타나고 있다.

　인의예지仁義禮智는 먼저 성인聖人이 가르침 바이요,

·

---

59 최민홍, 『한국철학』, 성문사, 1981, 239쪽 참조.

수심정기守心正氣는 오직 내가 다시 정定한 것이다.[60]

인의예지라는 덕목은 앞 시대를 살았던 선성先聖들의 가르침이라면, 수심정기는 이를 이어서 다시 수운 선생 자신이 정한 것이라는 뜻이다. 여기서 특히 주목해야 할 것은 '유惟'라는 글자와 '갱更'이라는 글자이다. 수심정기 네 글자는 '오직(惟) 수운 선생 자신이 정한 것'이라는 뜻이 되는 동시에, "인의예지와도 매우 밀접한 연관(更定)을 맺고 있다."는 설명이 된다. 그런가 하면, 해월 선생 역시 그의 『법설法說』에서, "경經에 말씀하시기를 '인의예지는 옛 성인의 가르친 바요, 수심정기는 오직 내가 다시 정한 것이라.' 하셨으니, 만일 수심정기가 아니면 인의예지의 도를 실천하기 어려운 것이니라."[61]라고 말하여, 인의예지의 실천을 위해서는 먼저 수심정기가 각자의 생활 속에서 이룩되어야 한다고 설명한다.

인의예지는 주지하는 바와 같이 유가儒家의 대표적인 덕목이다. 이는 사덕四德 혹은 사단四端이라고 하며, 측은지심惻隱之心 · 수오지심羞惡之心 · 공경지심恭敬之心 · 시비지심是非之心의 근본이 되는, 인간 본성을 지칭하는 말이기도 하다.[62] 이러한 사단四端은 '밖으로부터 받은 것이 아니라 태어날 때부터 본래 가지고 있는 것으로, 다만 사람들이 자각하지 못할 뿐'이라는 것이 전통적인 유가의 생각이다. 또한 『대학大

---

60 『東經大全』 「修德文」, "仁義禮智 先聖之所敎 守心正氣 惟我之更定."

61 『海月神師法說』 「守心正氣」, "經曰 仁義禮智 先聖之所敎 守心正氣 惟我之更定 若非守心正氣則 仁義禮智之道 難以實踐也."

62 『孟子』 「告子章」 上, "惻隱之心 人皆有之 羞惡之心 人皆有之 恭敬之心 人皆有之 是非之心 人皆有之 惻隱之心仁也 羞惡之心義也 恭敬之心禮也 是非之心智也."

學』에서 이야기하는, 명덕明德[63]의 본체가 되는 것이기도 하다. 그러므로 유가의 궁극적인 이상은 수기修己를 행하여 스스로 명덕明德을 밝히고, 인간의 구습舊習에 의해서 감추어진 인의예지를 드러내고, 이를 천하에 펴는(明明德於天下) 데에 있다. 그러므로 맹자는 자신의 본성을 지키는 대로 행하는 것이 선善[64]이라고 말하고 있다.

이로 볼 때에, 유가의 종宗을 이루고 있는 공자의 가르침인 '인의예지'는 윤리성에 입각한 인간의 본성을 지칭하는 말임을 알 수가 있다. 또한 수운 선생이 천명한 본래의 마음을 지킨다는 '수심守心'이란, 이러한 유가적인 해석을 따른다면, "하늘에서부터 받은 인간 본래의 마음에 자리한 인의예지를 회복하고 또 지킨다."는 의미와 통하는 말이 된다. 즉 '수심'이란 유가적인 입장에서 본다면 인의예지를 다시 찾는 것을 의미하지만, 동학의 입장에서 본다면 본원적으로 내 안에 모셔져 있는 한울님을 깨닫고, 한울님으로부터 품부稟賦 받은 그 마음을 회복하고, 그 마음을 지키는 것을 뜻한다.

그러나 이렇듯 회복한 한울님의 마음을 그저 지키는 데에서 그치지 않고, 이를 삶 속에서 구체적으로 실행하고 또 실천하도록 가르치는 것이 곧 동학의 가르침이다. 그것이 바로 '정기正氣'이다. '기氣'란 곧 모든 작용의 원천이 된다. 즉 이 '기'를 통하여 모든 것이 작용되고 또 실천된다. 따라서 '기운을 바르게 한다'는 의미의 '정기正氣'는 곧 기운을 바르게 하므로 바른 실행, 바른 실천을 행한다는 의미를

---

63 明德은 朱子의 註에 의하면, 사람이 하늘에서부터 얻은 바로, 虛靈不昧하고 衆理를 갖추고 있어 萬事에 應하는 것으로, 태어날 때 인간이 하늘에서부터 받는 밝고 맑은 天性을 의미한다.

64 『孟子』「盡心章」下, "何謂善 何謂信 曰可欲之爲善 有諸己之謂之."

갖고 있다.

지금까지의 논의를 종합해 볼 때 '수심정기守心正氣'란 '내 안에 모셔진 한울님을 깨달아 한울님 마음을 회복하고 또 이를 실천하고자 하는 동학의 중요한 수행법修行法'이라고 할 수 있다. 즉 수심정기를 통하여 개개인이 스스로 한울님 마음을 회복한다는 것은 곧 한울님 모심을 개개인의 내면에 주체적으로 체득하는 길이요, 또 한울님의 삶을 실천하는 것을 의미하는 것이다. 나아가 수심守心은 곧 우주적 질서를 내 안에서 회복하는 길이요, 정기正氣는 우주 운행의 법칙에 매우 주체적으로 참여하는 길이라고 할 수 있다. 그러므로 해월 선생은 이러한 수심정기守心正氣 네 글자를 '천지天地가 운절隕絶되는 기운을 다시 보충하는 것'[65]이라고 자신의 『법설』에서 설명을 하고 있다.

이는 우선 지금까지 선천의 삶에서는 '한울님 모심'을 깨닫지 못한 삶을 영위하였으므로, 자신과 이 우주가 어떻게 연결되어 있는지를 알지 못했다는 점을 전제한다. 그런데 수심정기를 통하여 한울님 모심을 깨닫게 되고 '시천주'에 이르게 되므로, 지금까지 내 마음과 '끊어져 있었던 천지의 기운(天地隕節之氣)'을 다시 회복하게 된다고 말하는 것이다.

이와 같은 관점에서 볼 때, 수운 선생이 제시하고 있는 수행법인 '수심정기'는 '인의예지'와 같은 본성을 회복하는 길이요, 나아가 우주적 질서에 주체적으로 참여하는 삶을 영위하는 길이다. 그러므로 '수심정기'에 이르기 위해서 가장 먼저 요구되는 것은 한울님을 두려워하고 공경하는 마음인 경외지심敬畏之心이라고 수운 선생은 역설한다. 다

---

65 『海月神師法說』「守心正氣」, "守心正氣四字 更補天地隕絶之氣."

음과 같은『용담유사』의 구절에서 이 점을 확인할 수 있다.

> 아동방我東方 현인달사賢人達士 도덕군자道德君子 이름하나
>
> 무지한 세상 사람 아는 바 천지라도
>
> 경외지심敬畏之心 없었으니 아는 것이 무엇이며(「도덕가」)

위에 인용된 부분은 결국 실질적이지 못한, 유교주의의 형식적 덕목에 대한 비판이 된다. 아무리 아는 것이 많고, 그 지식을 바탕으로 인의예지의 덕목을 조리 있게 설명할 수 있다 해도, 경외지심이 없다면 궁극적으로 도덕군자가 되지 못한다는 것이 수운 선생의 지론이다. 즉 당시 형식주의로 떨어진 주자주의朱子主義에 입각한, 관념적인 이론이 되고 만 유가의 덕목들은 타락한 세상 사람들의 인성을 회복시키는 데에 있어서는 아무런 도움이 되지 못한다는 것이 수운 선생의 생각이다. 그러므로 '우리나라의 명현名賢 달사達士들이 도덕 군자를 자칭하고', 또 이들이 '아무리 아는 것이 많다고 해도', 그것이 사회에서 실현이 되지를 못하니, 결국은 '무지한 세상 사람'과 다를 바 없다는 것이 수운 선생이 말하는 본뜻인 것이다.

따라서 이러한 유교적 형식주의를 타파하고자 제시되는 것이 '경외지심'이며, 이를 바탕으로 하는, 본래의 마음을 지키고 이를 올바르게 실천할 수 있는 '수심정기'를, 시대적 위기를 극복할 수 있는 새로운 수행법으로 수운 선생은 제시하게 된 것이다. 즉 수심정기는 어느 의미에서 조선조 사회가 견지해 온 유교적 전통 사회, 전통 문화와의 과감한 결별을 뜻하는 것이기도 하다.

원처遠處에 일이 있어 가게 되면 내가 이코

아니 가면 해가 되어 불일발정不日發程 하다가서

중로에 생각하니 길은 점점 멀어지고

집은 종종 생각나서 금치 못한 만단의아萬端疑訝

배회노상 생각하니 정녕히 알작시면

이 걸음을 가지마는 어떨런고 어떨런고

도로 회정 하였더니 저 사람 용렬하고

글 네 자 밝혀내어 만고사적萬古史蹟 소연하다(「흥비가」)

위에 인용된 『용담유사』의 구절에 나타나는 '글 네 자'란 바로 '수심
정기守心正氣'를 이르는 말로서, 이를 세상에 밝혀 내니 만고사적이 다
소연하게 밝혀졌다는 말이 된다. 이와 같이 수심정기는 궁극적으로
개개인의 내면적 자각과 수행, 내면성에의 침잠을 통해 이룩되는 것
이며, 인간의 본성인 인의예지의 덕목을 올바르게 각자의 내면에서
회복하는 길이며, 나아가 세상의 모든 사람들이 무궁한 한울님을 모
신 무궁한 존재로서의 인간임을 스스로 자각하는 '시천주'에 이르는
길이기도 하다.

이와 같이 수운 선생에 의해서 제시되는 새로운 수행법인 수심정기
는 당시 세태를 '효박한 세상'으로 만들고 있는 주된 원인인, 하늘의
이법을 따르지 않고 하늘의 명을 따르지 않는(不順天理 不顧天命), 그러므
로 자신의 극히 개인적인 이익만을 추구하는 각자위심各自爲心의 세태
를 지양하고, 개개인의 내면에 한울님의 도와 덕을 회복시키고자 하
는 수행 방법의 하나이다. 나아가 이는 곧 당대의 시대적 위기를 극복
하는 길이며, 동시에 오늘날 인류가 봉착하고 있는 위기를 뛰어넘는,

새로운 만인 평등 · 만인 공락의 세계인 후천개벽 세상을 이룩하는 길
이기도 하다.

결론적으로, 수운 선생은 자신의 가르침을 통해 보다 인간 본연의
문제에 근거한, 새로운 수행법인 수심정기를 세상의 사람들에게 강조
했던 것으로 풀이될 수 있다.

8. 무위이화無爲而化

수운 선생은 경신년 4월 종교 체험을 한 이후, 거의 일년 가까이 수
련을 지속한다. 이 수련을 통하여 '도'란 다름이 아니라, '자연의 이치'
라고 천명하게 된다.[66] 그런가 하면, 제자들과의 문답을 통하여 자신
의 도가 다름 아닌 '무위이화無爲而化'라고 말하고 있다.

수운 선생이 천명하는 '자연의 이치'나 '무위이화'는 다름 아니라 우
주의 자연 이법을 의미하는 말로, 우주적 존재인 한울님의 작용이 곧
'자연'이요, 그것이 곧 '무위이화'라는 의미가 된다. 따라서 이는 노자
老子의 무위자연無爲自然과 그 의미의 맥을 같이 하는 것이기도 하다.
다만 수운 선생은 이와 같은 '자연의 이치' 또는 '무위이화'를 노자와
같이 우주의 자율적인 힘에 의한 작용으로 보지 않고, 우주적 존재인
한울님의 작용으로 보고 있음이 그 근원적인 차이다. 그러므로 노자
는 이 도의 본체인 '무위'에 이르기 위해서는 자연의 상태를 닮는 것
이 가장 중요한 일이라고 말하지만, 수운 선생은 이 도의 본체인 '무위

---

66 『東經大全』, 「論學文」, "吾亦幾至一歲 修而度之 則亦不無自然之理."

이화'에 이르기 위해서는 한울님의 마음을 회복하고 한울님의 기운과 융화 일체를 이루어야 한다고 가르치고 있다. 다음과 같은 「논학문」 중의 부분들을 보기로 하자.

> 내 도는 무위이화이다. 마음을 지키고 기운을 바르게 하면 성품을 거느리게 되고 가르침을 받게 되어 자연한 가운데 화하여 나오게 된다.[67]

먼저 수운 선생은 "내 도는 무위이화이다."라고 말하고 있다. 이어서 이 무위이화인 도에 이르는 과정을 '마음을 지키고 기운을 바르게 하면, 성품을 거느리고 가르침을 받게 되어 자연한 가운데에서 화하여 나오는 것'이라고 설명하고 있다. '수기심守其心 정기기正其氣'는 앞 절에서 논의해 왔던 '수심정기守心正氣'의 또 다른 표현이다. 따라서 본래 한울님으로부터 품부 받은 마음을 회복하고 그 기운을 바르게 하여 한울님의 기운과 융화 일체를 이루는 것을 의미하게 된다. 나아가 이러한 상태가 되면, 이내 한울님의 성품을 거느리게 되고(率其性) 한울님으로부터 올바른 가르침을 받게 되어(受其敎) 자연한 가운데에서 저절로 화化하여 나오게 된다는 것이다.

따라서 '무위이화'에 이르기 위해서는 먼저 '수기심 정기기'하는 인간의 주체적인 노력으로서의 종교적 수련을 필요로 하게 된다. 나아가 이와 같은 종교적 수행을 통하여 '솔기성率其性 수기교受其敎'라는 한울님과의 교류를 하게 되고, 이로써 '화출어자연지중化出於自然之中'이라는, 인간의 주체적 노력에 감응感應한 한울님의 조화를 받게 된다는

---

67 『東經大全』, 「論學文」, "吾道無爲而化矣 守其心正其氣 率其性受其敎 化出於自然之中也."

것이다. 따라서 이와 같은 관점에서 본다면, 무위이화가 되게 하는 궁극적인 주체는 한울님의 조화이지만, 이에 이르기 위해서는 인간의 주체적인 노력인 '수행'이 우선해야 하는 것이다. 이와 같은 면에서 수운 선생은 이 무위이화를 조화造化로 보기도 한다.[68] 그러나 인간의 능동적인 노력이 없으면 이는 결코 이룩될 수 없을 뿐더러, 무엇보다도 주체적이며 능동적인 인간의 노력이 우선적으로 이에는 요구되는 것이다.

즉 사람은 종교적인 수행을 통하여 정성을 드리고, 이 정성은 곧 한울님을 감응하게 하고, 한울님은 조화를 통해 무위이화하고, 사람은 이 무위이화를 통하여 한울님의 경지에 이르게 되는 것이다. 따라서 무위이화를 '아무 것도 하지 않아도 저절로 되는 것'이라고 보는 것은 이와 같은 동학의 종교적 특성을 이해하지 못해서 빚어진 오해이다.

즉 '함이 없이(無爲) 된다(而化)'는 의미를 지닌 무위이화無爲而化란 곧 인간의 주체적인 노력으로 이루어야 하는 '수심정기의 수행법'과 '한울님의 무궁한 힘인 조화' 모두를 포함하고 있다. 나아가 동학이 지향하는, 유한적 삶을 벗어나 무한적 삶을 누리는 '한울 사람'의 경지에 이르는 수운 선생 도의 본체인 것이다.

그러므로 동학의 가르침이란 궁극적으로 무위이화를 통해 이룩하는 무위의 삶, 곧 이 우주 법칙에 한치도 어긋남이 없는 삶을 이 지상에 이룩하고자 하는 데에 있다. 즉 무위이화를 통해 이룩하는 한울 사람의 공동체, 다시 말해서 지상천국을 지향하는 데에 그 종교적인 목적이 있는 것이다. 따라서 우주적 이법인 무위가 아닌, 인위적人爲的

---

68 『東經大全』「論學文」, "造化者 無爲而化."

가식에 의하여 저해되고 억압당하는 모든 상황에 대하여 끝없이 저항
하고 투쟁해야 하는 당위성을 지닌다.

　그러나 학계 일각에서는 동학이 지닌 이와 같은 '무위이화'를 오해
하고, "동학은 무위이화의 종교이기 때문에 저항과 투쟁의 역사를 가
질 수 없다."라는 견해를 피력하기도 했다. 그러나 이는 전적으로 '동
학의 무위이화'를 오해한 데에서 비롯된 견해이다. 그간 동학이 한국
의 근대사에서 펼친 '동학혁명'을 비롯한 많은 운동은 바로 우주적 이
법인 무위를 거스르고 또 이를 저해하고 억압하는 모든 상황에 저항
하고 투쟁한다는 '동학적 무위이화'의 맥락에서 이해하고 또 접근해
야 할 것이다.

9. 불연기연不然其然

　불연기연不然其然은 동학을 다만 종교로만 머물지 않게 하고, 뛰어난
철학적 사유일 수 있도록 만들어 주는 논리이다.[69] 특히 수운 선생이
제기한 시천주에 근거해서 한울님이 나요, 내가 한울님이 됨을 깨닫
게 하는 동학적 특유의 논리가 바로 불연기연이다.

　수운 선생은 이 '불연기연不然其然'에 관하여 동학의 중요 경전인『동
경대전』과『용담유사』모두에 거론하고 있다.

　먼저『용담유사』에 나타난 바를 살펴보기로 하자.

■
69 박소정, 「동학과 도가사상」, 『동학학보』 제5집, 동학학회, 2003. 6, 166쪽.

그 말 저 말 다 하자니 말도 많고 글도 많아

약간 약간 기록하여 여차여차 우여차라

이 글 보고 저 글 보고 무궁한 그 이치를

불연기연不然其然 살펴 내어 부야흥아賦也興也 비比해 보면

글도 역시 무궁하고 말도 역시 무궁이라

무궁히 살펴 내어 무궁히 알았으면

무궁한 이 울 속에 무궁한 내 아닌가(「홍비가」)

　수운 선생은 이 「홍비가」에서 우주의 이법理法인 '무궁한 그 이치',
곧 우주의 본체인 진정한 '도道'를 알기 위해서는 '불연기연不然其然 살
펴 내야' 한다고, 노래하고 있다. 즉 우주의 법도인 '무궁한 그 이치'를
'기연其然'으로만 살피지 말고, '불연不然'으로도 살펴야만이 그 이치를
바르게 터득할 수 있다는 이야기이다.

　이 「홍비가」는 『용담유사』 여덟 편을 마무리하는 마지막 장章에 해
당하는 작품이다. 따라서 지금까지 가사라는 노래를 통하여 표현했
던 수운 선생 스스로의 가르침을 마무리하는 장이 곧 「홍비가」이고,
이 「홍비가」를 마무리하는 마지막 부분에 이르러, '무궁한 이치'를 '불
연不然과 기연其然'으로 살피라고 당부하고 있음은 시사하는 바가 매우
크다고 생각된다.

　인용된 바와 같이 수운 선생은 무궁한 우주의 이치를 불연기연 살
핌으로써 '무궁한 이 울 속에 무궁한 나'를 깨달을 수 있다고 말하고
있다. 즉 유한한 삶을 살고 있는 인간 존재인 '내'가 우주적 이치를 불
연기연 살펴 내어, 무궁한 우주와 더불어 스스로 '무궁한 존재'임을 깨
닫게 된다는 것이다. 이는 곧 유한한 인간의 삶을 무한한 삶으로 새롭

게 인식할 수 있는 계기가 곧 '불연기연'이라는 말이 된다.

이와 같이 '불연기연'은 삶과 죽음이라는 일상적 차원에서의 인간 존재에 대한 인식이 아니라, 삶과 죽음을 뛰어넘는 보다 본원적인 면에서의 인간에 대한 인식을 근거로 하고 있다. 그런가 하면, 이러한 인식과 깨달음을 통하여 사람들은 곧 동학이 지향하는 바 이상적인 삶에 이르게 될 것이며, 또한 이 이상적인 삶을 통하여 이상적인 세상인 후천을 열어갈 수 있다고 말하고 있다.

결국 『용담유사』의 여덟 편 가사는 모두 이 「흥비가」 마지막에 노래되고 있는 "무궁한 이 울 속에 무궁한 내 아닌가."라는 가르침에 이르기 위한 것이고, 나아가 '무궁한 이 울 속에 무궁한 나'를 깨닫기 위해서는 그 이치를 불연과 기연으로 살피고 또 인식해야 한다는 것으로 귀결되는 것이다.

이처럼 '불연기연'은 동학의 이치를 올바르게 깨달을 수 있는 논리적인 방법이며, 나아가 이 이치를 통하여 후천이라는 동학이 지향하는 바의 전혀 새로운 삶의 질서를 열어가는 중요한 방법이 되는 것이라고 하겠다.

또한 수운 선생은 『동경대전』을 통하여서도 '불연기연'에 관한 담론을 전개시키고 있다.

마음이여! 본래 모양도 없고 보이지도 않는 것이기 때문에 비어 있는 것과 같아, 만물에 응하여도 자취가 나타남이 없는 것이다. 그러나 이러한 마음을 닦아야 만이 그 마음에 품부된 한울님의 덕을 깨달을 수 있는 것이요, 한울님 덕이 오직 밝아지면, 이가 곧 도인 것이다. 우리가 도를 깨닫고 또 이루는 것이 한울님 덕에 있는 것이지 결코 다른 사람에 의하여 되는 것이 아니다. 또한 그 도를 이루는 것은 한울님 가르침을 받는 것에 있는 것이지 결코 한갓 공부하는 데에 있는 것도 아니다. 나아가 이 도는 가까이 있는 것이요 멀리 있는 것이 아니요, 정성에 있는 것이지 구하는 데에 있는 것은 아니니, 만물이 생기기 이전(不然)이나 만물이 생긴 이후(其然)나 그 이치에 있어서는 서로 같은 것이다. 그러므로 모든 만물을 아우르는 근본 이치를 밝힌 도란 멀리 있는 것 같으나 결코 멀리 있는 것이 아니라 우리 삶 그 속에 있는 것이다.[70]

수운 선생은 도道가 이룩되지 않고, 그러므로 새로운 질서의 후천 세상이 도래하지 않음을 한탄하는 당시 제자들에게 올바른 마음으로 정심수도正心修道 하기를 당부하는 내용을 담은 「탄도유심급歎道儒心急」을 통하여, 마음을 닦고 또 덕德을 밝히며, 도道를 이루는 것이 먼 데 있는 것이 아니고 가까운 곳에 있으며, 궁극적으로 이는 불연不然인 듯하지만 기연其然이라고 말하며, '불연과 기연'을 마음을 닦는 공부와 덕을 밝히고 나아가 도를 이루는 중요한 동학적東學的인 인식의 방법이라고 말하고 있다.

특히 수운 선생은 『동경대전』의 중요한 한 장으로 「불연기연不然其然」의 장을 별도로 마련하여, 이에 관하여 상세히 설명을 하고 있다.

먼저 수운 선생은, 천지 만물을 외형적인 현상만으로 가지고 보게 되면, 모두 그렇고 그러하지마는, 만물이 어떻게 생긴 것이며 또 어디에서부터 온 것인가를 따져 본다면, 매우 어렵고 어려운 일이라고 말

---

70 『東經大全』「歎道儒心急」, "心兮本虛 應物無迹 心修來而知德 德惟明而是道 在德不在於人 在信不在於工 在近不在於遠 在誠不在於求 不然而其然 似遠而非遠."(尹錫山, 『註解 東涇 大全』, 동학사, 1996, 242쪽.)

하고 있다.[71] 마찬가지로, '나'라는 존재가 어떻게 이 세상에 나오게 되었는가를 경험적인 현상에 의하여 살펴보면 아버지에 의하여 태어났다는 사실을 쉽게 알 수가 있는 일이겠지만, 이를 보다 근원적으로 거슬러 올라가서 인간의 본원이 어디인가를 따지게 되면, 도저히 알 수 없게 된다[72]고 말하고 있다. 이렇게 경험적인 현상에 의하여 인식이 가능한 것은 곧 '기연'이요, 이 경험적인 현상으로는 도저히 설명될 수 없는 것이 곧 '불연'이라고 수운 선생은 말하고 있다. 즉 어떠한 원인에 대한 경험적 추론이 '기연'이라면, 궁극적인 원인에 대한 철학적인 논구가 곧 '불연'[73]이라고 할 수 있을 것이다.

사실 조금만 눈을 돌려서 바라보게 되면, 일상적인 삶 속에는 이와 같이 경험적 사실로는 도저히 설명이 되지 않는 면들이 너무나도 많다고, 수운 선생은 말하고 있다.

봄, 여름, 가을, 겨울의 네 계절이 일정한 차례가 있어 조금의 어긋남도 없이 바뀌고 바뀌는데, 이는 어찌하여 그렇게 되며 어찌하여 그렇게 되는 것인가. 이는 다름이 아니라 한울님의 무궁한 섭리에 의한 것이로다. 산 위에 물이 있음이여 정말로 그러할 수가 있는 것인가, 그러할 수가 있는 것인가. 어린아이는 어리고 어려서 말을 못해도 오히려 자기의 부모를 알아보는데, 이 세상의 사람들은 어찌하여 자신이 태어난 생명의 근원인 한울님을 알지 못하는가. 성인이 이 세상에 태어남이여, 황하

---

71 『東經大全』「不然其然」, "所見以論之則 其然而似然 所自以度之則 其遠而甚遠."
72 『東經大全』「不然其然」, "我思我則 父母在兹 後思後則 子孫存彼 來世而比之則 理無異於 我思我 去世而尋之則 惑難分於人爲人 噫 如斯之忖度兮 由其然而看之則 其然如其然 探不 然而思之則 不然又不然."
73 吳文煥, 『사람이 하늘이다』, 솔, 1996, 26쪽 참조.

의 물이 천년에 한번 맑아지는구나. 성인聖人이 나실 운運이 제 스스로
회복이 되는 것인가, 황하黃河의 물이 제 스스로 알아서 맑은 물로 변하
는 것인가. 한울님의 섭리에 의하여 이 모든 것이 이루어지는 것이로다.

밭은 가는 소가 농부의 말을 알아듣고, 농부가 부리는 대로 일을 하는
구나. 이 소는 인간의 마음을 알 수 있는 마음이 있는 것 같고, 또 사람
이 하는 말을 알아듣는 것 같다. 그러니 사람보다 훨씬 힘이 센 소가 사
람의 부림에 대항할 수 있는데도, 어찌하여 대항하지 않고 사람이 부리
는 대로 일을 하는 어려움을 스스로 겪으며, 종국에 가서는 죽임을 당
하게 되는가. 이렇듯 되는 것은 다름 아니라, 모든 한울님의 섭리에 의
한 것이리라. 까마귀와 같은 미물微物도 어린 시절 어미가 먹이를 날라
주던 것과 같이, 자신의 늙은 어미 까마귀에게 먹이를 물어다 주는 반
포反哺의 은공을 행하고 있나니, 저들이 효도와 공경함을 역시 아는구
나. 봄이 되면 어김없이 제비가 주인의 집으로 날아오니, 그 주인의 집
이 아무리 가난해도 역시 돌아오고, 그 집이 아무리 가난해도 역시 돌
아오는구나.[74]

즉 우리는 '기연' 속에서 살고 있는 것 같으나, 궁극적으로는 이렇듯
수많은 '불연' 속에서 살고 있다고 수운 선생은 말하고 있다.

그러나 이 '기연과 불연'은 인식의 차이일 뿐, 결코 다른 것이 아니라
는 것이 수운 선생이 제시하는 결론이다. 다시 말해서 난필자難必者, 곧

---

74 『東經大全』 「不然其然」, "四時之有序兮 胡爲然胡爲然 山上之有水兮 其可然其可然 赤子之
穉稚兮 不言知夫父母 胡無知胡無知 斯世人兮 胡無知 聖人之以生兮 河一淸千年 運自來而
復歟 水自知而變歟 耕牛之聞言兮 如有心如有知 以力之足爲兮 何以苦何以死 烏子之反哺
兮 彼亦知夫孝悌 玄鳥之知主兮 貧亦歸貧亦歸." (尹錫山, 『註解 東經大全』, 동학사, 1996,
186~188쪽)

사람의 일반적인 식견識見으로 이해되기가 어려운 것은 '불연'이요, 이 단자易斷者, 곧 사람의 일반적인 식견으로 판단하여 알 수 있는 것이 곧 '기연'이라고 말한다.[75] 아버지의 아버지는 할아버지이고, 할아버지는 또 그 위의 할아버지께서 낳으시고, 하는 식으로 우리의 일반적인 식 견으로 견주어 최초의 할아버지의 일을 살펴보면, 이는 '불연'이지만, 조물자造物者인 한울님의 섭리에 부쳐, 우리 최초의 할아버지가 곧 한 울님으로부터 생명을 받아 생겨났다던 식의 인식 전환을 통하여 바라 보면, 지금까지 '불연'이라고 생각이 되었던 만물의 시원도 역시 '기연' 이 된다는 것[76]이 곧 수운 선생의 생각이다. 따라서 '불연'을 '기연'으 로 바라볼 수 있는 인식의 전환이 필요함을 제시하고 있다. 이 '인식의 전환'이 곧 구습舊習에 가려진 본성本性을 회복하는 길이며, 동시에 한 울님을 인간의 내면으로부터 스스로 깨닫는 길이기도 한 것이다.

　궁극적으로 한울님으로부터 품부 받은 나의 본성을 회복하고, 동시 에 이 인간의 본성에 내재하고 있는 한울님이라는 신을 깨달으므로 해서, 유한한 존재인 '나'가 곧 무한한 존재인 '한울님'임을 깨달을 수 있을 때에, 비로소 '시천주侍天主'에 이르게 되는 것이라고 하겠다. 나 아가 이 '시천주'의 회복을 통하여, 이 지상에 동귀일체同歸一體의 세상 을 이룩하게 되는 것이다. 즉 수운 선생의 불연기연은 바로 '시천주'에 이르는 중요한 인식의 방법 또는 논리이며, 동시에 이 '시천주'를 통하 여 후천의 세상이라는 새로운 질서의 삶을 열어 가는 중요한 동학의 이론적인 방법이라고 하겠다.

■

75 『東經大全』「不然其然」, "難必者 不然 易斷者 其然."
76 『東經大全』「不然其然」, "比之於究其遠則 不然不然 又不然之事 付之於造物者則 其然其然 又其然之理哉."

앞에서 논의한 바와 같이, '시侍'는 단순히 모신다는 의미를 지나, 사람이 처음 포태될 때 품부 받은 한울님의 마음과 기운을 회복하고, 또 깨달아 삶의 현장에서 그대로 행하고 실천하는 것을 의미한다. 그러므로 유한한 존재인 사람이 이 시천주에 이르게 되면, 무한한 존재인 한울님을 내 안에 모시고 있음을 깨닫게 되므로, 사람 역시 무한한 존재임을 깨닫게 되는 것이다. 이와 같은 연유로 수운 선생 스스로 한울님으로부터 도를 받는 결정적인 종교 체험을 할 때에, 한울님으로부터 "너 역시 장생長生을 하여 천하에 덕德을 펴게 되리라."[77]는 '장생불사長生不死'의 말을 들은 것이요, 이것이 해월 선생에 이르러 시천주는 '인즉천人卽天', '인시천人是天' '인내천人乃天' 등으로 나타나게 된 것이라고 하겠다.

따라서 이와 같이 유한한 삶을 본원적인 생명에 그 근원을 대고 있는 무한한 삶으로 인식하고, 나아가 무한한 존재, 곧 '무궁한 나'로 깨닫기 위해서는 '기연'의 인식만으로는 부족한 것이다. 즉 '기연'의 인식에서 본다면, 사람은 태어났다가는 일정 기간을 살다가 이내 죽고 마는 유한한 존재이며, 육신이라는 영욕榮辱의 덩어리에 불과한 것이다. 그러나 '불연'의 인식 위에서 바라보게 되면, 사람이라는 존재는 무한한 생명의 근원에 그 뿌리를 두고 있는 무궁한 존재인 것이다. 그러므로 수운 선생은 바로 '무궁한 이 울 속에 무궁한 나'를 깨닫기 위해서는 '불연'과 '기연'으로 살펴야 한다(「흥비가」)고 가르치고 있는 것이다.

이러한 수운 선생의 말은 달리 말해서, '시천주'에 이르는 길이 곧

---

77 『東經大全』「布德文」, "汝亦長生 布德天下矣."

'불연기연'이라는 말이기도 한 것이다. 앞에서 논의한 바와 같이 '시천주'란 곧 내 몸에 모신 한울님을 깨달음으로 해서, 사람 모두가 잃어버린 본성을 회복하고(守心), 나아가 그 회복한 본성에 의하여 올바른 삶을 실천해 나아가는 것(正氣)을 의미하는 것이라고 하겠다. 또한 이와 같이 각자의 내면에서 '시천주'를 깨달아, 동학이 지향하는 바 후천의 새로운 세상에 이르기 위해서는 필연적으로 '기연'만이 아니라 '불연' 역시 무엇보다도 중요하게 인식되어야 한다는 것이 곧 수운 선생의 생각이 된다고 하겠다.

이와 같이 '불연기연'은 동학의 올바른 수행법인 수심정기를 실천해 나가기 위한 동학의 매우 중요한 논리이며, 동시에 만유萬有와 인간과 또 우주적인 신을 인식하는 매우 중요한 동학적인 인식의 방법이 되는 것이라고 하겠다.

10. 보국안민輔國安民

수운 선생이 동학을 창명한 19세기 중엽은 여러 가지 면에서 국가적·민족적 위기를 겪던 시기였다. 앞에서 이야기한 바와 같이 서양 세력이 서서히 그 모습을 동양에 드러내기 시작하던 때였으며, 중국 등지에 위협적인 공격을 본격적으로 가하던 때였다. 이 시기에 조정은 물론 당시의 백성들까지 막연하나마 서양의 침공에 대해 위기감을 느끼고 있었음이 사실이다. 이때 수운 선생 역시 서양의 침공에 어떠한 위기감을 느꼈던 것 또한 사실이다.

서양은 싸우면 이기고, 공격하면 취하여 이루지 못하는 것이 없다. 천하가 다 멸망하면 역시 순망脣亡의 근심이 없겠는가? 보국안민의 계책이 장차 어디에서 나올 것인가?[78]

즉 수운 선생은 동양에 대한 서양의 침공으로 인하여 겪게 되는 국가적 위기에 대한 의식과 함께, 국가와 민족의 장래에 관하여 깊이 우려하고 있었던 것으로 생각된다. 그러므로 보국안민輔國安民을 위한 계책이 과연 어디에서 나올 수 있을까 하는 우려를 하게 된다. 이와 같이 수운 선생에게 있어 서양이란 다름 아니라 무기를 앞세워 동양을 공격하는 침략자였으며, 또한 '싸우면 이기고 공격하면 취하여 이루지 못하는 것이 없는(戰勝攻取 無事不成)' 강성한 외래자였던 것이다.

즉 수운 선생의 보국안민론은 이처럼 서양에 대한 인식에서부터 비롯되었다고 하겠다. 그런가 하면, 서양의 무력과 함께 들어오던 서양의 종교, 즉 서학西學에 관하여 수운 선생은 이들 무력을 앞세운 세력과 동일한 존재라고 생각을 하였던 것이다. 다음과 같은 『동경대전』에 담긴 말들을 보기로 하자.

경신년에 이르러 전해 듣건대 서양 사람들은 천주의 뜻이라 하여 부귀는 취하지 않는다 하면서 천하를 쳐서 빼앗아 그 교당을 세우고 그 도를 행한다 하므로 내 또한 그것이 그럴까 하는 의심이 있었더니,[79]

---

78 『東經大全』「布德文」, "西洋戰勝攻取 無事不成而天下盡滅 亦不無脣亡之歎 輔國安民 計將安出."
79 『東經大全』「布德文」, "至於庚申 傳聞西洋之人 以爲天主之意 不取富貴 攻取天下 立其堂 行其道 故 吾亦有其然豈其然之疑."

서양의 사람들이 천주의 뜻으로 부富와 귀貴는 취하지 않는다 하면 서도, 군대를 앞세워 중국을 공격하고 침략을 한 그곳에 교당教堂을 세 우니, 과연 이것이 올바른 천주의 뜻인가, 또한 이는 과연 올바른 가르 침이겠는가 하며 수운 선생은 당시 중국에 들어오고 있는 서양 세력 과 서학을 의심하게 된다.

이와 같은 서양이 지닌 침략성과 함께, 수운 선생은 당시 서학을 신 봉하는 우리나라의 사람들이 서학을 올바른 도로서 받아들였다기보 다는, 자신의 지극히 개인적인 복락福樂을 추구하는 대상으로 받아들 이고 있음을 보고는 이를 한탄하게 된다. 또 당시 서학을 전파하는 사 람들이 "서학을 신봉하다 죽으면 이내 천당天堂에 갈 수 있다."라고 하 는 말에 현혹되어 서학의 교도들이 바른 도는 실행하지 않고 천당 가 기에만 급급하니, 이 역시 『정감록』 등의 도참서를 따라서 혼자만 살 겠다고 너도 나도 궁궁촌을 찾아 떠나는 세태와 다름이 없다고 한탄 을 하게 된다.

즉 수운 선생이 서학을 배격하는 가장 근본적인 원인은, 저 혼자만 살겠다고 궁궁촌을 찾아 들어가는 사람들과 마찬가지로 서학에 입 도하는 사람들만이 천당에 갈 수 있다고 각자위심各自爲心을 조장[80]하 였기 때문인 것이다. 그러므로 수운 선생은 서학의 가르침에 대하여, "천상天上에 상제님이 옥경대에 계시다고 보는 듯이 말을 하니 음양이 치陰陽理致 고사하고 허무지설虛無之說 아닐런가.(「도덕가」)"라고 비판하 게 된다.

---

80 『龍潭遺詞』「夢中老少問答歌」, "賣官賣爵 勢道家도 一心은 궁궁이요 錢穀 쌓인 富僉知도 一心은 궁궁이요 遊離乞食 敗家者도 一心은 궁궁이요 風便에 뜬인 자도 혹은 궁궁촌 찾 아가고 혹은 萬疊山中 들어가고 혹은 서학에 입도해서."

이와 같이 수운 선생은 서학·서양에 대하여, 첫째, 무사불성無事不
成의 강성한 존재로 인식하였으며, 둘째, 당시의 사회적 혼란의 핵심
적인 요인이 되는 각자위심各自爲心을 조장하는 대상으로 인식하였던
것이다. 그러므로 수운 선생은 이와 같은 서학·서양을 민중의 삶을
파탄으로 내몰고 나아가 혼란을 야기시키는 존재로 인식·비판하였
으며, 외적인 면에서 국가의 안위安危를 해치는 위협적인 존재로 인식
하고 있었다. 따라서 수운 선생은 이러한 서양의 침략으로부터 국가
와 민족을 지켜야 한다는 보국안민輔國安民의 기치를 높이 세웠던 것이
다.

이와 같은 수운 선생의 보국안민에 대한 생각은 당장 눈앞에 닥치
고 있는 서양의 세력에 관한 것만은 아니었다. 머지 않아 닥쳐올 일본
의 침략에 관해서도 그 경계를 늦추지 않고 있음을 볼 수 있다.

수운 선생이 일본에 대하여 그 침략을 우려하고 경계를 늦추지 않
고 있었던 것은 다름 아니라, 임진왜란을 비롯하여 일본은 늘 침략자
로서 우리나라와 관계를 맺어 왔다는 점 때문으로 생각된다. 다음과
같은 『용담유사』의 부분은 이와 같은 점을 잘 노래하고 있다.

> 개 같은 왜적놈아 너희 신명 돌아보라
>
> 너희 역시 하륙下陸해서 무슨 은덕 있었던고
>
> 전세 임진 그때라도 오성한음 없었으면
>
> 옥새玉璽 보존 뉘가 할꼬 아국我國 명현名賢 다시 없다「안심가」

특히 일본을 향한 감정은 극단적인 것으로, '개 같은 왜적놈'[81] 등으

---

81 '개 같은 왜적 놈'에 관하여, '개'를 '개犬'로 보는 견해가 일반적이나, 이 '개'를 '개(丐)',
즉 '거지'로 보는 견해도 있다. '거지'를 혹 '개자(子)'라고도 함.

로 표현하고 있다. 이렇듯 극단적인 욕설로 일본을 이야기하는 까닭
은 일본이 늘 침략자로서 우리를 괴롭혔고, 특히 지난 임진왜란 때에
는 우리를 침범하여 수많은 약탈을 했기 때문이라는 점은 두 말할 나
위도 없는 일이다.

　그러나 수운 선생의 일본에 대한 격한 감정을 잘 살펴보면, 그 이면
에는 당시 임진왜란 때에 국란을 극복하는 데에 지대한 힘이 되었던
명현名賢, 장수將帥들이 오늘과 같은 난세에 없음을 깊이 한탄하고 있
는 것이다. 즉 오성鰲城 대감 이항복(李恒福 1561-1613) 같은 인물이나 한
음漢陰 대감 이덕형(李德馨 1561-1613) 등으로 상징되는, 나라의 어려움을
구할 수 있는 명현들이 오늘과 같은 현실에 없음을 한탄하고 있다. 이
러한 수운 선생의 생각, 즉 나라를 구할 수 있는 명장, 명현의 출현에
대한 기대는 다음과 같은 구절에도 강하게 나타나고 있다.

　　　　개 같은 왜적놈이 전세前歲 임진壬辰 왔다가서
　　　　술싼 일 못했다고 쇠술로 안 먹는 줄
　　　　세상 사람 뉘가 알꼬 그 역시 원수로다
　　　　만고 충신 김덕령金德齡이 그때 벌써 살았으면
　　　　이런 일이 왜 있을꼬 소인 참소 기험하다
　　　　불과 삼삭 마칠 것을 팔년지체八年遲滯 무삼일고(「안심가」)

　이렇듯 수운 선생이 임진왜란 당시의 상황을 노래하는 것은, 궁극
적으로 당시 국가적인 혼란이 임진년 당시의 왜의 침략으로 인한 혼
란 시기와 매우 유사하며, 나아가 국가적 위기감 역시 마찬가지라고
인식하였기 때문으로 생각된다. 아울러 이렇듯 어려운 국난을 극복하

기 위해서는 필연적으로 출중한 인물이 나타나야 함을 암시적으로 노
래한 것이라고 하겠다.

그런가 하면, 난국을 극복하고 새로운 가르침을 펼 인물이 바로 수
운 선생 자신이라고 교도와 일반에게 암암리에 시사하는, 그런 표현
의 하나라고 생각된다. 그것은 다음과 같이 이어지는 부분에서 더욱
명징하게 드러나고 있다.

> 나도 또한 신선으로 이런 풍진 무삼일고
>
> 나도 또한 한울님께 신선이라 봉명해도
>
> 이런 고생 다시 없다 세상 음해 다 하더라
>
> 기장하다 기장하다 내집 부녀 기장하다
>
> 내가 또한 신선되어 비상천飛上天 한다 해도
>
> 개 같은 왜적놈을 한울님께 조화받아
>
> 일야간一夜間에 멸하고서 전지무궁傳之無窮 하여 놓고
>
> 대보단大報壇에 맹세하고 한汗의 원수 갚아보세(「안심가」)

수운 선생 스스로 어려운 국난을 극복하고 난세를 구하고자 한울님
께 명을 받아 이 세상에 태어났다[82]고 말하고 있다. 따라서 임진왜란
당시에 소인들의 참소讒訴로 목숨을 잃게 된 김덕령과 같이 수운 선생
자신도 세상 사람들의 음해를 받고 있지만, 자신이 바로 국가적인 위
기로부터 국가와 민족을 구할 수 있는 인물이라고 노래하고 있다.

수운 선생이 동학의 가르침을 펴던 1860년 당시는 일본 역시 서양

---

82 『東經大全』「布德文」, "世人爲我上帝 汝不知上帝耶 問其所然 曰余亦無功故 生汝世間 教
人此法 勿疑勿疑."

으로부터, 특히 영·미 등에 의해서 침략적인 개항을 한 지(1854) 몇 해가 되지 않았을 때이다. 그러므로 어느 의미에서 당시의 일본 역시 조선이나 중국이나 마찬가지로 서양의 동점 세력권 속에 있는[83] 처지였다. 일본이 본격적인 정한론征韓論을 펼치며, 우리나라에 대하여 침략을 펴기 시작한 것은 1868년 시행된 명치유신明治維新 이후이다.[84] 따라서 수운 선생이 동학의 가르침을 펴던 시기인 1860년에서 1863년 사이에는 일본으로부터 침략의 기미를 전혀 느끼지 못하던 때이다. 이와 같은 여러 가지의 사정으로 볼 때에, 당시 수운 선생이 지니고 있던 일본에 대한 경계는 사실 특기할 만한 것이다.

이러한 수운 선생의 대일 의식對日意識은 첫째, 임진왜란을 비롯해서 일본은 늘 우리에게 침략자로서 그 관계를 맺어왔다는 사실이 수운 선생으로 하여금 이런 유의 의식을 지니게 한 것이요, 둘째, 일본은 문화적으로 우리보다 미개하여 늘 우리에게 왜이倭夷로서 멸시의 대상이 되었다는 잠재적 관념이 수운 선생에게도 내재해 있었던 것으로 풀이될 수 있다.

그러나 이런 유의 일본에 대한 의식은 당시로서는 매우 일반적인 것으로 우리나라 사람이면 누구나 지니고 있는 대일 의식 내지는 감정이다. 때문에 이것은 수운 선생 특유의 의식은 아니다. 그렇지만 당시 누구도 이와 같은 일본의 침략적인 근성을 우려하고, 또 머지 않아서 커다란 국가적인 우환으로 다가올 것이라는 생각은 하지 못했던 것도 사실이다.

■

83 朴宗秀·韓再龍, 『日本史槪說』, 형설출판사, 1982, 218쪽 참조.
84 鄭榮壽編, 『日本政治』, 學文社, 1984, 33~36쪽.

바로 그러한 시대에 그 침략적 근성과 미구未久에 닥쳐올 일본으로 인한 커다란 우환을 간파한 수운 선생의 시대적 안목은, 첫째, 국가와 민족이 지니고 있던 위기 의식을 폭넓게 감지하고 있었다는 한 증거이며, 둘째, 다만 일본을 왜이倭夷 정도로 폄하하던 당시의 양반 계층에 비하여 수운 선생은 보다 심도 있게 이들의 실체를 인식하였기 때문으로 생각된다. 즉 수운 선생은 보다 면밀한 보국안민 정신을 지니고 있었음을 우리는 여기서도 알 수 있다.

이와 같은 대일관對日觀이나 서양에 대한 인식을 기초로 하여 생각해 볼 때, 당시 수운 선생의 선지자적 대외 의식, 또는 보국안민의 폭이 어느 만큼 넓은가를 능히 짐작할 수 있을 것이다. 또한 이와 같은 보국안민 정신은 1894년의 동학혁명의 기치가 되었던 척양척왜斥洋斥倭의 중요한 사상적 바탕이 되기도 한다.

당시 우리나라에 직접적인 영향을 주던 서양 세력이나, 머지 않아 위해危害를 가할 일본에 대한 수운 선생의 인식은 곧 보국안민의 정신으로 나타나고 있다. 그런가 하면, 수운 선생은 인접국이며 동시에 우리나라에 지대한 영향력을 행사하고 있는 중국에 관하여서도 면밀한 관심을 지니고 있었던 것으로 나타나고 있다.

우리의 역사를 이야기하면서 늘 가장 중요한 인접국으로 거론되는 나라는 중국이다. 그 결정적인 요인은 물론 지리적인 조건이 되겠지만, 문화 · 정치 등의 제 문제에서 서로 중요한 관계로 오랜 역사 속에 흘러 내려왔기 때문이다.

그러나 이와 같은 우리나라와 중국 간의 관계는 모든 사람들이 인정하는 바와 같이, 불행하게도 서로 대등한 관계였다기보다는, 늘 중국이라는 대륙으로부터 간섭을 받고 심지어는 침략을 받았던 관계였던 것이다. 특히 조선조에 들어와서 이러한 중국과의 불평등 관계는 더욱 심화되어, 국가의 창업에서부터 당시 중국 천하를 장악하고 있던 명나라에 중추원사 조림趙琳을 보내어 새로운 정권의 수립을 고하게 했고, 심지어는 밀직사사密直司事 한상질韓尙質을 보내어 국호 재택裁擇을 청했다는 사실은 너무나도 잘 알려진 사실이다.[85]

이렇듯 조선조에 들어 사대事大로써 대 중국 관계의 기본을 삼고, 내면적으로는 유교를 국시로 삼고 나아가 이를 정치의 지도 이념으로 삼게 되므로, 이를 숭상하는 일부 유학자들에 의해서 스스로 우리나라를 소중화小中華로 칭하게 되는 모화사상慕華思想이 조선조 전반에 걸쳐 깔려 있었던 사실[86] 또한 부인할 수 없는 사실 중의 하나이다.

수운 선생은 비록 몰락했어도 그 명색이 경주 근향을 비롯하여 영남 일대에 널리 알려지고 또 모든 선비들이 추앙을 하는 학자요, 선비인 근암공[87]의 만득자晚得子이다. 그러므로 그의 학문적 형성기에는 그 부친으로부터, 대대로 내려오는 성리학性理學을 배웠을 것이며,[88] 유교적 관습에 젖어 소년기를 보낸 사람이었을 것이다. 따라서 수운 선생이 지닌 중국에 대한 기본적인 생각은 종래 우리의 유학자들이 지니고 있는 그것과 별 다름이 없을 것으로 생각된다. 이와 같은 모습은 다음과 같은 『용담유사』의 구절에서 찾아볼 수 있다.

━

85 震檀學會編, 『韓國史-近代前期篇』, 乙酉文化社, 1977, 64~65쪽.

86 특히 小中華 의식은 중국이 淸朝의 支配下에 들어감에 따라 온 天下가 北胡, 倭夷, 洋夷 등으로 싸여진 가운데 오로지 조선만이 '小中華'임을 자부하며 더욱 강해지게 되었다. 특히 淸에 대한 北伐論이 강하게 대두되면서, 小中華 意識은 더욱 강조되었다.

87 『近菴集』 卷六 「行狀」, 또는 『東經大全』 「修德文」, "家君出世 名盖一道 無不士林之共知."

88 『天道敎創建史』 第1編, "大神師 八歲로부터 漢學이 大進하야 百家詩書를 불과 數年에 외왔으며."

곤륜산 일지맥은 중화로 버려 있고

아동방 구미산은 소중화 생겼구나

어화 세상 사람들아 나도 또한 출세 후에

고도 강산 지켜내어 세세유전世世遺傳 아닐런가(「용담가」)

위에서 볼 수 있듯이 수운 선생 역시 중화中華에 대비한 소중화라는 말을 쓰고 있다. 종래의 유학자들이 우리나라를 일컬어 소중화라고 했듯이 수운 선생 자신이 태어났으며, 또 득도했고, 나아가 동학의 진원지로 여겨지는 용담정이 위치한 구미산을 중심으로 한 우리나라를 소중화라고 일컫고 있다.

그러나 수운 선생의 중화 의식은 다만 모화주의慕華主義에 입각한 의식만은 아니다. 당시까지 대부분의 사람들의 의식을 지배하던 중국 중심의 세계관을 관용적으로 사용한 것에 불과한 것이다.

당시의 시대적 관념과 함께 수운 선생이 지니고 있던 중국관은, 중국과 우리나라가 서양의 침략에 대해 공동의 운명을 지닌 나라로 보고 있다는 점이다. 1860년 영국과 불란서의 연합군이 북경을 함락했을 때, "중국이 망하게 되면 어찌 순망脣亡의 근심이 없겠는가?"[89]라고 근심을 표명한 것은 바로 이와 같은 관점을 단적으로 나타내 주는 모습이라고 할 수 있다. 즉 중국 역시 서양의 침공 앞에서는 우리나라와 다름 없는 공동적 운명에 처해 있는 것이며, 어떻게 하면 이를 극복하느냐의 문제만 각기 남게 된 것이다.

나아가 수운 선생이 바라보는 중국은 이제 더 이상 동아시아의 모

---

89 『東經大全』, 「布德文」, "天下盡滅 亦不無脣亡之歎 輔國安民 計將安出."

든 나라 위에 군림하는 '천하天下'로서의 중국이 아니라는 점 역시 중
요하다. 이는 곧 종래의 중국 중심의 세계관에 대한 일대 변혁이며,
새로운 세계인 서양에 대한 새로운 인식이기도 하다. 이러한 의식은
곧 중국을 중심으로 하는 중화주의의 역사관을 극복하는[90] 중요한 계
기가 되기도 한다. 다음과 같은 『용담유사』는 이와 같은 사실을 잘 나
타내 주고 있다.

> 개벽시 국초일國初日을 만지장서萬紙長書 나리시고
>
> 십이제국十二諸國 다 버리고 아국운수我國運數 먼저 하네(「안심가」)

위에 인용된 '개벽시 국초일'이란 다름 아니라 수운 선생이 동학을
세상에 펴기 시작한 경신년 4월 5일을 두고 한 말로 추정된다. 수운
선생은 자신이 도를 펴기 시작한 경신년을 중심으로 그 전의 세상을
선천先天이라고 했고, 그 후에 올 세상을 후천後天이라고 했다. 그러므
로 천지가 처음 열려, 비로소 세상이 시작된 것을 선천개벽이라고 한
다면, 한울님의 뜻을 받아 새로운 세상을 열었다고 한 경신년 4월 5일,
곧 수운 선생 자신이 한울님으로부터 무극대도를 받은 이 날을 후천
개벽의 첫 날이라고 이야기하고 있다. 이러한 이유 때문에 이 날을 '개
벽시 국초일'이라고 한 것이다.

그런가 하면, "십이제국 다 버리고 아국 운수 먼저 하네."라는 수운
선생의 생각은 곧 우리나라가 후천개벽의 선두 주자가 되어야 한다는
선민의식選民意識이며, 동시에 중세적中世的 중화 중심주의를 벗어나고

자 하는 자주주의의 선언이기도 한 것이다. 바로 이 점에서 수운 선생
은 '개벽시開闢時', 즉 이제 전개되는 후천개벽의 그 첫날을 새로운 민
족적인 자각을 한 이후 처음 맞는 의미의 '국초일'이라고 말하고 있는
것이다.

　이렇게 수운 선생은 종래의 중국 중심의 중세적 역사관을 버리고,
우리나라 중심의 역사관을 보여 주고 있다. 그러므로 민족 자존의 입
장에서 『용담유사』의 수장首章이라고 할 수 있는 「용담가」의 첫머리에
서 다음과 같이 부른 것으로 생각된다.

> 국호는 조선이요 읍호는 경주로다
>
> 성호는 월성이오 수명은 문수汶水로다
>
> 기자 때 왕도로서 일천년 아닐런가
>
> 동도는 고국이요 한양은 신부로다
>
> 아동방 생긴 후에 이런 왕도 또 있는가

　수운 선생 자신이 태어났고, 또 새로운 도를 받아 동학을 창도한 경
주 용담을 중심으로 월성月城, 문수汶水, 한양漢陽 등의 지명을 이야기
하고, 이어서 '국호는 조선'이라고 명기하고 있다. 이와 같은 발상은
곧 민족 자존의 입장에서, 조선은 '괴질운수에 들어 있는 십이제국'[91]
중에서 가장 먼저 이 괴질 운수를 벗어나 후천 오만년의 새로운 역사
를 선구적으로 이끌어 나갈 나라라는 의미가 들어 있는 것이다.

　이러한 수운 선생의 견해는 바로 동아시아에 퍼져 있던 중국 중심

---

91 『龍潭遺詞』「安心歌」, 이때의 十二諸國이란 곧 세계의 모든 나라를 의미하고 있음.

의 역사관, 즉 중국을 '천하'로 하는, 동아시아를 지배하던 보편적 세계관에서 벗어나, 민족 단위의 역사로서 '아국我國'을 논하고, 따라서 앞으로 올 세계에 대한 대망待望도 역시 우리나라에 초점을 두는[92] 보다 근대적 역사관을 피력한 것이라고 하겠다.

이러한 수운 선생의 중국관은 종래의 모화주의를 뛰어넘는 것은 물론, 자주주의에 입각한 근대적 국가관을 향한 새로운 시각이라고 말할 수 있다.

즉 수운 선생은 제국주의에 빠져 있던 당시 서양이나 머지 않아 침략주의 본성을 다시 드러내게 될 일본에 대한 선견지명 있는 인식을 통하여 보국안민 정신을 강조하였으며, 이로써 중세적 중국 중심의 세계관으로부터 과감히 벗어나 자주 · 근대적 국가관을 세우기도 하였던 것이다. 다시 말해서 수운 선생은 다만 국내적인 현실만을 관심의 대상으로 삼은 것이 아니라, 당시 우리나라를 둘러싸고 있는 서양 · 일본 · 중국 등에 대하여도 관심의 끈을 놓치지 않고 주체적인 보국안민과 자주주의를 내세웠던 것으로 평가할 수 있다.

11. 동귀일체同歸一體

수운 선생에 의하면, 선천은 낡고 부패한 세상이다. 불순천리不順天理한 까닭에 무너진 도덕으로 인하여 상해지수傷害之數에 허덕이는 당시의 시대적 위기를 수운 선생은 선천의 괴질 운수怪疾運數로 보았

---

92 申一澈, 앞의 논문, 5쪽 참조.

다.[93] 그러므로 이러한 세상을 지양하고 새로운 후천의 세계를 열고자 하는 것이 곧 수운 선생의 궁극적인 이상이 된다. 수운 선생은 선천의 괴질 운수를 개벽하여 후천의 세계를 열어가고자 하는 후천개벽을 중요한 사상으로 내놓게 된다.

후천개벽이란 물질의 개벽만이 아니라, 정신의 개벽도 의미한다. 즉 '시천주'를 통하여 각자위심에 물들어 있는 사람들의 마음과 기운을 모두 한울님의 마음과 기운으로 바꾸는, 그런 정신의 개벽을 뜻하고 있는 것이다. 이는 다시 곧 '내 안에 모신 한울님을 깨달아 한울님의 덕德과 일치하는' 그러한 '여천지합기덕與天地合其德'을 뜻하기도 한다. 이와 같이 정신의 개벽을 한 사람을 수운 선생은 '지상신선地上神仙'이라고 이름하고 있다. 다음과 같은 『용담유사』의 구절들을 보기로 하자.

시킨대로 시행해서 차차차차 가르치면

무궁조화無窮造化 다 던지고 포덕천하布德天下할 것이니

차제도법次第道法 그뿐일세 법을 정코 글을 지어

입도한 세상 사람 그날부터 군자되어

무위이화될 것이니 지상신선 네 아니냐.(「교훈가」)

각자위심에 가득 찬 세상의 사람들이 동학에 입도하게 되고, 수심정기의 수련법으로 무위이화되어 이내 지상신선이 된다고 노래하고 있다. 여기에 등장하고 있는 군자나 지상신선은 궁극적으로 '무궁한

93 『東經大全』「布德文」, "我國惡疾滿世 民無四時之安 是亦傷害之數也."

나'로서의 정체성을 깨달은 존재로, 다시 말해 한울님의 덕을 체득한 사람이며, 나아가 당시의 타락한 시대적 위기 속에서 가장 요구되고 있는 이상적인 인간형이기도 하다.

이와 같은 '군자'나 '지상신선'은 특정한 사람이 아니라, 반상班常의 구분이나 귀천의 신분적인 구별 없이 세상의 모든 사람이 군자도 되고 또 지상신선도 될 수 있다는 것이 수운 선생의 지론이다.

이처럼 수운 선생은 "입도한 그날부터 군자가 된다."고 군자의 개념을 세속화하여 개개인의 내면에 주체화시키고, 신선을 지상신선으로 현실화하여 부르고 있다. 수운 선생은 실제적인 삶과는 거리를 둔 유학의 군자상君子像 또는 도교의 현실을 떠난 초월적 존재로서의 신선상神仙像에 역동성을 부여한 '군자 사람' 또는 '지상신선'을 새로운 인간상으로 제시함으로써 정신적인 혁신[94]을 시도했다.

이러한 지상신선들에 의하여 이룩된 세상이 곧 후천개벽의 세계이며, 동시에 동귀일체同歸一體의 세상이다. 동귀일체란 이기적인 개체만을 내세우는 각자위심의 반대가 되는 개념으로, 한울님의 뜻을 자신의 뜻으로 삼아 한울님과 한 마음으로 돌아간다는 의미가 되며, 동시에 지공무사한 한울님의 마음을 지닌 지상신선들의 공동체를 지칭하는 말이 되기도 한다.

그러므로 이는 사람들로 하여금 '나'라는 개체를 뛰어넘어 '우리'라는 공동의 장으로 사회를 바라보게 하고 또 인식하게 하는 중요한 개념이 되기도 하다. 즉 우주적 차원에서 '우리라는 정신으로' 지상신선의 네트워크를 형성하는 개념이기도 한 것이다.

■
94 문명숙, 앞의 논문, 154쪽.

12. 후천개벽後天開闢

개벽이란 말 뜻 그대로 천지개벽을 의미한다. 즉 우주가 처음 생기고, 우주적인 질서에 의하여 삼라만상森羅萬象이 처음의 틀을 지니게 되는 그때를 '개벽'이라고 부른다. 동양에서는 오래 전부터 천지가 개벽되기 그 이전을 선천이라고 했고, 또 그 이후를 후천이라고 했다. 그런가 하면, 이 선·후천의 개념이 인류 문명의 발전 전개에 따라 구분되기도 하였다.[95] 즉 문명의 발전이나 문화의 전개에 따라 새로운 삶의 질서가 형성되고, 새롭게 대두하는 시대를 후천이라고 이름했음을 볼 수가 있다.

수운 선생 역시 전통적인 동양적 관념을 가지고 '후천개벽'을 생각한 듯하다. 특히 수운 선생은 자신이 살았던 당시를 기점으로 그 이전을 선천이라고 이름하고 있다. 그런가 하면, 선천先天을 다시 문명 이전인 우부우민愚夫愚民의 시기, 그리고 새로운 문명을 자각하고 성인聖人들이 등장하여 천도가 밝혀지는 오제五帝 이후의 문명시대, 나아가 세상의 사람들이 천리와 천명을 따르지 않으므로 도덕이 무너지고 혼란이 초래되는 막지소향莫知所向의 시기 등으로 나누고 있다.[96] 그런데 수운 선생이 도를 깨닫던 그 시기에 선천이 오만년의 사이클을 그리며 마감을 고하고 세상은 필연적으로 새로운 후천을 맞이하게 된다는

---

95 干寶周禮, "伏犧之易小成爲先天 神農之易中成爲中天 黃帝之易大成爲後天."

96 水雲 선생의 선천에 관한 시대 구분은 『東經大全』「布德文」의 첫 부분에 나오고 있는 것을 재구한 것으로, 지금까지의 인류 역사를 간략하게 이러한 삼 단계로 나누고 있음을 볼 수가 있다. 따라서 이러한 삼 단계의 전개와 함께 선천의 시대가 끝이 난다고 보는 것이 수운 선생의 생각이다.

것이다. 즉 사람들이 천리와 천명을 따르지 않는 것도 선천의 마지막이라는 시대적 운상運相이고, 이 선천이 마감되고 새로운 후천이 열리는 것 역시 시운時運에 의한 것이라고 보고 있다.

따라서 수운 선생이 펼치는 후천개벽설의 가장 중심을 이루는 것은 곧 '시운時運'[97]이다. 즉 시운에 의하여 곧 새로운 후천의 세상이 전개됨이 필연적 사실이라고 수운 선생은 믿고 있다. 그러나 세상의 사람들은 이러한 사실을 믿지 않고, 그러므로 수운 선생은 답답함과 한스러움을 토로하게 된다.

> 애석하구나. 지금 세상 사람들은 시운을 알지 못하여, 나의 이 말을 들으면 들어가서는 마음으로 그르게 여기고, 나와서는 모여서 수군거리며 도와 덕을 따르지 아니하니, 심히 두려운 일이로다.[98]

인용된 부분과 같이 수운 선생이 안타깝게 생각하고 있는 것은, 첫째는 세상 사람들이 새로운 운으로 후천이 온다는 그 시운을 알지 못한다는 것이고, 둘째는 도와 덕을 따르지 않는다는 사실이다. 그러므로 심히 두렵다고 말하고 있다. 만약 시운에 의하여 새로운 차원의 삶

---

97 이러한 時運에 관하여, 水雲 선생은 『용담유사』 곳곳에서 '天運', 또는 '時運' 등으로 표현해 놓고 있음을 볼 수 있다. 특히 『용담유사』 여덟 편 중에 '시운', '천운' 등의 어휘가 58개나 나오고 있어, 가장 사용 빈도수가 높은 어휘로 지적되고 있기도 한다. 또한 『용담유사』 여덟 편, 전편에 모두 분포되어 있는 유일한 어휘이기도 하다. 그러므로, 이 '시운'이니 '천운'이니 하는 단어가 당시 새로운 개벽을 희구하고 있던 대중들에게 동학을 전파시키는 데에 중요한 역할을 발휘한 단어로 연구자들에 의하여 평가되고 있다. 睦貞均, 「東學運動의 求心力과 遠心作用」, 『韓國思想』 13집, 1975.

98 『東經大全』 「布德文」, "惜哉 於今世人 未知時運 聞我斯言則 入則心非出則巷議 不順道德 甚可畏也."

인 후천이 저절로 온다면, 세상의 사람들이 수운 선생 자신의 말을 믿든 믿지 않든, 또 도덕을 따르든 따르지 않든 아무런 문제가 되지 않을 것이다. 그러나 실상은 후천의 새로운 세상이 도래하기 위해서는 사람의 주체적 노력이 절대적으로 중요한 것이기 때문에 수운 선생은 걱정을 하고 있는 것이다.

　수운 선생이 걱정을 하는 구체적인 이유는 다름 아닌 세상의 사람들이 "도와 덕을 따르지 않는 삶을 살고 있다."는 사실이다. 세상의 사람들이 도와 덕을 따르지 않으면, 시운이 아무리 다가와도 결코 후천의 세상이 열리지 않는다고 수운 선생은 생각하고 있다. 즉 시운에 의해 새롭게 열리는 후천개벽에 있어 무엇보다도 필요한 것은 세상의 사람들이 천도天道를 따르고, 그러므로 천덕天德을 드러내는 삶을 영위해야 한다는 사실이다. 다시 말해서, 시운은 천도의 법칙이지만 이것이 실현되는 것은 바로 사람들의 주체적인 노력 여하에 달려 있다는 말이 된다.

　이와 같은 후천개벽에 관한 생각은 곧 수운 선생의 역사관이 되기도 한다. 따라서 '십이제국 괴질운수'가 바로 '다시 개벽이 되는, 태평성세'의 원칙적인 요인이 되고 있으며, 또한 '쇠운이 지극하면' 이내 '성운이 온다'는, 역易에 근거한 순환사관循環史觀의 관점에 수운 선생은 서 있는 것이다. 그러나 한번 성하고 한번 쇠하는(一盛一衰) 순환적인 시운時運도 또한 천명天命에 의한 것이라고 수운 선생은 보고 있다. 다음과 같은 『동경대전』의 구절에서 이러한 면을 확인시켜 주고 있다.

　　오제五帝 이후로부터 성인이 나시어 일월성신과 천지의 도수度數를 책

으로 만들어 내어, 이로써 천도天道의 떳떳함을 정하고, 일동일정一動一靜
과 일성일패一盛一敗를 천명에 붙이니, 이는 하늘의 명을 따르고 하늘의
이치를 따르는 것이다.[99]

수운 선생은 천지가 조판肇判된 이후 우주의 모든 움직임, 즉 일성일
패와 일동일정은 모두 천명에 부합되는 것이며, 아울러 이를 밝혀낸
성인들의 뜻도 결국은 천리를 따르기 위한 것이라고 설명하고 있다.
즉 천명에 의하여 성인聖人이 천리를 밝히고, 이 밝혀진 천리에 따라
가르침을 세상에 폈다는 설명이다.

수운 선생은 소인小人과 군자君子를 논하고, 또 인성人性을 논하는 자
리에서 이러한 문제에 관하여 다음과 같이 부연하여 설명하고 있다.

> 묻기를, "한울님 마음이 곧 사람의 마음이라면 어찌하여 선악이 있겠
> 습니까?" 대답하기를, "사람은 귀천貴賤이 다르고 고락苦樂이 정해져 있
> 다고 하나, 군자의 덕은 기운이 바르고 마음이 정해져 있으므로 천지와
> 더불어 그 덕이 일치되고 소인의 덕은 기운이 바르지 못하고 마음이 옮
> 기므로, 천지와 더불어 그 명이 어긋나니, 이것이 성쇠의 이치가 아니겠
> 는가."[100]

사람은 본성 그 자체에 선악·귀천·고락의 다름이 있는 것이 아니

---

99 『東經大全』「布德文」, "自五帝之後 聖人以生 日月星辰 天地度數 成出文券 以定天道之常
然 一動一靜 一成一敗 付之於天命 是敬天命而順天理者."
100 『東經大全』「論學文」, "曰天心卽人心 則何有善惡也 曰命其貴賤之殊 定其人苦樂之理 然
而君子之德 氣有正而心有定故 與天地合其德 小人之德 氣不正而心有移故 與天地違其命
此非盛衰之理耶."

라, 하늘의 덕과 명을 잘 따르느냐 또는 따르지 않느냐에 따라 결정된다는 것이다. 또한 군자와 소인 역시 기운과 마음이 바르고 정해져 있느냐 아니냐에 따라 나뉘게 되는 것이라고 설명하고 있다. 그런가 하면, 성盛과 쇠衰의 시운도 궁극에 있어서는, 천지와 더불어 그 덕이 합치되는 군자의 덕을 쌓느냐, 천지와 더불어 그 명이 서로 어긋나는 소인의 행색을 하느냐에 따라 결정된다고 보고 있다. 즉 경천명 순천리에 의해서 사람들은 군자의 덕을 갖추게 되고, 이와 같은 군자의 덕을 갖춘 사람들에 의해서 성운이라는 새로운 차원의 삶을 맞이할 수 있다는 것이 수운 선생의 생각이 된다.

　이와 같은 관점에서 볼 때, 지극한 쇠운인 당시의 시대적 위기가 극복되고 성운의 시대가 도래하기 위해서는 필연적으로 하늘의 도와 덕에 일치하는 군자의 덕을 사람들이 갖추어야 한다는 것이 수운 선생의 지론이다. 즉 새로운 후천개벽의 시운을 맞아, 이를 올바르게 맞이하기 위해서는 세상의 사람들이 모두 '여천지합기덕與天地合其德'하는 군자의 덕을 갖추어야 한다는 것이다.

　그런데 이러한 깨달음을 통해 이룩되는 군자의 길은 어느 특정한 사람만이 행할 수 있는 것이 아니라, 세상의 모든 사람들이 행할 수 있는 것이며, 또 그래야만 한다고 수운 선생은 믿고 있다. 이와 같은 수운 선생의 신념을 다음과 같은 『용담유사』의 구절에서 찾아 볼 수 있다.

　　　시킨대로 시행해서 차차차차 가르치면
　　　무궁조화 다 던지고 포덕천하 할 것이니
　　　차제도법次第道法 그 뿐일세 법을 정코 글을 지어

입도한 세상 사람 그날부터 군자되어

무위이화無爲而化될 것이니 지상신선 네 아니냐(「권학가」)

위에 인용된 가사의 구절에서 볼 수 있듯이, 한울님의 가르침을 받아 동학에 입도한 그날부터 세상 사람들은 누구나 군자가 되고, 또 지상신선이 된다고 말하고 있다. 어떠한 반상班常의 구분이나 귀천貴賤의 신분적인 구별도 없이, 세상의 모든 사람들이 군자도 되고 신선도 될 수 있다는 것이다. 그런가 하면, "입도한 그날부터 군자가 된다." 하여, 일반적인 '군자'의 개념을 세속화하고 개개인의 내면에 주체화시키고 있으며, 신선이라는 비현실적인 용어를 지상신선地上神仙이라고 명명하여 현실화시키고 있음도 볼 수 있다.

군자나 지상신선은 궁극적으로 '무궁한 나'로서의 존재를 깨달은, 하늘의 덕을 체득한 사람이며, 나아가 당시의 타락한 시대적 위기 속에서 가장 요구되고 있는 이상적인 인간형이기도 하다.

'무궁한 나'로서의 존재를 깨달은, 하늘의 덕을 체득한 삶(與天地合其德)이란 다름 아니라, 이 우주의 만유와 더불어 서로 균형을 이루고 조화를 이루는 삶을 말한다. 따라서 이는 '신神 중심' 혹은 '사람 중심'의 차별화와 그 위계位階를 벗어나는 길이기도 하다. 나아가 이는 곧 신 중심의 중세적 세계관, 또는 사람 중심의 근·현대적 세계관에 기초한 이성 중심주의의 폐해로부터 벗어나 새로운 우주적 질서를 이룩하려는 동학적 포스트 모더니즘의 구체적인 모습이기도 한 것이다. 바로 이와 같은 면에서 동학의 후천개벽이 지닌 현대적 의미를 찾을 수 있을 것이다.

즉 수운 선생이 자신의 가르침을 통해 천명하고 있는 '후천개벽後天

開闢'이란 '타락한 심성'에서 하늘의 덕을 깨달아 새로운 '군자 사람', 또는 '지상신선'으로 변모하는 '새로운 차원의 정신 개벽'이며, 개벽이 라는 거대한 차원의 변화를 통하여 이룩하려는 참다운 우주적 삶이기 도 한 것이다.

이와 같은 후천개벽의 새로운 세상을 수운 선생은 『용담유사』에서, '봄' 또는 '춘삼월 호시절'로 표현하고 있다.

> 이 글 보고 웃지 말고 숙독상미熟讀詳味 하였어라
>
> 억조창생 많은 사람 사람마다 이러하며
>
> 허다한 언문가사 노래마다 이러할까
>
> 귀귀자자 살펴 내어 역력히 외워 내서
>
> 춘삼월 호시절에 놀고 보고 먹고 보세(「권학가」)

> 난법난도亂法亂道 하는 사람 날 볼 낯이 무엇인고
>
> 이같이 아니말면 제 신수 가련하고
>
> 이내 도 더럽히니 주소간 하는 걱정
>
> 이 밖에 다시없다
>
> 작심으로 불변하면 내성군자乃成君子 아닐런가
>
> 귀귀자자 살펴 내어 정심수도 하여 주면
>
> 춘삼월 호시절에 또다시 만나볼까(「도수사」)

> 한울님이 내 몸 내서 아국운수我國運數 보전하네
>
> 그 말 저 말 듣지 말고 거룩한 내 집 부녀
>
> 근심 말고 안심하고 이 가사 외어 내서

춘삼월 호시절에 태평가太平歌 불러보세(「안심가」)

사회적인 혼란과 함께 시대적 위기를 겪고 있는 당시의 우리나라, 즉 효박한 세상으로 표현되고 있는 당시 시대적인 상황이 '춘삼월 호시절'과 같이 좋은 세상, 다시 말해서 지상천국地上天國이 되기 위해서는, 세상 사람들은 자신의 가르침을 잘 살피고 외워 내어 그 이치를 올바르게 깨닫고, 또 '정심수도正心修道'를 하여 모두 완전한 인격체인 지상신선이 되어야 한다고 말하고 있다.

이로 미루어 보아, 『용담유사』에 나타나고 있는 '춘삼월 호시절' 또는 '봄'은 한울님 마음을 지닌 지상신선들의 공동체이며, 동시에 각자 위심의 타락한 세태를 뛰어넘는 동귀일체의 세상, 동학의 이상적 세상을 상징하고 있는 것으로 풀이될 수 있다.

그렇다면, 수운 선생이 펼치고 있는 동학적 낙원상이란 어떠한 것인가? 동학의 경전을 검토해 보면, 수운 선생이 지향하던 낙원은 현실을 초월한 다른 시공時空에 자리한 낙원이 아니라 우리가 사는 이 현실(또는 지상)에 존재하는 낙원이라는 점이 그 특징이라고 하겠다. 그런가 하면, 어떠한 사회 제도나 정치적인 모순을 극복하고 이룩하는 낙원이 아닌, 인격지수(personality quotient)의 향상을 통해 이룩되는, 보다 인간의 품성이 강조되는 낙원이라는 점이 특징이다.[101]

동양에서 낙원은 신선 사상神仙思想에서부터 비롯되는 선경仙境을 가장 주된 것으로 삼고 있다. 또한 이러한 선경으로 흔히 지목되는 것은 영주瀛州·봉래蓬萊·방장方丈의 삼신산이다. 이는 혹 산이라고도 하고

---

101 尹錫山, 「龍潭遺詞에 나타난 樂園思想 硏究」, 『韓國學論集』 8집, 한양대 한국학연구소, 1985, 220쪽.

또는 섬이라고도 하며, 막연히 발해渤海 한가운데에 있다고도 하며, 또
는 동해 해상에 있다고 하기도 하며,[102] 그 구체적인 장소는 문헌에 따
라 서로 달라, 어느 일정한 곳을 이르는 이름이 아닌 듯싶다.

우리나라 기록에는 지리산·금강산·한라산을 각기 방장산·영주
산·봉래산이라고 하여, 그 구체적인 지명까지를 들어 이를 설명한
것도 있다.[103] 그러나 실제로 삼신산은 어떠한 사실적인 지명이나 장
소를 들어 말한 것이라기보다는, 선가仙家에서 자신들의 상상에 의해
서 붙인 이름에 불과한 것으로 생각된다. 즉 이는 이들 선가들이 지닌
신선 사상에 의해 상상된 한 이상향이라고 보는 것이 일반적이다.

이상향으로서의 낙원을 묘사한 기록을 보면 다음과 같다.

> 영주는 동해 중에 있는데, 신지神芝와 선초仙草가 있다. 봉래는 봉래산
> 으로 동해의 동북쪽에 있는데 그 둘레가 오천 리다. 둥근 바다가 산을
> 둘러 있는데 둥근 바다의 물은 그 빛이 검어서 명해冥海라 한다. 바람이
> 없어도 물결이 백 길이나 일어서 왕래할 수가 없고, 다만 신선만이 날아
> 서 그곳에 갈 수 있을 뿐이다…(중략)… 삼신산은 발해 가운데 있는데 일
> 찌기 그곳에 다녀온 사람이 있으며, 신선이 살고 있고 불사약이 있으며,
> 그곳에는 모든 물건과 금수가 다 흰빛이고 금으로 궁궐을 지었다 하였
> 다.[104]

이와 같이 선경은 대체로 현실과는 거리가 먼 곳(이를 구체화시키기 위하

---

102 『史記』「封禪書』.

103 李睟光, 『芝峯類說』.

104 李能和, 李鍾殷 譯, 『朝鮮道敎史』, 普成文化社, 1983, 42쪽.

여 선경을 상상 속의 먼 산이나 바다 한 가운데의 섬으로 상정하고 있다.)에 위치하고 있으며, 신선만이 갈 수 있거나, 일반적인 사람은 얻을 수 없는 신지神芝・선초仙草 등 불사약이 있어 무병장수無病長壽할 수 있는 곳으로 표현되고 있으며, 현실 세계에서는 볼 수 없는 물건들, 즉 흰빛의 금수禽獸나 금으로 된 궁궐 등이 있는 곳으로 묘사되고 있다. 다시 이야기해서, 도교적 신선사상에 의한 선경, 즉 낙원은 이렇듯 현실의 밖에 존재하는 곳으로, 모든 사람들이 함께 공유할 수 없는, 신선만이 날아서 갈 수 있는 이상향일 뿐이다.

이러한 이상향을 가장 구체적으로 묘사한 글로는, 도연명陶淵明의 「도화원기桃花源記」를 들 수 있다. 도연명이 묘사한 도화원의 세계는 도교의 선경과 같이 외부로부터 격리된 내밀한 세계이며, 모든 사람이 늙거나 죽지 않는 불로장생不老長生의 탈속한 성적聖的 우주이며, 진秦이라는 난세亂世를 등진 평화로운 낙토이다. 그런가 하면 현실적 차원이 극복된 고차원적인 세계이기도 하다.[105]

이렇듯 동양의 낙원 사상은 주로 노장의 은일 사상隱逸思想과 자연 애호 사상, 나아가 이를 주요 근간으로 하는 신선 사상을 바탕으로 발생하였으며, 그러므로 그 낙원은 비현실적인, 혹은 초세적超世的인 성적聖的 공간에 위치하고 있어 인간의 현실 차원을 초월한 환상적 세계가 된다.[106]

이에 비하여, 동학에서 이야기하고 있는 낙원은 보다 현실적이며, 또한 환상적인 세계가 아닌 실제적인 세계인 지상에 낙원을 세워야

---

105 金錫夏, 『韓國文學의 樂園思想 硏究』, 日新社, 1973, 111쪽 참조.
106 金錫夏, 앞의 책, 10쪽 참조.

한다는 점이 그 특징이 된다. 그러므로 동학적 낙원인 지상천국地上天國[107]을 이룩하고 또 이에서 살아갈 사람은 다름 아닌 지상신선地上神仙이 되는 것이다.

그런가 하면, 이 지상신선은 세상의 모든 사람들이 한울님의 덕과 가르침을 따르기만 한다면 될 수 있으며, 그러므로 세상 사람 누구도 지상천국에서 살 수 있다는 만인 평등·만인 공유의 평등 사상을 주요한 바탕으로 한 낙원 사상이라는 데에 그 특징이 있다.

또한 동학에서 지향하는 낙원은 사회 제도의 개혁을 통하여 이룩하는 낙원이 아니라, 한울님의 도와 덕을 체득하여 인격적인 완성을 하고, 나아가 모든 사람이 여천지합기덕與天地合其德하는 지상신선이 되어, 이들의 손에 의해서 살기 좋은 세상인 낙원을 이룩한다는, 보다 개인의 인성이나 인격에 중점을 둔 낙원이라고 하겠다. 따라서 동학적 낙원 사상의 특징은 정치적·사회적 제도의 개혁을 통하여 이룩하고자 하는 낙원(Utopia of measures)이 아닌, 보다 인성에 중점을 둔 낙원(Utopia of man)이 된다. 다시 말해서, 정신의 개벽을 통해 이 지상에 천국을 이룩하겠다는 그러한 낙원 사상인 것이다. 이는 바로 물질의 개벽도 궁극에 있어서는 정신 개벽을 통해서만이 이룩될 수 있다는, 동학의 개벽 사상을 단적으로 반영한 생각이라고 말할 수 있다.

또한 이러한 동학의 낙원 사상은 외견상 서구에서 일어났던 천년왕국운동(千年王國運動, Millenium Movement)의 지상천국, 즉 이들이 추구하던 유토피아 사상과 매우 많은 유사점을 지니고 있다. 천년왕국 운동도 그 지향하는 낙원인 천국이 다른 곳(彼岸)에 있는 것이 아니라 이 지상

---

107 地上天國이라는 용어는 李敦化에 의하여 처음 쓰였다는 說이 있지만, 이는 東學의 3世 教主인 義菴 孫秉熙 선생에 의하여 教理的인 發展과 함께 쓰인 것으로 思料된다.

에서 실현될 것이라고 믿고 있었으며, 나아가 그 발전된 양태가 민중의 호응과 함께 혁신적인 면으로 전이될 수 있다는 점[108] 등이 그 유사한 면이라고 하겠다.

그러나 가장 특기할 만한 상이점은, 천년왕국의 지상천국은 강력한 메시아의 출현(예수의 재림)을 통해서 이룩될 수 있다고 믿는 점이다. 즉 강력한 힘을 가진 메시아가 이 땅에 재림하게 되면 이 땅은 천년왕국의 지상천국이 된다고 이들은 믿었던 것이다.[109] 그렇지만 동학의 교조 수운 선생은 태평천국의 난을 일으킨 중국의 홍수전洪水全과 같이 재림한 구세주(홍수전은 예수의 동생이라고 자칭했음)라고 자처한 바도 없고, 자기를 신 또는 신과 동등한 존재라고 자처한 바도 없었다. 따라서 올바른 세상이 되기 위해서는 수운 선생은 교도들에게 자신(수운)을 믿기보다는 '한울님'이라는 신을 믿고 위해야 한다고 말하고 있다. 이와 같은 면을 다음과 같은 『용담유사』의 구절에서 찾을 수가 있다.

해음 없는 이것들아 날로 믿고 그러하냐
나는 도시 믿지 말고 한울님만 믿었어라
네 몸에 모셨으니 사근취원捨近取遠하단 말가
내 역시 바라기는 한울님만 전혀 믿고
해몽 못한 너희들은 서책은 아주 폐코
수도하기 힘쓰기는 그도 또한 도덕이라(「교훈가」)

---

108 이러한 모습은 1894년 甲午東學革命 등으로 전개되고 있음을 말한다.
109 黃善明, 『民衆宗敎運動史』, 종로서적, 1981, 61~67쪽 참조.

수운 선생은 스스로 그 교도와 일반에게, "나는 도시 믿지 말고 한울님만 정성을 다해서 믿으라."고 말하고 있으며, 나아가 자신은 전지전능全知全能한 구세주가 아니라, 다만 후천 오만년의 도를 받은 선각자이므로, 이를 세상에 가르치는 한 사람의 스승임을 강조하고 있다.[110] 그런가 하면, 한울님의 소재가 다른 먼 곳에 있는 것이 아니라, 너희들(모든 사람들)의 안에 모셔져 있으니 사근취원捨近取遠하지 말고 마음 공부인 수도에만 전념하라고 가르치고 있다.

이러한 모습은 바로 지상천국의 건설이 천년왕국과 같이 어떠한 메시아의 출현과 함께 이룩되는 것이 아니라, 한울님의 덕을 따르는 마음가짐에서부터 비롯된다는, 개인 개인의 자아완성과 인격의 완성을 강조하며 인간 본성에 중점을 둔 낙원 사상이라는 점을 재삼 확인시켜 주는 것이라고 하겠다.

즉 수운 선생이 자신의 가르침을 통해 제시하고 있는 동학적 낙원 사상의 특징은, 여타의 낙원 사상들과 비교해 본 바와 같이, 보다 현세적인 낙원(Realistic Utopia)이며, 어떠한 사회 제도나 정치적인 제도를 개혁하고 이룩하는 낙원이 아니라, 인성의 정신 개벽, 즉 후천개벽을 통해 이룩하고자 하는 낙원인 것이다.

따라서 동학이 제시하는 개벽사상開闢思想은 곧 인간에 내재한 성품性稟의 개벽, 곧 정신의 개벽을 의미하며, 동시에 이러한 개벽된 인간인 지상신선들의 공동체인 동귀일체同歸一體의 지상천국을 이루기 위한 것이다. 나아가 천도에의 복귀를 통하여 새 한울 새 땅에 사람과

---

110 尹錫山, 「龍潭遺詞에 나타난 水雲像」, 『동학사상과 한국문학』, 한양대출판부, 1999 참조.

만물이 총체적으로 새로워지는,[111] 그리하여 새로운 질서의 삶을 이룩하고자 하는 동학적 낙원인 지상천국에 이르기 위한 사상이라고 하겠다.

---

111 『海月神師法說』 「開闢運數」, "新乎天 新乎地 人與物 亦新乎矣."

제6장 탄압과 순도

1. 탄압과 체포

수운 선생이나 동학에 관한 기록은 그 성격상 대체로 두 가지로 나눌 수 있다. 하나는 동학 교단의 인사나 동학 교단에 의하여 작성된 기록, 다른 한 종류는 동학 교단 이외의 인사나 관청 등지에서 수운 선생을 국문하면서 작성한 기록들이다. 이들 기록 중, 현재 가장 오래된 자료로는 수운 선생이 관에 의하여 참형을 당한 직후인 1865년 경 영해 접주인 박하선, 또는 수운 선생의 조카인 최세조 등이 중심이 되어 편찬한 것으로 추정되는[1] 『수운행록水雲行錄』이 있다. 다음으로 해월로부터 차도주次道主로 임명 받고 활동을 한 강수姜洙가 중심이 되어 1879년 집필한 『최수운선생문집도원기서崔水雲先生文集道源記書』[2]가 있

---

1 表映三,「水雲大神師의 生涯」,『韓國思想』20집, 1985, 95쪽.

2 『崔先生文集道源記書』는 1879년 旌善 房時學의 집에서 당시 동학의 지도자들인 姜洙 등이 海月 선생의 지도 아래 편찬된 책이다. 그러나 이 기록은 그 제목과 같이 '水雲 先生의 文集'에 관련되는 내용은 없고, 다만 水雲 선생 탄생에서부터 道를 세상에 펴는 과정, 그리고 수운 선생의 참형, 나아가 해월 선생이 수운 선생 참형 이후 동학의 교단을 이끈 역사적인 사실들이 기록되어 있다. 즉 '동학의 역사서'라고 할 수 있는 기록이다. 그러나 그 表題에 '崔先生文集'이라는 말이 붙은 것은, 이 기록이 작성된 1년 후인 1880년에 麟蹄

다. 그리고 필자 미상인 『대선생사적大先生事蹟』이 전하고 있다. 한편 관변기록으로는 『비변사등록』, 『승정원일기』, 『좌우포청등록』 등에 간헐적으로 수운 선생의 행적이 나타나고 있다.

이 외에 천도교단에서 작성한 『천도교회사天道教會史』, 『천도교서天道教書』, 또 동학 천도교 인사들의 기록으로 오상준吳尙俊의 『본교역사本教歷史』, 이돈화李敦化의 『천도교창건사天道教創建史』, 오지영吳知泳의 『동학사東學史』 등이 있다. 또한 시천교侍天教의 박정동朴晶東이 펴낸 『시천교종역사侍天教宗繹史』가 있고, 이를 근간으로 편찬한 『시천교역사侍天教歷史』가 있다.[3] 이 외에 토막 자료로서는 『천도교회월보天道教會月報』와 『신인간新人間』 등에서 채취할 수 있는 증언 기록 등을 들 수가 있다. 수운 선생의 체포 경위나 처형 또는 관이 동학을 탄압한 경위를 살펴보려면 이상의 자료를 토대로 하여야 한다.

수운 선생이 경신년 한울님으로부터 무극대도를 받은 이후, 처음 겪게 되는 곤란은 다름 아닌 수운 선생이 살던 현곡면 일대의 경주 최씨, 곧 수운 선생의 가까운 일가친척들로부터 받는 험담과 질시였다. 즉 수운 선생이 한울님으로부터 도를 받았다는 소문이 널리 퍼지자, 이를 이해하지 못하는 인근의 친지들은 수운 선생이 미쳤다느니, 서학에 빠졌다느니 하며 험구를 하게 된다. 다음과 같은 『용담유사』의

甲遁里 金顯洙의 집에서 水雲 선생의 문집에 해당되는 『東經大全』을 판각하고, 이어서 2년 후인 1881년 丹陽 샘골 呂圭德의 집에서 『용담유사』를 판각한 사실을 보아, 이 무렵 '東學의 道跡'과 '水雲 선생의 文集'을 함께 기획하고 부쳤던 이름이 아닌가 추정된다. 따라서 오늘 전하고 있는 『崔先生文集道源記書』는 당시 함께 기획한 문집의 성격을 띠고 있는 『東經大全』과 『용담유사』가 함께 수록되어 있지 않으므로, 그냥 『道源記書』라고 부르는 것이 타당하리라고 본다.

3 朴孟洙, 「최시형 연구」, 박사학위논문, 한국정신문화원 한국학대학원, 1995, 7~13쪽.

구절은 이러한 정황을 잘 나타내고 있다.

> 가련하다 경주慶州 향중鄕中 무인지경無人之境 분명하다.
>
> 어진 사람 있게 되면 이런 말이 왜 있으며
>
> 향중풍속鄕中風俗 다 던지고 이내 문운門運 가련하다.
>
> 알도 못한 흉언괴설凶言怪說 남보다가 배나 하며
>
> 육친六親 무삼일고 원수같이 대접하며
>
> 살부지수殺父之讎 있었던가 어찌 그리 원수런고(「교훈가」)

> 요악한 고 인물이 할 말이 바이 없어
>
> 서학이라 이름하고 온 동내 외는 말이
>
> 사망년 저 인물이 서학에나 싸잡힐까.
>
> 그 모르는 세상 사람 그거로사 말이라고
>
> 추켜 들고 하는 말이 용담에는 명인 나서
>
> 범도 되고 용도 되고 서학에는 용터라고
>
> 종종걸음 치는 말을 역력히 못할러라(「안심가」)

이러한 당시 인근 친지들의 음해와 험구를, 수운 선생은 첫째 사람들이 천운을 알지 못하고 있는 탓이요, 둘째는 수운 선생의 득도를 시기하기 때문이라고 보고 있다.[4] 그런가 하면, 이러한 음해의 근원적인 원인으로 수운 선생은 그들이 오랫동안 봉건적인 관습에 젖어 양반을

---

4 『龍潭遺詞』「安心歌」, "그 모르는 세상 사람 한 장 다고 두 장 다고 비틀비틀 하는 말이 저리 되면 신선인가 칙칙한 세상 사람 勝己者 싫어할 줄 어찌 그리 알았던고", 또는 「敎訓歌」에, "그 모르는 세상 사람 勝己者 싫어할 줄 無根說話 지어 내어."

행세하며 살아왔기 때문이라고 말하고 있다.

> 이 운수 아닐러면 무죄한들 면할소냐.
> 하물며 이내 집은 과문지취科門之聚 아닐런가(「교훈가」)

즉 경주 근향의 경주 최씨 문중은 그 역사적으로 오랜 동안 과거에 나아가 공을 이룬 사람이 많은, 그러한 명문이기 때문에 더욱 수운 선생과 같이 당시 유학적인 관습을 깨고 새로운 도道를 펴고 있는 자신에 대하여 더욱 치열하게 험담과 음해를 하게 되었다고, 수운 선생은 말하고 있다. 즉 자신에 대한 인근 친지들의 음해나 험구는 궁극적으로 당시 전통적인 유교적 사회가 지닌 관념 때문이라고 수운 선생은 생각하게 된 것이다.

이와 같은 수운 선생의 우려는 이내 보다 구체화되어, 경상도 일대의 서원이나 향교 등지에서 수운 선생의 가르침인 동학에 대하여 비판을 하고, 이내 배척하는 운동을 펼쳐 나간다.[5] 이들 서원 등은 인근의 다른 서원으로 「통문」을 돌려서, 서로 '동학이 흉凶하고 추醜한 흉계를 마음속에 간지하고 있으며, 장차 예의禮義와 명교名敎의 나라인 우리나라를 혼란스럽게 할 것'[6]이라고 비난하고 있다. 그런가 하면, "동학은 서학의 천주天主를 받아들이고, 황건黃巾의 부적과 정화수를 답습한 무당과 같은 것이며, 사람들을 속여 이단과 금수에 빠지게 한

---

5   崔承熙, 「書院(儒林) 세력의 東學排斥運動 小考」, 『한우근박사정년기념사학논총』, 지식산업사, 1981.
6   愚山書院, 癸亥 九月 十三日, 通文.

다."[7]며, 그 죄를 용납할 수 없다는 입장을 밝히고 있다. 또한 이러한 서원 등지의 「통문」과 함께 당시의 유림에서는 "이러한 동학을 관官에 고하여 처벌하여야 한다."는 등의 서신을 관에 보내기도 하였다.

이렇듯 영남 일대의 유생들은 서원을 통하여 동학을 비방하는 「통문」을 돌리고, 또 서찰을 관으로 보내며, 한결같이 수운 선생을 혹세무민하는 술법을 부리는 서학의 무리보다 더하며, 이러한 술수를 통하여 재화를 모으는 사람이니 관에서 강경한 대책을 세워야 한다고 강변하였던 것이다. 이러한 동학과 수운 선생에 대한 유생들의 생각은, 다소 후일의 기록이기는 하지만, 흔히 조선조의 마지막 선비로 일컬어지고 있는 매천梅泉 황현黃玹의 기록에서도 쉽게 찾아볼 수 있는 일이다.

> 경주에 최제우라는 자가 있었는데, 스스로 말하기를 천신天神이 난亂을 내린다 하여, 문서를 짓고, 흉언을 만들고, 부적과 주문을 쓰는데, 그 학學은 역시 천주를 존경하는 것으로 스스로 서학과 구별하기 위하여 동학이라 개칭했다…(중략)…실상은 비리鄙俚하고 천근淺近하여 천주天主의 찌꺼기를 이어 받았다고 한다.[8]

앞의 여러 사례를 통하여 살펴본 바와 같이, 당시 수운 선생에 대한 비방은 대체적으로 서학으로 몰아부치는 일면이 있었으며, 문중에서도 가문을 망친다고 하여 원수같이 대하며, 힐난하기가 일쑤였다고

---

7 道南書院, 癸亥 十二月 初一日, 通文.

8 黃玹, 『梧下記聞』.

한다. 그러나 이러한 여러 비방 중 현실적으로 가장 어려운 문제는 관의 지목과 탄압이다. 즉 수운 선생이 관영官營에 불려가서 엄중한 경고를 받기도 하고, 관에서 보낸 관원에 의한 사찰을 피부로 직접 느끼기도 하니, 이것을 묵살하기는 매우 어려웠던 것으로 생각된다. 앞에서 논한 바와 같이 수운 선생은 하는 수 없이 동지섣달 설한풍이 부는 한겨울, 용담을 떠나 전라도 남원 땅으로 봇짐을 꾸려 떠나기도 하였고, 용담에 돌아온 이후에도 경주 감영에 잠시 구금되는 일까지 겪게 된다.

또한 수운 선생이 남긴 「통문通文」에는 "수 년을 지내는 동안 화를 입을 만한 의심스러운 일을 한 적이 없는데 뜻밖에도 이번에 경주 관영에 잡혀가 도둑 취급을 당하는 욕을 당해야 했으니, 이 무슨 액운이랴…(중략)… 내가 가르친 도가 서학과 같은 도로 취급되니, 참으로 수치스러운 일이다."[9]라는 내용이 들어 있다. 다시 말해 이 무렵 관은 수운 선생을 체포하여 서학으로 취급했음이 분명하며, 또한 다시는 포교를 하지 말라고 강경히 경고하였던 것으로 생각된다.

이러한 관의 지목과 탄압 속에서 수운 선생은 자신의 도통道統 전수를 생각하게 되고, 또한 동학의 조직을 보다 결속시킬 수 있는 접주제接主制를 확립하여, 자신의 도를 지키고 이를 펴나갈 방도를 마련해 나간다.

마침내 이렇게 지속되는 관과 유생들의 지목과 탄압 속에서, 수운 선생은 도를 세상에 편 지 불과 3년도 안 돼서, 조선조의 조정에서 파견된 선전관宣傳官이 이끄는 관군에 의하여, 계해년(1863) 12월 10일에

---

9 『東經大全』(癸未版) 「通文」, "吾無禍生之疑 不意受辱於治賊之下者 此何厄也…(중략)…況此 若是善道 同歸於西夷之學 切非羞恥之事耶 何以參禮義之鄕 何以參吾家之業乎."

경주 용담에서 여러 제자들과 함께 체포되고 만다.

조정은 경상 감사가 올린 보고에 따라 동학에 관하여 심각하게 논의한 뒤에, 동학을 금압하기로 방침을 세우고 수운 선생과 동학의 주요 간부들을 체포하도록 지시한다.[10] 이때의 죄목은 '혹세무민惑世誣民'이었다.[11] 이 해 11월 20일에 벌써 조정에서는 수운 선생을 체포하여 압상押上할 선전관과 수행원을 임명하였다. 선전관에 정운구(鄭雲龜 : 일부 기록 鄭龜龍은 오기임)를 선임하고, 수행원에는 무예별감武藝別監 양유풍梁有豊과 장한익張漢翼, 좌변포도군관左邊捕盜軍官 이은식李殷植 등이 임명되었다. 이 밖에 정운구의 종자 고영준高英晙까지 합하여, 일행은 5명이 된다.[12]

그날로 서울을 출발하여 남대문을 나선 일행은 어명을 개봉하고 자신들에게 부여된 소임을 확인한 다음, 며칠을 머문 뒤, 11월 22일 길을 떠나, 밤낮으로 목적지인 경주로 향한다. 문경 새재를 넘어서면서 이들은 본격적으로 동학에 관한 여러 가지 사실을 탐문하기 시작을 한다. 새재를 넘어 영남 지방에 이르자 각 주州 군郡마다 밤이면 동학의 주문이 그치지 않는 곳이 없음을[13] 확인하고, 선전관 정운구 일행은 그동안 보고된 사실보다도 동학이 더욱 심각하게 많이 퍼진 것을 알게 된다.

■

10 『邊司謄錄』, 哲宗 十四年 十二月 二十日條.

11 申奭鎬, 「東學亂과 崔水雲」, 『세계』 2-5, 1960.

12 『高宗實錄』, 元年 十二月 二十日 壬辰, "宣傳官鄭雲龜書啓 臣於十一月十二日 敬奉傳敎 率武藝別監梁有豊張漢翼 左邊捕盜廳軍官李殷植等 以慶尙道慶州等地 東學魁首詳探捉上次 忙出城外 藏蹤秘跡 星夜馳往."

13 『承政院日記』, 癸亥 十二月 二十日條, "自鳥嶺至慶州 爲四百餘里 州郡凡十數 東學之說 幾乎無日不入聞 而環慶州隣近諸邑 其說尤甚 店舍之婦 山谷之童 無不誦云其文 名之曰爲天主 又曰侍天主."

이들이 언제쯤 경주에 도착했는지는 알 수 없으나, 새재에서 경주까지 4백 리가 넘는 거리를 일일이 조사를 하면서 내려왔다고 하니, 11월 말경이나 12월 초순쯤이 되지 않나 생각된다. 정운구의 장계狀啓에 의하면 매우 구체적으로 조사하였음을 알 수 있다. 특히 경주에 도착한 날로부터 시장이나 사찰 등지로 다니면서, 여러 사람을 통해 수운 선생과 동학에 대하여 염탐하였던 것으로 되어 있다.[14]

이렇듯 관의 지목과 관인의 사찰 등으로 위기감이 용담 일대에 넘치던 어느 날, 수운 선생은 문득 제자들을 불러놓고, "내가 전에 한 꿈을 꾸었는데 태양의 살기殺氣가 왼쪽 넓적다리에 닿자 불로 변하여 밤새도록 타며, 사람 인人자를 그렸다. 깨어서 넓적다리를 보니, 한 점 붉은 흔적이 있어, 사흘을 남아 있었다. 이것은 결코 좋은 징조가 아니다. 분명히 머지 않아 화가 미칠 것이다."[15]라고 말하였다. 이는 수운 선생이 스스로 자신에게 곧 닥칠 위기를 감지하고 있었음을 보여주는 일화이다.

이즈음 수운 선생은 기도를 해도 한울님께서 강화(降話 : 한울님이 내리는 가르침의 말)의 가르침을 거둬들이고, 다만 시석矢石을 피하는 법만 가르쳐 주었다고 한다. 또 그로부터 얼마가 더 지나서는 한울님의 가르침인 강화가 끊어졌다고 한다. 그와 비례하여 수운 선생은 자신에게 닥쳐올 화를 예견하는 말이나, 제자들에게 자신을 정리하는 의미의 강론을 자주 했다. 이러한 강론의 하나를 소개하면, 다음과 같다.

---

14 『高宗實錄』, 高宗 元年 十二月 二十日 壬辰, "故臣行到慶州之日 出沒於場市寺刹之間 往來于樵牧商賈之際 則或不待問而先說 或未及答而詳傳."
15 『水雲行錄』, "先生曰 前日有一夢 太陽殺氣 着於左肵 而變爲火 終夜寫人字 而覺後見肵 則有一点紫痕 露於三日 是以尙有所憂 而心獨知禍 將至也."

개벽 이후로, 이 세상에 혹 한울님을 친히 모시고 문답하고 가르침을 받은 사람이 있었느냐? 내가 헛된 말을 하는 것이 아니다. 세상이 혹 그렇지 않다 하여, 헛된 말로 알고, 이러한 사실을 믿지 못한다면, 이것은 그 사람 각자의 운일 뿐이다. 그런 까닭으로 천운天運이 순환하여 가서 돌아오지 않는 것이 없으니(無往不復), 이로써 오만년 무극無極의 도를 나에게 명하여 내린 것이다. 이제 내가 받은 이 무극无極의 도는 옛날에도 듣지 못했고, 지금도 들어보지 못한 일이요, 옛날에도 비교할 수 없고 지금도 비교할 수 없는 법이다(古不聞今不聞之事 古不比今不比之法). 아! 아! 세상 사람들이 도를 훼손하는 것 역시 이러한 것을 깨닫지 못해서 그러한 것이니, 우리 도인들은 나의 이 무극대도를 진실로 공경하고 삼갈지어다.[16]

또한 11월에 이르러 「불연기연」을 짓고 또 「팔절」의 구절을 각처에 돌려 보이고 각기 「팔절」 구절의 이치에 합당한 것을 짓게 하였다. 이 글의 뜻을 봉封하여 각처에 보내기도 하였다.[17] 12월에 이르러 「팔절」의 가르침을 받으려는 사람들이 사방에서 연이어 왔다. 수운 선생은 자신의 마지막 강론을 예견이나 하듯이 제자들을 향하여 열과 성의를 다하여 「팔절」이 지닌 의미를 개진하고, 또 이를 확인하기 위하여 면강까지 시키며 열의를 보였다고 한다.

정운구 등 조정에서 파견한 관원들이 경주에 도착한 것은 적어도 12월 초순경이 된다. 경주부에 이른 이들은 일단 시장 거리와 사찰 등

■
16 「道源記書」.
17 『天道敎會史』 「地統」.

지를 다니며 탐문을 통해 수운 선생과 동학에 관한 여론 조사를 마친 다음, 12월 9일에는 양유풍과 종자 고영준을 직접 용담에 보내 상황을 조사토록 하기도 한다. 이들은 용담으로 들어가는 동구 근처에 있는 장張 모라는 사람을 통해 용담정으로 들어가 수운 선생을 만나 입도하러 왔다고 거짓을 말하고는 접근을 한다. 이들 둘은 꽤나 긴 시간을 이곳 용담에서 보내면서 내방하는 사람들의 동정과 수운 선생의 언동 또는 이곳 용담의 지형 등을 자세히 살핀 다음, 피곤하다는 핑계를 꾸미며 다시 용담을 물러 나온다.[18]

상황 조사를 마친 정운구는 그날 저녁, 비밀리에 경주부慶州府로 가서 포졸 30명을 동원하고, 양유풍·장한익·이은식 등을 거느리고 달밤을 타서 20리 길을 달려와 용담에 이른다. 용담 일대를 포위하고 있다가, 모든 사람들이 깊이 잠들기를 기다려 용담으로 습격을 하니, 이때가 12월 10일 새벽이다.[19]

이 무렵 이곳 용담에 묵는 사람들은 하루에 50~60명이나 되었다. 수운 선생이 체포되던 12월 10일 새벽은 아직 상현달이 완연하지 못한, 그래서 어스름이 용담을 덮고 있는 어두운 새벽이었다. 그날 밤, 수운 선생은 홀로 좁은 방에 침소를 정했다. 등을 높이 밝히고, 좌정한 모습으로 지긋이 눈을 감은 채, 묵념에 잠겨 있는 모습은, 어쩌면 노기를 띤 것 같기도 하고, 어쩌면 편안한 상념에 잠긴 것 같기도 했다고 한다.

이때에 경주부에 있던 장도경張道敬이라는 제자가 급히 달려와서

■
18 『備邊司謄錄』, 哲宗 十四年 十二月 二十日條, "今月九日 別遣梁有豊及臣從人高英晙等 直往福述所居處 使之詳探以來矣."
19 康道弼, 『東學道宗繹史』 제4장, "宣傳官鄭龜鎔 率慶州軍官數百人 包圍龍潭洞口."

"지금 저희들이 들으니, 조정에서 선생님을 해하고자, 선전관을 이곳으로 급파하여 경주에 와 있다고 합니다. 선생님께서는 급히 피하시는 것이 좋을 듯합니다."라고 고하니, 지긋이 눈을 감고 있던 수운 선생이 말하기를, "이미 나는 예견하고 있었다. 세상의 사람들을 가르친 이 도道는 바로 나에게서 연유하여 나온 것이다. 그러니 차라리 내가 당해야지 어찌 제군들에게 미치게 하겠는가?" 하며, 감은 눈을 뜨지도 않은 채, 그대로 앉아 있었다고 한다.[20]

마침내 군졸들이 달려들어 수운 선생을 체포하는 한편, 용담에 있던 수운 선생의 제자 등 23명도 결박하여 경주 부중으로 압송한다. 용담에서 체포한 23명 이외에도 경주에서 이내겸李乃謙과 최자원崔子元을 체포하였으며, 용담정 동구 밖에서 피신한 장가까지 잡았으므로, 모두 26명을 체포한 셈이다.[21] 그 중에는 수운 선생의 부인인 박씨 부인과 맏이 세정世貞이도 끼어 있었으며, 아직 성년이 되지 못한 어린 아이도 끼어 있었다고 한다. 다만 『도원기서』 등 동학 측 기록에 의하면, "선전관 정구룡(鄭雲龜: 필자)이 왕명을 받들어 본읍의 부중에 이르러 많은 장령將領과 나졸을 이끌고, 불의에 돌입하여 어명御命으로 체포해 갔으며, 이때에 체포된 사람은 십여 인"이라고 기록하고 있다.[22] 수운 선생과 그 가족 그리고 제자들은 바로 경주부로 보내진다.

그러면 어떠한 연유에서 당시 관과 조정은 수운 선생을 지목하고 체포 구금拘禁하여 참형이라는 형벌을 내리게 되는가? 앞에서 잠시 살

---

20 『天道教會史』, 「地統」.

21 『備邊司謄錄』, 哲宗 十四年 十二月 二十日條, "用夜半直擣巢穴 梁有豊前先登 隨後校卒 奮不顧身 縛出福述 又縛弟子二十三名."

22 『道源記書』, '及此龜龍多率將羅 不意突入 以御命招捉先生 以御命之致 勢無奈何 而其命捉去 其時曠境 不可勝言 同時所捉者 十餘人也.'

퍼본 바와 같이, 첫째로 조정은 혹세무민이라는 죄명을 달아 수운 선생을 체포한다. 혹세무민이란 증거로 관과 조정은 수운 선생이 펼치는 한울님의 도, 곧 무극대도가 사람을 속이는 사술邪術이라고 이야기하고 있다. 둘째로 조정은 수운 선생의 도를 서도西道라고 혐의를 씌워 체포하였다. 특히 당시 용담 일대의 마을 사람들이 수운 선생을 비롯하여 동학을 서학이라고 음해하였음은 앞에서 살펴본 바와 같다. 셋째로 조정에서는 수운 선생이 불만 세력들을 모아 난亂을 일으키려고 한다고 보았다.[23]

특히 수운 선생의 가르침이란 근본적으로 그 준표準標가 당시의 집권층인 양반에 있었다기보다는 고난을 겪는 민중에게 있었고, 나아가 당시의 시대적인 위기나 혼돈을 극복할 수 있는 힘의 주체가 자신을 포함한 당시의 민중이라고 가르쳤기 때문에, 당시의 보수적인 유교의 질서로 볼 때에는 이는 곧 반역이며, 윤리를 어지럽히는 사술로 보일 수밖에 없었던 것이다.

조선조는 유교 이념으로 통치 이념을 구축하고 있는 사회이다. 따라서 당시의 집권층이며 상층 계층인 양반들은 대체로 유교적인 질서 위에서 형성된 집권층이다. 그러므로 유학이 아닌 다른 질서의 체계가 들어오거나 생겨난다면, 이들은 당연히 위기 의식을 느낄 수밖에 없다. 당시 서양의 서학이나 수운 선생의 동학은 이들 지배 계층에게 있어 자신들의 이념이나 입지를 위험하게 한다는 면에서는 같은 것이었다.[24] 이로 보아 수운 선생의 가르침을 이들 집권층이 서학이나 사

---

23 『高宗實錄』卷1, 元年 三月 二日, "議政府啓 今此東學之稱 全襲西洋之術 而特移易名目 眩亂蚩蠢耳 苟不早行天討 克底邦憲 則其究也 安知不駸駸爲黃巾白蓮之歸乎."
24 吳知泳, 『東學史』第1章, 「布德과 遭難」, "이 말을 들은 監司는 말하되, 「東學이고 西學이

교邪教로 치부하는 것은 어찌 보면 당연한 논리라고 하겠다.

관과 조정의 수운 선생에 대한 지목과 탄압은 결국 인류의 역사 속에 오랫동안 침식되어 오던 봉건 질서를 거부하고, 새로이 인간의 본성을 회복하고자 했던, 그러므로 새로운 삶의 질서인 후천의 세계를 열어갈 새로운 가르침과 봉건적 보수성을 고수하려던 유림들의 이념이 서로 첨예하게 부딪친, 그 갈등의 가장 구체적인 모습이라고 말할 수 있을 것이다.

조정에서 파견된 정운구는 수운 선생과 그 제자들을 경주 진영에 일단 수감한 후, 용모를 파악 기록하는 조사를 마치고 형쇄刑鎖를 채웠다. 날이 밝자 제자들은 경주 진영에 가두어 두고, 수운 선생과 이내겸李乃謙만을 서울로 압송한다.

『천도교회사』나『수운행록』등의 기록을 통해 보면, 경주를 떠난 수운 선생의 압상 노정은 영천·대구·선산·상주·화령·보은·청산·청주·과천 순이다.

첫 번째 기착지인 영천에 이르렀을 때, 이곳에 속해 있는 포졸들의 악행과 모욕이 대단했다.[25] 이러한 나졸들의 악행은 죄인의 인척들로부터 뇌물을 받으려는 행태이다. 이렇듯 포졸들이 폭언과 악행을 하자, 수운 선생을 태운 말이 움직이지를 않아 크게 놀란 나졸들이 수운 선생에게 사죄를 하니, 그때야 비로소 말이 움직여 갔다고 한다.[26]

경주에서 대구에 다다른 이들은 당초에 문경聞慶을 거쳐 조령鳥嶺을

고를 莫論하고 儒道의 系統 밖에는 모두가 異端이오 邪道가 아니냐.」고 號令질을 하며 先生을 잡아 刑 위에 앉히고 猛杖을 나리었다."

25 『大先生主文集』, "翌日發行至永川 卒習之惡 侮陷之風 甚於厄困葵之日."

26 『道源記書』, "至來永川 地屬下卒言辭不恭 蔑視無常 先生秉坐馬上 馬足接地 撓動不移 數十下人大驚 惶惶懇告曰 小人等果不知先生也 惟望先生平安行次 於斯之際 馬忽疾行."

넘어서 가려고 계획을 하였는데, 동학도들 수천 명이 이곳에 집결해 있다는 전갈을 듣고는 상주尙州를 거쳐 화령華嶺을 넘어가기로 계획을 변경하기도 한다.[27] 보은·청산·청주를 거쳐 과천까지 온 일행은 조정의 조치를 기다리고 있었는데, 조정으로부터 급한 전갈이 내려왔다. 다름 아닌 국상國喪을 당했다는 것이다. 즉 12월 8일에 당시 임금인 철종哲宗이 승하하였던 것이다. 따라서 정부는 수운 선생을 연고지 감영으로 되돌려 보내, 그곳에서 조사하여 보고하도록 조치하게 된다. 이때가 음력 12월 21일이다.[28]

명에 의하여, 수운 선생은 다시 영남嶺南으로 환송된다. 이때는 문경 새재를 거쳐 대구로 내려가는 길을 택하게 된다. 12월 29일에 문경 새재를 지나 유곡역幽谷驛에 도착하여 갑자년(1864년) 신년 명절을 지내고, 1월 4일에 이곳을 떠나 상주·선산을 거쳐 1월 6일에 대구 감영에 도착하여 수감된다. 12월 10일에 체포되어 무려 한 달 간을 혹한의 노상에서 가혹한 고생을 하다, 다시 대구 감영에 수감된 것이다.

이 과정에 관한 동학 교단의 기록이나, 관변기록을 살펴보면, 당시의 동학 교세가 대단하였음을 짐작할 수 있다. 앞에서 거론한 바와 같이, 수운 선생이 체포되어 압송될 당시, 문경 새재에 있는 초곡草谷에 수백 명의 동학 교인들이 모여들어 횃불을 밝히고 기다려서, 그 행선지를 상주로 잡아 화령을 넘어 보은으로 가는 길을 택했다고 한다. 또한 과천에서 대구로 돌아올 때 다시 문경 새재를 넘게 되었는데, 이곳

■

27 『水雲行錄』, 到大邱營宿所 翌日宿所善山 又發至尙州宿所 奉命龜龍 初意作程鳥嶺 聞道人 數千 聚會宿路 心甚大愳 以化寧作路."

28 『右捕廳謄錄』下, 癸亥 十二月 二十一日, "崔福述等兩漢 令捕廳押送本道監營."

에 수백 동학 교인이 모여 눈물을 흐리며 안타까워했다고 한다.[29] 또한 관변기록 등에 나타난 바와 같이, "최라는 사내가 비록 그 괴수이지만 무리가 이미 번성하니, 마땅히 밑바닥부터 뒤집어 엎어 버려야 하지만, 천리 가까이를 조사해야 하고 체포가 연이으면 연로沿路에 근심을 끼칠 것이 걱정스럽다."[30]고 하는 관계 기록을 보아 당시 동학 교도가 매우 번성했음을 가히 미루어 짐작할 수 있다.

2. 심문과 참형

대구 감영에 수감된 수운 선생은 당시 경상 감사 서헌순徐憲淳의 주관 아래 심문을 받는다. 심문을 진행하기 위해 서헌순은 상주尙州 목사 조영화趙永和, 지례知禮 현감 정기화鄭夔和, 산청山淸 현감 이기재李沂在 등 3명을 참사관으로 임명하는 한편,[31] 경주에 수감되어 있던 수운 선생의 제자들도 대구로 이감한다. 관변기록에는 언제부터 심문을 시작했는지 명기되어 있지 않으나, 『도원기서』에는 1월 20일부터 심문한 것으로 되어 있다.[32]

당시 죄인에 대한 심문은 신장訊杖으로 볼기와 넓적다리를 치며 문초를 하는데, 한 번에 30도 이내를 쳐야 하며 3일 내에는 두 번 고문하

---

29 『天道敎會史』 地統, "大神師 果川에서 回程하야 鳥嶺으로 向할새 聞慶郡 草谷里에 到하시니 門徒 數百人이 路次에 迎候하야 或 擧火하고 隨하며 或 含淚하고 望하더라."

30 『備邊司謄錄』 哲宗 十四年 十二月 二十一日.

31 『日省錄』, 高宗元年 甲子 二月 二十九日, "參査官 尙州牧使趙永和 知禮縣監鄭夔和 山淸縣監李沂在."

32 『道源記書』, "至二十日 巡使招致問呈 先生着枷入庭 巡使問曰…(하략)."

지 않는 것이 관례로 되어 있다. 관변기록에는 수운 선생이 네 차례, 이내겸이 세 차례, 이정화가 세 차례, 강원보가 두 차례씩 문초를 받은 것으로 되어 있고, 그 외의 사람들에 대한 문초 기록은 보이지 않는다.[33]

동학 교단 측의 기록에 의하면, 특히 수운 선생은 2월에도 가혹한 심문을 당한 것으로 되어 있다. 심문관들은 수제자라고 하는 최신오崔愼五와 최경상을 체포하지 못했기 때문에, 처음부터 이들의 소재를 탐문하기 위해 수운 선생에게 추궁했던 것으로 생각된다.[34]

경상 감사 서헌순이 수운 선생을 취조할 때, 마침 비가 내려 그치지 않아, 모든 것을 멈추고 물러나 있으면서, 장졸을 많이 내서 도인들의 출입을 막았다고 한다. 이때 해월이 밖에 있다가, 수운 선생이 엄중히 갇혔다는 소식을 듣고, 바쁘게 영덕 유상호劉尙浩에게 돈 백여 냥을 준비하게 하여 달려왔다. 뇌물을 써서 길을 얻어 성중城中에 들어가, 수운 선생을 면회할 방법을 여러 방면으로 주선을 할 때에, 마침 현풍玄風 사람인 곽덕원郭德元을 만나, 이 사람이 옥리獄吏로서 급식을 담당한다는 말을 듣고, 곽덕원의 하인으로 위장하고 들어가 수운 선생을 만날 수 있었다. 이때 수운 선생이 해월에게 "등불이 밝아 물 위로는 아무런 혐의의 틈이 없고, 기둥이 마른 것 같으나 힘이 남아 있다(燈明水上無嫌隙 柱似枯形力有餘)."라는 유시遺詩를 건네준다.[35] 즉 등불의 빛이 물

---

33 『日省錄』, 高宗元年 甲子 二月 二十九日 庚子條.

34 『日省錄』, 高宗元年 甲子 二月 二十九日, '崔家最親 密稱首弟子者 卽崔自元 姜元甫 白源洙 崔愼五 崔景五等云' 이들 기록에 나오고 있는 崔自(子)元과 姜元甫는 이미 잡혔고, 이 중 '崔景五'가 곧 海月인 崔慶翔이다. 해월의 字가 '敬悟'인데, 이를 잘못 표기하여 '景五'로 한 것으로 추측된다.

35 『天道敎會史』 등 다소 후대의 기록에는 수운 선생이 자신의 「遺詩」를 직접 해월에게 전

위로 퍼져, 환하게 모든 것을 비추어 주듯이 자신은 아무런 혐의나 잘못된 틈이 없다는, 자신의 무혐의와 결백을 노래한 시이다. 그런가 하면, 한울님의 도란 바로 물 위에 비추어 조금의 틈도 없이 환하게 빛나고 있는 저 등불과 같이 세상의 모든 곳을 밝혀 주는, 바로 그러한 참된 진리라는 의미가 이중二重으로 담겨 있는 시이기도 하다. 그래서 이제 자신이 세상의 잘못된 제도에 의하여 죽게 되어도, 그래서 자신이 펼친 무극대도가 지금은 죽은 나무와 같이 보이고 있으나, 그 나무는 죽은 것이 아니라 후일 잎을 틔우고 꽃을 피울 것이라는, 그래서 자신의 도가 이내 올바르게 세상에 알려질 것이라는 의미가 깃들어 있는 시이다.

또한 수운 선생은 해월에게 '고비원주高飛遠走', 즉 멀리 떠나라는 쪽지를 비밀리에 전하여, 성을 나가는 즉시 멀리 떠나도록 당부를 했다고 한다. 이는 다름 아니라, 자신은 이제 죽음을 맞이하지만, 자신의 도를 이은 해월은 살아 남아 그 도를 세상에 펴라는 의미가 담긴 말이다.

20일에 이르러 순찰사가 초치招致하여 물으니, 이때 수운 선생이 큰 칼을 쓰고 정원에 들어왔다. 순찰사가 물어 말하기를, "너는 어찌 당黨을 모아 풍속을 어지럽히는가?" 하니, 답해 말하기를, "사람을 가르쳐 주문을 외게 하면, 곧 약을 쓰지 않고도 스스로 효험이 있고, 아동들에게 권하여 글을 쓰게 하면 스스로 총명해집니다. 그런 까닭에 이것으로 업業을 삼아 세월을 보냈습니다. 그런데 풍속이 어찌 어지럽게 되겠습니까?" 대답하니, 순찰사가 다시 아무 것도 묻지 않고, 다만 하옥

■　하였다고 되어 있으나, 『水雲行錄』이나 『道源記書』 등의 초기 기록에는 이와 같은 사실이 기재되지 않고 있다.

하도록 명했다고 한다. 이때 해월 선생은 다른 사람을 통해 수운 선생이 초치되었다는 말을 듣고, 그날로 김춘발金春發과 함께 성을 빠져나가 수운 선생의 지시대로 도피한다.[36]

관의 심문은 수운 선생을 허황한 사학邪學을 펴는 사람으로 몰기 위해, 집중적으로 그런 쪽으로만 추궁한 것으로 나타나고 있다. 수운 선생이 제자들과 추었던 검무劍舞와 「검결」을 들어, 모반의 뜻이 담긴 것이 아니냐는 심문을 했고, 또 부도符圖가 어떻고, 궁궁弓弓이 어떻고, 예언이 어떻다는 등 합리적이 아니라고 생각되는 것만을 추려냄으로써, 그것들이 동학의 전부인 양 꾸미는 데에 바빴다.

선전관 정운구가 장계를 올릴 때에도, "수색하여 얻은 문서 중에는 '논학論學'이라는 글 한 권이 있었는데, 이 책 속에는 복술(福述, 수운 선생의 아명)이가 펼친 동학의 근본 이치가 실려 있다."[37]라고 하면서 증거물로 제시하였으나, 이 부분에 대한 물음은 심문 도중에 한 번도 나오지 않고, 또 수운 선생이 지었고 또 제자들에게 그 가르침을 편 다른 여러 글들, 즉 「포덕문」이나 「수덕문」 등에 대한 심문도 해야만 공정한 심문과 판결이 될 터인데, 이 부분 역시 한번도 거론하지 않고, 다만 「검결」 등만을 집중적으로 추궁을 했던 것이다. 이는 다름 이니라 수운 선생을 오로지 반란을 꾀하는 사학의 우두머리로 규정하기 위한 심문이었음을 말해주는 것이라고 하겠다. 그러므로 경상 감사 서헌순이 조정으로 올린 장계狀啓를 보면, 이례적으로 '검가劍歌'라는 말이 열일곱 번이나 나오고, 그 판결문에는 「검결」을 전문 한역漢譯하여 싣기

---

36 『道源記書』, "於是 慶翔聞爲人口 招之言 卽日與金春發 出於城逃避."
37 『高宗實錄』 卷1, 十二月 二十日 宣傳官鄭雲龜書啓, "其搜得文書書札等 ──堅封成貼 捧授于李殷植處 而其文書中論學一册. 福述之東學爲巨魅根基 備載其中矣."

도 하였다.[38] 즉 수운 선생이 자신의 도道를 밝힌 「포덕문」이나 「논학
문」, 그리고 「수덕문」, 「불연기연」 등의 글에서는 아무런 혐의를 잡을
것이 없고, 오히려 당시의 서학과 동학이 어떻게 다른가 하는 점을 밝
힌 부분들이 있으므로, 우정 심문의 대상에서는 뺀 것으로 생각된다.

이렇게 심문을 매우 의도적으로 마친 뒤에, 드디어 계啓를 작성해
조정에 올리고, 조정으로부터 명을 받아 3월 10일에 엄형嚴刑을 집행
하니, 동학을 일으키고 동학의 가르침으로 세상을 올바르게 구하고자
온갖 고초를 다 겪으면서, 젊은 시절 이후 오직 제세구민과 보국안민
을, 그리고 새로운 삶의 질서로 영위되는 세상, 후천개벽을 꿈꾸며 살
아온 수운 선생은 끝내 '이단 사교와 요언혹민妖言惑民이라는 죄명'[39]으
로 참형[40]을 받고, 형장에서 죽어간 것이다.

형을 집행한 지 사흘이 지난 뒤, 순찰사는 수운 선생의 처자를 불러,
시신을 거두도록 분부하였다. 그때 염습殮襲을 한 사람은 김경숙金敬
叔, 김경필金敬弼, 정용서鄭用瑞, 곽덕원郭德元, 임익서林益瑞, 김덕원金德元
등이다. 그 밖에 구금되었던 사람들은 각기 각도 각읍으로 정배되었
다. 백사길白士吉, 강원보姜元甫, 이내겸李乃兼, 최병철崔秉哲, 이경화李景
華, 성일구成一龜, 조상빈趙常彬 형제, 박명중朴命仲 숙질, 신영新寧 사람인

---

38 당시 漢譯된 「劍訣」은 『日省錄』, 高宗元年 甲子 二月 二十九日 庚子條에 실려 있는데, 내
  용은 다음과 같다. "時乎時乎 是吾時乎 龍泉利劍 不用何爲 萬世一之丈夫 五萬年之時乎
  龍泉利劍 不用何爲 舞袖長衫拂着 此劍彼劍橫執 浩浩茫茫廣天地 一身倚立 劍歌一曲 時乎
  時乎 唱出 龍泉利劍 閃光日月 懶袖長衫 覆在宇宙 自古名將安在哉 丈夫當前無壯士 時乎
  時乎好矣 是吾時乎好矣."

39 『日省錄』, 高宗元年 甲子 三月 二日 壬寅.

40 수운 선생이 받은 刑이 斬首이며, 刑을 執行한 이후 梟首하여 警衆, 즉 뭇 사람들에게 警
  告가 되게 하라고 되어 있다.(『高宗實錄』, 元年 三月 二日 壬寅, '崔福述之爲渠魁服念閱實
  斷案斯在 令道臣大會軍民 梟首警衆')

정생(丁生, 이름은 미상) 등이 정배된 사람들이다. 그 나머지 방면된 사람은 이민순李民淳, 박춘화朴春華이며, 영해 사람인 박생(朴生, 이름 미상), 박명여朴明汝는 그때 옥사하였다.[41] 이때 조선조 조정에서 수운 선생에게 내렸던 죄명은 "서교西敎와 같은 것으로 세상을 어지럽혔으며, 칼춤 등으로 평화시平和時에 난亂을 일으키려고 당黨을 모았다."[42]는 것이다. 이때 수운 선생의 나이는 41세였다.

수운 선생이 참형을 당한 대구 장대는 지금의 대구시 중구 덕산동 일대로, 백화점 건물 등이 들어서 있는 번화한 곳이다. 이곳이 바로 처형장소였던 관덕당觀德堂 자리이다.[43] 이곳에서 수운 선생은 참수를 당하고, 그리 멀지 않은 남문南門 밖에 사흘 간 효수梟首되었다가, 큰아들 세정世貞에게 넘겨졌다고 전해진다.

당시 이곳 대구에는 세 곳의 사형 집행 장소가 있었는데, 서문 밖 오리정, 남문 밖 관덕당, 그리고 용두방천 못 가에 장태벌長台筏 등이 그것이다. 관덕당은 해방 후까지 남아 있었다. 관덕당의 건물은 흙을 평지보다 한 길이나 높이 돋우고 그 위에 지은 건물로, 약 백여 명 정도의 인원이 들어앉을 수 있는 건물이었다. 이 관덕당 앞뜰도 넓어 수백 명이 들어설 수 있는 곳이었다고 한다.[44] 수운 선생은 바로 이 관덕당 앞뜰에서 참형을 당했다.

■

41 『道源記書』, "啓敎三月初十日 施威嚴刑 先生受辱別世 越三日 巡使招致先生妻子 卽爲白放送 分付收尸 其時斂襲人 金敬叔 金敬弼 鄭用瑞 郭德元 林益瑞 尙州人金德元也 其餘罪人 各爲定配……."

42 『日省錄』, 高宗元年 甲子 二月二十九日 庚子, "福述則本以么麽之類 敢懷謊誕之術抛造呪文 煽動妖言 爲天之說 云斥彼而反襲邪學 布敎之文 故餙僞而陰售禍心 弓藥謂出秘方 劒舞唱 播兇歌 平世思亂 暗地聚黨 動稱鬼神 降敎其術 則河內風角 擧使錢穀 來遺厥類焉"

43 觀德堂의 위치에 관해서는 『侍天敎歷史』, "大邱南門 外 峨嵋山下 觀德堂"라고 되어 있다.

44 표영삼, 「대구 관덕당」, 『신인간』 통권 357, 1987. 3.

지금은 시장과 많은 빌딩들이 들어서서 사람들의 왕래가 빈번하고, 또 아파트가 즐비하게 들어서서 커다란 동네를 이룬 남문 밖 관덕당 터. 본래 성 밖이라 왕래하는 사람도 없었고 더구나 집도 없어, 다만 초봄의 황량한 황사 바람만이 풀풀 불어왔을 이곳. 이곳에서 수운 선생은 후천 오만년을 향한 죽음을 후천 오만년의 진리를 모르는 세상 사람들에 의하여 당한 것이다. 그러나 육신의 죽음이 모든 것을 끝나게 하는 것이 아니라는 엄연한 진리를 수운 선생은 이곳 대구 장대에서의 순도로써 세상 사람들에게 보여 주었다.

제7장 글을 닫으며

죽음이란 삶의 끝을 뜻하는 것이다. 그런가 하면, 죽음 이후를 경험해 본 사람은 아무도 없기 때문에 그 이후를 감히 안다고 자부할 수 있는 사람은 누구도 없다. 그러므로 동양의 성인이라고 일컫는 공자孔子도 그의 제자인 계로季路의 "죽음이란 무엇입니까?"라는 물음에, "삶도 알지 못하는데 어떻게 죽음을 알 수 있겠느냐?"[1]라고 대답하고 있다. 물론 이는 생사일여生死一如의 경지에 든 공자의 삶과 죽음에 대한 깊은 사유가 담긴 대답이기는 하지만, 궁극적으로 죽음이 무엇인지 해명하기를 유보한 대답이라고 보아야 할 것이다.

그러므로 우리와 같은 평범한 사람들은 오직 선험적인 경험에 의해서, 삶의 끝에 죽음이 있다는 사실만 알고 있을 뿐, 결국 유한한 존재로서 자신을 알고 있는 인간은 죽음을 가장 무서워하고 있음도 또한 사실이다. 그러나 세상에는 이러한 죽음을 피하지 않고 맞이하는 사람들도 있으니, 자신의 신념을 위하여 목숨을 바치는 사람들을 세상 사람들은 순교자, 혹은 순도자라고 부른다.

수운 선생은 자신이 한울님으로부터 받고, 또 자신이 펼친 도를 위하여 죽음을 순순히 맞이한 사람이다. 이러한 수운 선생의 죽음이 뜻

1　『論語』, "敢問死 曰未之生 焉之死."

하고 있는 종교적 의미는 어디에 있는가.

위에서 살펴 본 바와 같이, 수운 선생은 관헌들이 체포하러 왔을 때에, 이를 피하려 하지 않고, 의연히 "도道가 나에게서 나왔으니, 내 스스로 당할지언정 어찌 피하겠느냐?" 하며 체포되었으며, 이어서 "또 천명天命이 밝거늘, 어찌 근심하여 현기玄機를 어기겠느냐?" 하며, 자신의 체포나 처형이 이미 천명에 의한 것이라는 의연함을 보여 주고 있다.[2] 천명을 따라 죽음을 택하고, 도를 지키겠다는 종교적 의지를 발견하게 된다. 그런가 하면, 수운 선생이 "천도를 위해 순도의 길을 갔다."는 것은 사사로움을 버리고, '천도'라는 인류를 살릴 수 있는 대의大義를 택함을 의미한다.

또한 대구 감영에서 감사 서헌순의 심문에 대꾸하여, 수운 선생은 조금도 굽힘 없이 도를 위해 죽는 것도 한울님의 명이며, 후천 오만년에 덕을 펴는 것 또한 한울님의 뜻이라는, 천리와 천명에 의한 신념으로 답하였다. 나아가 수운 선생 스스로 자신이 신통神通을 하게 되었고, 한울님의 명을 받아 서양의 침공을 막고자 하였다고 진술한다.[3]

수운 선생이 보여 준 이와 같은 태도는, 곧 무극대도를 지키고 나아가 이를 후천 오만년에 펼치겠다는 의지의 극명한 표현이기도 하다. 그러므로 이러한 모습은 인간적인 의지나 신념과는 그 차이를 달리하는, 또 다른 죽음으로 이해해야 할 줄로 믿는다.

즉 수운 선생의 죽음은 관의 지목과 좌도난정左道亂正이라는 누명, 나아가 서학西學과 혹세무민惑世誣民이라는 누명에 의한 것이기는 하지

2 『天道敎會史』「地統」.

3 『日省錄』, 高宗元年 甲子 二月 二十九日, "初學時 身戰神通 而一日天神降敎曰 近日海舶往來者 皆是洋人 非劍舞無以制之……"

만, 이미 이는 천명天命에 의한 것이요, 육신의 죽음을 통해 후천 오만 년에 도를 편다는 종교적 의미가 더욱 강하게 자리하고 있음을 알 수 있다. 수운 선생의 순도殉道는 천리天理에 의한 후천 오만년을 위한 '거 룩한 죽음'이라고 이야기할 수 있을 것이다. 즉 이는 곧 죽음으로써 도를 살린다는 역설이 담긴 죽음이요, 후천 오만년을 향한 거보巨步의 첫걸음이기도 한 것이다.

수운 선생이 어떻게 처형되었는지 그 경위가 관변기록에는 상세히 기록되지 않았지만, 『도원기서』 등의 동학 교단 측 기록에는 참형 사 흘 후에 처자를 불러 방면하며, 시신屍身을 거두도록 분부하였다고 되 어 있다.

수운 선생의 시신은 단양 접주 민사엽閔士燁의 지도를 받는 동학 교 도 김경숙과 김경필, 옥바라지를 전담했던 곽덕원, 그리고 수운 선생 의 양사위인 정용서와 해월 선생의 매부인 임익서, 상주 사람 김덕원 등에 의해 수습되어, 3월 13일에 대구를 떠나 자인현慈仁縣에 이르러, 3일간 묵은 다음 경주로 내려가 3월 17일 밤 용담에 도착, 용담정 입 구 산록에 묻었다고 되어 있다.

이때의 광경을 『도원기서』는 다음과 같이 기록하고 있다.

선생의 큰아들 세정이가 김경필, 김경숙, 김덕원으로 하여금 장차 관 槨을 옮기려 하는데, 슬프고 슬프구나, 이 지경을 어찌 말로 하겠는가. 발행發行하여 자인현 서쪽 뒤 연못가 주점에 이르니, 날이 뉘엿뉘엿 저 물어 가고 있었다. 주인께 하루 묵어가기를 청하니 주인이 묻기를,

"어디에서 오시는 길입니까?"

세정이 말하기를,

"대구에서부터 옵니다."

하니, 주인이 그 사실을 알고 한편으로는 기뻐하고, 한편으로는 비통해 하며, 방 가운데로 시신을 들게 하고, 다른 행객行客은 한 사람도 받지 않았다.

시체에 아직 따뜻한 기운이 남아 있어, 혹시 요행히 회생을 할까 하여, 사흘 동안 영험이 있기를 기다려, 시신을 지키며 머물렀다. 쌍무지개가 연못 위에서 일어나 하늘로 이어졌고, 하늘에 구름과 안개가 일어 연못을 둘러싸, 오색 영롱함이 사흘이나 가리고 있었다. 선생께서 상천上天하여 구름과 무지개가 걷히고, 그 후 시신에서 냄새가 나기 시작하여 다시 염습을 하였다.

다음날 길을 떠나 용담에 이르니, 선생의 장조카 맹륜孟倫이 뒤따라와 용담 서쪽 언덕에 안장하였다.

제자들의 간절한 염원에도 불구하고, 동학의 교조 수운 선생은 하나의 싸늘한 시신이 되어, 경주 용담 산자락에 묻힌다. 그러나 그의 정신과 그의 가르침은 하늘 끝에 걸린 현란한 무지개와 같이 피어나 후천의 새로운 세상을 여는 고귀한 가르침으로 오늘에 전해지는 것이다. 그가 남긴 절조絶調의 시구와 같이.

용담龍潭의 물이 흘러 사해四海의 근원이 되고
구미산龜尾山에 봄이 오니 온 세상이 꽃이로다.[4]

4 『東經大全』「絶句」, "龍潭水流四海源 龜岳春回一世花."

용담의 물이 흘러 온 세상(四海)의 근원이 되듯이 그의 가르침은 오늘날에도 맥맥한 정신으로 살아 남아 우리의 가슴에서 흐르고, 구미산에 봄이 오면 온 세상에 봄꽃이 흐드러지게 피는 것처럼 동학의 무궁한 이치는 후천의 밝고 밝은 세상을 열어갈 진리로 자리잡고 있다.

초월성과 내재성이, 절대성과 상대성이, 영원성과 시간성이, 무한성과 유한성이, 물질과 정신이, 신과 자연이, 신과 인간이 대립하고, 그러므로 갈등·대립과 모순이 그 어느 때보다 극심한 오늘. 수운 선생의 가르침은 이 위기의 시대에, 우주와 내가 둘이 아니요, 한울님과 내가 둘이 아니요, 만유와 내가 둘이 아니라는 조화調和와 융합의 정신을 통하여, 무너지고 훼손된 우주적 질서의 참다운 회복을 꿈꾸며, 현대라는 이 어둠의 벌판을 적시며 오늘도 맥맥히 흘러가고 있다. 드넓은 후천의 무극無極 바다를 향하여.

수운水雲 최제우崔濟愚 선생 연보

▲ 1824년 10월 28일(음) : 경주 가정리(柯亭里, 현 경주군 현곡시 가정리 315)에서 아버지 근암近菴 최옥崔沃과 어머니 곡산 한씨 사이에 만득자晩得子로 태어났다. 초명은 제선濟宣, 자字는 성묵性默, 호는 수운水雲이며, 아명이 복술福述이었다는 기록도 있다.

▲ 1833년 : 어머니 상을 당하다. 이후 울산의 박씨 부인과 결혼하다.

▲ 1840년 2월 23일(음) : 부친 근암공이 79세의 일기로 세상을 뜨다.

▲ 1843년 : 부친 삼년상三年喪을 마치다. 이후 20세쯤에 집을 화재로 모두 태우는 불행한 일을 겪다.

▲ 1844년 : 나이 스물 하나가 되어, 세상을 근심하며, 세상을 건질 도를 구하고자 주유팔로周遊八路의 길에 나서다. 주유팔로를 통해 군불군君不君 신불신臣不臣 부불부父不父 자부자子不子의 세상 풍속과 각자위심各自爲心의 세상 인심을 확인하다. 유도 불도 누천년에 운이 역시 다했음을 한탄하고 새로운 도의 필요성을 더욱 절감하다.

▲ 1854년 : 10년 간의 주유천하를 청산하고, 고향으로 돌아오다. 이후 다시 거처를 처가 동네인 울산 유곡동幽谷洞 여시바윗골(狐岩里)로 옮겨 구도의 수행을 계속하다.

▲ 1855년 3월 : 여시바윗골에서 이인異人으로부터 천서天書를 받는 신비 체험을 하다.(乙卯天書)

▲ 1856년 : 천성산千聖山 내원암內院菴에서 수련을 하다. 47일 만에 숙부의 환원을 투시하는 신비 체험을 하다.

▲ 1857년 : 천성산 적멸굴寂滅窟이라고 이름한 자연 동굴에서 수련을 계속하여 49일 수련을 마치다.

▲ 1859년 10월 : 거듭되는 실패에도 불구하고, 수련을 계속하고자 솔가率

家하여 경주 용담龍潭으로 다시 돌아와, 이름을 제선에서 제우濟愚로 고치고, '불출산외不出山外'를 맹세한 후 수련에 정진하다.

▲ 1860년 1월 : 입춘절立春節을 맞이하여, 각오를 새롭게 하기 위하여 입춘 시 '도기장존사불입道氣長存邪不入 세간중인부동귀世間衆人不同歸'를 쓰다.

▲ 1860년 4월 5일(음) : 결정적인 종교 체험을 통해 한울님으로부터 오심즉 여심吾心卽如心의 심법, 주문과 영부를 핵심으로 하는 무극대도를 받다. 이후 계속해서 여러 달을 수련에 더욱 정진하다. 수련을 통하여 주문呪文과 심고心告 드리는 절차 등을 짓고 정하다. 이 기간 동안에 「용담가龍潭歌」, 「안심가安心歌」 등의 가사와 단가 「검결劍訣」을 짓다.

▲ 1861년 6월 : 봄에 「포덕문布德文」을 짓고, 용담으로 찾아오는 사람들에게 본격적인 포덕布德을 시작하다.(辛酉布德)

▲ 1861년 11월 : 「교훈가敎訓歌」를 짓고, 관의 지목을 피하여 용담을 떠나다. 이후 서너 달 동안 남원南原 은적암隱跡庵에 들어가 은거하며 지내다.

▲ 1861년 12월 : 은적암에 머무르며, 「도수사道修詞」, 「권학가勸學歌」 등의 가사를 짓고, 또 「논학문論學文」을 짓다.

▲ 1862년 3월 : 은적암을 떠나 경주 근교 박대여朴大汝의 집에 머물다.

▲ 1862년 6월 : 박대여의 집에 머물며, 「수덕문修德文」과 「몽중노소문답가夢中老少問答歌」를 짓다.

▲ 1862년 9월 : 동학의 입도자가 많이 늘어나자, 같은 달 29일(음)에 경주 영장營將이 체포하여 가두다. 그러나 700여 인의 교도들의 항의를 받고 풀어 주다.

▲ 1862년 11월 : 용담을 떠나, 홍해興海 손봉조孫鳳祚의 집으로 가서 은거하다.

▲ 1862년 12월 : 동학의 조직을 보다 공고히 하기 위하여, 최초로 접接을 구성하고, 접주接主를 임명하다.

▲ 1863년 1월 : 「결訣」과 「탄도유심급歎道儒心急」을 짓다.

▲ 1863년 3월 : 용담으로 다시 돌아와, 활발히 포덕 활동을 전개하다.

▲ 1863년 7월 : 「도덕가道德歌」를 짓다.

▲ 1863년 8월 : 「흥비가興比歌」를 짓다.

▲ 1863년 8월 14일(음) : 수제자 최시형(崔時亨, 당시의 이름은 崔慶翔)에게 도통道統을 전수하다.

▲ 1863년 11월 : 「불연기연不然其然」을 짓고, 「팔절八節」을 짓다.

▲ 1863년 12월 10일(음) : 선전관 정운구鄭雲龜 등에 의하여 수운을 비롯한 제자들이 용담에서 체포되다. 체포 이후 서울로 압송하였으나, 철종의 승하로 다시 대구 감영으로 압송되다.

▲ 1864년 3월 10일(음) : 같은 해 1월 20일부터 시작된 심문을 마치고, 조선조 조정의 명에 의하여 좌도난정율左道亂正律의 죄목으로 대구 관덕당觀德堂 장대將臺에서 참형을 당하다.

▲ 1879년 : 도의 연원을 밝힌 『도원기서道源記書』를 제자들이 집필하다.

▲ 1880년 : 최시형 등 제자들이, 강원도 인제 갑둔리甲遁里에서 한문으로 된 경편經篇들을 모아 유저遺著인 『동경대전東經大全』을 목판으로 간행하다.

▲ 1881년 : 충청도 단양 천동泉洞에서 한글 가사로 된 경편經篇들을 모아 『용담유사龍潭遺詞』를 최시형 등 제자들이 간행하다.

수운 선생 관련 연구 문헌 목록

1940년대 이전

吉野作造, 「天道敎」, 『國家學會雜誌』 33·34, 東京帝國大學 國家學會, 1919.

吉川太文郎, 『朝鮮諸宗敎』, 朝鮮光文會(京城), 1922.

이돈화, 『신인철학』, 천도교중앙총부, 1924.

_____, 『천도교교리독본』, 천도교청년회중앙본부, 1925.

_____, 『수운심법강의』, 천도교중앙총부, 1926.

박정동, 『시천교종역사』, 덕흥서림, 1926.

村山智順, 『朝鮮人의 思想과 性格』, 조선총독부, 1927.

이돈화, 『인내천요의』, 천도교중앙종리원, 1929.

조선총독부, 『천도교개론』, 조선총독부, 1930.

임 화, 「수운주의 문화철학 비판」, 『신계단』 1.6, 조선지광사, 1933.

이돈화, 『천도교창건사』, 서울, 1933.

프린트본, 『천도교회사』, 1934.

이돈화, 『천도교창건록』, 천도교중앙종리원, 1934.

村山智順, 『朝鮮의 類似宗敎』, 조선총독부, 1935.

오지영, 『동학사』, 영창서관, 1940.

石井壽夫, 「교조 최제우에 있어서 동학사상의 역사적 전개」, 『역사학연구』 11-1, 암파서점, 일본, 1941.

김상기, 「역사적으로 본 동학의 유래」, 『개벽』 74, 개벽사, 1946.

이돈화, 『동학지인생관』, 천도교중앙총부, 1946.

김상기, 『동학과 동학난』, 대성문화사, 1947.

1950년대

백세명, 『천도교경전』 상·하, 천도교중앙총부, 1952.

_____, 『동학사상과 천도교』, 동학사, 1953.

이병도, 「동학교문과 그 발생의 제요인」, 『학총』 1, 학총사, 1955.

박종홍, 「한국사상 연구의 구상」, 『한국사상』 1~2, 한국사상연구회, 1957.

신일철, 「한국 근대화와 최수운」, 『한국사상』 1~2, 한국사상연구회, 1957.

오익제 편, 『천도교개요』, 천도교중앙총부출판부, 1957.

조지훈, 「한국사상의 근거」, 『한국사상』 1~2, 한국사상연구회, 1957.

최동희, 「수운의 인간관」, 『한국사상』 1~2, 한국사상연구회, 1957.

김상기, 「동학의 역사성에 대하여」, 『신인간』 215호, 1958.7.10(속간 11)

김용섭, 「동학연구의 동향을 중심으로」, 『역사교육』 3, 역사교육회, 1958.

박성봉, 「동학사상 연구와 그 문제점」, 『사총』 4, 고려대사학회, 1959.

신일철, 「한국의 근대화와 최수운」, 『한국사상』 3, 한국사상연구회, 1959.

이항녕, 「동학사상의 현대적 위치」, 『신인간』 218호, 1959.6(속간 14)

최동희, 「동학의 기본사상」, 『한국사상』 3, 한국사상연구회, 1959.

1960년대

김범부, 「최제우론」, 『세계』 5, 국제문화연구소, 1960.

김의환, 「동학사상 성립의 연구」, 부산대 석사학위논문, 1960.

백세명, 「최수운의 인내천사상」, 『세계』 5, 국제문화연구소, 1960.

石井壽夫, 「수운의 민중종교사상」, 『세계』 5, 국제문화연구소, 1960.

신석호, 「동학란과 최수운」, 『세계』 5, 국제문화연구소, 1960.

신일철, 「이조멸망의 예언자: 수운의 역사의식」, 『사상』 9, 사상사, 1960.

이병도, 「동학교문과 그 발생의 제요인」, 『한국사상의 제문제』 6, 국사편찬
　　　　위원회, 1960.

_____, 「최제우의 민족종교 - 그 교리와 운동 」, 『세계』 2-5, 국제문화연구
　　　　원, 1960.

최동희, 「니이체와 최수운」, 『한국사상』 4, 한국사상연구회, 1960.

김의환, 「동학성립의 사회적 기반」, 『신인간』 224호, 1961.6(속간 20)

_____, 「동학성립의 연구」, 『부산사학』 1, 부산대문리대학 사학회, 1961.

_____, 「서세의 동점과 동학」, 『신인간』 225호, 1961.12(속간 21)

벤자민 웜스, 신일철 역, 「동학혁명」, 『신인간』 226호, 1962.3(속간 22)

오세만, 「동학의 정치사상적 고찰 - 최제우의 사상을 중심으로」, 고려대 박사학위논문, 1962.

유영묵, 「최수운과 동학란」, 『한양』 7, 한양사, 동경, 1962.

이항녕, 「한국의 풍토와 사상」, 『한국사상』 5, 한국사상연구회, 1962.

최동희, 「동학의 기본사상」, 『한국사상』 5, 한국사상연구회, 1962.

김동현, 「영부와 주문 해설」, 『신인간』 233호, 1963.12(속간 29)

김용덕, 「조선후기에 있어서의 사회적 변동-북학사상과 동학」, 『사학연구』 16, 1963.

김의환, 「동학의 사상적 배경 1」, 『한국사상』 6, 한국사상연구회, 1963.

백세명, 『동학경전해의』, 일신사, 1963.

황규석, 「동학사상 연구」, 대구대 석사학위논문, 1963.

김상기, 「수운행록」, 『아세아연구』 13, 고려대아세아문제연구소 1964.

_____, 「수운선생의 순도와 그 의의」, 『신인간』 234호, 1964.4(속간 30)

_____, 「동학의 사상적 배경 2」, 『한국사상』 7, 한국사상연구회, 1964.

김의환, 「초기 동학사상에 관한 연구」, 『우리나라 근대사논고』, 삼협출판사, 1964.

백일광, 「최수운 대신사의 기독교관」, 『신인간』 235호, 1964.7(속간 31)

유영묵, 「최수운과 동학란」, 『한양』 28, 1964.

조용일, 「조화의 윤리에 대한 예비적 구조」, 『신인간』 235호, 1964.7(속간 31)

최민홍, 「최제우의 사상과 실존철학」, 『문경』 16, 중앙대문리과대학, 1964.

김용덕, 「동학사상연구」, 『중앙대논문집』 9, 1965.

김용덕, 「동학에서 본 서학」, 『동아문화』 4, 서울대 동아문화연구소, 1965.

배범명, 「천도교의 인내천사상」, 『철학회지』 1, 중앙대 철학회, 1965.

신일철, 「최제우: 인내천의 햇불을 들다」, 『한국의 인간상』 3, 신구문화사, 1965.

최동희, 「동학의 신관」, 『철학연구』 4, 고려대 철학회, 1965.

_____, 「동학의 신앙대상」, 『아세아연구』 8/2, 1965.

최민홍, 「동학윤리 사상과 실존주의」, 『문경』 17, 1965.

한상련, 「동학사상에 대한 고찰」, 『한양』 4/4, 한양사, 동경, 1965.

김용천, 「천도교의 개벽사상」, 『종교계』 1~6, 종교계사, 1966.

신복룡, 「초기 동학사상의 연구 : 특히 민족주의적 성격을 중심으로」, 건국대 석사학위, 1966.

이항녕, 「동학창도의 역사적 의의」, 『신동아』 8월호, 동아일보사, 1966.

임문호, 「천도교의 주문해설」, 『종교계』 1-3, 종교계사, 1966.

최동희, 「동학의 주문에 대하여」, 『한국사상』 8, 1966.

최창규, 「동학에 관한 연구」, 연세대 석사학위논문, 1966.

김한식, 「동학의 한국정치사상사적 의의」, 고려대 석사학위논문, 1967.

최동희, 「한국근대화 과정에 있어서 천도교의 역할-특히 동학사상과 근대화」, 『동국대 60주년기념 학술심포지엄 논문집』, 1967.

회상사 편집부, 『수운 선생 전부』, 회상사, 1967.

권기철, 「동학사상에 있어서 존재와 가치의 문제: 실존철학과 비교해석의 시론」, 중앙대 석사학위논문, 1968.

김용천, 「동학운동의 사회성」, 『신인간』 255호, 1968.6.

신복룡, 「초기의 동학사상의 연구」, 『신인간』 257 · 258 · 260 · 261 · 262 · 263, 1968.8~1969.4.

조용일, 「고운에서 찾아본 수운의 사상적 계보」, 『한국사상』 9, 한국사상연구회, 1968.

최덕신, 「신의 관념과 인간의 의미」, 『신인간』 259호, 1968.11.

최동희, 「종교와 민족주의-동학을 중심으로」, 『한국사상』 9, 한국사상연구
　　　회, 1968.

표영삼, 「천사문답의 일반적 이해」, 『신인간』 254호, 새인간사, 1968.3(새인
　　　간 18)

한우근, 「동학사상의 본질」, 『문교부학술연구보고서(사회과학)』, 1968.

강재언, 「朝鮮-天道教의 思想的性格」, 『思想』 537號, 岩波書店, 1969.

김용문, 「동경대전 원본보존의 경위와 가치」, 『신인간』 270호, 1969.12.

김한식, 「동학사상의 혁명성」, 『아세아』 1~3, 월간 아세아사, 1969.

백세명, 「대신사의 탄생과 후천개벽의 새 원리」, 『신인간』 269호, 1969.10.

_____, 「동경대전」, 『한국의 고전』, 동아일보사, 1969.

_____, 「천도교의 우주관 인생관 종교관」, 『신인간』 235호, 신인간사,
　　　1964.7(속간 31)

백세명 편저, 『천도교 경전 해의』, 천도교중앙총부, 1969.

조용일, 「근암과 수운의 관계」, 『한파 이상옥박사 화갑기념논문』 4집, 교문
　　　사, 1969.

_____, 「수운대신사와의 관계에서 본 근암공평전」, 『신인간』 270~274,
　　　1969.12~1970.4.

최동희, 「동학사상연구」, 『아세아』 1/1, 월간아세아사, 1969.

_____, 「동학사상의 조사연구」, 『아세아연구』 35, 1969.

_____, 「수운의 수도에 관한 사상」, 『신인간』 269호, 1969.10.

_____, 「한국민족주의와 동학사상-인간의 존엄성과 위대성에의 이념」, 『정
　　　경연구』 42, 한국정경연구소, 1969.

최창파, 「최제우 그의 사상과 행적」, 『정경연구』 49, 1969.

한우근, 「동학사상의 본질」, 『동방학지』 10, 1969.

_____, 「동학사상의 기본구조」, 『인문과학』 22, 연세대 인문과학연구소,
　　　1969.

1970년대

박세희, 「동학사상」, 『교양』 7, 고려대학교, 1970.

박창건, 『수운사상과 천도교』, 천도교중앙총부, 1970.

배호길, 「동학과 유불선」, 『신인간』 279호, 1970.10

신일철, 「동경대전-용담유사 해제」, 『한국의 명저』, 현암사, 1970.

심봉근, 「동학사상소고」, 동아대 석사학위 논문, 1970.

이용선, 『동학』 상 · 하, 성문각, 1970.

이재순, 「동학계의 각교파」, 『신인간』 273호, 1970.3.

이항녕, 「동학창도의 역사적 의의」, 『신인간』 276호, 1970.6.

「현대사상으로써의 천도교」, 『신인간』 278호, 1970.9.

이현종, 「수운제문집(관몰기록)에 대하여」, 『이해남박사환갑기념사학논총』, 1970.

정재호, 「동학가사에 대한 소고」, 『아세아연구』 13/2, 1970.

조동일, 「개화기 가사에 나타난 개화구국사상」, 『동서문화』 4, 계명대 동서문화연구소, 1970.

최동희, 「동학의 종교적 동기와 수도목적」, 『한국철학연구』 1, 해동철학회, 1970.

_____, 「한국의 동학 및 천도교사」, 『한국문화사대계』 2, 고대민족문화연구소, 1970.

표영삼, 「천도교의 신앙체계」, 『신인간』 274호, 1970.4.

한우근, 「동학사상의 본질」, 『동방학지』 10, 연세대 동방학연구소, 1970.

김경탁, 「동학의 동경대전 연구」, 『아세아연구』 41, 고려대 아세아문제연구소, 1971.

김용덕, 「동학사상에 관한 제설의 검토」, 『한국사의 탐구』, 을유문화사, 1971.

신일철, 「민중을 찾은 종교-천도교」, 『한국의 현대사상』 8, 신구문화사, 1971.

이보근, 『동학의 정치의식』, 서울대학교 출판부, 1971.

이현종, 「수운문집」 해제 Ⅰ-Ⅶ, 『신인간』 284~289호, 1971.4.~1971.9; 292~293호, 1972.1~1982.2.

조용일, 「수운의 동학사상-한국의 근대사적 추이에서」, 『신인간』 282~286호, 1971.1~6.

최덕신, 「민족사상과 천도교」, 『신인간』 289호, 1971.9.

최동희, 「동학사상의 발단과 그 성격」, 『새교육』 204, 1971.

_____, 「동학사상의 변용과 개화」, 『고대문화』 12, 고려대, 1971.

김의환, 「초기 동학사상에 관한 연구」, 『한국근대사연구논집』, 삼협출판사, 1972.

신복룡, 「동학의 정치사상」, 『법경논총』 7, 1972.

이광순, 「최수운선생과 동학창도」, 『한국사상』 10, 1972.

조용일, 「근암과 수운과의 관계」, 『한국사상』 10, 한국사상연구회, 1972.

_____, 「수운이 창도한 동학의 사상적 배경」, 『한국사상』 10, 한국사상연구회, 1972.

최동희, 「도의 의미와 그 한국적 전개-동학의 '도' 개념을 중심으로」, 『한국사상』 10, 1972.

황치상, 「수운선생의 길과 간디의 길」, 『신인간』 273호, 1970.3.

김용준, 「동학(천도교)의 생명발전론」, 『한국철학연구』 3, 해동철학회, 1973.

남만성, 『동경대전』, 을유문화사, 1973.

조용일, 「동학에서 본 우리의 가치관」, 『신인간』 309~311호, 1973.9~11.

정운채, 『인내천 진리와 사인여천주의』, 성음사, 1973.

최덕신, 「동학의 정신」, 『공군』 132 · 133, 공군본부 정훈감실, 1973.

한우근, 「동학의 성격과 동학교도의 운동」, 『한국사』 17, 국사편찬위원회, 1973.

김경일, 「동학윤리 사상과 실존주의」, 『신인간』 319~321호, 1974.9~11.

김경재, 「최수운의 신개념」, 『한국사상』 12, 한국사상연구회, 1974.

김광일, 「최수운의 종교체험」, 『한국사상』 12, 한국사상연구회, 1974.

김상기, 「동학과 동학란」, 『동방사논총』, 서울대학교 출판부, 1974.

김용덕, 「동학사상에 관한 제설 검토」, 『한국사의 탐구』, 을유문화사, 1974.

신복룡, 「동학의 발전과정에 있어서의 서구의 충격」, 『한국사상』 12, 한국사
　　　　상연구회, 1974.

신일철, 「최수운의 역사의식」, 『한국사상』 12, 한국사상연구회, 1974.

엄묘섭, 「동학의 사회구조적 성격」, 이화여대 석사학위논문, 1974.

윤노빈, 「동학의 세계사상적 의미」, 『한국사상』 12, 한국사상연구회, 1974.

이광순, 「동학의 현도운동」, 『한국사상』 12, 한국사상연구회, 1974.

이부영, 「최수운의 신비체험」, 『한국사상』 11, 한국사상연구회, 1974.

이충기, 「동학사상이 근대 한국인의 의식에 미친 영향」, 『연대교육』, 1974.

정재호, 「용담유사의 국문학적 고찰」, 『한국사상』 12, 한국사상연구회,
　　　　1974.

조용일, 「근암에서 찾아 본 수운의 사상적 계보」, 『한국사상』 12, 한국사상
　　　　연구회, 1974.

_____, 「동학의 수련방법-조화의 주문적 규정에 관한」, 『한국사상』 11, 한
　　　　국사상연구회, 1974.

최동희, 「수운의 기본사상과 그 상황-사상형성의 과정을 중심으로」, 『한국
　　　　사상』 12, 한국사상연구회, 1974.

_____, 「동학사상의 고유성과 다양성」, 『한국학』 3, 중앙대 한국학연구소,
　　　　1974.

_____, 「수운의 생애와 사상」, 『신인간』 314~316호, 1974.2~4.

_____, 「수운의 실존적 체험」, 『신인간』 320호, 1974.9~10.

_____, 「수운의 상황과 사상」, 『신인간』 321~325호, 1974.11~1975.3.

최민홍, 「최수운과 휴머니즘」, 『신인간』 316호, 1974.4.

한국사상연구회, 「최수운연보」, 『한국사상』 12, 한국사상연구회, 1974.

홍 우, 『동학입문』, 일조각, 1974.

황문수, 「야뢰에 있어서의 인내천사상의 전개」, 『한국사상』 12, 한국사상연구회, 1974.

김상기, 『동학과 동학란』, 한국일보사, 1975.

김용준, 「천도교의 중요사상」, 『한국철학연구』 5, 1975.

나혜성, 「동학가사를 통해 본 종교선전」, 『저널리즘 연구』 5, 이대 신문방송학과, 1975.

박응삼, 『동학사상개론』, 원곡문화사, 1975.

원용문, 『동경대전연의』, 동학협의회, 1975.

이충기, 「동학사상이 근대 한국인의 의식형성에 미친 영향」, 경희대 석사학위논문, 1975.

이항녕, 「동학사상과 증산사상」, 『증산사상연구』 1, 1975.

정운채, 『경전』, 순환기업사, 1975.

조일문, 「동학의 정치사상사적 고찰」, 『사회과학』 1, 건국대 사회과학연구소, 1975.

최동희, 「니이체와 최수운」, 『한국사상총서』 Ⅲ, 한국사상연구회, 1975.

_____, 「동학사상」, 『국민윤리연구』 4, 한국국민윤리학회, 1975.

_____, 「천도교의 근대사상 수용-」, 『한국사상』 13, 한국사상연구회, 1975.

최민홍, 「현대를 걷고 있는 수운 선생」, 『신인간』 326호, 1975. 4.

한우근, 「동학의 창도와 기본사상」, 『한국사:민중의 향기』 15, 국사편찬위원회, 1975.

김경재, 「동학사상과 한국기독교」, 『기독교사상』 220, 대한기독교서회, 1976.

김용천, 『천도교』, 원광대 출판국, 1976.

대종문화연구원 편, 「천도교」, 『민족고유의 제정철학』, 대지출판사, 1976.

박성기, 「수운사상연구: 그의 신관을 중심으로」, 동아대 석사학위논문, 1976.

신일철, 「동학」, 『한국사론(조선후기)』 4, 국사편찬위원회, 1976.

조용일, 「불교의 삼학과 동학의 기본사상」, 『동양학』 6, 단국대 동양학연구소, 1976.

_____, 「수운이 창도한 동학의 사상적 배경」, 부산대 석사학위논문, 1976.

최동희, 「천도교사상」, 『한국현대문화사대계』 2, 고려대 민족문화연구소, 1976.

금세원, 「한국근대화 과정에서 동학의 역할에 관한 연구」, 동국대, 1977.

김경재, 「최수운의 시천주와 역사이해」, 『한국사상』 15, 한국사상연구회, 1977.

김상근, 「동학연구」, 『동방학보』 1, 1977.

Kim Young Choon, *An Analysis of Early Chondogyo Thought*(Korea Journal 17, 10), 1977.

김용천, 「동학운동의 배경과 사상」, 『신인간』 349~352호, 1977.8~12.

김인환, 「용담유사의 내용분석」, 『한국사상』 15, 한국사상연구회, 1977.

김홍철, 「근대 한국종교사상에 있어서 병관 연구」, 『논문집』 11, 원광대, 1977.

배한권, 「동학사상 그 성격과 한계」, 『부산교육대학 연구보고서』 13~1, 1977.

신복룡, 「동학사상과 한국의 민족주의」, 건국대 박사학위논문, 1977.

원하림, 「동학운동의 발전에 미친 샤머니즘의 영향」, 연세대 연합신학대학원 석사학위논문, 1977.

이일청, 「민족종교와 동학」, 『종교와 윤리』 3, 아세아종교연구협의회, 1977.

전상근, 「동학연구」, 『동방학지』 1, 국립정치대학 동방어문학계, 대만, 1977.

최석우, 「서학에서 본 동학」, 『교회사연구』 1, 한국교회사연구회, 1977.

김용덕, 「동학사상을 읽고」, 『한국철학연구』 하, 동명사, 1978.

김인환, 「동학의 논리」, 『한국언어문학』 16, 언어문학회, 1978.

_____,「동경대전의 논리(하)」,『신인간』363호, 1978. 12.

신복룡,『동학사상과 한국민족주의』, 평민사, 1978.

신일철,「인내천 사상의 발전과정」,『신인간』357호, 1978. 5.

안진오,「동학사상의 연원과 그 전개」,『역사학연구』8, 전남대 사학회, 1978.

최동희,「동학사상」,『한국철학연구』하, 동명사, 1978.

김경창,「동학의 신관과 그 명칭」,『신인간』373호, 1978. 12.

김경창 편,『주석 전적동학문화재』, 정민사, 1979.

박영학,「인간해방과 민족종교 선전 연구 : 최제우의 사회병리학적 상상력과 관련하여」,『원광』99, 원광사, 1979.

신일철,「동학사상」,『한국사상사대계』3, 성균관대 대동문화연구소, 1979.

_____,「동학사상자료해제」,『동학자료집』일, 아세아문화사, 1979.

_____,「동학사상의 전개 : 시천주, 사인여천을 거쳐 인내천사상에로」,『한국사상』17, 한국사상연구회, 1979.

손인수,「동학사상의 아동관」,『교육사 교육철학』3, 교육철학연구회, 1979.

장원철,「천도교 사상에 있어서의 유가사상적 요소」,『철학회지』6, 영남대, 1979.

조기주 편저,『동학의 원류』, 보성사, 1979.

채영희,「동학 형성과정에 있어서의 타종교와의 관계: 서학(천주교)을 중심으로」,『신학전망』47, 대건신학대학, 1979.

표영삼,「동학의 신앙경험」,『신인간』354호, 1977. 2.

한국문헌연구소 편,『동학사상자료집』1-3, 아세아문화사, 1979.

한국정신문화연구원고전자료편찬실,『동학가사』, 한국정신문화연구원고전자료편찬실, 1979.

1980년대

강재언,『조선의 개화사상』, 岩波書店(日本), 1980.

김성기,「동학에 관한 문학사상사적 고찰」,『울산공대연구논문집』11-2, 1980.

김양수,「동학사상의 분석연구」,『청대춘추』24, 청주대, 1980.11.

Kim Young Joon, *The Chondogyo concept of Man: an Essence of Korean Thought*, 범한서적, 1980.

김홍철,「수운·증산·소태산의 유·불·선 삼교관」,『한국종교』4·5, 원광대 종교문제연구소, 1980.

_____,「후천개벽사상의 연구」,『원불교사상』4, 원광대 원불교사상연구원, 1980.

나혜성,「동학가사를 통해 본 종교선전」,『신인간』382호, 1980.11

배한권,「천도교의 사상과 운동」,『한새벌』18, 부산교육대학, 1980.

송호수,「동학의 보국사상」,『신인간』380호, 1980.8.

_____,「민족정통사상의 고찰-동학과 증산사상을 중심으로」,『증산사상연구』6, 1980.

신일철,「동학사상의 전개-시천주 사인여천을 거쳐 인내천 사상에로」,『한국사상』17, 한국사상연구회, 1980.

이상두,「동학 평등사상과 전통적 민족 사상과의 상관관계에 관한 연구」, 연세대 석사학위논문, 1980.

조용일,「동학사상과 창조의 원리」,『신인간』383호, 1980.12.

장창화,「동학사상 및 동학혁명에 관한 연구」, 고려대석사학위논문, 1980.

최동희,「동학의 기본사상」,『한국사학』1, 한국정신문화연구원, 1980.

_____,『동학의 사상과 운동』, 성균관대학교출판부, 1980.

최민홍,「실존철학에서 본 수운선생과 니이체」,『신인간』378호, 1980.6.

최원식,「동학소설연구」,『어문학』40, 대구한국문학회, 1980.

최태군,「최제우의 인간관」, 계명대 석사학위논문, 1980.

이현희,「동학사상과 한국여성의 개화시각」,『신인간』381호, 1980.8.

평목실,「동학사상에 있어서의 기도에 대하여」,『천리대학보』128, 1980.

표세연, 『동학의 정치사상적 고찰』, 동국대학교 출판부, 1980.

한승조, 「신흥민족종교에 담겨진 한국사회의 미래상」, 『제1회 한국학국제 학술회의논문집』, 한국정신문화연구원, 1980.

홍 우, 『동학문명』, 일조각, 1980.

황선명, 『민중종교운동사』, 종로서적, 1980.

김창국, 「동학에 관한 고찰-교주 최제우를 중심으로」, 『제해』 35, 해군사관 학교, 1981.

김한구, 「한국 보국종교의 유래와 그 영향에 관한 연구」, 『현상과 인식』 5/4, 1981.

김홍철, 「수운·증산·소태산의 비교연구」, 『한국종교』 6, 1981.

노태구, 「동학의 민족주의 이념의 토대에 관한 연구」, 『논문집』 9, 경기대학 교 출판부, 1981.

박용옥, 「동학의 남녀평등사상」, 『한국학보』 91, 1981.

백종기, 「동학사상의 형성과 전개 및 동학난에 관한 연구」, 『대동문화연구』 14, 성균관대 대동문화연구소, 1981.

송승석, 「동학사사에 나타난 인간관에 관한 고찰」, 『논문집』 21, 광주교대 출판부, 1981.

엄묘섭, 「변혁이념으로서의 동학」, 『철학과 종교』, 현대종교문제연구소, 1981.

오익제, 「동학사상연구의 방향-문제제기와 연구의 소재」, 『한국사상』 18, 1981.

오출세, 「용담유사에 나타난 사상적 배경고」, 『동악어문집』 15, 동국대, 1981.

윔스, 홍정식 역, 『동학 100년사』, 서문당, 1981.

유명종, 『한국사상사』, 이문사, 1981.

이항녕, 「단군사상과 동학사상」 상·하, 『신인간』 394~395호, 1981.11~ 1982.1.

이현희,『동학혁명과 민중-한국근대사상의 맥락』, 새밭, 1981.

이현희,「동학사상의 배경과 그 의식의 성장」,『한국사상』 18, 1981.

정창렬,「백성의식 평민의식 민중의식」,『현상과 인식』 19, 1981.

＿＿＿,「동학과 농민전쟁」,『한국사연구입문』, 지식산업사, 1981.

조동일,『동학 성립과 이야기』, 홍성사, 1981.

조재훈,「동학가요의 배경적 연구-용담유사를 중심으로」,『논문집-인문과학
편』 19, 공주사범대학, 1981.

최승희,「서원(유림)세력의 동학 배척운동 소고: 1863년도 동학배척 통문분
석」,『한우근박사정년기념사학논총』, 지식산업사, 1981.

한국고전연구회 편,『동학사상(최제우)』, 지하철문고, 1981.

한우근,「동학의 성격과 동학교도의 운동」,『한국사-근대편』 17, 국사편찬위
원회, 1981.

김경재,「최수운의 시천주와 역사 이해」,『한국사상총서』 VII, 한국사상연구
회, 1982.

＿＿＿,「최수운의 신개념」,『동학사상논총』 I, 천도교중앙총부, 1982.

김영작,「동학사상과 농민봉기」,『동학혁명의 연구』, 백산서당, 1982.

김월해,『천도교 경전요해: 논학문편』, 천도교중앙총부출판부, 1982.

김원규,「동학가사 연구-용담유사의 작가를 중심으로」,『논문집』 4, 영진실
업전문대학, 1982.

김인환,「19세기 동학사상의 성격」,『19세기 한국전통사회의 변모와 민중
의식』, 고대민족문화연구소, 1982.

＿＿＿,「동경대전의 통사구조」,『최제우작품집』, 형설출판사, 1982.

김창걸,「동학의 민중 교화이념 연구」,『논문집』 8, 인하대 인문과학연구소,
1982.

노태구,「동학혁명과 태평천국혁명의 비교」,『동학혁명의 연구』, 백산서당,
1982.

박성기,「수운의 사상연구」,『신인간』 401~403호, 1982.9~11

박용옥, 「한국근대여성운동사연구」, 고려대 박사학위논문, 1982.

배형근, 「동학의 교육사상」, 『광주경상전문대논문집』 2, 1982.

신부철, 「동학의 윤리관」, 고려대 교육대학원 석사학위논문, 1982.

유경환, 『동학가사의 한 고찰』, 단국대학교 출판부, 1982.

이원호, 「동학의 인생관과 현대교육적 의미」, 『한국의 전통교육사상』, 한국 정신문화연구원, 1982.

이현희, 「동학사상의 배경과 그 의식의 성장」, 『한국사상』 19, 1982.

_____, 「동학의 민중운동적 성격과 과제」, 『신인간』 400호, 1982.8.

_____, 「수운의 개벽사상」, 『동학사상논총』 1, 천도교중앙총부, 1982.

임천수, 「동학의 민족주의적 성격 연구」, 서울대학교 석사학위논문, 1982.

정재호, 「동학가사의 형식과 내용」, 『한국사상』 19, 1982.

_____, 「용담유사고」, 『한국가사문학론』, 1982.

_____, 「용담유사에 나타난 수운상」, 『동학사상논총』 1, 천도교중앙총부, 1982.

조재훈, 「동학가요에 나타난 궁을사상 연구」, 고려대 석사학위논문, 1982.

_____, 「동학가요에 나타난 궁을사상의 연원 및 그 수용양태에 관한 연구」, 『논문집-인문과학편』 20, 공주사범대학, 1982.

최동희, 「천도교의 근대사상 수용」, 『한국사상총서』 Ⅴ, 한국사상연구회, 1982.

최무석, 「최수운의 교육사상」, 『신인간』 397호, 1982.4.

표영삼, 「경전에 관한 사료상 문제점」, 『신인간』 397호, 1982.4.

_____, 「동학의 창도과정」, 『신인간』 400~402호, 1982.8~10.

강인수, 「용담유사에 나타난 인내천사상」, 『대야최동원선생화갑기념논총』, 삼영사, 1983.

강재언, 「동학(천도교)의 사상적 성격」, 『근대한국사상연구』, 미래사, 1983.

김경창, 『주석 동경대전·용담유사』, 정민사 1983.

김기현, 「동학가사 연구」, 경북대 석사학위논문, 1983.

김동화,『자수 동경대전』, 천도교 가리산수도원, 1983.

김용준,「천도교사상의 현대적 의미」,『동방사상논고』, 도원유승국박사화갑 기념논문집 간행위원회, 1983.

김 정,「동학에 나타난 근대적 민족의식」,『논문집』23, 광주교육대학, 1983.

박노진,「천도교 개벽관」, 고려대 교육대학원 석사학위논문, 1983.

박창건,「동학자료 번역: 수운대신사편·관변자료」,『신인간』409호, 1983.6.

신복룡,『동학사상과 민족주의』, 평민사 1983.

안경식,『동학의 민중교육사상과 운동에 관한 연구』, 한국정신문화연구원 1983.

안진오,「동학사상의 연원」,『한국근대민중종교사상』, 학민사, 1983.

유경환,「동학가사의 한고찰: 배경사상을 중심으로」, 단국대 교육대학원 석 사학위논문, 1983.

윤석산,「용담유사 연구-이에 나타난 수운의 현실인식을 중심으로」,『인문 논총』5집, 한양대 문과대학, 1983.

이원호,「동학의 인간관과 현대교육적 의미」,『한국의 전통교육사상』, 한국 정신문화연구원, 1983.

이재호,「상주동학의 배경과 가사연구」, 계명대학교 석사학위논문, 1983.

이춘광,『초기동학의 교화사상』, 영남대학교 출판부, 1983.

이희주,『동학사상의 이론적 검토』, 이화여대학교 출판부, 1983.

장대희,「동학의 민중 교육사상연구」, 중앙대학교 박사학위논문, 1983.

진정태,「창도기 동학사상에 관한 연구」, 경남대 석사학위논문, 1983.

최수정,「동학사료의 정리」,『한국사상』6, 1983.

최준수,『동학사상의 기독교적 해석』, 한신대학교 출판부, 1983.

표영삼,「동학경전해의: 계미판경전 간행 100주년을 맞이하여」,『신인간』 407-409호, 1983.4~6.

한우근,『동학과 농민봉기』, 일조각, 1983.

강철홍,「수운사상의 교육적 가치관」,『신인간』 419~420호, 1984.6~7

김경애,「동학 천도교의 남녀평등사상에 관한 연구」, 이화여자대학교 석사
학위논문, 1984.

_____,「동학 천도교의 남녀평등사상에 관한 연구-경전 역사서」,『여성학
논집』 창간호, 이화여자대학교 출판부, 1984.

김범부,「최수운의 생애와 사상」,『현대와 종교』, 현대종교문제연구소,
1984.

김지하,『밥』, 분도출판사, 1984.

김창수,「동학사상의 민중봉기」,『숭산박길진박사고희기념 한국근대종교사
상사』, 원광대출판부, 1984.

_____,「매천 황현의 동학인식에 대하여」,『신인간』 416호, 1984.3.

김학준,「동학가사 연구」, 한남대학 석사학위논문, 1984.

김호열,「동학사상에 나타난 민족주의」, 영남대학교 교육대학원 석사학위
논문, 1984.

김현준,「동학사상의 근대적 의식의 일고찰」, 부산대 교육대학원 석사학위
논문, 1984.

노태구,「동학의 정치사상-세계사적 의의를 중심으로」, 이현희 엮음『동학
사상과 동학혁명』, 청아출판사, 1984.

박성기,「동학의 민주사상에 관한 연구」,『논문집』 3, 동래여전, 1984.

박 일,「동학가사연구」, 동아대 교육대학원 석사학위논문, 1984.

신국주,「동학에 관한 연구」,『율동조용각화갑송수기념논총』, 동덕여대출판
부, 1984.

신복룡,「동학의 기본사상에 관한 연구」,『사회과학』 8, 건국대학교, 1984.

_____,「동학사상의 시대적 배경에 관한 연구」,『건국대학술지-인문과학
편』 28, 건국대학교, 1984.

_____,「동학의 창도와 전개과정: 창교에서 보은취회까지」,『한국정치학회
보』 18, 한국정치학회, 1984.

신용하, 「동학의 창도」, 『사료로 본 한국문화사(근대편)』, 1984.

엄흥룡, 「동학사상에서 본 인간소외의 극복」, 연세대 행정대학원 석사학위
　　　논문, 1984.

오익제, 「동학혁명운동의 현대적 재조명」, 이현희 엮음, 『동학사상과 동학혁
　　　명』, 청아출판사, 1984.

윤석산, 「신인으로서의 죽음」, 『신인간』 416호, 1984.3.

_____, 「용담유사에 나타난 수운의 인간관」, 『한국학논집』 5, 한양대한국
　　　학연구소, 1984.

이경희, 「동학 창도와 서학」, 『신인간』 423호, 1984.11.

이기형, 「동학과 인간존중 사상」, 성균관대 교육대학원 석사학위논문,
　　　1984.

이봉준, 「동학사상에 있어서 민중의식에 관한 연구」, 연세대학교 석사학위
　　　논문, 1984.

이태우, 「최제우의 동학사상 연구」, 『천마학술논문집』 1, 영남대학교, 1984.

이현희 엮음, 『동학사상과 동학혁명』, 청아출판사, 1984.

이현희, 「수운의 개벽사상연구」, 『남사정재각박사고희기념동양학논총』, 고
　　　려원, 1984.

_____, 「최제우의 동학사상」, 『숭산박길진박사고희기념 한국근대종교사상
　　　사』, 원광대출판국, 1984.10.

이형근, 「용담유사연구」, 부산대 석사학위논문, 또는 『신인간』 419호, 1984.

임종철, 「수운의 사회경제관」, 『신인간』 422호, 1984.10.

장대희, 「동학의 민중교육사상 연구」, 중앙대 박사학위논문, 1984.

정재호, 「용담유사의 근대적 성격」, 『근대문학의 형성과정』, 문학과 지성사,
　　　1984.

정진오, 「근대화이념과 동학사상」, 『논문집-사회과학편』 18, 제주대, 1984.

조재훈, 「동학가요에 나타난 궁을의 의미」, 『논문집-인문과학편』 22, 공주사
　　　범대학, 1984.

최동희, 「수운의 선악관」, 『신인간』 422호, 1984.10.

_____, 「천도교의 교리사상」, 『숭산박길진박사고희기념 한국근대종교사상사』, 원광대출판국, 1984.

최민홍, 「최수운과 '한'사상」, 『신인간』 422호, 1984.10.

최준수, 「동학사상의 기독교적 해석」, 한신대 석사학위논문, 1984.

표영삼, 「동학경전 편제와 내용」, 『신인간』 422~440호, 1984.10~1986.

_____, 「해월신사 탄신 156주년 회고: 해월신사연표」, 『신인간』 427호, 1985.3.

황문수, 「이돈화의 신인철학사상」, 『숭산박길진박사고희기념 한국근대종교사상사』, 원광대출판국, 1984.

강재언, 「동학사상과 농민전쟁」, 『한국의 근대사상』, 한길사, 1985.

김경일, 「인본주의에서 본 동학사상」, 『정신문화연구』 26, 한국정신문화연구원, 1985.

김상모, 「동학의 성립배경과 그 사상」, 한양대학교 석사학위논문, 1985.

김영애, 「동학사상의 태동과 최제우의 개혁의식」, 『논문집』 6, 인천전문대, 1985.

김창수, 「매천 황현의 동학관계자료」, 『신인간』 432~433호, 1985.10~11

김월해, 『천도교경전요해-수덕문편』, 천도교중앙총부출판부, 1985.

김지하, 「앵산기행-최해월의 밥사상의 재검토」, 『남녘땅 뱃노래』, 두레, 1985.

_____, 「은적암 기행-최수운과 남북접의 관계」, 『남녘땅 뱃노래』, 두레, 1985.

_____, 「인간의 사회적 성화-수운사상 묵상」, 『남녘땅 뱃노래』, 두레, 1985.

김창경, 「동학사상에 관한 일연구」, 숭전대학교 석사학위논문, 1985.

김홍철, 『한국민중종교사상론』, 시인사, 1985.

류경환, 「동학가사의 심층연구: 신화적 해석을 중심으로」, 대한출판공사, 1985.

박창건, 『천도교 경전에 인용된 인물고』, 천도교중앙총부, 1985.

송준석, 「동학의 가치관과 인본주의교육사상에 관한 연구」, 고려대학교 석사학위논문, 1985.

신경림, 「판소리와 동학고장의 민요들」, 『민요기행』 1, 한길사, 1985.

신일철, 「동학사상의 도교적 성격문제-지기와 시천주의 관계」, 『한국사상』 20, 한국사상연구회, 1985.

안정삼, 「동학의 성립과 기본사상」, 단국대학교 석사학위논문, 1985.

양영환, 「후천개벽사상에 나타난 역사의식: 수운, 증산, 소태산을 중심으로」, 고려대 교육대학원 석사학위논문, 1985.

유병덕, 「최제우의 동학사상」, 『한국민중종교사상론』, 시인사, 1985.

윤석산, 「용담유사에 나타난 낙원사상 연구」, 『한국학논집』 8, 한양대 한국학연구소, 1985.

_____, 「용담유사에 나타난 수운의 대외의식」, 『한양어문연구』 3, 한양대 한양어문연구회, 1985.

이강옥, 「용담유사에 대한 일고찰-작가의 독자인식과 독자의 작품수용양상 중심으로」, 『진단학보』 60, 진단학회, 1985.

이현숙, 「동학의 가사에 나타난 여성관에 관한 고찰」, 이화여자대학교 석사학위논문, 1985.

임종철, 「동학의 경제이념」, 『정신문화연구』 25, 한국정신문화연구원, 1985.

임헌도, 「권학가 연구」, 『논문집』 23, 인문과학편 공주사범대학, 1985.

장화영, 「동학의 윤리사상 연구: 최수운을 중심으로」, 전북대학교 석사학위논문 1985.

정운채 역주, 『무체법경』, 명지사, 1985.

정진오, 「동학사상과 구체적 근대화 정신」, 『철학사상의 제문제』, 한국정신문화연구원, 1985.

정진오, 「동학의 정치사상」, 『논문집(사회과학)』, 제주대학교, 1985.

조용일, 「동학의 조화사상에 관한 연구」, 동국대 박사학위논문, 1985.

_____, 「역리와 동학의 조화사상 연구」, 『연구논문』 15, 동국대학교 대학원, 1985.

최동희, 「수운선생의 인간관」, 『신인간』 425~429호, 1985.1~5.

_____, 「최제우의 인간관」, 『철학적 인간관』, 한국정신문화연구원, 1985.

최봉길, 「수운사상에 관한 연구」, 영남대학교 석사학위논문 1985.

표영삼, 「수운대신사의 생애-연대에 대한 새로운 고증」, 『한국사상』 20, 1985.

황선희, 「동학사상 연구」, 『상명여대논문집』, 1985.

강재언, 『근대한국사상사연구』, 미래사, 1986.

강태원, 「동학사상과 운동의 메시지 분석 연구」, 경희대학교 석사학위논문, 1986.

김윤식, 「동학과 천도교의 틈바구니에서」, 『이광수와 그의 시대』 1, 한길사, 1986.

김재우, 「동학에 있어서의 교육사상적 측면에 관한 고찰」, 『논문집』 8, 동양공업전문대, 1986.

김 철, 「법설합본 간행에 즈음하여」, 『신인간』 436호, 1986.2.

김한구, 동학의 비교사회 문화론」, 『한국학논집』 9, 한양대 한국학연구소, 1986.

박용옥, 「증산사상과 동학사상에 나타난 남녀평등권론 비교」, 『증산사상연구』 12, 1986.

서정희, 「동학사상의 근대적 성격에 관한 연구」, 동국대학교 석사학위논문 1986.

오익제, 『천도교교리요지』, 천도교중앙총부출판부, 1986.

_____, 『천도교입문』, 천도교중앙총부출판부, 1986.

윤석산, 「용담유사에 나타난 수운상」, 『한국학논집』 10, 한양대, 1986.

이세권 편, 『동학경전』, 정민사, 1986.

이현희, 『동학혁명과 민중』, 대광서림, 1986.

정창렬,「동학사상의 사회의식」,『한국학논집』9, 한양대 한국학연구소,
　　　1986.

조용일,「동학의 조화사상에 관한 연구」, 동국대학교 박사학위논문, 1986.

최동희,「동학의 윤리의식」,『현대사회와 전통윤리』, 고대 민족문화연구소,
　　　1986.

고천일,「동학 발전과정에 대한 고찰」, 제주대 교육대학원 석사학위논문,
　　　1987.

김광순,「수운가사에 대하여」,『한국의 철학』15, 경북대학교, 1987.

김귀옥,「동학의 정치사상에 관한 연구」, 계명대학교 석사학위논문, 1987.

김서령,「동학에 나타난 샤머니즘 원리」, 성신여자대학교 석사학위논문,
　　　1987.

김용덕,『조선후기사상사 연구』, 을유문화사, 1987.

김인환,『최제우 작품집』, 형설출판사, 1987.

김지하,『살림』, 동광출판사, 1987.

김한구,「동학의 종교사회학적 연구」,『신학사상』67, 1987.

노태구,「동학사상의 연구-종교와 학문을 중심으로」,『학문과 종교』, 도서출
　　　판 주류, 1987.

문성묵,「동학사상에 나타난 근대성연구」, 국방대학원 석사학위논문, 1987.

박명규,「동학사상의 종교적 전승과 사회운동」,『한국사회사연구회 논문집』
　　　7, 1987.

_____,『한국 종교와 사회 변동』, 문학과 지성사, 1987.

박승길,「한말 신흥종교의 혁세 정신과 민중의 자기인식방향과 유형」,『한국
　　　사회사연구회 논문집』7, 1987.

박정란,「동학사는 다시 쓰여져야 합니다」,『광장』169, 평화교수회의,
　　　1987.

신용하,「동학과 사회사상」,『한국 근대 사회사상사 연구』, 일지사, 1987.

유병덕,『동학 · 천도교』, 시인사, 1987.

윤석산, 『용담유사 연구』, 민족문화사, 1987.

_____, 「용담유사 연구」, 한양대학교 박사학위논문, 1987.

윤이흠, 「동학운동의 개벽사상-신념유형과 사회변화의 동인을 중심으로」, 『한국문화』 8, 서울대학교, 1987.

_____, 「민족종교-민족종교의 사회변화에 대한 대응태도를 중심으로」, 『사회변동과 한국의 종교』, 한국정신문화연구원, 1987.

이강오, 「한국 신흥종교에서 보는 도교와 불로장생」, 『도교와 한국사상』, 아세아문화사, 1987.

장기수, 「수운의 종교적 신비체험의 과정과 실재적 현존」, 『현대사회와 종교』, 도서출판 주류, 1987.

장대희, 「최제우」, 『교육사상가평전』 1, 교학연구사, 1987.

최광만, 「초기 동학교단의 수련과정에 관한 연구」, 서울대학교 석사학위논문, 1987.

최무석, 「동학의 도덕교육사상에 관한 연구」, 고려대 박사학위논문, 1987.

팽필원, 「동학사상에 나타난 윤리의 전통성 연구」, 서울대학교 석사학위논문, 1987.

표영삼, 「천도교 경전 번역의 문제점」, 『신인간』 452호, 1987.8.

한우근, 「동학창도의 시대적 배경」, 『두계이병도박사구순기념 한국사학논총』, 지식산업사, 1987.

허 정, 「동학의 교육사상 연구」, 충남대학교 석사학위논문, 1987.

김원규, 「동학가사 연구-용담유사에 나타난 내용을 중심으로」, 『논문집』 10, 영진전문대학, 1988.

김지하, 『이 가문날에 비 구름』, 동광출판사, 1988.

김홍철, 「근세 한국 신종교의 사회개혁운동에 관한 연구」, 『논문집』 22-1, 인문사회계열편, 원광대, 1988.

노무지, 「동학 동학운동에서 본 민권」, 『우인김용덕박사정년기념논총』, 1988.

박맹수, 「동경대전에 대한 기초적 연구-동경대전 연구성과를 중심으로」, 『정신문화연구』 34, 1988.

_____, 「동경대전에 대한 분석적 연구」, 『신인간』 462~464호, 1988.8~11

박정남, 「동학사상에 나타난 민족주의의 성격」, 경희대학교 석사학위논문, 1988.

심형진, 「동학에 나타난 인간중심주의 교육사상 연구」, 성신여자대학교 석사학위논문, 1988.

오익제, 『천도교 개관』, 천도교중앙총부, 1988.

이명남, 「초기동학의 반봉건성의 한계에 관한 연구-수운 최제우의 사상」, 『부산대학교 사회과학논총』 7-2, 1988.

이혁배, 「천도교의 신관에 관한 연구: 그 역사적 변천을 중심으로」, 『종교학연구』 7, 서울대 종교학연구소, 1988.

정운채, 『자주주의 사상개벽』, 천도교중앙총부, 1988.

조용일, 『동학조화사상연구』, 동성사, 1988.

조일문, 「동학사상」, 『한국민족운동사연구논총』, 영남대출판부, 1988.

최무석, 「동학의 도덕교육사상에 관한 연구」, 고려대학교 박사학위논문, 1988.

표영삼, 「최선생문집도원기서 해제」, 『신인간』 465호, 1988.12.

함동선, 「동학사상에 나타난 근대시의 징후-금석문을 중심으로」, 『창론』 7, 중앙대 예술연구소, 1988.

허종옥 · 이명남, 「초기동학의 반봉건성의 한계에 대한 연구-수운 최제우의 사상을 중심으로」, 『사회과학논총』, 부산대, 1988.

홍경실, 「H. Bergson의 종교사상과 동학의 비교연구」, 고려대학교 석사학위논문, 1988.

강인수, 「동학소설 연구」, 부산대학교 박사학위논문, 1989.

_____, 『한국문학과 동학사상』, 도서출판 지평, 1989.

김영작, 「한말 내셔날리즘 연구: 사상과 현실」, 청계연구소, 1989.

김용덕, 「동학사상의 독자성과 세계성-동학과 서학」, 『한국사시민강좌』 4, 일조각, 1989.

김용준, 「동학의 인간관」, 『제2차 조선학국제학술대회 논문집』, 북경민족출판사, 1989.

김원규, 「동학가사 연구-용담유사의 창작 연대를 중심으로」, 『논문집』 11, 영진전문대학, 1989.

김 철 편저, 『동학정의』, 동선사, 1989.

김학준, 「동학혁명과 동학가사」, 『표현』 16, 표현문학회, 1989.

남상궁, 「19C 중엽 동학사상의 성립에 대한 일고찰」, 『안양전문대논문집』 12, 1989.

노무지, 「전통적 민족사상과 동학의 평등사상과의 관계에 대한 고찰」, 『중앙사론』 6, 중앙대사학회, 1989.

박맹수, 「동학자료의 재검토」, 『신인간』 473~474호, 1989.8~9.

박종덕, 「동학의 한울님 사상에 관한 연구」, 『논문집』, 구세군사관학교, 1989.

손인수, 「동학의 교육사상」, 『한국교육사상사』 4, 문음사, 1989.

신기현, 「동학의 평등 인식」, 『호남정치학회보』 1, 호남정치학회, 1989.

양은용, 「한국근대종교의 민중사상 연구」, 『한국종교』 14, 원광대 종교문제연구소, 1989.

유경환, 「동학가사에 나타난 궁을에 대한 소고」, 『국어국문학』 101, 국어국문학회, 1989.

_____, 「동학가사의 원형적 접근」, 『어문연구』 62~63, 일조각, 1989.

유병덕, 「한국근세 종교의 민중사상연구」, 『한국종교』 14, 1989.

유탁일, 「동학교와 그 가사」, 『한국문헌학연구』, 아세아문화사, 1989.

윤노빈, 「초월과 한울님」, 『신생철학』, 학민사, 1989.

윤희병, 「동학기행: 도솔천궁」, 환단사학회 1989.

윤석산, 「동학에 나타난 도교적 요소」, 『도교사상의 한국적 전개』, 한국도교

사상연구회, 1989.

윤이흠, 「동학운동의 개벽사상」, 『신인간』 469호, 1989.5

표영삼, 『동학 창도 과정』, 천도교중앙총부출판부, 1989.

한우근, 『동학과 농민봉기』, 일조각, 1989.

홍장화, 「한사상과 동학」, 『한국사상』 21, 1989.

1990년대

김 탁, 「한국사에서 본 서학과 동학의 비교연구」, 『논문집』 4, 한국정신문화
　　　연구원 한국학대학원, 1990.

김경택, 「한말 동학교문의 정치개혁사상 연구」, 연세대학교 석사학위논문,
　　　1990.

김기현, 「동학사상에 나타난 교육관 연구」, 단국대학교 석사학위논문,
　　　1990.

김재범, 「동학의 민중종교운동적 성격과 그 사회적 기능」, 경북대학교 석사
　　　학위논문, 1990.

김한구, 「동학 천도교에 관한 문화인류학적 일고찰」, 『사회과학논총』 9, 한
　　　양대학교, 1990.

노무지, 「동학의 민족주의에 대한 연구」, 중앙대 박사학위논문, 1990.

＿＿＿, 「동학과 여성운동」, 『논문집』 14, 명지실전, 1990.

문순태, 「문학에 나타난 동학사상」, 『동학』 1, 동학선양회, 1990.

박맹수, 「동학사서 최선생문집 도원기서와 그 이본에 대하여」, 『한국종교』
　　　15, 원광대 종교문제연구소, 1990.

＿＿＿, 「동학의 '칼노래'와 '칼춤'에 나타난 반침략적 성격」, 『윤병석교수화
　　　갑기념 한국근대사논총』, 지식산업사, 1990.

박맹수, 「동학자료의 재검토」, 『인간과 경험 동서남북』 2, 한양대 민족학연
　　　구소, 1990.

박종덕, 「동학의 한울님에 관한 연구」, 목원대학 석사학위논문, 1990.

송후홍, 「동학의 민족주의적 성격에 대한 고찰」, 성균관대학교 석사학위논문, 1990.

신기현, 「조선조의 평등에 관한 연구」, 전북대 박사학위논문, 1990.

신국주, 「후천개벽의 새 원리 동학」, 『자유』 201, 자유사, 1990.

용담연원 편, 『동학 천도교 약사』, 보성사, 1990.

우 윤, 「19세기 민중운동과 민중사상-후천개벽, 정감록, 미륵신앙을 중심으로」, 『역사비평』 12, 1990.

윤석산, 「동학가사에 나타난 민간신앙적 요소」, 『인간과 경험 동서남북』 2, 한양대 민족학연구소, 1990.

＿＿＿, 「동학의 인본사상」, 『겨레문학』 4/4, 도서출판 지평, 1990.

＿＿＿, 「용담유사에 나타난 변혁의 의지」, 『겨레문학』 3/3, 도서출판 지평, 1990.

이길용, 「초기 동학의 인간관 연구」, 서강대학교 석사학위논문, 1990.

이을호 외, 『한사상과 민족종교』, 일지사, 1990.

이준모, 「최제우의 주문과 이돈화의 신인철학의 비교 연구」, 『문동환박사고희기념논문 평화교육과 민중교육』, 풀빛, 1990.

이진호, 「최제우의 용담유사에 나타난 동학사상」, 『명지어문학』 19, 명지대학교, 1990.

임현구, 「조선윈시동학사상」, 『신인간』 484호, 1990.

전병곤, 「상주 동학교의 인본사상 연구」, 영남대학교 석사학위논문, 1990.

조동일, 「가사에 전개된 19세기 한국의 종교사상논쟁」, 한일문화교류기금, 1990.

＿＿＿, 「최제우와 구전설화」, 『인간과 경험 동서남북』 2, 한양대 민족학연구소, 1990.

조용일, 『내몸에 모셨으니』, 한강출판사, 1990.

조혜인, 「동학과 주자학: 유교적 종교개혁의 맥락」, 『한국사회사연구회 논문집』 17, 한국사회사연구회, 1990.

최동희, 「동경대전」, 『한국의 민속 · 종교 사상』, 삼성출판사, 1990.

_____, 「천도교의 교리 해석에 따르는 문제」, 『종교연구』 6, 한국종교학회, 1990.

최민홍, 「수운 대신사와 현대휴머니즘」, 『신인간』 480호, 1990.3.

표영삼, 「동학의 도관 : 유가, 도가와의 비교」, 『신인간』 482호, 1990.5.

_____, 「동학의 독특한 설명체계: 도와 학을 중심으로」, 『신인간』 481호, 1990.4.

홍장화 편저, 『천도교 교리와 사상』, 천도교중앙총부출판부, 1990.

황선희, 「동학의 사상변천과 민족운동 연구」, 단국대학교 박사학위논문, 1990.

김기선, 『한글 동경대전』, 자농출판사, 1991.

_____, 『주해해설 용담유사』, 자농출판사, 1991.

김기현, 「동학사상에 나타난 교육관 연구」, 단국대학교 교육대학원 석사학위논문, 1991.

김연선, 「동경대전과 용담유사의 비교연구」, 『동악어문논집』 26, 동국대 동악어문회, 1991.

박정연, 「동학사상에 나타난 사회윤리에 관한 연구」, 강원대학교 석사학위논문, 1991.

신복룡, 『동학사상과 갑오농민혁명』, 평민사, 1991.

신일철, 「최수운의 동학사상」, 『사상』 9, 1991.

유경환, 「동학가사에 나타난 낙원사상의 수용양상」, 『어문연구』 69, 1991.

유근호, 「동학의 정치사상-내재논리의 성격과 그 변용을 중심으로」, 『민주문화논총』 8, 1991.

윤석산 역주, 『도원기서』, 문덕사, 1991.

윤석산, 「문학에 나타난 동학」, 『종교연구』 7, 한국종교학회, 1991.

이길용, 「초기 동학의 인간관 연구」, 서강대학교 석사학위논문, 1991.

이용희, 「동학의 인본주의 교육사상 연구」, 영남대학교 석사학위논문,

1991.

조 민, 「한국근대변혁운동의 정치사상」, 고려대박사학위논문, 1991.

_____, 「해제 동학사상연구」, 『동학농민전쟁연구자료집』 1, 1991.

고건호, 「동학운동의 종교사적 위상에 대한 연구」, 서울대 석사학위논문, 1992.

강삼구, 「동학의 반봉건사상에 관한 연구」, 『지방자치연구』 2, 전북대 지방자치연구소, 1992.

김 철, 『동학(천도교), 이론의 개요』, 동선사, 1992.

김종우, 「동학의 설득 모델에 관한 사회학적 연구」, 한국정신문화연구원 석사학위논문, 1992.

김지하, 『생명』, 솔, 1992.

노무지, 「동학사상의 성립과 발전」, 『국사관논총』 38, 국사편찬위원회, 1992.

노영필, 「동학의 "한울님(天)" 사상에 관한 연구」, 전남대학교 석사학위논문, 1992.

신용하, 「동학과 갑오농민전쟁의 결합」, 『한국학보』 67, 1992.

신일철 외, 『동학사상과 동학혁명』, 청아출판사, 1992.

신일철, 「최제우의 후천개벽적 이상사회상」, 『한국사시민강좌』 10, 일조각, 1992.

이강오, 『한국신흥종교총람』, 한국신흥종교연구소편, 1992.

이명남, 「초기동학의 정치사상적 성격에 관한 연구」, 부산대학교 박사학위논문, 1992.

이하재, 「동학의 인본주의 교육사상 연구」, 경희대학교 석사학위논문, 1992.

정경흥, 『시천인간』, 개벽사, 1992.

정형욱, 「동학의 정치개혁론 연구」, 한국외국어대학교 석사학위논문, 1992.

조돈희, 「동학사상에 나타난 신과 인간에 관한 연구」, 동국대학교 석사학위논문, 1992.

차성환, 「한국 근대화와 동학 지식인의 사고구조」, 『신학사상』 76, 한국신학
　　연구소, 1992.

＿＿＿, 『한국종교사상의 사회학적 이해』, 문학과 지성사, 1992.

최지희, 「수운 최제우의 여성관에 대한 연구」, 중앙대학교 석사학위논문,
　　1992.

황선희, 「동학사상의 성립과 발전」, 『국사관논총』 38, 국사편찬위원회,
　　1992.

황재군, 『한국근대시가문학사』, 집문당, 1992.

＿＿＿, 「동학사상과 시가문학 연구」, 『인문논총』 1, 경원대 인문학연구소,
　　1992.

강금미, 「용담유사와 상주 동학가사의 비교연구: 창작동기 및 내용, 형식,
　　표현을 중심으로」, 고려대 교육대학원 석사학위논문, 1992.

고건호, 「동학운동의 내적 혁신과정」, 『종교학연구』 12, 서울대 종교학연구
　　소, 1993.

김대석, 「동학의 시천주 사상에 관한 연구」, 부산대학교 석사학위논문,
　　1993.

김완수 편, 『동학천도교사』, 사법행정문화원, 1993.

김종우, 「동학의 설득 모델에 관한 사회학적 연구」, 한국정신문화연구원 한
　　국학대학원 석사학위논문, 1993.

김지하, 『동학 이야기』, 솔, 1993.

＿＿＿, 『옹치격』, 솔, 1993.

박맹수, 「동학사상과 그 지향」, 『진산한기두박사화갑기념-한국종교사상의
　　재조명』, 원광대출판부, 1993.

박찬수, 「한국신흥종교의 사회적 성격에 관한 연구: 동학, 증산교, 원불교를
　　중심으로」, 감리교신학대 석사학위논문, 1993.

신용하, 『동학과 갑오농민전쟁』, 일조각, 1993.

영륜사회철학연구소, 「동학의 사상사적 의의와 그 위치를 재론한다」, 『사회철학』 2~5, 대구, 1993~1994.

오출세, 「동학가사의 근대지향성」, 『국어국문학논문집』 16, 동국대학교, 1993.

우 윤, 「동학사상의 정치사적 성격」, 『1894년 농민전쟁연구』 III, 역사비평사, 1993.

유경환, 「동학가사연구」, 경희대학교 박사학위논문, 1993.

이강일, 「동학의 인본주의 교육사상」, 한국교원대학교 석사학위논문, 1993.

이영종, 「동학교육사상에 관한 연구」, 관동대학교 석사학위논문, 1993.

이찬석, 「한국신학의 신학모색: 몰트만과 동학을 중심으로」, 감리교신학대 석사학위논문, 1993.

장원석, 「수운 최제우의 지기에 대한 연구」, 한신대학교 석사학위논문, 1993.

정미라, 「동학에 나타난 교육사상에 관한 연구」, 원광대학교 석사학위논문, 1993.

한종만, 「한국근대 유·불·선 삼교회통론」, 『진산한기도박사화갑기념-한국종교사상의 재조명』 상, 원광대출판국, 1993.

홍성칠, 「동학 윤리사상에 나타난 근대성 고찰」, 인하대학교 석사학위논문, 1993.

구양근, 「동학과 서학에 관한 문제 고찰」, 『한국근대사에 있어서의 동학과 동학농민운동』, 한국정신문화연구소, 1994.

김광순, 「동학(천도교) 사상과 민족 교회음악 1」, 『음악과 민족』 8, 민족음악연구소, 1994.

김길란, 「동학의 기본사상에 관한 연구」, 고려대학교 석사학위논문, 1994.

김용수, 「한울 전통사상을 기초로 한 동학의 한울님 신앙사상」, 『순신대교수논총』 5, 순신대학교, 1994.

김인환, 『동학의 이해』, 고려대학교 출판부, 1994.

김지하, 『동학 이야기』, 솔출판사, 1994.

남기상, 「동학의 인간관에 관한 그리스도교적 이해」, 수원카톨릭대학교 석사학위논문, 1994.

민상순, 「동학의 신관에 나타난 교육사상 연구」, 한국교원대학교 석사학위논문, 1994.

박금준, 「동학사상의 본질에 관한 연구」, 대구대 교육대학원 석사학위논문, 1994.

박맹수, 「동학의 성립과 사상적 특성」, 『근대사상강좌』 5, 도서출판 한울, 1994.

박종천, 「동학에 대한 신학적 해석 1: 황색 예수 탐구」, 『기독교사상』 427, 대한기독교서회, 1994.

송준석, 「동학의 평등교육사상에 관한 연구」, 고려대학교 박사학위논문, 1994.

신용하, 「한국근대사에 있어서 동학과 동학농민운동(종합토론)」, 한국정신문화연구원, 1994.

유경환, 「동학가사에 나타난 외래사상의 수용양상」, 『명지어문학』 21, 명지대학교, 1994.

유문상, 「동학의 유교윤리사상 연구」, 충북대학교 석사학위논문, 1994.

윤석산, 「동학가사에 나타난 근대의식연구」, 『한국학논집』 25집, 한양대 한국학연구소, 1994.

이명남, 「초기 동학의 사회 실천적 의의에 관한 고찰」, 『사회과학논총』 12, 1994.

이승은, 『동학사상에 내재한 유교적 요소의 분석적 고찰』, 은율출판사, 1994.

이운형, 「동학과 현대사회과학」, 『민족문제연구』 창간호, 경기대 민족문제연구소, 1994.

이춘광, 「초기 동학의 교학사상」, 영남대 교육대학원 석사학위논문, 1994.

이헌동, 「동학의 교육관 연구」, 한국교원대학교 석사학위논문, 1994.

이현희, 「동학사상의 태동」, 『동학혁명 백주년기념논총』 상, 1994.

정덕윤, 「경천사상의 도덕, 윤리 교육적 함의 연구」, 서울대학교 석사학위논문, 1994.

조 광, 「조선후기 민중사상과 동학농민전쟁」, 『백제문화』 23, 공주대 백제문화연구소, 1994.

조윤하, 「수운 최제우의 사상속에 나타난 도덕교육에 관한 연구」, 한국교원대학교 석사학위논문, 1994.

총무처, 「동학관련판결문집」, 총무처 정부기록보존소, 1994.

최경구, 「동학사상과 통일이념」, 『민족문제연구』 창간호, 경기대 민족문제연구소, 1994.

최정간, 『(동학 100년)해월 최시형가의 사람들』, 예하, 1994.

한국정신문화연구원 사회민속연구실, 『한국근대사에 있어서의 동학과 동학농민운동』, 한국정신문화연구원, 1994.

강영한, 「한국 근대 신종교운동의 성격과 사회변동 : 동학, 증산교, 대종교, 원불교를 중심으로」, 경북대 박사학위논문, 1995.

김경진, 「동학도의 기본사상에 대하여」, 『한국사상』 22, 한국사상연구회, 1995.

김기현, 「동하가사에 니타난 동학의 빈모」, 『문학과 언어』 16, 문학과 언어연구회, 1995.

김삼락, 「동학과 자연과학에서의 사상과 미래에의 전망」, 『민족문제연구 2집 - 동학혁명의 이념적 조명』, 경기대 민족문제연구소, 1995.

김수용, 「수운 최제우의 일대기」, 『궁궁을을』, 예화, 1995.

남욱현, 「동학사상의 윤리관에 관한 연구」, 국민대학교 교육대학원 석사학위논문, 1995.

노태구, 「동학사상의 평화관」, 『한국사상』 22, 한국사상연구회, 1995.

량만석, 「동학의 철학적 기초와 정치적 이념」, 『갑오농민전쟁100돌기념논문집』, 집문당, 1995.

리종현, 「최제우와 동학」, 『갑오농민전쟁100돌기념논문집』, 집문당, 1995.

문명숙, 「동학의 인간관: 수운 최제우의 인격 이해」, 『사목』 196, 한국천주교
　　　중앙협의회, 1995.

박금준, 「동학사상의 본질에 관한 연구」, 대구대학교 석사학위논문, 1995.

박정연, 「동학사상에 나타난 사회윤리에 관한 연구」, 연세대 석사학위논문,
　　　1995.

신용하, 『동학과 갑오농민전쟁연구』, 일조각, 1995.

＿＿＿, 「동학사상의 역사적 성격」, 『한국사상』 22, 한국사상연구회, 1995.

신일철, 『동학사상의 이해』, 사회비평사, 1995.

안현수, 「한국사상사와 동학사상」, 『민족문제연구』 2, 경기대 민족문제연구
　　　소, 1995.

오문환, 「동학의 네오휴머니즘 정치철학」, 『한국정치학회보』 29-2, 한국정
　　　치학회, 1995.

＿＿＿, 「동학의 생명사상」, 『외국문학』 47, 외국문학사, 1995.

＿＿＿, 「해월 최시형의 생활정치 사상 연구」, 연세대 박사학위논문, 1995.

오필세, 「최제우의 교육사상 연구」, 강원대학교 석사학위논문, 1995.

유경환, 「동학가사의 무속 사고 수용 양상」, 『한국민속회보』 5, 한국민속학
　　　회, 1995.

윤석산, 「동학가사 검결 연구」, 『한양어문연구』 13, 한양어문연구회, 1995.

윤하인, 『다시 뵈온 최제우 수운천사』, 삼영불교출판사, 1995.

이강오 외, 『한국근대사에 있어서 동학과 동학농민운동』, 한국정신문화연
　　　구원, 1995.

이운형, 「동학과 서양 철학사상」, 『민족문제연구』 2, 경기대 민족문제연구
　　　소, 1995.

임태홍, 「동학 신관의 형성 과정 연구」, 성균관대학교 석사학위논문, 1995.

임현구, 「동학사상의 혁명성」, 『한국사상』 22, 한국사상연구회, 1995.

정지연, 「동학의 교육사상에 관한 연구」, 인천대학교 석사학위논문, 1995.

차옥숭, 「한국 신흥종교에서 살펴 본 여성의 종교성」, 『여성신학논집』 1, 이화여대 여성신학연구소, 1995.

최동희, 「동학사상의 기본방향과 새로운 과제」, 『한국사상』 22, 한국사상연구회, 1995.

최민국, 「동학음악과 용담유사연구」, 동아대학교 석사학위논문, 1995.

최상은, 「성속의 관계를 통해 본 용담유사」, 『어문학연구』 3, 상명대학교, 1995.

팽필원, 「동학윤리사상의 연구」, 동국대 박사학위논문, 1995.

표영삼, 「동학의 개벽사상」, 『한국사상』 22, 한국사상연구회, 1995.

한동운, 「동학사상의 이데올로기적 분석」, 한국교원대학교 석사학위논문, 1995.

홍지혜, 「동학과 한말 민족주의에 관한 연구」, 경희대학교 석사학위논문, 1995.

구재서, 「동학사상과 서학사상의 비교 연구」, 국방대학원 석사학위논문, 1996.

김대권, 「수운가사의 정조적 특성 연구」, 경성대학교 석사학위논문, 1996.

김영미, 「동학의 교육사상과 그 현대 교육적 의미」, 경희대학교 석사학위논문, 1996.

김용덕, 「여성운동의 근대화 과정-동학사상과 그 밖의 종교」, 『한국사상』 8, 1996.

남욱현, 「동학사상의 윤리관에 관한 연구」, 국민대학교 석사학위논문, 1996.

문명숙, 「동경대전과 용담유사에 나타난 동학의 종교사상」, 『종교신학연구』 9, 서강대학교, 1996.

박래영, 「초기동학 사유체계의 구조적 이해」, 한국정신문화연구원 석사학위논문, 1996.

박종주, 「동학의 신관에서 찾아본 과정신관적 특성」, 광주가톨릭대학교 석
　　　사학위논문, 1996.

배영순, 「동학 궁을사상과 역학적 세계관」, 『교남사학』 7, 영남대학교 국사
　　　학회, 1996.

배인철, 「투크와 슘페터의 동학에 비추어 본 맑스 신용론의 재해석」, 고려대
　　　박사학위논문, 1996.

오문환, 「동양사상이 보는 생명가치-원효·율곡·동학의 생명관」, 『생명가
　　　치와 환경윤리 학제간 연구』, 한국환경정책평가연구원, 1996.

_____, 「동학의 개벽사상」, 『한국정치의 재성찰-전근대성·근대성·탈근
　　　대성』, 한울, 1996.

_____, 『사람이 하늘이다』, 솔, 1996.

_____, 「해월 최시형: 인간중심주의와 열린 공동체」, 『사회비평』 14, 사회
　　　비평사, 1996.

윤석산, 「한국문학에 나타난 유토피아 의식 연구」, 『한국학논집』 28, 한양대
　　　한국학연구소, 1996.

_____, 『후천을 열며』, 동학사 1996.

_____, 『주해 동경대전』, 동학사, 1996.

이승은, 「동학사상에 내재한 유교적 요소의 분석적 고찰」, 이화여자대학교
　　　석사학위논문, 1996.

이영동, 「동학의 사상사적 배경과 그 연원」, 『논문집』 43, 육군제삼사관학
　　　교, 1996.

이종우, 「동학의 인간관에 대한 연구」, 성균관대학교 석사학위논문, 1996.

이희평, 「동학의 천일합일사상에 대한 연구」, 『동양고전연구』 7, 동양고전
　　　학회, 1996.

전기채, 「동학 사회윤리사상연구」, 성신여자대학교 박사학위논문, 1996.

정경일, 「동학 생명사상에 대한 신학적 접근」, 한신대학교 석사학위논문,
　　　1996.

조영승, 「민족사상과 21세기 한민족 청소년육성: 동학의 조화, 지기, 시천주 개념을 중심으로」, 『한국청소년연구』 24, 한국청소년연구원, 1996.

한우근, 「동학사상」, 『조선시대사상사연구논고』, 일조각, 1996.

황기수, 「초기 한국 기독교와 동학운동의 관계에 대한 고찰: 1885년부터 1920년을 중심으로」, 감리교신학대학교 석사학위논문, 1996.

황선희, 「한국근대사상과 민족운동」 1, 혜안, 1996.

강영한, 「신종교 배상제교와 동학의 비교」, 『한국사회학』 31, 한국사회학회, 1997.

김대권, 「수운가사의 구조적 특성 연구」, 경성대학교 석사학위논문, 1997.

김신재, 「동학사상에서의 대외인식과 그 성격」, 『동학연구』 창간호, 한국동학학회, 1997.

김점권, 「동학의 아동존중사상과 교육」, 경상대학교 석사학위논문, 1997.

김진혁, 『새로운 문명과 동학사상』, 지선당, 1997.

도동열, 「최제우와 동학」, 『논문집』 23, 동의공전, 1997.

백혜리, 「조선시대 성리학·실학·동학의 아동관 연구」, 이화여대 박사학위논문, 1997.

신용하, 「수운 최제우의 동학의 창도」, 『동학연구』 창간호, 한국동학학회, 1997.

오출세, 「최수운과 용담유사」, 『동학연구』 창간호, 한국동학학회, 1997.

유경환, 「동학가사에 나타난 한국고유사상의 수용양상」, 『경희어문학』 17, 경희대학교 국문학과, 1997.

유경환, 「동학가사의 신화적 해석」, 『어문연구』 94-96, 한국어문교육연구회, 1997.

이성순, 「동학의 정치사상과 그 역사적 의의」, 경희대학교 석사학위논문, 1997.

이준모, 「동학의 생태학적 교육철학체계와 동양 고전철학의 체계」, 『신학연구』 38, 한신대, 1997.

이현희, 「동학사상 태동의 사적연원」, 『동학연구』 창간호, 한국동학학회, 1997.

이홍규, 「동학의 인성교육관 연구」, 안동대 교육대학원 석사학위논문, 1997.

표영삼, 「동학의 종교사상」, 『동학연구』 창간호, 한국동학학회, 1997.

홍장화, 「동학의 기본사상」, 『동학연구』 창간호, 한국동학학회, 1997.

구양근, 「동학가사문학을 통해 본 역사적 한국사상 계승문제」, 『동학연구』 3, 한국동학학회, 1998.

김상일, 「동학의 영성과 서학의 영성 비교」, 『기독교사상』 479, 대한기독서회, 1998.

김 승, 「동학의 인본주의 교육사상과 교육방법」, 조선대학교 석사학위논문, 1998.

김점옥, 「불교와 동학에서 나타난 생명사상의 유아교육적 함의」, 부산대학교 석사학위논문, 1998.

김정의, 「최제우 소년관의 숙성」, 『동학연구』 3, 한국동학학회, 1998.

김주환, 「동학 발상지인 경주 구미산 일대의 지질과 지형」, 『동학연구』 3, 한국동학학회, 1998.

김호성, 「최제우의 인류구원의 에너지」, 『동학연구』 3, 한국동학학회, 1998.

동학혁명연구소, 『동학사상과 민주주의』, 동학혁명연구소, 1998.

민족문화연구소, 『동학 사상의 새로운 조명』, 영남대출판부, 1998.

배상현, 「수운최제우의 사상고-유학사상을 중심으로」, 『동학연구』 2, 한국동학학회, 1998.

배영순, 「동학의 기본구조」, 『동학 사상의 새로운 조명』, 영남대출판부, 1998.

박맹수, 「동학과 전통종교와의 교섭」, 『동학 사상의 새로운 조명』, 영남대출판부, 1998.

서윤애, 「파니카의 우주신인론과 수운의 시천주 사상 비교」, 이화여자대학교 석사학위논문, 1998.

신승봉, 『동학』, 금성출판사, 1998.

신인철, 「최수운의 민족사상」, 『동학연구』 2, 한국동학학회, 1998.

오문환, 「접포제를 통해서 본 동학의 자치관」, 『삶의 정치-통치에서 자치로』, 1998.

유경환, 「동학가사에 나타난 순환적 사고」, 『새국어교육』 56, 한국국어교육회, 1998.

윤사순, 「동학의 유학적 성격」, 『동학 사상의 새로운 조명』, 영남대출판부, 1998.

윤석산, 「『동경대전』 연구」, 『동학연구』 3, 한국동학학회, 1998.

이강옥, 「동경대전과 용담유사의 서술원리」, 『동학 사상의 새로운 조명』, 영남대출판부, 1998.

이근모, 「동학의 동경대전, 용담유사에 나타난 인간교육관 연구」, 한국교원대학 석사학위논문, 1998.

이연복, 「'만세보'의 사설에 나타난 천도교의 교육관」, 『동학연구』 3, 한국동학학회, 1998.

이정옥, 「동학가사와 내방가사 및 '진각교전'의 여성의식의 비교」, 『동학연구』 3, 한국동학학회, 1998.

이현희, 「최제우의 개벽사상과 19세기의 한국사회」, 『동학연구』 2, 한국동학학회, 1998.

임현구, 「최수운의 보국안민 사상」, 『동학연구』 2, 한국동학학회, 1998.

임형진, 「동학과 천도교 청우당의 민족주의연구」, 경희대학교 박사학위논문, 1998.

장영민, 「동학사상과 민중신앙」, 『동학연구』 2, 한국동학학회, 1998.

정재호, 「최제우 가사의 특질」, 『동학연구』 3, 한국동학학회, 1998.

조 민, 「동학 : 국가 없는 사회의 이상」, 『동학연구』 3, 한국동학학회, 1998.

조용일, 「동학의 시존주의의 철학과 한국의 장래」, 『동학연구』 2, 한국동학학회, 1998.

최준식, 『한국의 종교, 문화로 읽는다』 2, 사계절, 1998.

최효식, 「수운 최제우의 생애와 사상」, 『동학연구』 2, 한국동학학회, 1998.

황묘희, 「수운 최제우의 여성관」, 『동학연구』 3, 한국동학학회, 1998.

황선희, 「동학사상의 인본주의적 요소」, 『동학연구』 3, 한국동학학회, 1998.

김경재, 「수운의 시천주 체험과 동학의 신관」, 『동학연구』 4, 한국동학학회, 1999.

김윤식, 「한국민족주의의 관점에서 본 동학농민혁명의 재조명」, 연세대학교 석사학위논문, 1999.

김후래, 「동학 교육사상의 연구」, 관동대학교 석사학위논문, 1999.

노태구, 「민족종교(동학)에 대하여-통일전선운동과 관련하여」, 『동학연구』 4, 한국동학학회, 1999.

박영학, 「초기동학의 내적 변용」, 『원불교학』 4, 한국원불교학회, 1999.

박용옥, 「동학에서 본 여성상」, 『동학』, 동학선양회, 1999.

부산예술문화대학 동학연구소 엮음, 『해월 최시형과 동학 사상』, 예문서원, 1999.

서영석, 「용담유사의 하늘님 연구-국어학적 분석을 중심으로」, 『동학연구』 5, 한국동학학회, 1999.

서윤희, 「동학의 여성해방운동」, 한국교원대학교 석사학위논문, 1999.

소혜성, 「동학사상과 민족주의 의식에 관한 연구」, 전주대학교 석사학위논문, 1999.

수운교교리연구원 편, 『수운교 진리』, 수운교출판부, 1999.

신일철, 「동학의 '無爲'的 시민사회관」, 『동학연구』 6, 한국동학학회, 1999.

오문환, 「수운 최제우의 인간관 '시정지'를 통해 본 '신인간'」, 『동학연구』 4, 한국동학학회, 1999.

윤석산, 『동학사상과 한국문학』, 한양대 출판부, 1999.

＿＿＿, 『용담에서 고부까지』, 신서원, 1999.

이정옥, 「여성교훈가류 가사의 변모 : 내방가사와 동학가사를 비교하여」, 『동학연구』 5, 한국동학학회, 1999.

정대성, 「수운 최제우의 교육사상에 관한 연구」, 한국교원대학교 석사학위 논문, 1999.

정순남, 「동학의 한울님에 관한 연구」, 경상대 교육대학원 석사학위논문, 1999.

조대현, 「동학과 풍류도와의 관계」, 『동학연구』 4, 한국동학학회, 1999.

조동일, 「최수운과 구전설화」, 『동학』, 동학선양회, 1999.

조흥윤, 「최수운과 민중신앙」, 『동학연구』 4, 한국동학학회, 1999.

최동희, 「동학의 교리 전개」, 『동학』, 동학선양회, 1999.

_____, 「수운의 종교사상」, 『동학연구』 4, 한국동학학회, 1999.

황준연, 『한국사상의 길라잡이』, 박영사, 1999.

2000년대

김대권, 『동학 천도교 용어사전』, 신지서원, 2000.

김상일, 『동학과 신서학』, 지식산업사, 2000.

김욱동, 『한국의 녹색문화』, 문예출판사, 2000.

김춘성, 「동학의 자연과 생태적 삶」, 『동학학보』 창간호, 동학학회, 2000.

김한식, 「상고시대의 신관과 수운의 신관」, 『동학학보』 창간호, 동학학회, 2000.

노무지, 「동학의 개벽원리에 관한 고찰」, 『한국근현대 이행기 사회연구』, 신 서원, 2000.

노태구, 「동학과 통일국가모델-민족주의의 입장에서」, 『동학학보』 창간호, 동학학회, 2000.

_____, 『동학사상을 중심으로 한 평화통일의 정치사상』, 신인간사, 2000.

문명숙, 「동학 생명 인간-동학사상과 현대사상과의 관계」, 『동학학보』 창간 호, 동학학회, 2000.

박충구, 「동학의 수행법을 적용한 자기성장 프로그램이 대학생의 자아존중
　　　감과 집단응집력에 미치는 효과」, 울산대 교육대학원 석사학위논
　　　문, 2000.
배영기, 「동학이념과 21세기 새로운 통일 패러다임」, 『동학연구』 7호, 한국
　　　동학학회, 2000.
서영석, 「용담유사 도덕가 어석」, 『동학연구』 7호, 한국동학학회, 2000.
_____, 「수운의 '용담가' 어석」, 『동학연구』 6호, 한국동학학회, 2000.
서태원, 「동학의 후천개벽사상과 미륵사상 : 동학사상의 연원 및 반봉건적
　　　성격에 관하여」, 실학사상연구회 무악실학회, 2000.
양원철, 「동학사상의 윤리적 실천에 관한 연구」, 제주대 교육대학원 석사학
　　　위논문, 2000.
양 춘, 「한국사회 : 계층구조와 동학」, 고려대학교출판부, 2000.
오문환, 「동학의 후천개벽사상」, 『동학학보』 창간호, 동학학회, 2000.
윤석산, 「동학설화 개관」, 『최래옥선생회갑기념논총 설화와 역사』, 집문당,
　　　2000.
_____, 「동학설화와 동학역사의 연관성 고찰」, 『비교민속』 18, 비교민속학
　　　회, 2000.
_____, 「'불연기연' 연구 서설」, 『동학학보』 창간호, 동학학회, 2000.
이응렬, 「동학 교육사상에 관한 연구」, 관동대 교육대학원 석사학위논문,
　　　2000.
정영희, 「동학의 이념과 교육사상 연구」, 『동학학보』 창간호, 동학학회,
　　　2000.
정혜정, 「동학에 나타난 일원론적 사유체계의 교육구조: 수운의 불연기연을
　　　중심으로」, 『교육철학』 23, 한국교육학회 교육철학연구회, 2000.
채숙자, 「동학사상에 관한 일고찰」, 전주대 교육대학원 석사학위논문,
　　　2000.
허정식, 「동학 조화관의 이론적 체계 연구」, 경상대 교육대학원 석사학위논

문, 2000.

황문수, 「이돈화의 신인 사상」, 『동학학보』 창간호, 동학학회, 2000.

김기승, 「용담유사의 역사적 이해」, 『동학학보』 2호, 동학학회, 2001.

김상일, 『수운과 화이트 헤드』, 지식산업사, 2001.

김정의, 「동학의 문명관」, 『동학학보』 2호, 동학학회, 2001.

김춘성, 「용담유사의 철학적 고찰」, 『동학학보』 2호, 동학학회, 2001.

김항섭, 「동학과 생태문제 논의에 대한 비판적 이해」, 『신종교연구』 5, 한국
　　　신종교학회, 2001.

노태구, 「동학의 사회관」, 『동학학보』 2호, 동학학회, 2001.

박경환, 「동학의 신관」, 『동학학보』 2호, 동학학회, 2001.

안창범, 「동경대전의 역사적 연구」, 『동학학보』 2호, 동학학회, 2001.

양병기, 「동학의 정치사상으로서의 재조명-용담유사를 중심으로」, 『동학학
　　　보』 2, 동학학회, 2001.

오문환, 「동학의 도덕적 평등주의」, 『동학학보』 2, 동학학회, 2001.

＿＿＿, 「동학의 천주관: 영성과 창조성」, 『한국문화연구』 1, 이화여대 한국
　　　문화연구원, 2001.

윤석산, 『수운 최제우 연구』, 경주대 경주문화연구소, 2001.

＿＿＿, 「용담유사의 문학적 조명」, 『동학학보』 2, 동학학회, 2001.

이명남, 「동학의 인간관」, 『동하학보』 2, 동학학회, 2001.

이유수, 「동학과 예수바위골(狐岩)」, 『동학연구』 9~10, 한국동학학회, 2001.

이찬구, 「水雲心學과 그 전개」, 『동학연구』 9~10, 한국동학학회, 2001.

林泰弘, 「崔濟愚의 所謂-神秘體驗 側面에서의 批判的考察」, 『동학연구』
　　　9~10, 한국동학학회, 2001.

정재호, 「동학경전과 동학가사 연구」, 『동학연구』 8, 한국동학학회, 2001.

정창학, 「천도교 출현의 력사적 배경」, 『력사과학』 179, 과학백과사전출판
　　　사(평양), 2001.

정혜정, 「동학에 나타난 侍天의 인간관과 교육이념」, 『동학연구』 9~10, 한국

동학학회, 2001.

최동희, 「동경대전의 종교철학적인 이해」, 『동학학보』 2, 동학학회, 2001.

최문형, 「평화통일 이념 모색을 위한 한국종교의 인도주의 사상에 관한 연구」, 『정신문화연구』 86, 한국정신문화연구원, 2001.

표영삼, 「동학의 현대적 이해」, 『동학연구』 8, 한국동학학회, 2001.

하헌국, 「용담정의 관광특구 연구 방안」, 『동학연구』 8, 한국동학학회, 2001.

한우근, 「동학사상의 기본구조」, 『한우근전집 2-조선시대의 정치와 사회』, 한국학술정보(주), 2001.

고건호, 「한말 신종교의 문명론 : 동학 천도교를 중심으로」, 서울대 박사학위논문, 2002.

김기승, 「수운 최제우 저작의 연대기적 검토」, 『동학학보』 3, 동학학회, 2002.

노태구, 「동학의 무극대도와 통일」, 『동학학보』 4, 동학학회, 2002.

민영현, 「수운 동학과 선」, 『동학학보』 4, 동학학회, 2002.

박문현, 「묵가와 동학의 사회개혁 사상 비교」, 『동학연구』 11, 한국동학학회, 2002.

서영석, 「수운의 몽중노소문답가 어석」, 『동학연구』 13, 한국동학학보, 2002.

_____, 「용담유사의 안심가 어석」, 『동학연구』 12, 한국동학학회, 2002.

성백걸, 「동학 인간관의 재조명과 통일한국의 인간학 모색: 지구화와 지방화 시대의 통일한국 인간상」, 『동학연구』 12, 한국동학학회, 2002.

손병욱, 「기학과 동학의 기관에 관한 비교 고찰」, 『동양철학연구』 28, 동양철학연구회, 2002.

신일철, 「정신적 유산을 남긴 사람들 : 최제우」, 『한국사 시민강좌』 30, 2002.

심형진, 「동학의 사람다움에 관한 연구」, 중앙대 박사학위논문, 2002.

오문환, 「동학사상의 연구현황」, 『동학학보』 3, 동학학회, 2002.

우 윤, 「정감록과 동학의 상호관련성에 관한 연구」, 『한국사론』 36, 국사편
　　　찬위원회, 2002.

유준기, 『한국민족운동과 종교 활동』, 국학자료원, 2002.

윤석산, 「최수운 한시의 문헌적 고찰」, 『한국언어문화』 22, 한국언어문화학
　　　회, 2002.

＿＿＿, 『천도교』, 천도교 중앙총부, 2002.

이원호, 「동학의 인간관과 현대 교육적 의미」, 『조선시대 교육의 연구』, 문음
　　　사, 2002.

이찬구, 「동학의 영부관 고찰」, 『동학학보』 4, 동학학회, 2002.

임중재, 「동학사상의 근대적 개체성 논리와 인간관에 관한 고찰」, 『동학학
　　　보』 4, 동학학회, 2002.

정혜정, 「동학의 성경신 이해와 분석」, 『동학학보』 3, 동학학회, 2002.

＿＿＿, 「동학의 한울님 이해: 삼교합일을 중심으로」, 『문명연지』 2-2, 한국
　　　문명학회, 2002.

조흥윤, 「최수운과 민중신앙」, 『한국종교문화론』, 동문선현대신서, 2002.

차성환, 「신유교와 천도교: 동학 공동체의 신 개념 변형을 중심으로」, 『한국
　　　문화연구』 2, 이화여대 한국문화연구원, 2002.

최문형, 「건국이념으로 본 동학의 공동체 윤리관 조명」, 『동학연구』 13, 한
　　　국동학학회, 2002.

최문형, 「생태철학적 관점에서 본 동학의 통일이념 연구」, 『동학연구』 11호,
　　　한국동학학회, 2002.

최효식, 「수운 최제우 연구」, 『한국향토사연구』, 국학자료원, 2002.

홍범초, 「근대 한국민족종교와 한국 고유사상: 천도교, 증산교, 대종교의 하
　　　느님 사상을 중심으로」, 『단군학연구』 4, 단군학회, 2002.

김경애, 「동학의 여성관에 관한 재고찰」, 『한국사상사학』 20, 한국사상사학
　　　회, 2003.

김용휘,「최제우의 시천주에 난타난 천관」,『한국사상사학』 20, 한국사상사
　　학회, 2003.

김정의,「동학·천도교의 자연관」,『문명연지』 4권 2호, 한국문명학회,
　　2003.

김정호,「동학사회변혁론의 이론적 기초」,『동학학보』 5, 동학학회, 2003.

박경환,「동학과 유학사상」,『동학학보』 5, 동학학회, 2003.

김상일a,「한국의 고대사상과 동학」,『동학학보』 5, 동학학회, 2003.

김상일b,「전·후기 동학가사의 비교연구」, 대구대학교 박사학위논문,
　　2003.

_____,「전·후기 동학가사의 동학사상과 그 변모」,『동학학보』 5, 동학학
　　회, 2003.

박소정,「동학과 도가사상: 불연기연의 논리를 중심으로」,『동학학보』 5, 동
　　학학회, 2003.

배영순,「동학과 서학의 차별성 문제」,『대구사학』 73, 2003.

신일철,「동학과 전통사상」,『동학학보』 5, 동학학회, 2003.

윤석산,「포스트모던 시대와 동학」,『인문논총』 33, 한양대 인문학연구소,
　　2003.

_____,「천도교 용어에 관한 일고찰」,『종교연구』 31, 한국종교학회, 2003.

정혜정,「동학과 불교사상」,『동학학보』 5, 동학학회, 2003.

최동희·이경원,『다시 쓰는 동학』, 집문당, 2003.

조 광,「19세기 후반 서학과 동학의 상호관계에 관한 연구」,『동학학보』 6
　　호, 동학학회, 2004.

김용해,「그리스도교와 천도교의 신관 비교」,『동학학보』 6호, 동학학회,
　　2004.

김한식,「동학과 서학이 만난 사상적 맥」,『동학학보』 6호, 동학학회, 2004.

임태홍,「최수운의 종말론적 세계관」,『동학학보』 6호, 동학학회, 2004.

최민자,「수운과 원효의 존재론적 통일사상」,『동학학보』 6호, 동학학회,

2004.

황묘희, 「동학에 나타난 시대개혁론」, 『동학학보』 6호, 동학학회, 2004.

김기승, 「조지훈의 민족운동사 인식과 동학관」, 『동학학보』 6호, 동학학회,
          2004.

임형진, 「동학과 민족통일 이념」, 『동학학보』 6호, 동학학회, 2004.

찾아보기

동학학술총서 403

동학교조 수운 최제우

등록 1994.7.1 제1-1071
1쇄 발행 2004년 10월 21일
4쇄 발행 2019년 12월 10일

지은이 윤석산
펴낸이 박길수
편집인 소경희
편 집 조영준
관 리 위현정
디자인 이주향
펴낸곳 도서출판 모시는사람들
        03147 서울시 종로구 삼일대로 457(경운동 수운회관) 1207호
전 화 02-735-7173, 02-737-7173 / 팩스 02-730-7173
홈페이지 http://www.mosinsaram.com/

인 쇄 천일문화사(031-955-8100)
배 본 문화유통북스(031-937-6100)

값은 뒤표지에 있습니다.
ISBN   978-89-90699-23-1   04250
        978-89-90699-10-X (세트)